Generatives Deep Learning

Generatives Deep Learning

Maschinen das Malen, Schreiben und Komponieren beibringen

David Foster

Deutsche Übersetzung von Marcus Fraaß und Konstantin Mack

O'REILLY®

David Foster

Lektorat: Alexandra Follenius
Übersetzung: Marcus Fraaß, Konstantin Mack
Korrektorat: Sibylle Feldmann, *www.richtiger-text.de*
Satz: III-satz, *www.drei-satz.de*
Herstellung: Stefanie Weidner
Umschlaggestaltung: Karen Montgomery, Michael Oréal, *www.oreal.de*
Druck und Bindung: mediaprint solutions GmbH, 33100 Paderborn

Bibliografische Information der Deutschen Nationalbibliothek
Die Deutsche Nationalbibliothek verzeichnet diese Publikation in der Deutschen Nationalbibliografie; detaillierte bibliografische Daten sind im Internet über *http://dnb.d-nb.de* abrufbar.

ISBN:
Print 978-3-96009-128-8
PDF 978-3-96010-356-1
ePub 978-3-96010-354-7
mobi 978-3-96010-355-4

1. Auflage

Wieblinger Weg 17
69123 Heidelberg

Hinweis:
Dieses Buch wurde auf PEFC-zertifiziertem Papier aus nachhaltiger Waldwirtschaft gedruckt. Der Umwelt zuliebe verzichten wir zusätzlich auf die Einschweißfolie.

PEFC zertifiziert
Das Papier für dieses Buch stammt aus nachhaltig bewirtschafteten Wäldern und kontrollierten Quellen.
PEFC/04-31-0810 www.pefc.de

Schreiben Sie uns:
Falls Sie Anregungen, Wünsche und Kommentare haben, lassen Sie es uns wissen: *kommentar@oreilly.de*.

5 4 3 2 1 0

Inhalt

Vorwort

Das, was ich nicht erschaffen kann, verstehe ich nicht.

– Richard Feynman

Ein essenzieller Teil des menschlichen Wesens ist unsere Fähigkeit, Dinge zu erschaffen. Seit unseren frühesten Tagen als Höhlenbewohner haben wir nach Möglichkeiten gesucht, originelle und schöne Kreationen zu schaffen. Die Urmenschen taten dies in Form von Höhlenmalereien von wilden Tieren und abstrakten Mustern, die sie mit Pigmenten sorgfältig und methodisch auf Felsen anbrachten. Der Zeit der Romantik entstammen die meisterhaften Tschaikowsky-Symphonien, die Triumph- und Tragödiengefühle mithilfe von Klangwellen wecken, die zu schönen Melodien und Harmonien verschmelzen. Heutzutage laufen wir um Mitternacht in die Buchhandlungen, um Geschichten über einen fiktiven Zauberer zu kaufen. Denn die Kombination von Buchstaben bringt eine Geschichte hervor, die uns so sehr fesselt, dass wir unbedingt die nächsten Abenteuer unseres Helden erfahren möchten.

Daher ist es nicht verwunderlich, dass die Menschheit nun beginnt, die ultimative Frage nach der Kreativität zu stellen: Können wir etwas erzeugen, das selbst über Kreativität verfügt?

Genau diese Frage soll die generative Modellierung beantworten. Dank neuester Fortschritte in Methodik und Technologie sind wir heute dazu in der Lage, Maschinen zu bauen, die originelle Kunstwerke in einem vorgegebenen Stil malen, zusammenhängende Absätze mit übergreifender Struktur schreiben, angenehm klingende Musik komponieren und Siegerstrategien für komplexe Spiele entwickeln können, indem sie imaginäre Zukunftsszenarien generieren. Dies ist nur der Beginn einer generativen Revolution, die uns keine andere Wahl lässt, als Antworten auf einige der größten Fragen zur Wirkungsweise von Kreativität zu finden und dadurch letztlich auch zu beleuchten, was es bedeutet, ein Mensch zu sein.

Kurz gesagt, nie war die Zeit besser als jetzt, um mehr über generative Modellierung zu lernen – also lassen Sie uns loslegen!

Ziel und Ansatz

Dieses Buch behandelt die wichtigsten Methoden, die die generative Modellierungslandschaft in den letzten Jahren geprägt haben und durch die wir beeindruckende Fortschritte bei kreativen Aufgaben erzielen konnten. Zusätzlich zur Behandlung der Grundlagen der generativen Modellierung werden wir funktionsfähige Beispiele einiger der Schlüsselmodelle der Fachliteratur erstellen und bei jedem Modell Schritt für Schritt zusammen durch die Codebasis gehen.

Im gesamten Buch finden Sie kurze, sinnbildliche Geschichten, die dabei helfen sollen, die Funktionsweise einiger der Modelle zu erklären. Meiner Meinung nach besteht eine der besten Möglichkeiten, eine neue abstrakte Theorie zu lehren, darin, sie zuerst in etwas nicht ganz so Abstraktes umzuwandeln, etwa in eine Geschichte, bevor man in die technischen Details eintaucht. Dadurch wird die Theorie in diesem Zusammenhang klarer, da sie Menschen, Handlungen und Emotionen einbezieht, die alle gut nachvollziehbar sind, statt neuronaler Netze, Backpropagation und Verlustfunktionen, die allesamt abstrakte Konstrukte darstellen.

Die fiktive Geschichte und die Erklärung der Modelltheorie beschreiben beide die gleiche Funktionsweise, aber auf zwei verschiedene Arten. Sie werden es daher vielleicht nützlich finden, beim Lernen der Modelltheorie auf die jeweilige Geschichte zurückzugreifen. Sollten Sie bereits mit einer bestimmten Methode vertraut sein, werden Sie bestimmt Spaß daran finden, die Parallelen der einzelnen Modellelemente innerhalb der Geschichte zu finden!

Im ersten Teil dieses Buchs werde ich Ihnen die wichtigsten Methoden vorstellen, die wir bei der Erstellung generativer Modelle verwenden, einschließlich eines Überblicks über Deep Learning, Variational Autoencoder und Generative Adversarial Networks. Im zweiten Teil werden wir diese Methoden verwenden, um verschiedene kreative Aufgaben wie Malen, Schreiben und Komponieren von Musik mithilfe von Modellen wie CycleGAN, Encoder-Decoder-Modellen und MuseGAN zu bewältigen. Darüber hinaus werden wir sehen, wie die generative Modellierung zur Optimierung der Spielstrategie für ein Spiel eingesetzt werden kann (World Models). Außerdem werfen wir einen Blick auf topaktuelle generative Architekturen wie StyleGAN, BigGAN, BERT, GPT-2 und MuseNet.

Voraussetzungen

Dieses Buch setzt voraus, dass Sie eine gewisse Erfahrung in der Programmierung mit Python mitbringen. Wenn Sie mit Python nicht vertraut sind, gelingt der Einstieg über LearnPython.org (*https://www.learnpython.org*) am besten. Darüber hinaus gibt es unzählige kostenlose Onlineressourcen, die es Ihnen ermöglichen, sich genügend Python-Wissen anzueignen, um mit den Beispielen in diesem Buch arbeiten zu können.

Da einige der Modelle in mathematischer Notation beschrieben werden, ist es sinnvoll, grundlegende Kenntnisse in linearer Algebra (z. B. Matrixmultiplikation etc.) und der Wahrscheinlichkeitstheorie zu haben.

Schließlich benötigen Sie noch eine Rechenumgebung, in der Sie die Codebeispiele aus dem GitHub-Repository (*https://github.com/davidADSP/GDL_code*) des Buchs ausführen können. Ich habe bewusst darauf geachtet, dass alle Beispiele in diesem Buch eine nicht zu große Menge an Rechenressourcen für das Trainieren der Modelle benötigen. Es gibt den Mythos, dass Sie eine GPU benötigen, um Deep-Learning-Modelle zu trainieren – dies ist natürlich hilfreich und beschleunigt das Trainieren, aber es ist keineswegs unbedingt notwendig. Wenn Sie noch neu im Deep Learning unterwegs sind, ermutige ich Sie, sich zunächst mit den Grundlagen zu befassen, indem Sie mit kleinen Beispielen auf Ihrem Laptop experimentieren, bevor Sie Geld und Zeit für die Recherche von Hardware ausgeben, um das Trainieren der Modelle zu beschleunigen.

Weitere Ressourcen

Die folgenden zwei Bücher kann ich Ihnen wärmstens empfehlen als allgemeine Einführung in Machine Learning und Deep Learning:

- *Praxiseinstieg Machine Learning mit Scikit-Learn, Keras und TensorFlow: Konzepte, Tools und Techniken für intelligente Systeme* von Aurelien Geron, Übersetzung von Kristian Rother und Thomas Demmig (O'Reilly)
- *Deep Learning mit Python und Keras* von Francois Chollet (mitp)

Die meisten der Forschungsartikel in diesem Buch kommen von arXiv (*https://arxiv.org*), einem kostenlosen Archiv für wissenschaftliche Forschungsarbeiten. Es ist heutzutage üblich, dass Autoren ihre Forschungsarbeiten in arXiv posten, bevor sie vollständig begutachtet werden. Indem Sie dort die jüngsten Veröffentlichungen verfolgen, können Sie sich hervorragend über die neuesten Entwicklungen in diesem Bereich informieren.

Darüber hinaus kann ich Ihnen auch die Webseite Papers with Code (*https://paperswithcode.com*) empfehlen, auf der Sie die neuesten Ergebnisse in einer Vielzahl von Aufgaben des maschinellen Lernens finden können, sowie Links zu den Forschungspapieren und offiziellen GitHub-Repositories. Dies ist eine ausgezeichnete Ressource, um herauszufinden, welche Methoden derzeit die besten Ergebnisse in einer Reihe von Aufgaben erzielen, und sie hat mir bei der Entscheidung geholfen, welche Methoden in diesem Buch behandelt werden sollen.

Zu guter Letzt ist Google Colaboratory (*https://colab.research.google.com*) eine nützliche Ressource für das Trainieren von Deep-Learning-Modellen auf schnellerer Hardware. Dies ist eine kostenlose Jupyter-Notebook-Umgebung, die keine Einrichtung erfordert und vollständig in der Cloud läuft. Sie können dem Notebook sagen, dass es auf einer kostenlos zur Verfügung gestellten GPU laufen soll, und das für bis zu zwölf Stunden Laufzeit. Es ist zwar nicht unbedingt notwendig, die Beispiele in diesem Buch auf einem Grafikprozessor auszuführen, es kann aber helfen, den Trainingsprozess zu beschleunigen. So oder so, Colab bietet Ihnen die großartige Möglichkeit, kostenlos auf GPU-Ressourcen zuzugreifen.

In diesem Buch verwendete Konventionen

Die folgenden typografischen Konventionen werden in diesem Buch verwendet:

Kursiv
: Kennzeichnet neue Begriffe, URLs, E-Mail-Adressen, Dateinamen und Dateiendungen.

`Konstante Zeichenbreite`
: Wird für Programmlistings und für Programmelemente in Textabschnitten wie Namen von Variablen und Funktionen, Datenbanken, Datentypen und Umgebungsvariablen sowie für Anweisungen und Schlüsselwörter verwendet.

`Konstante Zeichenbreite, fett`
: Kennzeichnet Befehle oder anderen Text, den der Nutzer wörtlich eingeben sollte.

`Konstante Zeichenbreite, kursiv`
: Kennzeichnet Text, den der Nutzer je nach Kontext durch entsprechende Werte ersetzen sollte.

Dieses Symbol steht für einen allgemeinen Hinweis.

Verwenden von Codebeispielen

Zusätzliche Materialien (Codebeispiele, Übungen und so weiter) können Sie von der Adresse *https://github.com/davidADSP/GDL_code* herunterladen. Der Repository-Branch *master* beruht auf der TensorFlow-Backendversion 1.14. Es gibt einen zusätzlichen Branch namens *tensorflow_2* , in dem der Code mit der Ende September 2019 erschienenen TensorFlow-Version 2.0 kompatibel ist.

Dieses Buch dient dazu, Ihnen beim Erledigen Ihrer Arbeit zu helfen. Im Allgemeinen dürfen Sie die Codebeispiele aus diesem Buch in Ihren eigenen Programmen und der dazugehörigen Dokumentation verwenden. Sie müssen uns dazu nicht um Erlaubnis fragen, solange Sie nicht einen beträchtlichen Teil des Codes reproduzieren. Beispielsweise benötigen Sie keine Erlaubnis, um ein Programm zu schreiben, in dem mehrere Codefragmente aus diesem Buch vorkommen. Wollen Sie dagegen eine CD-ROM mit Beispielen aus Büchern von O'Reilly verkaufen oder verteilen, benötigen Sie eine Erlaubnis. Eine Frage zu beantworten, indem Sie aus diesem

Buch zitieren und ein Codebeispiel wiedergeben, benötigt keine Erlaubnis. Eine beträchtliche Menge Beispielcode aus diesem Buch in die Dokumentation Ihres Produkts aufzunehmen, bedarf hingegen einer Erlaubnis.

Wir freuen uns über Zitate, verlangen diese aber nicht. Ein Zitat enthält Titel, Autor, Verlag und ISBN, beispielsweise: »*Generatives Deep Learning* von David Foster (O'Reilly). Copyright 2019 Applied Data Science Partners Ltd., ISBN 978-3-96009-128-8«.

Wenn Sie glauben, dass Ihre Verwendung von Codebeispielen über die übliche Nutzung hinausgeht oder außerhalb der oben vorgestellten Nutzungsbedingungen liegt, kontaktieren Sie uns bitte unter *kommentar@oreilly.de*.

Danksagungen

Es gibt so viele Menschen, denen ich für ihre Hilfe beim Schreiben dieses Buchs danken möchte.

Zunächst möchte ich allen danken, die sich die Zeit genommen haben, das Buch fachlich zu begutachten – insbesondere Luba Elliott, Darren Richardson, Eric George, Chris Schon, Sigurður Skúli Sigurgeirsson, Hao-Wen Dong, David Ha und Lorna Barclay.

Ein großes Dankeschön geht auch an meine Kollegen bei Applied Data Science Partners, Ross Witeszczak, Chris Schon, Daniel Sharp und Amy Bull. Ihre Geduld mit mir, während ich mir die Zeit genommen habe, das Buch fertigzustellen, habe ich sehr geschätzt, und ich freue mich sehr auf all die Machine-Learning-Projekte, die wir in Zukunft gemeinsam angehen werden! Besonderer Dank gilt Ross – hätten wir uns nicht entschieden, zusammen ein Unternehmen zu gründen, wäre dieses Buch vielleicht nie entstanden. Danke also, dass du an mich als deinen Geschäftspartner geglaubt hast!

Ich möchte auch jedem danken, der mir jemals etwas Mathematisches beigebracht hat – ich hatte das große Glück, fantastische Mathematiklehrer in der Schule zu haben, die mein Interesse an diesem Fach geweckt und mich dazu ermutigt haben, es an der Universität weiterzuverfolgen. Ich möchte Ihnen für Ihr großes Engagement danken und dafür, Ihr Wissen über das Thema mit mir geteilt zu haben.

Ein großes Dankeschön geht auch an die Mitarbeiter von O'Reilly, die mich durch den Prozess des Schreibens dieses Buchs geführt haben. Ein besonderer Dank geht an Michele Cronin, die bei jedem Schritt dabei war, nützliches Feedback gab und mich freundlich daran erinnerte, die Kapitel weiter zu vervollständigen! Außerdem möchte ich Katie Tozer, Rachel Head und Melanie Yarbrough danken, weil sie das Buch in Produktion gebracht haben, und Mike Loukides, weil er sich als Erstes an mich gewandt hatte, um mich zu fragen, ob ich nicht ein Buch schreiben wolle. Sie alle haben dieses Projekt von Anfang an so toll unterstützt, und ich möchte Ihnen dafür danken, dass Sie mir eine Plattform zur Verfügung gestellt haben, auf der ich über etwas schreiben kann, das ich liebe.

Während des gesamten Schreibprozesses war meine Familie eine ständige Quelle der Ermutigung und Unterstützung. Ein großes Dankeschön geht an meine Mutter, Gillian Foster, für die Überprüfung jeder einzelnen Textzeile auf Tippfehler und dafür, dass sie mir damals überhaupt erst das Addieren beigebracht hatte! Deine Liebe zum Detail war sehr hilfreich beim Korrekturlesen dieses Buchs, und ich bin überaus dankbar für all die Möglichkeiten, die du und Dad mir gegeben haben. Mein Vater, Clive Foster, hat mir erst mal überhaupt gezeigt, wie man einen Computer programmiert – dieses Buch ist voller praktischer Beispiele, und das dank seiner Geduld damals, während ich in BASIC herumfummelte und versuchte, als Teenager Fußballspiele zu programmieren. Mein Bruder Rob Foster ist das bescheidenste Genie, das Sie je finden werden, besonders in der Linguistik – Gespräche mit ihm über KI und die Zukunft des textbasierten maschinellen Lernens waren extrem hilfreich für mich. Zum Schluss möchte ich meiner Oma danken, die eine ständige Quelle der Inspiration und des Spaßes für uns alle ist. Ihre Liebe zur Literatur ist einer der Gründe dafür, dass ich mich überhaupt dafür entschieden habe, dieses Buch zu schreiben.

Abschließend möchte ich meiner Verlobten (und bald Frau) Lorna Barclay danken. Neben der fachlichen Überprüfung jedes Worts in diesem Buch hat sie mich während des gesamten Schreibprozesses endlos unterstützt, sei es, dass sie mir Tee zubereitet oder verschiedene Snacks gebracht hat oder mir generell dabei half, dieses Buch durch ihre akribische Liebe zum Detail und ihr unglaubliches Expertenwissen über Statistik und maschinelles Lernen zu einem besseren Leitfaden für die generative Modellierung zu machen. Ohne dich hätte ich dieses Projekt mit Sicherheit nicht fertigstellen können, und ich bin dir sehr dankbar für die Zeit, die du investiert hast, um mir bei der Umstrukturierung und Erweiterung der Teile des Buchs zu helfen, die noch das gewisse Etwas benötigten. Ich verspreche dir, dass ich mindestens für ein paar Wochen nach der Veröffentlichung am Esstisch nicht mehr über generative Modellierung sprechen werde.

TEIL I

Einführung ins Generative Deep Learning

Die ersten vier Kapitel dieses Buchs stellen Ihnen die wichtigsten Grundtechniken vor, die Sie benötigen, um generative Deep-Learning-Modelle zu erzeugen.

In Kapitel 1 werfen wir zunächst einen detaillierten Blick auf das Themenfeld der generativen Modellierung und erfassen die Problemstellung aus wahrscheinlichkeitstheoretischer Sicht. Wir werden dann unser erstes Beispiel eines einfachen probabilistischen generativen Modells untersuchen und analysieren, warum wir Deep-Learning-Techniken einsetzen müssen, wenn die Komplexität der generativen Aufgabe steigt.

Kapitel 2 bietet einen Leitfaden zu den Werkzeugen und Methoden des Deep Learning, die Sie für komplexere generative Modelle benötigen. Dies soll mehr ein praktischer Deep-Learning-Leitfaden sein als eine theoretische Analyse des Fachgebiets. Im Besonderen werde ich Ihnen hier Keras vorstellen, ein Framework zu Erzeugung neuronaler Netze, mit dem einige der modernsten neuronalen Netzwerkarchitekturen aus der Literatur konstruiert und trainiert werden können.

In Kapitel 3 werfen wir einen Blick auf unser erstes generatives Deep-Learning-Modell, den Variational Autoencoder. Diese effektive Methode ermöglicht es uns, nicht nur realistische Gesichter zu erzeugen, sondern auch bestehende Bilder zu verändern – zum Beispiel durch das Hinzufügen eines Lächelns oder die Änderung der Haarfarbe.

Kapitel 4 untersucht eine der erfolgreichsten generativen Modellierungstechniken der letzten Jahre, das Generative Adversarial Network. Dieses elegante Framework für eine Modellierungsaufgabe ist der Motor für die meisten modernen generativen Modelle. Wir werden sehen, wie es verfeinert und angepasst wurde, um die Grenzen der generativen Modellierung kontinuierlich zu erweitern.

KAPITEL 1
Generative Modellierung

Dieses Kapitel bietet eine allgemeine Einführung in die generative Modellierung. Zunächst verdeutlichen wir, was es bedeutet, wenn ein Modell *generativ* ist, und stellen die Unterschiede zu den weiter verbreiteten *diskriminativen* Modellen heraus. Im Anschluss werden der Rahmen und die mathematischen Kernideen vorgestellt, mit denen wir unseren allgemeinen Ansatz für Fragestellungen, die eine generative Lösung erfordern, strukturieren können.

Auf dieser Grundlage entwickeln wir anschließend unser erstes Beispiel für ein wahrscheinlichkeitsbasiertes generatives Modell (Naive Bayes). Wir werden feststellen, dass dadurch neue Beispiele erzeugt werden, die nicht unserem Trainingsdatensatz angehören. Zugleich untersuchen wir die Gründe dafür, dass diese Art von Modellierung mit zunehmender Größe und Komplexität möglicher Gestaltungsvarianten fehlschlagen kann.

Was ist generative Modellierung?

Ein generatives Modell kann im Wesentlichen wie folgt definiert werden:

> Ein generatives Modell beschreibt, wie ein Datensatz im Rahmen eines Wahrscheinlichkeitsmodells erzeugt wird. Die aus diesem Modell gewonnenen Stichproben ermöglichen uns, neue Daten zu generieren.

Angenommen, wir hätten einen Datensatz mit Bildern von Pferden. Wir möchten ein Modell entwickeln, das ein neues Bild von einem Pferd erzeugen kann, das nie existiert hat, aber trotzdem echt aussieht, weil das Modell die allgemeinen Prinzipien gelernt hat, die das Aussehen eines Pferdes bestimmen. Exakt das ist die Art von Aufgabenstellung, die sich mithilfe der generativen Modellierung lösen lässt. Abbildung 1-1 veranschaulicht den generativen Modellierungsprozess an unserem Beispiel.

Zuerst benötigen wir einen Datensatz, der aus zahlreichen Beispielen der zu erzeugenden Entität besteht. Wir sprechen in diesem Zusammenhang vom *Trainingsdatensatz*, bei dem jeder dieser Datenpunkte als *Beobachtung* bezeichnet wird.

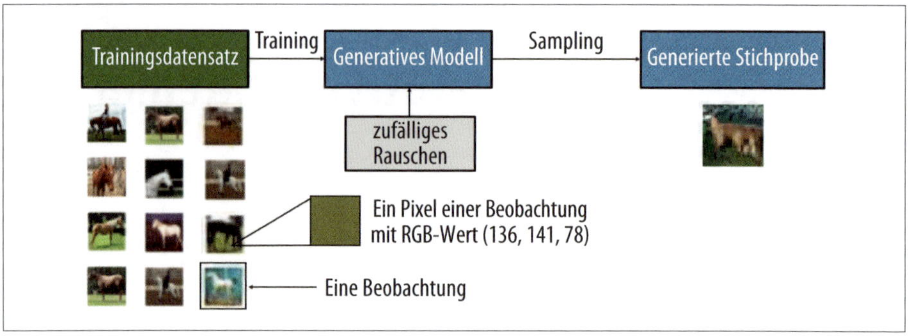

Abbildung 1-1: Der generative Modellierungsprozess

Jede Beobachtung besteht aus vielen *Merkmalen* – bei einer Bilderzeugungsaufgabe sind die Merkmale üblicherweise die jeweiligen Werte der einzelnen Pixel. Unser Ziel ist es, ein Modell zu erstellen, das neue Merkmale erzeugen kann, die so aussehen, als wären sie nach den gleichen Regeln wie die Originaldaten erstellt worden. Rein konzeptionell ist dies für die Bilderzeugung eine unglaublich schwierige Aufgabe – bedenkt man, wie vielfältig die einzelnen Pixelwerte zugeordnet werden können und wie vergleichsweise gering dagegen die Anzahl der Anordnungen ist, die ein Bild der Entität erzeugen, die wir reproduzieren wollen.

Ein generatives Modell sollte zudem *probabilistisch* und nicht *deterministisch* sein. Wenn unser Modell nur eine fest vorgegebene Berechnung umfasst, wie z.B. die Berechnung des Durchschnittswerts jedes Pixels im Datensatz, ist es nicht generativ, da das Modell jedes Mal die gleiche Ausgabe erzeugt. Folglich muss das Modell ein *stochastisches* (zufälliges) Element beinhalten, das die von ihm erzeugten Ausgaben beeinflusst.

Wir können uns das so vorstellen: Es gibt eine unbekannte Wahrscheinlichkeitsverteilung, die erklärt, warum einige Bilder wahrscheinlich im Trainingsdatensatz zu finden sind und andere Bilder hingegen nicht. Unsere Aufgabe ist es, ein Modell zu entwickeln, das diese Verteilung so genau wie möglich nachahmt, um daraus neue, einzigartige Beobachtungen zu generieren, die so aussehen, als würden sie dem ursprünglichen Trainingsdatensatz entstammen.

Vergleich der generativen und diskriminativen Modellierung

Um genau zu verstehen, was generative Modellierung leisten soll und warum sie wichtig ist, ergibt es Sinn, sie mit ihrem Gegenstück, der *diskriminativen Modellierung*, zu vergleichen. Wenn Sie sich in Ihrem Studium mit maschinellem Lernen befasst haben, werden die meisten Fragestellungen, mit denen Sie konfrontiert wurden, höchstwahrscheinlich diskriminativer Natur gewesen sein. Um den Unterschied zu verstehen, schauen wir uns ein Beispiel an.

Angenommen, wir hätten einen Datensatz von mehreren Gemälden. Einige sind von van Gogh und einige von anderen Künstlern. Mit genügend Daten könnten wir ein diskriminatives Modell trainieren, um vorherzusagen, ob ein bestimmtes Bild tatsächlich von van Gogh gemalt wurde. Unser Modell würde lernen, dass bestimmte Farben, Formen und Texturen eher darauf hinweisen, dass ein Gemälde von diesem niederländischen Meister stammt. Für Gemälde mit diesen Merkmalen würde das Modell seine Vorhersage entsprechend höher bewerten. Abbildung 1-2 zeigt den diskriminativen Modellierungsprozess – achten Sie insbesondere darauf, wie er sich von dem in Abbildung 1-1 dargestellten generativen Modellierungsprozess unterscheidet.

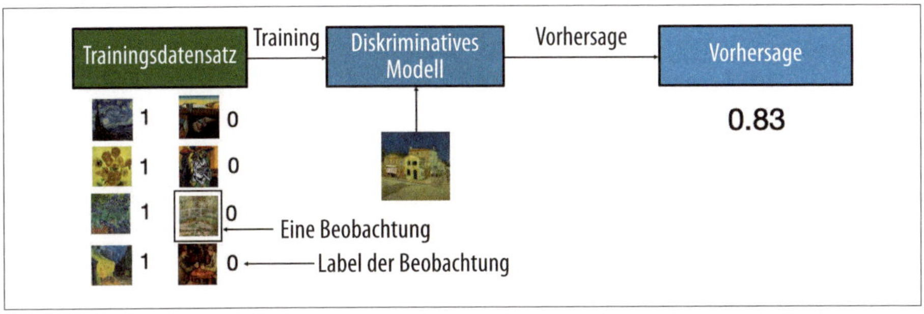

Abbildung 1-2: Der diskriminative Modellierungsprozess

Ein wesentlicher Unterschied besteht darin, dass bei der diskriminativen Modellierung jede Beobachtung in den Trainingsdaten mit einem *Label* versehen ist. Im Fall unserer binären Klassifikationsaufgabe wären Gemälde von van Gogh mit einer *1* und alle anderen mit einer *0* gekennzeichnet. Unser Modell lernt dann, beide Gruppen zu unterscheiden, und gibt die Wahrscheinlichkeit aus, dass eine neue Beobachtung das Label *1* trägt – d. h., dass sie von van Gogh gemalt wurde.

Deshalb ist diskriminative Modellierung gleichbedeutend mit *überwachtem Lernen* beziehungsweise dem Erlernen einer Funktion, die eine Eingabe mithilfe eines mit Labeln versehenen Datensatzes auf eine Ausgabe abbildet. Für die generative Modellierung bedarf es für gewöhnlich nur ungelabelter Datensätze (als Form des unüberwachten Lernens). Sie kann jedoch auch auf einen mit Labeln versehenen Datensatz angewendet werden, um zu lernen, wie man Beobachtungen aus den einzelnen Kategorien erzeugt.

Werfen wir einen Blick auf einige mathematische Notationen, um den Unterschied zwischen generativer und diskriminativer Modellierung zu verdeutlichen.

> *Diskriminative Modellierung* schätzt $p(y|\mathbf{x})$ – die Wahrscheinlichkeit des Labels y, gegeben der Beobachtung $\mathbf{x}$.

> *Generative Modellierung* schätzt $p(\mathbf{x})$ – die Wahrscheinlichkeit, Beobachtung $\mathbf{x}$ zu beobachten.
>
> Sofern der Datensatz mit Labeln versehen ist, können wir auch ein generatives Modell entwickeln, das die Verteilung $p(\mathbf{x}|y)$ schätzt.

Anders ausgedrückt, versucht die diskriminative Modellierung, die Wahrscheinlichkeit abzuschätzen, dass eine Beobachtung $\mathbf{x}$ der Kategorie y angehört. In der generativen Modellierung ist es nicht von Bedeutung, Beobachtungen mit Labeln zu versehen. Stattdessen zielt sie darauf ab, die Wahrscheinlichkeit abzuschätzen, dass die Beobachtung überhaupt auftritt.

Der entscheidende Punkt ist: Selbst wenn wir in der Lage wären, ein perfektes diskriminatives Modell zur Identifizierung von Gemälden von van Gogh zu entwickeln, hätte das Modell immer noch keine Ahnung, wie es ein Gemälde erstellt, das wie eines von van Gogh aussieht. Es kann nur Wahrscheinlichkeiten für bereits existente Bilder ausgeben, da es ausschließlich dazu trainiert wurde. Stattdessen müssten wir ein generatives Modell trainieren, das Pixelgruppen ermitteln kann, die eine hohe Wahrscheinlichkeit besitzen, zum ursprünglichen Trainingsdatensatz zu gehören.

Fortschritte im maschinellen Lernen

Um zu verstehen, warum die generative Modellierung als die kommende Herausforderung für das maschinelle Lernen angesehen werden kann, gilt es zu ergründen, warum die diskriminative Modellierung in den letzten zwei Jahrzehnten die treibende Kraft für die meisten Fortschritte in der Methodik des maschinellen Lernens war, sowohl in der Wissenschaft als auch in der Industrie.

Aus akademischer Sicht ist der Fortschritt der diskriminativen Modellierung sicherlich leichter zu überblicken. Mithilfe von Leistungsmetriken können wir für eine Reihe anspruchsvoller Klassifikationsaufgaben messen, welche Methode derzeit am besten abschneidet. Generative Modelle sind oft schwieriger zu bewerten, insbesondere wenn die Qualität der Ergebnisse weitgehend subjektiv ist. Daher wurde in den letzten Jahren vermehrt Wert auf die Entwicklung diskriminativer Modelle gelegt, um menschliche oder gar übermenschliche Leistungen bei einer Vielzahl von Bild- oder Textklassifikationsaufgaben zu erreichen.

Im Jahr 2012 gelang beispielsweise in der Klassifikation von Bildern der entscheidende Durchbruch, als ein Team um Geoff Hinton von der Universität Toronto mit einem tiefen neuronalen Konvolutionsnetz die *ImageNet Large Scale Visual Recognition Challenge* (ILSVRC) gewann. Der Wettbewerb umfasst die Klassifikation von Bildern in eine von 1.000 Kategorien und dient als Benchmark für den Vergleich neuester Methoden. Das Deep-Learning-Modell hatte eine Fehlerquote von 16% – eine massive Verbesserung gegenüber dem nächstbesten Modell, das lediglich eine Fehlerquote von 26,2% erreichte. Dies löste einen Deep-Learning-Boom aus, der dazu führte, dass die Fehlerquote Jahr für Jahr noch weiter zurückging. Der Gewinner des Jahres 2015 erreichte mit einer Fehlerquote von 4% erstmals eine übermenschliche Leistung, und das aktuell modernste Modell weist eine Fehlerquote von nur 2% auf. Für viele erscheint die Aufgabenstellung nun als gelöst.

Abgesehen von der Tatsache, dass es einfacher ist, messbare Ergebnisse in einem akademischen Umfeld zu veröffentlichen, war die diskriminative im Vergleich zur generativen Modellierung in der Vergangenheit leichter auf Geschäftsprobleme anzuwenden. Im Regelfall interessiert es uns in einem Geschäftsumfeld nicht, wie die Daten generiert wurden. Stattdessen wollen wir wissen, wie ein neues Beispiel kategorisiert oder bewertet werden kann, zum Beispiel:

- Bei einem Satellitenbild würde sich ein Verteidigungsfunktionär nur um die Wahrscheinlichkeit kümmern, dass es feindliche Einheiten enthält, und nicht, wie wahrscheinlich es ist, dass dieses spezielle Bild erscheint.
- Ein Kundenbetreuer wäre nur daran interessiert, zu wissen, ob die Wahrnehmung einer eingehenden E-Mail positiv oder negativ ist, und würde aus einem generativen Modell, das Beispiele für noch nicht existierende Kunden-E-Mails ausgeben könnte, keinen großen Nutzen ziehen.
- Ein Arzt möchte wissen, mit welcher Wahrscheinlichkeit ein bestimmtes Netzhautbild auf Grünen Star hinweist, und nicht auf ein Modell zurückgreifen, das neue Bilder von der Rückseite eines Auges erzeugen kann.

Da die meisten von Unternehmen benötigten Lösungen dem Gebiet der diskriminativen Modellierung entstammen, ist die Anzahl der *Machine-Learning-as-a-Service*-Tools (MLaaS) gestiegen. Sie zielen darauf ab, den Einsatz diskriminativer Modellierung in der Industrie zu kommerzialisieren, indem sie die Erstellungs-, Validierungs- und Überwachungsprozesse, die in fast allen diskriminativen Modellierungsaufgaben vorkommen, weitgehend automatisieren.

Der Vormarsch der generativen Modellierung

Obwohl die diskriminative Modellierung bisher der größte Impulsgeber für Entwicklungen auf dem Gebiet des maschinellen Lernens war, sind in den letzten drei bis fünf Jahren viele der bedeutendsten Fortschritte durch neue Anwendungen des Deep Learning in generativen Modellierungsaufgaben erzielt worden.

Die mediale Aufmerksamkeit stieg insbesondere durch generative Modellierungsprojekte wie StyleGAN von NVIDIA,[1] das in der Lage ist, hyperrealistische Bilder von menschlichen Gesichtern zu erzeugen, und durch das Sprachmodell GPT-2

1 Tero Karras, Samuli Laine und Timo Aila, »A Style-Based Generator Architecture for Generative Adversarial Networks«, 12. Dezember 2018, *https://arxiv.org/abs/1812.04948*.

von OpenAI[2], das eine Textpassage auf Basis eines kurzen einleitenden Absatzes vervollständigen kann.

Abbildung 1-3 zeigt die bemerkenswerten Fortschritte, die seit dem Jahr 2014 bei der Erzeugung von Gesichtsbildern bereits erzielt wurden.[3] Hier gibt es sicherlich nützliche Anwendungen für Branchen wie etwa die Spielegestaltung oder die Filmproduktion. Verbesserungen in der automatischen Erzeugung von Musik werden sicherlich auch in diesen Bereichen immer mehr Beachtung finden. Es wird sich zeigen, ob wir eines Tages Nachrichtenartikel oder Romane lesen werden, die von einem generativen Modell geschrieben wurden. Die jüngsten Fortschritte in diesem Bereich sind enorm. Deshalb ist es sicherlich nicht vermessen, zu behaupten, dass dies eines Tages durchaus der Fall sein könnte. Aber auch wenn es reizvoll erscheint, so wirft es durchaus ethische Fragen rund um die Verbreitung von gefälschten Inhalten im Internet auf, und es könnte immer schwieriger werden, dem zu vertrauen, was wir in den öffentlichen Kommunikationskanälen wahrnehmen und lesen.

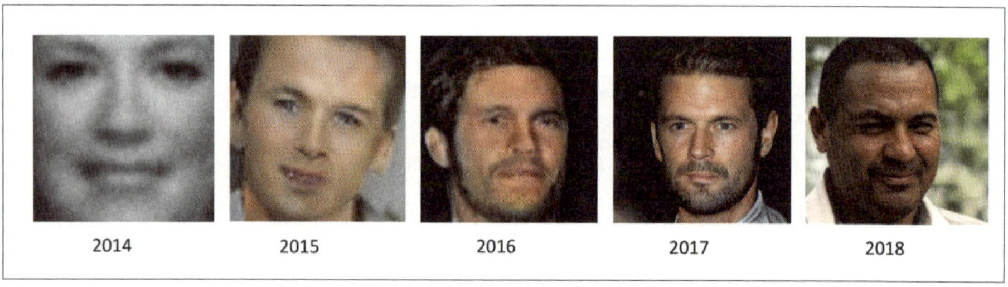

Abbildung 1-3: Die Gesichtsbilderzeugung mittels generativer Modellierung hat sich in den letzten vier Jahren deutlich verbessert.[4]

Neben den praktischen Einsatzmöglichkeiten der generativen Modellierung (von denen viele noch unentdeckt sind) gibt es drei wesentliche Gründe dafür, dass sie als Schlüssel zur Erschließung einer weitaus anspruchsvolleren Form der künstlichen Intelligenz angesehen werden kann, die über das hinausgeht, was die diskriminative Modellierung zu leisten vermag.

Erstens sollten wir uns rein theoretisch nicht damit zufriedengeben, dass wir uns lediglich bei der Kategorisierung von Daten auszeichnen können, sondern auch ein umfassenderes Verständnis dafür anstreben, wie die Daten überhaupt generiert wurden. Das ist zweifelsohne ein schwerer zu lösendes Problem, da etliche Ausgaben denkbar sind, jedoch nur wenige davon als zum Datensatz gehörend eingestuft werden würden. Wie wir sehen werden, können viele der Methoden, die bereits die

2 Alec Radford et al., »Language Models Are Unsupervised Multitask Learners«, 2019, *https://paperswithcode.com/paper/language-models-are-unsupervised-multitask*.

3 Miles Brundage et al., »The Malicious Use of Artificial Intelligence: Forecasting, Prevention, and Mitigation«, Februar 2018, *https://www.eff.org/files/2018/02/20/malicious_ai_report_final.pdf*.

4 Quelle: Brundage et al., 2018.

Entwicklung in der diskriminativen Modellierung vorangetrieben haben, wie z.B. Deep Learning, auch von generativen Modellen genutzt werden.

Zweitens ist es sehr wahrscheinlich, dass die generative Modellierung künftig auch bei Entwicklungen in anderen Bereichen des maschinellen Lernens von zentraler Bedeutung sein wird, wie z.B. beim Reinforcement Learning (der Analyse von Agenten, die in einer bestimmten Umgebung mittels Trial-and-Error ihr Ziel optimieren). Beispielsweise könnten wir das Reinforcement Learning nutzen, um einen Roboter so zu trainieren, dass er über ein bestimmtes Gelände läuft. Der Grundansatz besteht darin, eine Computersimulation des Geländes zu erstellen und dann viele Experimente durchzuführen, bei denen der Agent verschiedene Strategien ausprobiert. Im Laufe der Zeit würde der Agent lernen, welche Strategien erfolgreicher als andere sind, und sich sukzessiv verbessern. Ein typisches Problem bei diesem Ansatz ist, dass die physikalischen Gegebenheiten der Umgebung oft sehr komplex sind und bei jedem Teilschritt berechnet werden müssten, um die Informationen an den Agenten zurückzugeben, auf deren Basis er dann über seinen nächsten Zug entscheiden kann. Wenn der Agent jedoch in der Lage wäre, seine Umgebung durch ein generatives Modell zu simulieren, müsste er die Strategie nicht in der Computersimulation oder in der realen Welt testen, sondern könnte stattdessen in seiner eigenen *imaginären* Umgebung lernen. In Kapitel 8 setzen wir diese Idee in die Praxis um. Wir trainieren ein Auto darauf, so schnell wie möglich auf einer Strecke zu fahren, indem es selbst aus seiner eigenen halluzinierten Umgebung lernen kann.

Nicht zuletzt muss die generative Modellierung sicherlich Teil der Lösung sein, um eine Maschine bauen zu können, die eine Form der Intelligenz erlangt, die der eines Menschen gleicht. Eines der besten Beispiele für ein real existierendes generatives Modell ist die Person, die dieses Buch liest – Sie! Nehmen Sie sich einen Moment Zeit, um zu überlegen, was für ein unglaubliches generatives Modell Sie sind. Sie vermögen die Augen zu schließen und sich vorzustellen, wie ein Elefant aus jedem möglichen Blickwinkel aussehen würde. Sie können sich eine Reihe von unterschiedlichen plausiblen Ausgängen Ihrer Lieblingsserie vorstellen. Und Sie können Ihre Woche im Voraus planen, indem Sie verschiedene Zukunftsszenarien vor Ihrem geistigen Auge durcharbeiten und sich für entsprechende Handlungen entscheiden. Die aktuelle neurowissenschaftliche Theorie legt nahe, dass unsere Wahrnehmung der Realität kein hochkomplexes, auf unseren Sinneseindrücken basierendes diskriminatives Modell ist, um Vorhersagen über das, was wir erleben, zu treffen. Vielmehr gleicht sie einem generativen Modell, das von Geburt an trainiert wird, um Simulationen unserer Umgebung zu liefern, die der Zukunft entsprechen. Einige Theorien legen sogar nahe, dass die Ergebnisse dieses generativen Modells das sind, was wir direkt als Realität wahrnehmen. Offensichtlich ist ein umfassendes Verständnis dafür, wie wir Maschinen bauen können, die diese Fähigkeit erwerben, von zentraler Bedeutung für unser weiteres Verständnis der Funktionsweise des Gehirns und der allgemeinen künstlichen Intelligenz.

Beginnen wir vor diesem Hintergrund unsere Reise in die spannende Welt der generativen Modellierung. Zunächst schauen wir uns die einfachsten Beispiele für generative Modelle und einige der Ideen an, die uns dabei helfen, die komplexeren Architekturen, denen wir später im Buch begegnen werden, durchleuchten zu können.

Das generative Modellierungskonzept

Spielen wir als Erstes ein kleines Spiel mit einem generativen Modell, das nur zwei Dimensionen besitzt. Hierzu habe ich eine Regel gewählt, mit der die Punkte $\mathbf{X}$ in Abbildung 1-4 erzeugt wurden. Nennen wir diese Regel p_{data}. Ihre Aufgabe besteht darin, einen anderen Punkt $\mathbf{x} = (x_1, x_2)$ in diesem Raum zu wählen, der so erscheint, als wäre er von der gleichen Regel erzeugt worden.

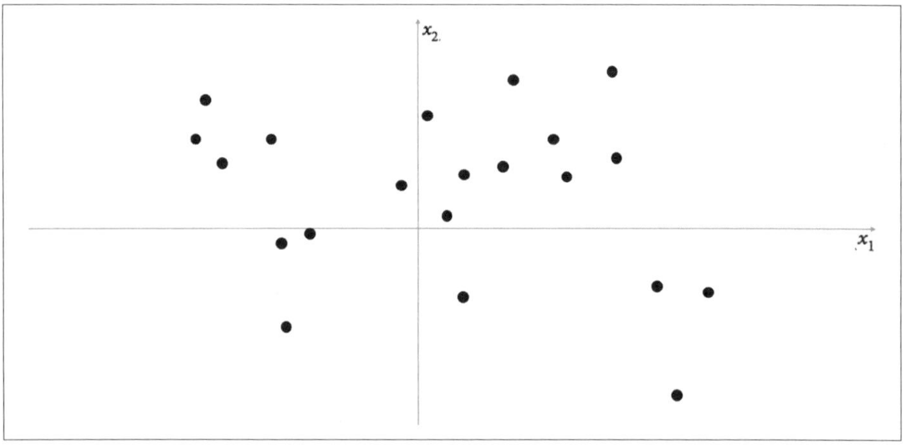

Abbildung 1-4: Eine Punktmenge im zweidimensionalen Raum, die durch die unbekannte Regel p_{data} erzeugt wurde

Für welchen Punkt haben Sie sich entschieden? Wahrscheinlich haben Sie Ihre Kenntnisse über die vorhandenen Datenpunkte genutzt, um vor Ihrem geistigen Auge ein Modell, p_{model}, zu konstruieren, mit dem Sie abschätzen, an welchen Stellen die Punkte eher zu finden sind. In diesem Zusammenhang stellt p_{model} eine *Schätzung* von p_{data} dar. Vielleicht haben Sie entschieden, dass p_{model} wie Abbildung 1-5 aussehen sollte – eine rechteckige Fläche, in der Punkte aufzufinden sind, und ein Bereich außerhalb dieser Fläche, in dem keine Wahrscheinlichkeit besteht, einen Punkt zu finden. Um eine neue Beobachtung zu erzeugen, können Sie einfach einen zufälligen Punkt innerhalb der Fläche wählen – oder, formeller ausgedrückt, aus der Verteilung p_{model} eine Stichprobe ziehen beziehungsweise *samplen*. Herzlichen Glückwunsch, Sie haben gerade Ihr erstes generatives Modell entwickelt!

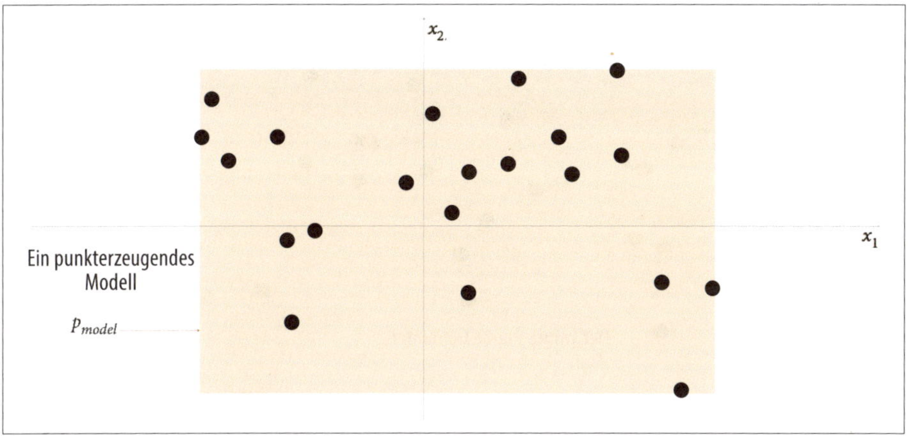

Abbildung 1-5: Die orangefarbene Fläche, p_{model}, ist eine Schätzung der wahren zugrunde liegenden datengenerierenden Verteilung, p_{data}.

Wenn dies auch nicht das komplexeste Beispiel gewesen sein mag, so haben wir dennoch einen ersten Einblick darin gewinnen können, worauf generative Modellierung abzielt. Fassen wir die Grundprinzipien noch einmal zusammen.

Die Grundprinzipien der generativen Modellierung

- Wir haben einen Datensatz an Beobachtungen **X**.
- Wir gehen davon aus, dass die Beobachtungen auf der Grundlage einer unbekannten Verteilung, p_{data}, generiert wurden.
- Ein generatives Modell p_{model} versucht, p_{data} nachzubilden. Wenn wir dies erreichen, können wir aus p_{model} Stichproben ziehen, um Beobachtungen zu erzeugen, die auch p_{data} entstammen könnten.
- Uns überzeugt p_{model}, falls folgende Regeln gelten:
  - Regel 1: Es kann Beispiele erzeugen, die ebenfalls aus p_{data} stammen könnten.
  - Regel 2: Es kann Beispiele generieren, die sich in ausreichendem Maße von den Beobachtungen in **X** unterscheiden. Mit anderen Worten, das Modell sollte nicht einfach Dinge reproduzieren, die es zuvor gesehen hat.

Ergründen wir nun die wahre datengenerierende Verteilung p_{data} und übertragen wir darauf die Grundprinzipien.

Wie wir in Abbildung 1-6 sehen können, ist der zugrunde liegende Datengenerierungsprozess schlicht eine Gleichverteilung der Punkte über die Kontinente hinweg, wobei kein Punkt im Meer zu finden ist.

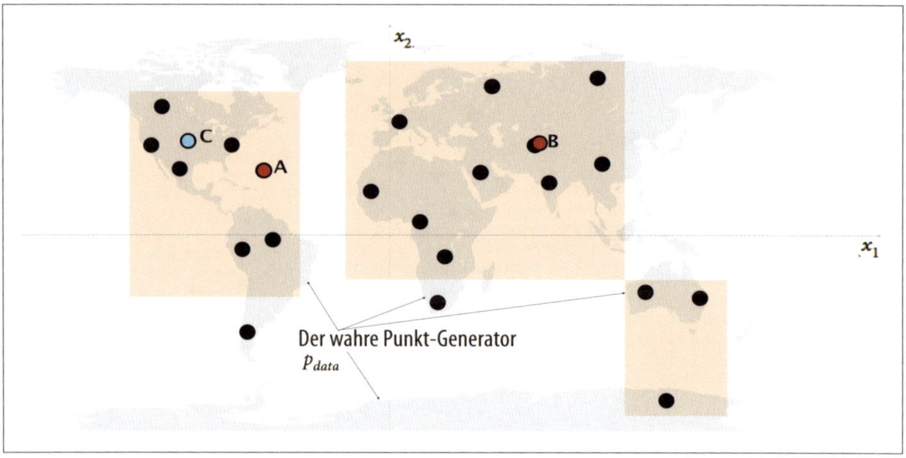

Abbildung 1-6: Die orangefarbenen Flächen, p_{model}, stellen eine Schätzung der tatsächlichen datenerzeugenden Verteilung, p_{data}, dar (die grauen Flächen).

Offensichtlich ist unser Modell p_{model} eine zu starke Vereinfachung von p_{data}. Die Punkte A, B und C heben drei Beobachtungen hervor, die von p_{model} mit unterschiedlichem Erfolg erzeugt wurden:

- **Punkt A** verstößt gegen Regel 1 – er scheint nicht von p_{data} generiert worden zu sein, da er sich mitten auf dem Meer befindet.
- **Punkt B** ist so nah an einem Punkt im Datensatz, dass wir nicht damit zufrieden sein sollten, wenn unser Modell einen solchen Punkt erzeugt. Wenn alle vom Modell erzeugten Beispiele so wären, würde dies gegen Regel 2 verstoßen.
- **Punkt C** kann als Erfolg gewertet werden, da er von p_{data} generiert worden sein könnte und sich in ausreichendem Maße von jedem Punkt im ursprünglichen Datensatz unterscheidet.

Das Anwendungsfeld der generativen Modellierung ist vielfältig, und es sind unterschiedlichste Aufgabenstellungen denkbar. In den meisten Anwendungsfällen bieten die Grundprinzipien der generativen Modellierung jedoch einen Leitfaden dazu, wie wir im Großen und Ganzen über die Lösung der Aufgabe nachdenken sollten.

Befassen wir uns nun mit einem weniger trivialen Beispiel für ein generatives Modell.

Wahrscheinlichkeitsbasierte generative Modelle

Eines vorweg – auch wenn Sie nie Statistik studiert haben, sollten Sie sich keine Sorgen machen! Um die meisten Deep-Learning-Modelle, die wir später in diesem Buch sehen werden, zu entwickeln und zu verwenden, ist es nicht notwendig, ein ausgeprägtes Wissen über die dahinterstehende statistische Theorie zu besitzen. Um jedoch eine umfassende Einschätzung der Entwicklungen zu gewinnen, lohnt es sich, ein generatives Modell zu entwickeln, das nicht auf Methoden des Deep Learning basiert, sondern ausschließlich auf der Wahrscheinlichkeitstheorie. Dieser Ansatz vermittelt Ihnen die Grundlagen, um alle generativen Modelle, ob basierend auf Deep Learning oder nicht, aus der gleichen wahrscheinlichkeitstheoretischen Sichtweise verstehen zu können.

> Wenn Sie bereits über profunde statistische Kenntnisse verfügen, ist das großartig, und ein Großteil des folgenden Abschnitts dürfte Ihnen geläufig sein. Es sei jedoch auf ein lustiges Beispiel in der Mitte dieses Kapitels hingewiesen, das sich zu lesen lohnt!

Als Erstes definieren wir vier Grundbegriffe: *Stichprobenraum*, *Wahrscheinlichkeitsdichtefunktion*, *parametrische Modellierung* und *Maximum-Likelihood-Schätzung*.

Der Stichprobenraum

Der *Stichprobenraum* ist der gesamte Wertebereich, den eine Beobachtung $\mathbf{x}$ annehmen kann.

In unserem vorherigen Beispiel besteht der Stichprobenraum aus allen auf der Weltkarte möglichen Kombinationen aus Breiten- und Längengrad $\mathbf{x} = (x_1, x_2)$.

$\mathbf{x} = (40{,}7306°, -73{,}9352°)$ ist z. B. ein Punkt im Stichprobenraum (New York City).

Die Wahrscheinlichkeitsdichtefunktion

Eine *Wahrscheinlichkeitsdichtefunktion* (oder *Dichtefunktion*), $p(\mathbf{x})$, ist eine Funktion, die einen Punkt $\mathbf{x}$ des Stichprobenraums auf einen Wertebereich zwischen 0 und 1 abbildet. Die Summe[5] der Dichtefunktion aller Punkte im Stichprobenraum muss 1 betragen, damit die Wahrscheinlichkeitsverteilung eindeutig definiert ist.[6]

Im unserem Weltkartenbeispiel ist die Dichtefunktion unseres Modells außerhalb der orangefarbenen Bereiche 0 und innerhalb konstant.

Obwohl es nur eine wahre Dichtefunktion p_{data} gibt, von der angenommen wird, dass sie den beobachtbaren Datensatz erzeugt hat, gibt es unendlich viele Dichte-

5 Beziehungsweise das Integral, wenn der Stichprobenraum kontinuierlich ist.

6 Wenn der Stichprobenraum diskret ist, entspricht $p(\mathbf{x})$ der dem Beobachtungspunkt $\mathbf{x}$ zuzuordnenden Wahrscheinlichkeit.

funktionen p_{model}, mit denen wir p_{data} schätzen können. Um unseren Ansatz zur Suche nach einem geeigneten $p_{model}(\mathbf{X})$ zu strukturieren, können wir eine Technik verwenden, die als *parametrische Modellierung* bekannt ist.

Parametrische Modellierung

Ein *parametrisches Modell*, $p_\theta(\mathbf{x})$, stellt eine Gruppe von Dichtefunktionen dar, die mit einer endlichen Anzahl an Parametern, θ, beschrieben werden können.

Die Gruppe aller möglichen Flächen, die man in Abbildung 1-5 zeichnen kann, stellen ein Beispiel eines parametrischen Modells dar. In diesem Fall gibt es vier Parameter: die Koordinaten der linken unteren (θ_1, θ_2) und der rechten oberen (θ_3, θ_4) Ecke der Fläche.

In diesem parametrischen Modell kann somit jede Dichtefunktion $p_\theta(\mathbf{x})$ (d.h. jede Fläche) eindeutig durch vier Zahlen, $\theta = (\theta_1, \theta_2, \theta_3, \theta_4)$, dargestellt werden.

Die Wahrscheinlichkeitsfunktion

Die *Wahrscheinlichkeitsfunktion* oder auch *Likelihood* $\mathscr{L}(\theta|\mathbf{x})$ eines Parametersatzes θ ist eine Funktion, die die Wahrscheinlichkeit von θ unter Berücksichtigung eines beobachteten Punkts $\mathbf{x}$ misst.

Sie ist wie folgt definiert:

$$\mathscr{L}(\theta|\mathbf{x}) = p_\theta(\mathbf{x})$$

Das bedeutet, dass die Wahrscheinlichkeit von θ bei einem Beobachtungspunkt $\mathbf{x}$ durch den Wert der durch θ parametrisierten Dichtefunktion an dem Punkt $\mathbf{x}$ definiert ist.

Wenn wir einen kompletten Datensatz $\mathbf{X}$ unabhängiger Beobachtungen haben, dann können wir formulieren:

$$\mathscr{L}(\theta|\mathbf{X}) = \prod_{\mathbf{x} \in \mathbf{X}} p_\theta(\mathbf{x})$$

Da die Berechnung dieses Produkts ziemlich rechenintensiv sein kann, verwenden wir stattdessen oft die *Log-Likelihood* ℓ:

$$\ell(\theta|\mathbf{X}) = \sum_{\mathbf{x} \in \mathbf{X}} \log p_\theta(\mathbf{x})$$

Es gibt statistische Gründe dafür, dass die Wahrscheinlichkeit auf diese Weise definiert wird. Zu unseren Zwecken genügt es, die Idee dahinter nachvollziehen zu können. Wir definieren einfach die Wahrscheinlichkeit, dass ein Parametersatz θ gleich der Wahrscheinlichkeit ist, die Daten unter dem von θ parametrierten Modell zu erfassen.

Im Weltkartenbeispiel hätte eine orangefarbene Fläche, die nur die linke Hälfte der Karte bedeckt, eine Wahrscheinlichkeit von 0 – der Datensatz hätte unmöglich durch sie generiert werden können, da sich auch Punkte auf der rechten Hälfte der Karte befinden. In Abbildung 1-5 besitzt die orangefarbene Fläche eine positive Wahrscheinlichkeit, da bei diesem Modell die Dichtefunktion aller Datenpunkte positiv ist.

Folglich liegt der Schwerpunkt der parametrischen Modellierung darin, den optimalen Wert $\hat{\theta}$ für den Parametersatz zu finden – also den Wert, der die Wahrscheinlichkeit maximiert, Datensatz **X** zu beobachten. Aus diesem Grund wird die Methode als *Maximum-Likelihood-Schätzung* bezeichnet.

Maximum-Likelihood-Schätzung

Die *Maximum-Likelihood-Schätzung* ermöglicht uns, $\hat{\theta}$ zu schätzen, also den Parametersatz θ einer Dichtefunktion $p_\theta(\mathbf{x})$, der am wahrscheinlichsten die beobachteten Daten **X** erklärt.

Formaler:

$$\hat{\theta} = \underset{\theta}{\operatorname{argmax}}\, \mathcal{L}(\theta|\mathbf{X})$$

$\hat{\theta}$ wird auch als *Maximum-Likelihood-Schätzer* bezeichnet (MLS).

Nun sind Ihnen alle Begriffe geläufig, mit denen wir ein probabilistisches generatives Modell beschreiben können.

Die meisten Kapitel in diesem Buch werden eine kurze Geschichte enthalten, die dabei helfen soll, die jeweils vorliegende Methode zu umschreiben. In diesem Kapitel beginnen wir mit einer Reise zum Planeten Wrodl, wo unsere erste generative Modellierungsaufgabe wartet ...

Hallo Wrodl!

Wir schreiben das Jahr 2047, und Sie freuen sich, dass Sie zum neuen Chief Fashion Officer (CFO) des Planeten Wrodl ernannt wurden. Als CFO liegt es in Ihrer alleinigen Verantwortung, neue und aufregende Modetrends zu schaffen, die die Bewohner des Planeten begeistern.

Die Wrodler sind bekannt dafür, dass sie in Sachen Mode ziemlich speziell sind. Es liegt also an Ihnen, neue Styles zu erschaffen, die denen ähnlich sind, die es bereits auf dem Planeten gibt – sie sollen aber nicht identisch sein.

Bei Ihrer Ankunft erhalten Sie einen Datensatz mit 50 Beobachtungen der Wrodler-Mode (siehe Abbildung 1-7) und erfahren, dass Sie einen Tag Zeit haben, um zehn neue Modelle zu entwickeln, die Sie der Modepolizei zur Begutachtung vorlegen. Sie dürfen mit Frisur, Haarfarbe, Brille, Kleidungstyp und Kleidungsfarbe experimentieren, um Ihre Meisterwerke zu kreieren.

Abbildung 1-7: Porträts von 50 Wrodlern[7]

Da Sie ein begeisterter Datenwissenschaftler sind, entscheiden Sie sich zur Lösung des Problems kurzerhand für den Einsatz eines generativen Modells. Nach einem kurzen Besuch der intergalaktischen Bibliothek nehmen Sie das Buch *Generatives Deep Learning* in die Hand und beginnen zu lesen ...

Fortsetzung folgt ...

Ihr erstes wahrscheinlichkeitsbasiertes generatives Modell

Werfen wir einen genaueren Blick auf den Wrodl-Datensatz. Er besteht aus $N = 50$ Beobachtungen von Kleidungsstilen, die derzeit auf dem Planeten verbreitet sind. Wie in Tabelle 1-1 aufgeführt, kann jede Beobachtung durch fünf Merkmale (*accessoirArt*, *kleidungFarbe*, *kleidungArt*, *haarFarbe*, *oberteilArt*) beschrieben werden.

Tabelle 1-1: Die ersten zehn Beobachtungen im Wrodler-Porträtdatensatz

portraet_id	accessoirArt	kleidungFarbe	kleidungArt	haarFarbe	oberteilArt
0	Rund	Weiß	ShirtSchaufelausschnitt	Rot	KurzhaarGlatt
1	Rund	Weiß	Kittel	SilberGrau	KurzhaarKräuselig

7 Quelle: *https://getavataaars.com*

Tabelle 1-1: Die ersten zehn Beobachtungen im Wrodler-Porträtdatensatz (Fortsetzung)

portraet_id	accessoirArt	kleidungFarbe	kleidungArt	haarFarbe	oberteilArt
2	Sonnenbrille	Weiß	ShirtSchaufelausschnitt	Blond	KurzhaarGlatt
3	Rund	Weiß	ShirtSchaufelausschnitt	Rot	Langhaar
4	Rund	Weiß	Kittel	SilberGrau	KeinHaar
5	OhneBrille	Weiß	Kittel	Schwarz	Langhaar
6	Sonnenbrille	Weiß	Kittel	SilberGrau	Langhaar
7	Rund	Weiß	ShirtSchaufelausschnitt	SilberGrau	KurzhaarGlatt
8	Rund	Rosa	Kapuzenpullover	SilberGrau	Langhaar
9	Rund	PastellOrange	ShirtSchaufelausschnitt	Blond	Langhaar

Die Merkmale können folgende Ausprägungen annehmen:

- Sieben verschiedene Frisuren (*oberteilArt*):
  - *KeinHaar, LanghaarDutt, LanghaarLockig, Langhaar, KurzhaarLockig, KurzhaarGlatt, KurzhaarKräuselig*
- Sechs verschiedene Haarfarben (*haarFarbe*):
  - *Schwarz, Blond, Braun, PastellRosa, Rot, SilberGrau*
- Drei unterschiedliche Brillentypen (*accessoirArt*):
  - *OhneBrille, RundeBrille, Sonnenbrille*
- Vier verschiedene Kleidungsstücke (*kleidungArt*):
  - *Kapuzenpullover, Kittel, HemdSchaufelausschnitt, HemdVausschnitt*
- Acht verschiedene Konfektionsfarben (*kleidungFarbe*):
  - *Schwarz, Blau, Grau, PastellGrün, PastellOrange, Rosa, Rot, Weiß*

Es gibt 7 × 6 × 3 × 4 × 8 = 4.032 verschiedene Kombinationen für die Merkmale. Dementsprechend gibt es im Stichprobenraum 4.032 Datenpunkte.

Unser Datensatz scheint von einer zugrunde liegenden Verteilung p_{data} erzeugt worden zu sein, die einige Merkmalswerte gegenüber anderen bevorzugt. Zum Beispiel kann man anhand der Porträts in Abbildung 1-7 erkennen, dass weiße Kleidungsstücke häufiger getragen werden, ebenso silbergraue Haare und T-Shirts mit Rundhalsausschnitt.

Das Problem ist, dass wir p_{data} nicht explizit kennen – wir müssen mit der uns zur Verfügung stehenden Stichprobe an Beobachtungen **X** auskommen, die durch p_{data} erzeugt wurde. Das Ziel der generativen Modellierung ist es, aus diesen Beobachtungen ein p_{Modell} zu entwickeln, das die von p_{data} erzeugten Beobachtungen akkurat nachbilden kann.

Um dies zu erreichen, könnten wir einfach – basierend auf unserer Stichprobe – jeder möglichen Merkmalskombination eine Wahrscheinlichkeit zuordnen. Unser parametrisches Modell hätte dann d = 4.031 Parameter – einen für jede Beobachtung im Stichprobenraum, abzüglich eines Parameters, da der Wert des letzten Parameters zwangsläufig so gewählt werden müsste, dass die Gesamtsumme 1 beträgt. Als Notation der zu schätzenden Modellparameter wählen wir $(\theta_1, \ldots, \theta_{4031})$.

Im vorliegenden Fall wird unser parametrisches Modell durch eine *multinomiale Verteilung* beschrieben. Der Maximum-Likelihood-Schätzer $\widehat{\theta_j}$ jedes Parameters ist entsprechend durch folgende Gleichung gegeben:

$$\widehat{\theta_j} = \frac{n_j}{N}$$

wobei n_j der Anzahl der Beobachtungen der Merkmalskombination j in unserem Datensatz und $N = 50$ der Gesamtanzahl der Beobachtungen entspricht.

Somit gleicht der Schätzwert jedes Parameters der entsprechenden Merkmalskombination schlicht der jeweiligen relativen Häufigkeit im Datensatz.

Beispielsweise taucht die folgende Merkmalskombination (bezeichnen wir sie als Kombination 1) zweimal im Datensatz auf:

- *(Langhaar, Rot, RundeBrille, HemdSchaufelausschnitt, Weiß)*

Deshalb ergibt sich:

$$\widehat{\theta_1} = 2/50 = 0{,}04$$

Dagegen erscheint die folgende Merkmalskombination (nennen wir sie Kombination 2) überhaupt nicht im Datensatz:

- *(Langhaar, Rot, RundeBrille, HemdSchaufelausschnitt, Blau)*

Hierfür ergibt sich:

$$\widehat{\theta_2} = 0/50 = 0$$

Auf diese Weise können wir alle $\widehat{\theta_j}$-Werte berechnen und so eine Verteilung mittels unseres Stichprobenraums definieren. Da wir aus dieser Verteilung wiederum Stichproben ziehen können, könnte unser Ansatz durchaus als generatives Modell fungieren. Allerdings scheitert er an einem entscheidenden Punkt: Das Modell könnte nie etwas erzeugen, was es nicht bereits gesehen hat, da für jede Kombination, die nicht im ursprünglichen Datensatz **X** war, $\widehat{\theta_j} = 0$ gilt.

Um diesem Umstand Rechnung zu tragen, könnten wir jeder möglichen Merkmalskombination einen zusätzlichen *Pseudozählwert* von 1 zuweisen. Diese Methode wird als *additive Glättung* bezeichnet. In dem Fall wäre der MLS für die Parameter:

$$\widehat{\theta_j} = \frac{n_j + 1}{N + d}$$

Nun besitzt jede einzelne Kombination eine Ziehungswahrscheinlichkeit ungleich null – auch wenn sie nicht im ursprünglichen Datensatz enthalten war. Dieser Ansatz bietet jedoch noch immer kein zufriedenstellendes generatives Modell, da die Wahrscheinlichkeit, eine Kombination zu beobachten, die nicht im ursprünglichen Datensatz enthalten ist, lediglich eine Konstante ist. Würden wir versuchen, ein solches Modell zur Erzeugung von Picasso-Gemälden zu verwenden, würde es einer zufälligen Zusammenstellung bunter Pixel ebenso viel Gewicht beimessen wie einer Nachbildung eines Picasso-Gemäldes, das sich nur geringfügig von einem echten Gemälde unterscheidet.

Idealerweise soll unser generatives Modell eine inhärente Struktur aus den Daten lernen. Dementsprechend sollte es Bereiche des Stichprobenraums, die seiner Einschätzung nach wahrscheinlicher sind, stärker gewichten, statt lediglich Gewicht auf die Punkte zu legen, die tatsächlich im Datensatz vorhanden sind.

Um das zu erreichen, benötigen wir ein anderes parametrisches Modell.

Das naive Bayes-Modell

Das naive Bayes-Modell bedient sich einer einfachen Annahme, die die Anzahl der Parameter, die geschätzt werden müssen, drastisch reduziert.

Es wird die *naive* Annahme getroffen, dass jedes Merkmal x_j von jedem anderen Merkmal x_k *unabhängig* ist.[8] In Bezug auf den Wrodl-Datensatz gehen wir davon aus, dass die Wahl der Haarfarbe keinen Einfluss auf die Wahl des Kleidungstyps hat und dass die Art der Brille, die jemand trägt, zum Beispiel keinen Einfluss auf seine Frisur hat. Formeller ausgedrückt, gilt für alle Merkmale x_j, x_k:

$$p(x_j \mid x_k) = p(x_j)$$

Diese Gleichung drückt die *Naive-Bayes*-Annahme aus. Um sie anzuwenden, nutzen wir für die einzelnen Wahrscheinlichkeiten jeweils die Kettenregel, um die Dichtefunktion als Produkt bedingter Wahrscheinlichkeiten zu formulieren:

$$\begin{aligned}
p(\mathbf{x}) &= p(x_1, \ldots, x_K) \\
&= p(x_2, \ldots, x_K \mid x_1) p(x_1) \\
&= p(x_3, \ldots, x_K \mid x_1, x_2) p(x_2 \mid x_1) p(x_1) \\
&= \prod_{k=1}^{K} p(x_k \mid x_1, \ldots, x_{k-1})
\end{aligned}$$

wobei K die Anzahl der Merkmale ist (d.h. 5 in unserem Wrodl-Beispiel).

8 Wenn eine Antwortgröße y vorhanden ist, besagt die Annahme von Naive Bayes, dass es eine *bedingte* Unabhängigkeit zwischen jedem Paar von Merkmalen x_j, x_k, gegeben y, gibt.

Wenden wir nun die Naive-Bayes-Annahme an, um die letzte Zeile weiter zu vereinfachen:

$$p(\mathbf{x}) = \prod_{k=1}^{K} p(x_k)$$

Das ist das naive Bayes-Modell. Die Aufgabe reduziert sich darauf, die Parameter $\theta_{kl} = p(x_k = l)$ für jedes Merkmal einzeln zu schätzen und zu multiplizieren, um die Wahrscheinlichkeiten jeder möglichen Kombination zu finden.

Wie viele Parameter müssen wir nun schätzen? Für jedes Merkmal müssen wir je einen Parameter für jede Merkmalsausprägung schätzen. Daher ist das Modell im Wrodl-Beispiel nur durch 7 + 6 + 3 + 4 + 8 – 5 = 23 Parameter definiert.[9]

Die Maximum-Likelihood-Schätzer $\widehat{\theta_{kl}}$ ergeben sich wie folgt:

$$\widehat{\theta_{kl}} = \frac{n_{kl}}{N}$$

wobei n_{kl} die Häufigkeit angibt, mit der das Merkmal k die Ausprägung l im Datensatz annimmt und $N = 50$ die Gesamtanzahl der Beobachtungen.

Tabelle 1-2 weist die berechneten Parameter für den Wrodl-Datensatz aus.

Tabelle 1-2: Die MLS der Parameter im naiven Bayes-Modell

oberteilArt	n	$\hat{\theta}$	haarFarbe	n	$\hat{\theta}$	kleidungFarbe	n	$\hat{\theta}$
KeinHaar	7	0,14	Schwarz	7	0,14	Schwarz	0	0,00
LanghaarDutt	0	0,00	Blond	6	0,12	Blau	4	0,08
LanghaarLockig	1	0,02	Braun	2	0,04	Grau	10	0,20
Langhaar	23	0,46	PastellRosa	3	0,06	PastellGrün	5	0,10
KurzhaarLockig	1	0,02	Rot	8	0,16	PastellOrange	2	0,04
KurzhaarGlatt	11	0,22	SilberGrau	24	0,48	Rosa	4	0,08
KurzhaarKräuselig	7	0,14	*Insgesamt*	*50*	*1,00*	Rot	3	0,06
Insgesamt	*50*	*1,00*				Weiß	22	0,44
						Insgesamt	*50*	*1,00*

9 Die -5 ist darauf zurückzuführen, dass jeweils der letzte Parameter jedes Merkmals gegeben ist, da die Summe der Parameter für ein Merkmal 1 ergeben muss.

Tabelle 1-2: Die MLS der Parameter im naiven Bayes-Modell (Fortsetzung)

accessoirArt	n	$\hat{\theta}$	kleidungArt	n	$\hat{\theta}$
OhneBrille	11	0,22	Kapuzenpullover	7	0,14
RundeBrille	22	0,44	Kittel	18	0,36
Sonnenbrille	17	0,34	HemdSchaufelausschnitt	19	0,38
Insgesamt	*50*	*1,00*	HemdVausschnitt	6	0,12
			Insgesamt	*50*	*1,00*

Um die Wahrscheinlichkeit zu berechnen, mit der das Modell eine Beobachtung **x** erzeugt, multiplizieren wir einfach die einzelnen Merkmalswahrscheinlichkeiten, beispielsweise:

$$\begin{aligned} &p(Langhaar, Rot, RundeBrille, HemdSchaufelausschnitt, Weiß) \\ &= p(Langhaar) \times p(Rot) \times p(RundeBrille) \times p(HemdSchaufelausschnitt) \times p(Weiß) \\ &= 0{,}46 \times 0{,}16 \times 0{,}44 \times 0{,}38 \times 0{,}44 \\ &= 0{,}0054 \end{aligned}$$

Beachten Sie, dass diese Kombination nicht im ursprünglichen Datensatz enthalten ist, unser Modell ihr aber dennoch eine Wahrscheinlichkeit ungleich null zuweist. Deshalb kann sie überhaupt von unserem Modell erzeugt werden. Außerdem besitzt sie eine höhere Wahrscheinlichkeit, erzeugt zu werden, als z.B. *(Langhaar, Rot, RundeBrille, HemdSchaufelausschnitt, Blau)*, da weiße Kleidungsstücke im Datensatz häufiger vorkommen als blaue.

Ein naives Bayes-Modell ist also in der Lage, eine Struktur aus den vorliegenden Daten zu erlernen und neue Beispiele zu erzeugen, die im ursprünglichen Datensatz nicht enthalten waren. Dabei schätzt es die Wahrscheinlichkeiten unter der Annahme, dass die Merkmalsausprägungen unabhängig voneinander auftreten. Auf diese Weise können die Einzelwahrscheinlichkeiten miteinander multipliziert werden, um die vollständige Dichtefunktion, $p_\theta(\mathbf{x})$, zu erhalten.

In Abbildung 1-8 sind zehn vom Modell erstellte Porträts zu sehen.

Abbildung 1-8: Zehn neue Wrodler-Stile, die vom naiven Bayes-Modell erzeugt wurden

Bei diesem einfachen Anwendungsfall erscheint die Annahme des naiven Bayes-Modells, dass jedes Merkmal unabhängig von jedem anderen ist, durchaus plausibel, und es erweist sich daher auch als ein geeignetes generatives Modell.

Sehen wir uns nun an, was passiert, wenn diese Annahme verletzt wird.

Hallo Wrodl! – Fortsetzung

Mit Stolz blicken Sie auf die zehn neuen Kreationen, die von Ihrem naiven Bayes-Modell erzeugt wurden. Von Erfolg getrieben, widmen Sie Ihre Aufmerksamkeit nun dem Mode-Dilemma eines anderen Planeten – aber diesmal ist die Aufgabenstellung nicht ganz so einfach.

Auf dem zutreffend benannten Planeten Pixel besteht der Ihnen vorliegende Datensatz nicht mehr aus den fünf übergeordneten Merkmalen, die Sie auf dem Planeten Wrodl kennengelernt haben (*haarFarbe, accessoirArt,* etc.). Hier stehen Ihnen lediglich die Werte der 32 × 32 Pixel, die zusammen ein Bild ergeben, zur Verfügung. Jede Beobachtung hat somit 32 × 32 = 1.024 Merkmale, und jedes Merkmal kann einen von 256 Werten annehmen (aller verfügbaren Farben in der Farbpalette).

Die im neuen Datensatz enthaltenen Modestile können Sie in Abbildung 1-9 überblicken. Tabelle 1-3 bietet Ihnen einen anschaulichen Auszug ausgewählter Pixelwerte der ersten zehn Beobachtungen.

Abbildung 1-9: Mode auf dem Planeten Pixel

Tabelle 1-3: Die Pixelwerte 458 bis 467 der ersten zehn Beobachtungen auf dem Planeten Pixel

face_id	px_458	px_459	px_460	px_461	px_462	px_463	px_464	px_465	px_466	px_467
0	49	14	14	19	7	5	5	12	19	14
1	43	10	10	17	9	3	3	18	17	10
2	37	12	12	14	11	4	4	6	14	12
3	54	9	9	14	10	4	4	16	14	9
4	2	2	5	2	4	4	4	4	2	5
5	44	15	15	21	14	3	3	4	21	15
6	12	9	2	31	16	3	3	16	31	2
7	36	9	9	13	11	4	4	12	13	9
8	54	11	11	16	10	4	4	19	16	11
9	49	17	17	19	12	6	6	22	19	17

Sie beschließen, Ihr bewährtes naives Bayes-Modell nun an dem Pixeldatensatz auszuprobieren. Die Farbverteilung der Pixel wird dabei durch die Maximum-Likelihood-Parameter bestimmt. Sobald diese durch das Modell geschätzt wurden, ist es imstande, neue Beobachtungen auf Basis der resultierenden Verteilung zu erzeugen. Nur leider zeigt sich deutlich, dass dabei etwas nicht funktioniert.

Anstatt neuartige Kleidungsstile zu erzeugen, gibt das Modell zehn sehr ähnliche Bilder aus, die keine erkennbaren Accessoires oder klare Haarpartien oder Kleidungsstücke erkennen lassen (siehe Abbildung 1-10). Warum ist das so?

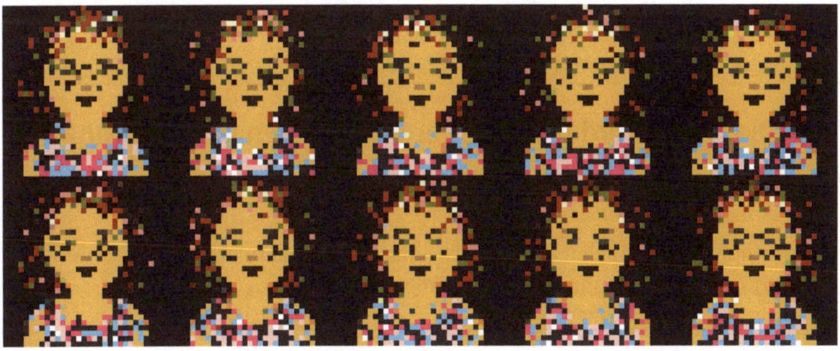

Abbildung 1-10: Zehn neue Planeten-Pixel-Stile, die durch das naive Bayes-Modell erzeugt wurden

Die Herausforderungen der generativen Modellierung

Erstens ist das naive Bayes-Modell nicht dazu imstande, zu erkennen, dass sich zwei benachbarte Pixel mit großer Wahrscheinlichkeit im Farbton sehr ähnlich sind, da sie beispielsweise Teil desselben Kleidungsstücks sind. Dies ist darauf zurückzuführen, dass die Pixel unabhängig voneinander ausgewertet werden. Das Modell ist zwar in der Lage, die Gesichtsfarbe und den Mund zu erzeugen, da die Pixel an dieser Stelle bei jeder Beobachtung im Trainingsdatensatz ungefähr den gleichen Farbton besitzen. Bei den Pixeln, die die T-Shirts definieren, wird jedoch jedes Pixel nach dem Zufallsprinzip aus einer Vielzahl von verschiedenen Farben im Trainingsdatensatz gesamplet – ohne dabei Rücksicht auf die bei benachbarten Pixeln gesampleten Farben zu nehmen. Zudem versagt es dabei, kreisförmige Brillenformen für Pixel in Augennähe oder rote Pixel in der Nähe des oberen Bildrands, die ein Wellenmuster bilden, das beispielsweise eine bestimmte Frisur abbildet, zu erzeugen.

Zweitens umfasst der Stichprobenraum in diesem Beispiel eine immens große Anzahl möglicher Beobachtungen. Nur ein sehr geringer Teil davon repräsentiert erkennbare Gesichter und ein noch geringerer auch Gesichter, die den Modevorstellungen des Planeten Pixel entsprechen. Wenn unser naives Bayes-Modell also direkt mit den hoch korrelierten Pixelwerten arbeitet, ist die Wahrscheinlichkeit, dass es eine überzeugende Farbkombination findet, äußerst gering.

Abschließend können wir festhalten, dass auf dem Planeten Wrodl die einzelnen Merkmale voneinander unabhängig sind und der Stichprobenraum relativ klein ist, weshalb das naive Bayes-Modell gut funktioniert. Auf dem Planeten Pixel ist die Annahme, dass jeder Pixelwert unabhängig von jedem anderen Pixelwert ist, offensichtlich nicht gültig. Die Pixelwerte sind hoch korreliert, und der Stichprobenraum ist groß, sodass es durch die unabhängige Auswertung der Pixel fast unmöglich ist, ein passendes Gesicht zu finden. Deshalb kann von naiven Bayes-Modellen auch nicht erwartet werden, dass sie bei Rohbilddaten gut funktionieren.

Dieses Beispiel verdeutlicht die beiden wichtigsten Herausforderungen, die ein erfolgreiches generatives Modell bewältigen muss.

Die Herausforderungen der generativen Modellierung

- Wie kann das Modell mit dem hohen Maß bedingter Abhängigkeit zwischen den Merkmalen umgehen?
- Wie findet das Modell in einem hochdimensionalen Stichprobenraum den (winzigen) Anteil an erzeugten Beobachtungen, die zufriedenstellend sind?

Deep Learning ist der Schlüssel zur Lösung dieser beiden Herausforderungen.

Anstatt bereits Annahmen im Voraus treffen zu müssen, benötigen wir ein Modell, das die relevanten Strukturen aus den Daten selbst ableiten kann. Genau hierbei zeichnet sich das Deep Learning aus. Das ist auch einer der Hauptgründe dafür, dass es für die wichtigsten Fortschritte der letzten Jahre in der generativen Modellierung verantwortlich war.

Die Tatsache, dass Deep Learning seine eigenen Merkmale in einem niederdimensionalen Raum finden kann, bedeutet eine Form des *Representation Learning*. Es ist wichtig, die Schlüsselkonzepte des Representation Learning zu verstehen, bevor wir Deep Learning im nächsten Kapitel detaillierter behandeln.

Representation Learning

Die Grundidee beim Lernen von Repräsentationen besteht darin, nicht den hochdimensionalen Stichprobenraum direkt zu modellieren, sondern jede Beobachtung im Trainingsdatensatz mittels eines niederdimensionalen *latenten* Raums zu erfassen. Das Modell muss dann eine Mapping-Funktion lernen, die einen Punkt im latenten Raum nehmen und ihn auf einen Punkt in dem ursprünglichen Raum abbilden kann. Mit anderen Worten: Jeder Punkt im latenten Raum ist die *Darstellung* eines hochdimensionalen Bilds.

Was bedeutet das in der Praxis? Nehmen wir an, wir hätten ein Trainingsdatensatz bestehend aus Graustufenbildern von Keksdosen (siehe Abbildung 1-11).

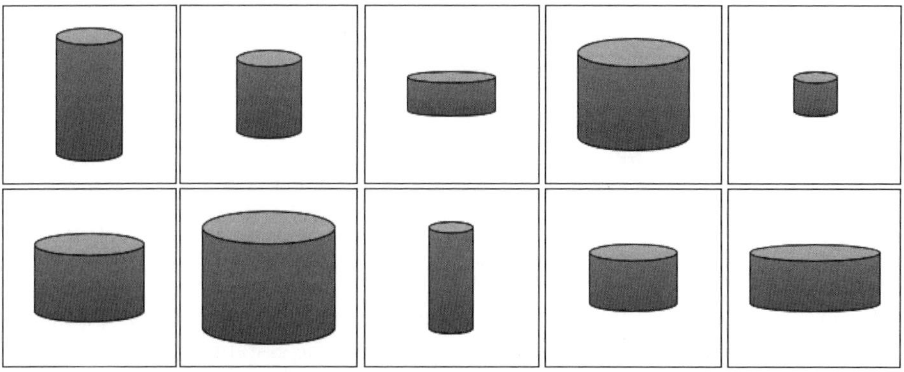

Abbildung 1-11: Der Keksdosen-Datensatz

Für uns ist es offensichtlich, dass es zwei Merkmale gibt, durch die eine Dose eindeutig definiert wird: die Höhe und die Breite der Dose. Bei einer vorgegebenen Höhe und Breite könnten wir die entsprechende Dose zeichnen, auch wenn ihr Bild nicht im Trainingsdatensatz enthalten war. Für eine Maschine ist dies jedoch nicht so einfach – sie müsste zunächst feststellen, dass Höhe und Breite die beiden latenten Raumdimensionen sind, die diesen Datensatz am besten beschreiben, und dann die Mapping-Funktion *f* lernen, die wiederum einen Punkt aus dem latenten Raum auf ein graustufiges Keksdosenbild abbilden kann. Der resultierende latente Raum von Keksdosen und der Erzeugungsprozess sind in Abbildung 1-12 abgebildet.

Deep Learning gibt uns die Möglichkeit, die oft sehr komplexe Mapping-Funktion *f* auf vielfältige Weise zu lernen. Wir werden einige der wichtigsten Methoden in späteren Kapiteln dieses Buchs aufgreifen. Im Moment genügt es, nachzuvollziehen, was durch das Lernen von Repräsentationen bezweckt wird.

Einer der Vorteile des Representation Learning ist, dass wir Operationen innerhalb des überschaubareren latenten Raums durchführen können, die sich auf die Eigenschaften des Bilds auf höchster Ebene auswirken. Es ist nicht offensichtlich, wie man die Schattierung jedes einzelnen Pixels anpassen muss, um ein bestimmtes Keksdosenbild *größer* zu machen. Im latenten Raum muss man lediglich eine 1 zur latenten Dimension *Höhe* hinzuaddieren und dann die Mapping-Funktion anwenden, um zur ursprünglichen Domäne zurückzukehren. Im nächsten Kapitel sehen wir das in Aktion, jedoch nicht für unser Keksdosenbeispiel, sondern anhand von Gesichtern.

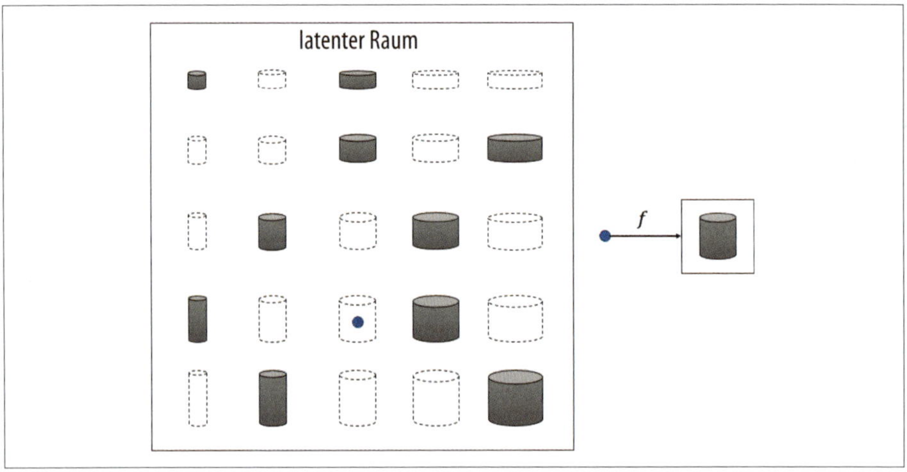

Abbildung 1-12: Der latente Keksdosenraum und die Funktion f, die einen Punkt im latenten Raum auf die ursprüngliche Bilddomäne abbildet

Das Lernen von Repräsentationen ist für uns Menschen so selbstverständlich, dass Sie vielleicht noch nie darüber nachgedacht haben, wie erstaunlich es ist, dass wir es so mühelos können. Angenommen, Sie wollten jemandem Ihr Aussehen beschreiben, der nach Ihnen in einer Menschenmenge sucht und nicht weiß, wie Sie aussehen. Sie würden nicht damit beginnen, die Farbe von Pixel 1 Ihres Haars anzugeben, dann Pixel 2, dann Pixel 3 etc. Stattdessen würden Sie die vernünftige Vermutung anstellen, dass die andere Person eine allgemeine Vorstellung davon hat, wie ein Mensch für gewöhnlich aussieht, und diese Grundvorstellung dann mit weiteren Merkmalen ergänzen, die Pixelgruppen beschreiben, wie z.B. »Ich habe hellblonde Haare« oder »Ich trage eine Brille«. Mit nicht mehr als zehn dieser Aussagen wäre die Person in der Lage, die Beschreibung wieder in Pixeln abzubilden, um ein Bild von Ihnen in ihrem Kopf zu erhalten. Das Bild wäre nicht perfekt, aber es gäbe eine ungefähre Ähnlichkeit mit Ihrem tatsächlichen Aussehen, sodass sie Sie unter möglicherweise Hunderten von anderen Menschen finden könnte, auch wenn Sie sich noch nie zuvor gesehen haben.

Beachten Sie, dass das Representation Learning bei einem bestimmten Bild nicht nur vorgegebenen Merkmalen wie *Blondheit der Haare*, *Höhe* etc. Werte zuweist.

Die eigentliche Stärke des Lernens von Repräsentationen besteht darin, dass es lernt, welche Merkmale am wichtigsten sind, um die gegebenen Beobachtungen zu beschreiben, und wie man diese Merkmale aus den Rohdaten gewinnt. Mathematisch gesehen, versucht das Modell, die hochgradig nicht lineare *Mannigfaltigkeit*, auf der die Daten liegen, zu finden und die Dimensionen zu bestimmen, die erforderlich sind, um diesen Raum vollständig zu beschreiben. Abbildung 1-13 verdeutlicht diese Grundidee.

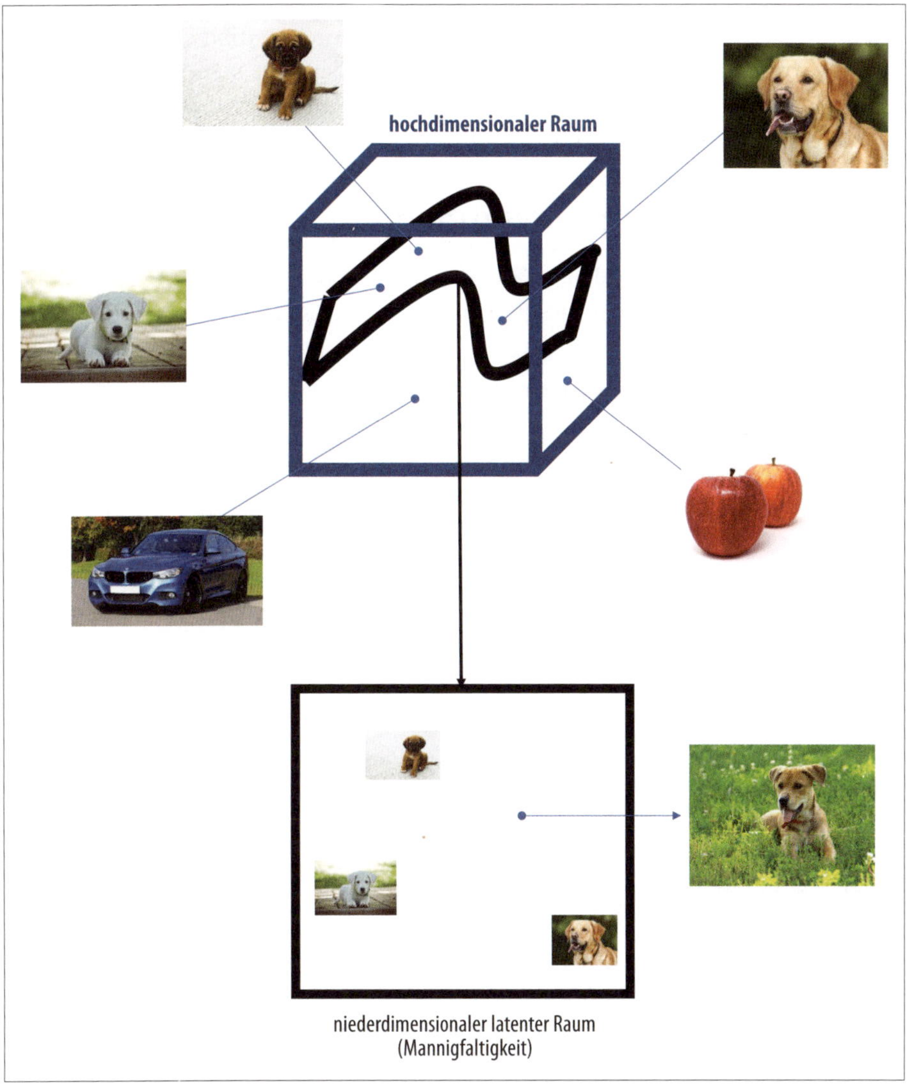

Abbildung 1-13: Der Würfel repräsentiert den extrem hochdimensionalen Raum aller Bilder; das Representation Learning versucht, den niederdimensionalen latenten Unterraum oder die Mannigfaltigkeit zu finden, in dem bestimmte Bildtypen liegen (z. B. die Hunde-Mannigfaltigkeit).

Zusammenfassend lässt sich sagen, dass das Representation Learning die relevantesten Merkmale auf übergeordneter Ebene ermittelt, die Auskunft darüber geben, wie Pixelgruppen dargestellt werden sollten, damit es wahrscheinlich ist, dass die einzelnen Punkte des latenten Raums ein authentisch aussehendes Bild wiedergeben. Indem wir die Merkmalswerte im latenten Raum anpassen, können wir neuartige Abbildungen erzeugen, die, zurück in die ursprüngliche Bilddomäne projiziert, eine bedeutend höhere Wahrscheinlichkeit besitzen, *echt* auszusehen, als wenn direkt mit den einzelnen Rohpixeln gearbeitet worden wäre.

Nachdem Sie nun ein Grundverständnis für das Representation Learning, das das Grundgerüst vieler der generativen Deep-Learning-Beispiele in diesem Buch bildet, erworben haben, bleibt nur noch, Ihre Arbeitsumgebung so zu gestalten, dass Sie mit dem Bau eigener generativer Deep-Learning-Modelle beginnen können.

Einrichten Ihrer Arbeitsumgebung

In diesem Buch gibt es zahlreiche funktionierende Beispielprogramme, die Ihnen nachvollziehbar nahebringen, wie man die im Text behandelten Modelle entwickelt.

Um Zugriff auf diese Beispiele zu erhalten, müssen Sie das Git-Repository klonen, das diesem Buch als Begleitmaterial dient. Git ist ein Open-Source-Versionskontrollsystem, das es Ihnen ermöglicht, den Code lokal zu kopieren, sodass Sie die Notebooks auf Ihrem eigenen Computer oder vielleicht in einer Cloud-basierten Umgebung ausführen können. Möglicherweise haben Sie diese bereits installiert. Wenn nicht, folgen Sie den für Ihr Betriebssystem relevanten Anweisungen (*http://bit.ly/2MUrvN1*).

Um das Repository für dieses Buch zu klonen, navigieren Sie mit dem Befehl `cd` zu dem Ordner, in dem Sie die Dateien speichern möchten, und geben Sie das Folgende in Ihre Eingabekonsole ein:

```
git clone https://github.com/davidADSP/GDL_code.git
```

Stellen Sie stets sicher, dass Sie die aktuellste Version der Codebasis haben, indem Sie den folgenden Befehl ausführen:

```
git pull
```

Sie sollten nun in der Lage sein, die Dateien in einem Ordner auf Ihrem Computer zu sehen.

Als Nächstes müssen Sie eine virtuelle Umgebung einrichten. Dies ist einfach ein Ordner, in den Sie neue Kopien von Python und all den Paketen, die wir in diesem Buch verwenden, installieren. Auf diese Weise stellen Sie sicher, dass Ihre Systemversion von Python durch keine der von uns verwendeten Bibliotheken beeinträchtigt wird.

Sollten Sie die Anaconda-Distribution nutzen, können Sie wie folgt eine virtuelle Umgebung einrichten:

```
conda create -n generative python=3.6 ipykernel
```

Wenn nicht, installieren Sie `virtualenv` und `virtualenvwrapper` mit dem Befehl:[10]

```
pip install virtualenv virtualenvwrapper
```

Sie müssen auch die folgenden Zeilen Ihrem Kommandozeilenstartskript hinzufügen (z. B. *.bash_profile*):

```
export WORKON_HOME=$HOME/.virtualenvs ❶
export VIRTUALENVWRAPPER_PYTHON=/usr/local/bin/python3 ❷
source /usr/local/bin/virtualenvwrapper.sh ❸
```

❶ Der Speicherort, an dem Ihre virtuellen Umgebungen gespeichert werden.

❷ Die standardmäßige Version von Python, die beim Erstellen einer virtuellen Umgebung verwendet wird – stellen Sie sicher, dass diese auf Python 3 und nicht auf Python 2 verweist.

❸ Lädt das Initialisierungsskript `virtualenvwrapper` neu.

Um eine virtuelle Umgebung mit dem Namen *generative* zu erstellen, geben Sie einfach Folgendes in Ihr Terminal ein:

```
mkvirtualenv generative
```

Sie befinden sich innerhalb der virtuellen Umgebung, wenn Ihr Terminal am Anfang der Eingabeaufforderung (`generative`) anzeigt.

Jetzt können Sie alle Pakete, die wir in diesem Buch einsetzen, mit dem folgenden Befehl installieren:

```
pip install -r requirements.txt
```

In diesem Buch verwenden wir Python 3. Die Datei *requirements.txt* enthält die Namen und Versionsnummern aller Pakete, die Sie für die Ausführung der Beispiele benötigen.

Um zu überprüfen, ob alles wie erwartet funktioniert, geben Sie aus Ihrer virtuellen Umgebung heraus in Ihr Terminal `python` ein und versuchen dann, Keras zu importieren (eine Deep-Learning-Bibliothek, die wir in diesem Buch ausgiebig nutzen werden). Sie sollten eine Python-3-Eingabeaufforderung sehen und wie in Abbildung 1-14 eine Statusmeldung dazu, dass Keras das TensorFlow-Backend verwendet.

---

10 Eine vollständige Anweisung zur Installation von `virtualenvwrapper` finden Sie in der Dokumentation (*http://bit.ly/2x8LPQ4*).

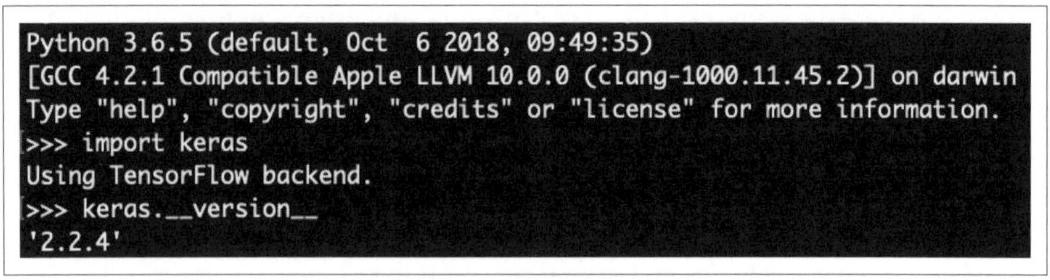

Abbildung 1-14: Einrichten Ihrer Arbeitsumgebung

Zu guter Letzt müssen Sie sicherstellen, dass auf Ihrem Computer der Zugriff auf Ihre virtuelle Umgebung über Jupyter-Notebooks eingerichtet ist. Jupyter bietet die Möglichkeit, interaktiv in Ihrem Browser in Python zu programmieren oder auch neue Ideen zu entwickeln und seinen Code zu teilen. Die meisten Beispiele in diesem Buch sind in Jupyter-Notebooks geschrieben.

Führen Sie dazu den folgenden Befehl von Ihrem Terminal innerhalb Ihrer virtuellen Umgebung aus:

```
python -m ipykernel install --user --name generative ❶
```

❶ Dadurch erlangen Sie in Jupyter-Notebooks Zugriff auf die virtuelle Umgebung, die Sie gerade eingerichtet haben (`generative`).

Um zu überprüfen, ob die Installation einwandfrei verlief, navigieren Sie in Ihrem Terminal zu dem Ordner, in dem Sie das Buch-Repository geklont haben. Geben Sie ein:

```
jupyter notebook
```

In Ihrem Browser sollte sich ein Fenster öffnen, das einen Bildschirm ähnlich wie in Abbildung 1-15 zeigt. Klicken Sie auf das Notebook, das Sie ausführen möchten, und wählen Sie aus der Drop-down-Liste *Kernel → Change kernel* die virtuelle Umgebung `generative` aus.

Abbildung 1-15: Jupyter-Notebook

Sie sind nun startklar für die Entwicklung generativer tiefer neuronaler Netze.

Zusammenfassung

Dieses Kapitel führte in das Gebiet der generativen Modellierung ein, ein wichtiges Teilgebiet des maschinellen Lernens, das die verbreitetere diskriminative Modellierung ergänzt. Unser erstes Basisbeispiel eines generativen Modells nutzte die Naive-Bayes-Annahme, um eine Wahrscheinlichkeitsverteilung zu erzeugen, die in der Lage war, die inhärente Struktur der Daten abzubilden und Beispiele außerhalb des Trainingsdatensatzes zu generieren. Wir haben auch gesehen, wie solche Basismodelle mit zunehmender Komplexität der generativen Aufgabe scheitern können, und haben die allgemeinen Herausforderungen der generativen Modellierung analysiert. Schließlich haben wir einen ersten Blick auf das Representation Learning geworfen – ein wichtiges Konzept, das den Kern vieler generativer Modelle bildet.

In Kapitel 2 werden wir mit der Einführung in das Deep Learning beginnen und herausfinden, wie man mit Keras Modelle erstellt, die diskriminative Modellierungsaufgaben bewältigen können. Dadurch werden wir uns die notwendigen Grundlagen aneignen, die wir in späteren Kapiteln für das generative Deep Learning benötigen.

KAPITEL 2

Deep Learning

Beginnen wir zunächst mit einer grundlegenden Definition von Deep Learning:

> Deep Learning umfasst eine Reihe von Algorithmen, deren Architektur auf mehreren nacheinander angeordneten Verarbeitungsschichten basiert und deren Aufgabe es ist, aus unstrukturierten Daten übergeordnete Repräsentationen zu lernen.

Um Deep-Learning-Modelle umfassend zu verstehen und zu begreifen, warum sie im Rahmen der generativen Modellierung so nützlich sind, müssen wir uns etwas eingehender mit dieser Definition befassen. Was verstehen wir zunächst unter »unstrukturierten Daten« und ihrem Gegenstück, den »strukturierten Daten«?

Strukturierte und unstrukturierte Daten

Zahlreiche Methoden des maschinellen Lernens erfordern *strukturierte*, also tabellarische Daten als Eingabe, angeordnet in Merkmalsspalten, die jede Beobachtung aufführen. Beispielsweise könnten die Merkmale Alter, Einkommen und Anzahl der Website-Besuche einer Person im letzten Monat dazu dienen, vorherzusagen, ob die Person im kommenden Monat einen bestimmten Onlineservice abonnieren wird. Wir könnten eine strukturierte Tabelle dieser Merkmale verwenden, um eine logistische Regression, einen Random Forest oder ein XGBoost-Modell zu trainieren, um die binäre Ausgabe – hat sich die Person angemeldet (1) oder nicht (0) – vorherzusagen. Jedes einzelne Merkmal enthält über die Beobachtungen eine Fülle von Informationen, und das Modell lernt, wie diese Merkmale zusammenwirken und die Ausgabe beeinflussen.

Unstrukturierte Daten umfassen alle Daten, die nicht wie üblich in Form von Merkmalsspalten angeordnet sind, so wie beispielsweise Bild-, Audio- und Textdateien. Zwar besitzt ein Bild eine räumliche Dimension, eine Tonaufnahme eine zeitliche und eine Videoaufnahme sowohl eine räumliche als auch eine zeitliche Dimension, da die Daten jedoch nicht in Form von Merkmalsspalten verarbeitet werden, bezeichnet man sie als unstrukturiert. Abbildung 2-1 verdeutlicht diesen Unterschied.

STRUKTURIERTE DATEN

id	Alter	Geschlecht	Größe (cm)	Ort
0001	54	M	186	London
0002	35	W	166	New York
0003	62	W	170	Amsterdam
0004	23	M	164	London
0005	25	M	180	Kairo
0006	29	W	181	Peking
0007	46	M	172	Chicago

Abbildung 2-1: Der Unterschied zwischen strukturierten und unstrukturierten Daten

Bei unstrukturierten Daten sind einzelne Pixel, Frequenzen oder Zeichen fast völlig uninformativ. Zum Beispiel hilft die Information, dass Pixel 234 eines Bilds in einem dunklen Braunton gehalten ist, nicht dabei, zu unterscheiden, ob auf dem Bild ein Haus oder ein Hund abgebildet ist. Ebenso wenig erweist es sich als nützlich, zu wissen, dass das 24. Zeichen eines Satzes ein *e* ist, um herauszufinden, ob ein Text von Fußball oder Politik handelt.

Pixel oder Zeichen sind bildlich gesprochen nur die Aussparungen einer Leinwand, in der übergeordnete Informationsmerkmale wie das Bild eines Schornsteins oder das Wort »Stürmer« integriert sind. Wenn der Schornstein in einem Bild auf der anderen Seite des Hauses platziert worden wäre, würde das Bild immer noch einen Schornstein enthalten – doch diese Information würde nun von völlig anderen Pixeln getragen werden. Egal ob das Wort »Stürmer« etwas früher oder später in einem Text auftaucht, es geht in dem Text immer noch um Fußball – diese Information würde nun aber durch Zeichen an einer anderen Position vermittelt werden. Die Granularität der Daten in Verbindung mit der hohen räumlichen Abhängigkeit läuft einem Konzept, das ein Pixel oder Zeichen als eigenständiges Informationsmerkmal vorsieht, zuwider.

Deshalb liefern logistische Regressions-, Random-Forest- oder XGBoost-Algorithmen beim Training mit Rohpixeldaten außer bei den einfachsten Klassifikationsaufgaben unzureichende Ergebnisse. Diese Modelle basieren darauf, dass die Eingabemerkmale informativ und räumlich nicht abhängig voneinander sind. Ein Deep-Learning-Modell kann hingegen lernen, selbstständig übergeordnete informative Merkmale aus den unstrukturierten Daten zu erfassen.

Deep-Learning-Modelle können auf strukturierte Daten angewendet werden, aber ihre eigentliche Stärke, insbesondere im Hinblick auf die generative Modellierung, ergibt sich aus ihrer Fähigkeit, unstrukturierte Daten verarbeiten zu können. In den meisten Fällen liegt es in der Natur der Aufgabe, unstrukturierte Daten wie neue Bilder oder echte Textzeilen zu erzeugen. Daher verwundert es wenig, dass vor allem die Entwicklungen im Deep Learning einen bedeutenden Einfluss auf die generative Modellierung hatten.

Tiefe neuronale Netzwerke

Bei der Mehrheit aller Deep-Learning-Modelle handelt es sich um *künstliche neuronale Netze* (*KNNs*, kurz »neuronale Netze«) mit mehreren hintereinanderliegenden verborgenen Schichten. Aus diesem Grund ist *Deep Learning* inzwischen fast zum Synonym für *tiefe neuronale Netzwerke* geworden. Es ist jedoch wichtig, darauf hinzuweisen, dass jedes System, das mehrere Schichten verwendet, um übergeordnete Darstellungen der Eingangsdaten zu lernen, auch eine Form des Deep Learning ist (z. B. Deep-Believe-Netzwerke und Deep-Boltzmann-Maschinen).

Beginnen wir mit einer kurzen Einführung dazu, wie ein tiefes neuronales Netzwerk auf Grundlage einer bestimmten Eingabe eine Vorhersage trifft.

Ein tiefes neuronales Netzwerk besteht aus mehreren hintereinandergeschalteten *Schichten*, auch *Layer* genannt. Jede Schicht enthält *Neuronen*, die über eine Reihe von *Gewichten* mit den Neuronen der vorherigen Schicht verbunden sind. Wie wir sehen werden, gibt es viele verschiedene Arten von Schichten, aber eine der am häufigsten anzutreffenden ist die *dichte* Schicht, die alle Neuronen einer Schicht direkt mit jedem Neuron der vorherigen Schicht verbindet. Durch die Hintereinanderschaltung der Schichten können die Neuronen der nachfolgenden Schichten immer komplexere Teilaspekte der ursprünglichen Eingabe darstellen.

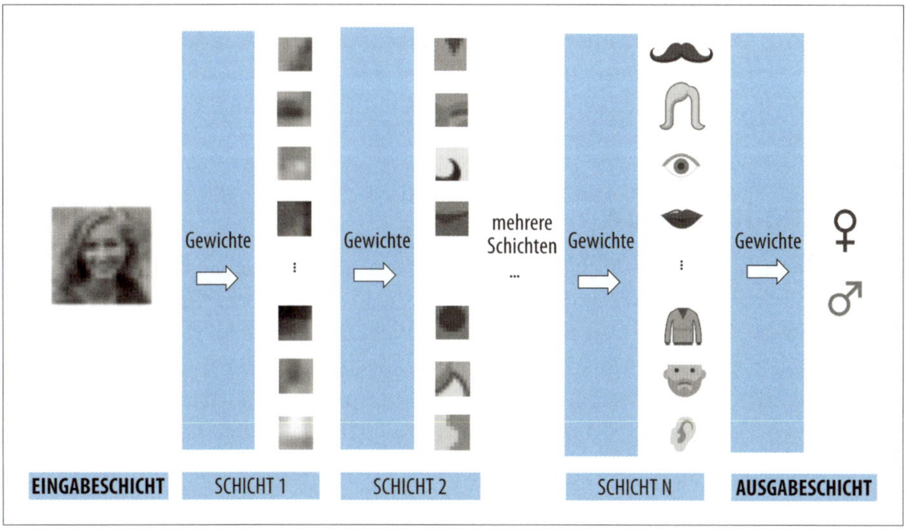

Abbildung 2-2: Die Konzeption des Deep Learning

In Abbildung 2-2 besteht beispielsweise Schicht 1 aus Neuronen, die sich stärker aktivieren, wenn sie bestimmte Basismerkmale des Eingangsbilds, wie zum Beispiel Ränder, erkennen. Die Ausgabe dieser Neuronen wird dann an die Neuronen von Schicht 2 weitergeleitet, die diese Informationen nutzen können, um etwas komplexere Merkmale zu erkennen – und so weiter in den nachfolgenden Schichten. Die letzte Ausgabeschicht ist der Höhepunkt dieses Prozesses, bei dem das Netzwerk eine Reihe von Zahlen ausgibt, die angeben, mit welcher Wahrscheinlichkeit die ursprüngliche Eingabe einer der *n* Kategorien angehört.

Die Magie tiefer neuronaler Netze besteht darin, die Gewichte für jede Schicht zu finden, die zu den genauesten Vorhersagen führen. Der Prozess der Ermittlung dieser Gewichte ist das, was wir unter dem eigentlichen *Training* des Netzwerks verstehen.

Während des Trainingsprozesses werden Batches von Bildern durch das Netzwerk geleitet, und die Ausgabe wird mit dem wahren Wert verglichen. Der Fehler in der Vorhersage wird dann rückwärts durch das Netzwerk weitergeleitet beziehungsweise propagiert, indem jedes Gewicht um einen kleinen Betrag in die Richtung angepasst wird, die die Vorhersage am deutlichsten verbessert. Dieser Prozess wird dementsprechend als *Backpropagation* bezeichnet. Nach und nach wird jedes Neuron in der Lage sein, ein bestimmtes Merkmal zu identifizieren, was wiederum dem Netzwerk hilft, bessere Vorhersagen zu treffen.

Tiefe neuronale Netzwerke können eine beliebige Anzahl mittlerer beziehungsweise *verborgener* Schichten besitzen. Beispielsweise enthält das für die Bilderkennung konzipierte ResNet 152 Schichten.[1] Wie wir in Kapitel 3 sehen werden, können wir bei tiefen neuronalen Netzen übergeordnete Merkmale eines Bilds, wie Haarfarbe oder Gesichtsausdruck, durch manuelle Anpassung der Werte dieser verborgenen Schichten beeinflussen. Dies ist nur möglich, weil die tieferen Schichten des Netzwerks übergeordnete Merkmale erfassen, mit denen wir direkt arbeiten können.

Als Nächstes tauchen wir unmittelbar in die praktische Anwendung ein und richten unsere Arbeitsumgebung mit Keras und TensorFlow ein – den beiden Bibliotheken, mit denen Sie bequem mit dem Aufbau Ihrer eigenen generativen tiefen neuronalen Netze beginnen können.

Keras und TensorFlow

Keras ist eine High-Level-Python-Bibliothek zum Aufbau neuronaler Netze und ist die Kernbibliothek, die wir in diesem Buch verwenden werden. Sie ist extrem flexibel und verfügt über eine sehr benutzerfreundliche Schnittstelle, was sie zur idealen Wahl für den Einstieg in das Deep Learning macht. Darüber hinaus bietet Keras zahlreiche nützliche Bausteine, die über ihre funktionale Schnittstelle zu hochkomplexen Deep-Learning-Architekturen zusammengefügt werden können.

Keras ist nicht die Bibliothek, die die Low-Level-Array-Operationen durchführt, die zum Trainieren neuronaler Netze erforderlich sind. Zu diesem Zweck verwendet Keras stattdessen eine von drei Backend-Bibliotheken: TensorFlow, CNTK oder Theano. Sie können frei wählen, mit welcher Bibliothek Sie sich am wohlsten fühlen oder auch welche Bibliothek bei einer bestimmten Netzwerkarchitektur am schnellsten arbeitet. Für die meisten Zwecke spielt es keine Rolle, welche Sie wählen, da Sie in der Regel nicht direkt über das zugrunde liegende Backend-Framework program-

1 Kaiming He et al., »Deep Residual Learning for Image Recognition«, 10. Dezember 2015, *https://arxiv.org/abs/1512.03385*.

mieren werden. In diesem Buch verwenden wir TensorFlow, da es die am weitesten verbreitete und am besten dokumentierte der drei Bibliotheken ist.

TensorFlow ist eine von Google entwickelte quelloffene Python-Bibliothek für Aufgaben des maschinellen Lernens. Es ist heute eines der am häufigsten verwendeten Frameworks für den Aufbau von Lösungen für das maschinelle Lernen mit besonderem Schwerpunkt auf der Manipulation von Tensoren (daher der Name). Im Rahmen des Deep Learning sind Tensoren schlicht multidimensionale Arrays, die die Daten speichern, während sie durch das Netzwerk fließen. Um die Mechanismen des Deep Learning besser zu verstehen, werden wir noch genauer unter die Lupe nehmen, wie sich die Struktur der Daten verändert, während sie durch das Netzwerk hindurchströmen.

Wenn Sie gerade erst mit dem Deep Learning begonnen haben, empfehle ich Ihnen dringend, Keras mit dem TensorFlow-Backend als Ihr Standardwerkzeug zu wählen. Beide Bibliotheken zusammen stellen eine leistungsstarke Kombination dar, die es Ihnen ermöglicht, jedes Netzwerk aufzubauen, das man sich in einer Produktionsumgebung vorstellen kann, und Ihnen gleichzeitig die leicht zu erlernende Programmierschnittstelle zur Verfügung stellt, die für die schnelle Entwicklung neuer Ideen und Konzepte von großer Bedeutung ist.

Ihr erstes tiefes neuronales Netzwerk

Finden wir als Erstes heraus, wie leicht es ist, ein tiefes neuronales Netzwerk in Keras zu entwickeln. Wir verwenden das Jupyter-Notebook *02_01_deep_learning_deep_neural_network. ipynb* aus dem Repository dieses Buchs. (Der Repository-Branch *master* beruht auf der TensorFlow-Version 1.14. Es gibt einen zusätzlichen Branch namens *tensorflow_2*, in dem der Code mit der Ende September 2019 erschienenen TensorFlow-Version 2.0 kompatibel ist.)

Einlesen der Daten

Für dieses Beispiel verwenden wir den CIFAR-10-Datensatz, eine Sammlung mit 60.000 32 × 32-Pixel-Farbbildern, die in Keras bereits abrufbereit enthalten ist. Wie Sie in Abbildung 2-3 sehen können, wird jedes Bild in genau eine von zehn Kategorien eingeteilt.

Der folgende Code lädt und normalisiert die Daten:

```
import numpy as np
from keras.utils import to_categorical
from keras.datasets import cifar10

(x_train, y_train), (x_test, y_test) = cifar10.load_data() ❶

NUM_CLASSES = 10

x_train = x_train.astype('float32') / 255.0 ❷
x_test = x_test.astype('float32') / 255.0
```

```
y_train = to_categorical(y_train, NUM_CLASSES) ❸
y_test = to_categorical(y_test, NUM_CLASSES)
```

❶ Lädt den CIFAR-10-Datensatz. `x_train` und `x_test` sind `numpy`-Arrays mit den Abmessungen `[50000, 32, 32, 32, 3]` und `[10000, 32, 32, 32, 3]`. `y_train` und `y_test` sind `numpy`-Arrays mit den Dimensionen `[50000, 1]` und `[10000, 1]`, die jeweils die ganzzahligen Label im Bereich von 0 bis 9 für die jeweilige Kategorie eines Bilds enthalten.

❷ Standardmäßig bestehen die Bilddaten aus ganzen Zahlen mit Werten zwischen 0 und 255 (für jeden Pixelkanal). Neuronale Netze funktionieren am besten, wenn alle Eingaben im Bereich von –1 bis 1 liegen, weshalb wir die Werte durch 255 teilen.

❸ Wir sind gezwungen, die ganzzahligen Label der Bilder in One-Hot-codierte Vektoren zu ändern. Wenn das ganzzahlige Kategorienlabel eines Bilds *i* ist, dann ist die One-Hot-Codierung ein Vektor der Länge 10 (die Anzahl der Kategorien), der mit Ausnahme des *i*-ten Elements, das 1 ist, nur Nullen aufweist. Die resultierenden neuen Dimensionen von `y_train` und `y_test` sind daher `[50000, 10]` beziehungsweise `[10000, 10]`.

Abbildung 2-3: Beispielbilder des CIFAR-10-Datensatzes[2]

2 Quelle: Alex Krizhevsky, »Learning Multiple Layers of Features from Tiny Images«, 2009, *https://www.cs.toronto.edu/~kriz/cifar.html*.

Hervorzuheben sind die Abmessungen des Bilddatensatzes in `x_train`: `[50000, 32, 32, 32, 3]`. Die erste Dimension dieses Arrays verweist auf den Index des Bilds im Datensatz, die zweite und dritte beziehen sich auf die Größe des Bilds, und die letzte ist der Farbkanal (d.h. Rot, Grün oder Blau, da es RGB-Bilder sind). In diesem Datensatz gibt es keine *Spalten* oder *Zeilen*, sondern einen *Tensor* mit vier Dimensionen. Das folgende Element bezieht sich beispielsweise auf den grünen Farbkanalwert (1) des Pixels an der Position (12,13) des Bilds Nummer 54:

```
x_train[54, 12, 13, 1]
# 0.36862746
```

Erstellen des Modells

In Keras gibt es zwei Möglichkeiten, die Struktur Ihres neuronalen Netzwerks zu definieren: als sequenzielles Modell oder über die funktionale Schnittstelle.

Ein sequenzielles Modell ist nützlich, um schnell linear hintereinandergeschaltete Schichten zu definieren (d.h., dass eine Schicht direkt auf die vorherige Schicht folgt, ohne dass es zu Verzweigungen kommt). Viele der in diesem Buch vorgestellten Modelle erfordern jedoch, dass die Ausgabe einer Schicht an mehrere separate Schichten nach ihr weitergegeben wird oder dass umgekehrt eine Schicht Eingaben von mehreren vorgelagerten Schichten empfängt.

Um Netzwerke mit Verzweigungen aufbauen zu können, sind wir dazu gezwungen, die wesentlich flexiblere funktionale Schnittstelle zu verwenden. Ich empfehle, dass Sie, selbst wenn Sie gerade erst damit beginnen, lineare Modelle mit Keras aufzusetzen, die funktionale Keras-Schnittstelle anstelle sequenzieller Modelle verwenden, da sie Ihnen auf lange Sicht von größerem Nutzen sein wird, falls Ihre neuronalen Netzwerke architektonisch komplexer werden. Mit der funktionalen Schnittstelle genießen Sie völlige Freiheit beim Design Ihres tiefen neuronalen Netzwerks.

Um den Unterschied zwischen beiden Ansätzen exemplarisch zu demonstrieren, zeigen die Beispiele 2-1 und 2-2 zwei unterschiedliche Versionen ein und desselben Netzwerks, einmal mithilfe der importierbaren Modellklasse `Sequential` als sequenzielles Modell und einmal unter Nutzung der funktionalen Schnittstelle programmiert. Probieren Sie beide Versionen aus und überzeugen Sie sich, dass sie das gleiche Ergebnis liefern.

Beispiel 2-1: Die Architektur mit einem sequenziellen Modell

```
from keras.models import Sequential
from keras.layers import Flatten, Dense

model = Sequential([
    Dense(200, activation = 'relu', input_shape=(32, 32, 3)),
    Flatten(),
    Dense(150, activation = 'relu'),
    Dense(10, activation = 'softmax'),
])
```

Beispiel 2-2: Die Architektur mit der funktionalen Keras-Schnittstelle

```
from keras.layers import Input, Flatten, Dense
from keras.models import Model

input_layer = Input(shape=(32,32, 3))

x = Flatten()(input_layer)

x = Dense(units=200, activation = 'relu')(x)
x = Dense(units=150, activation = 'relu')(x)

output_layer = Dense(units=10, activation = 'softmax')(x)

model = Model(input_layer, output_layer)
```

Hierzu verwenden wir drei verschiedene Arten von Schichten: `Input`, `Flatten` und `Dense`.

Die `Input`-Schicht ist der Einstiegspunkt des Netzwerks. Wir teilen dem Netzwerk mit, dass jedes einzelne Datenelement als Tupel eintrifft. Die Batchgröße brauchen wir nicht explizit in der Definition der `Input`-Schicht anzugeben. Dies ist nicht notwendig, da wir beliebig viele Bilder gleichzeitig in die `Input`-Schicht leiten können.

Als Nächstes reduzieren wir die Dimension der Eingabedaten mithilfe einer `Flatten`-Schicht, die uns einen Vektor der Länge 3.072 (= 32 × 32 × 3) liefert. Da die nachfolgende `Dense`-Schicht erfordert, dass ihre Eingabedaten nicht als mehrdimensionales Array eintreffen, sind wir gezwungen, die `Flatten`-Schicht zu nutzen. Wie wir später sehen werden, benötigen andere Schichttypen als Eingabe hingegen multidimensionale Arrays. Um nachzuvollziehen, wann es notwendig ist, die `Flatten`-Schicht zu nutzen, müssen wir uns darüber im Klaren werden, welche Ein- und Ausgabedimensionen die einzelnen Schichttypen jeweils erfordern.

Die `Dense`-Schicht ist der vielleicht bedeutendste Schichttyp in einem neuronalen Netzwerk. Sie enthält eine bestimmte Anzahl von Neuronen, die direkt mit der vorherigen Schicht verbunden sind, d.h., jedes Neuron der Schicht ist mit jedem Neuron der vorherigen Schicht über eine einzige Verbindung verbunden, die ein Gewicht trägt (das positiv oder negativ sein kann). Die Ausgabe eines gegebenen Neurons entspricht dementsprechend der gewichteten Summe seiner Eingabedaten, die es aus der vorherigen Schicht erhält. Die Eingabedaten werden dabei durch eine nicht lineare *Aktivierungsfunktion* geleitet, bevor sie an die nachfolgende Schicht gesendet werden. Die Aktivierungsfunktion trägt entscheidend dazu bei, ob ein neuronales Netzwerk in der Lage ist, komplexe Funktionen zu lernen und nicht nur eine Linearkombination seiner Eingänge wiederzugeben.

Es gibt eine Vielzahl unterschiedlicher Aktivierungsfunktionen, aber die drei wichtigsten sind die ReLU-, die sigmoide und die Softmax-Aktivierungsfunktion.

Der Ausgabewert der *ReLU*-Aktivierungsfunktion (Rectified-Linear-Unit-Aktivierungsfunktion) gleicht bei negativen Eingabewerten dem Wert null und ansonsten dem Eingabewert. Die *LeakyReLU*-Aktivierungsfunktion ist der ReLU bis auf einen wesentlichen Unterschied sehr ähnlich: Während die ReLU-Aktivierungsfunktion für negative Eingabewerte den Wert null zurückgibt, gibt die LeakyReLU-Funktion eine kleine negative Zahl zurück, die sich proportional zum Eingabewert verhält. Da die ReLU-Funktion eine große Verzerrung in Bezug auf die Voraktivierung negativer Werte besitzt, können ReLU-Neuronen manchmal *sterben*, wenn sie immer wieder null ausgeben. Das liegt darin begründet, dass der Gradient in diesem Fall null ist und somit kein Fehler durch dieses Neuron zurückgeschickt wird. LeakyReLU-Aktivierungen beheben das Problem, indem sie sicherstellen, dass der Gradient immer ungleich null ist. ReLU-basierte Aktivierungsfunktionen haben sich inzwischen als die zuverlässigsten etabliert, die zwischen den Schichten eines tiefen Netzwerks verwendet werden können, da sie ein stabiles Training begünstigen.

Die *sigmoide* Aktivierungsfunktion erweist sich als sinnvoll, wenn die Ausgabe der Schicht zwischen 0 und 1 skaliert werden soll, z. B. bei binären Klassifikationsaufgaben mit einem einzigen Ausgabeneuron oder bei Multilabel-Klassifikationen, bei denen jede Beobachtung mehr als einer Kategorie angehören kann. In Abbildung 2-4 werden die ReLU-, die LeakyReLU- und die sigmoide Aktivierungsfunktion gegenübergestellt.

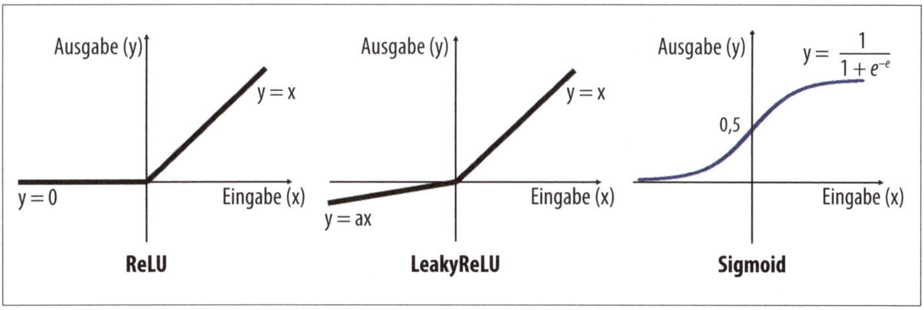

Abbildung 2-4: Die ReLU-, die LeakyReLU- und die sigmoide Aktivierungsfunktion

Die *Softmax*-Aktivierungsfunktion ist nützlich, wenn die Gesamtsumme der Ausgabe einer Schicht auf 1 festgelegt sein soll, z. B. bei mehrkategorialen Klassifikationsaufgaben, bei denen jede Beobachtung nur zu genau einer Kategorie gehört. Sie ist definiert als:

$$y_i = \frac{e^{x_i}}{\sum_{j=1}^{J} e^{x_j}}$$

Hier steht J für die Gesamtanzahl der Neuronen in der Schicht. In unserem neuronalen Netzwerk verwenden wir in der letzten Schicht eine Softmax-Aktivierungsfunktion, um sicherzustellen, dass die Ausgabe einen Satz von zehn Wahrscheinlichkeiten wiedergibt, die sich zu 1 summieren. Dadurch können wir die Ausgabe als Wahrscheinlichkeit interpretieren, dass das Bild zu einer bestimmten Klasse gehört.

In Keras können Aktivierungsfunktionen auch wie folgt in einer separaten Schicht definiert werden:

```
x = Dense(units=200)(x)
x = Activation('relu')(x)
```

Dies entspricht:

```
x = Dense(units=200, activation = 'relu')(x)
```

In unserem Beispiel leiten wir die Eingabe durch zwei verborgene Dense-Schichten. Die erste Schicht umfasst 200 Neuronen, die zweite 150, und beide besitzen eine ReLU-Aktivierungsfunktion. Eine schematische Darstellung des gesamten Netzwerks finden Sie in Abbildung 2-5.

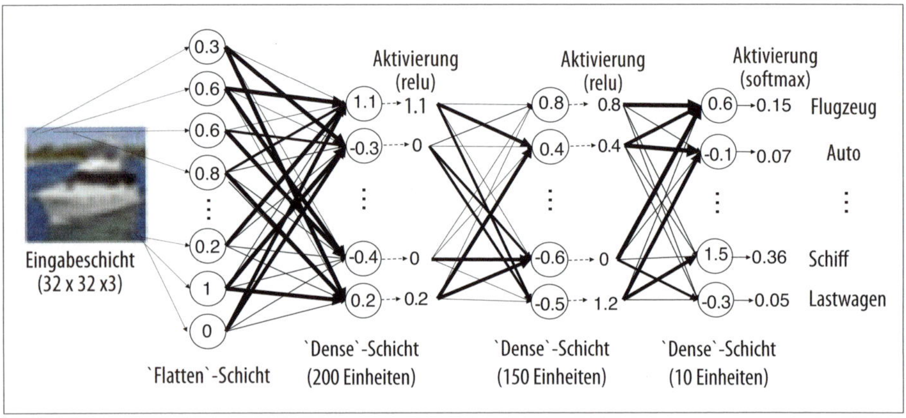

Abbildung 2-5: Eine schematische Darstellung des neuronalen Netzwerks, das mit dem CIFAR-10-Datensatz trainiert wurde

Der letzte Schritt besteht darin, das Modell selbst mithilfe der Klasse Model zu definieren. In Keras wird ein Modell durch seine Ein- und Ausgabeschichten definiert. In unserem Fall hat das Modell die zuvor definierte Eingabeschicht und eine finale Dense-Ausgabeschicht, die zehn Neuronen umfasst. Es ist ebenfalls möglich, Modelle mit mehreren Ein- und Ausgabeschichten zu definieren. Dies werden wir im weiteren Verlauf des Buchs noch in Aktion sehen.

In unserem Beispiel entsprechen die Abmessungen der Eingabeschicht wie erforderlich den Abmessungen von x_train und die der Dense-Ausgabeschicht denen von y_train. Um das zu veranschaulichen, können Sie die Methode model.summary() aufrufen, um so eine Ausgabe wie in Abbildung 2-6 zu erhalten, mit der Sie die Abmessungen des Netzwerks in jeder Schicht inspizieren können.

```
_________________________________________________________________
Layer (type)                 Output Shape              Param #
=================================================================
input_1 (InputLayer)         (None, 32, 32, 3)         0
_________________________________________________________________
flatten_1 (Flatten)          (None, 3072)              0
_________________________________________________________________
dense_1 (Dense)              (None, 200)               614600
_________________________________________________________________
dense_2 (Dense)              (None, 150)               30150
_________________________________________________________________
dense_3 (Dense)              (None, 10)                1510
=================================================================
Total params: 646,260
Trainable params: 646,260
Non-trainable params: 0
_________________________________________________________________
```

Abbildung 2-6: Eine Zusammenfassung des Modells

Beachten Sie, dass Keras als Marker `None` verwendet – das verdeutlicht, dass es die Anzahl der Beobachtungen, die in das Netzwerk übertragen werden, nicht mitgeteilt bekommt. Das ist in der Tat nicht nötig. Wir können genauso einfach eine Beobachtung wie 1.000 Beobachtungen durch das Netzwerk leiten. Das liegt daran, dass Tensoroperationen über alle Beobachtungen hinweg gleichzeitig mithilfe linearer Algebra durchgeführt werden – genau dieser Teil wird von TensorFlow verwaltet. Das ist auch der Grund dafür, dass Sie eine Leistungssteigerung erzielen, wenn Sie tiefe neuronale Netze auf Grafikprozessoren (GPUs) anstelle von Hauptprozessoren (CPUs) trainieren: GPUs sind für große Tensormultiplikationen optimiert, da diese Berechnungen auch für komplexe Grafikmanipulationen notwendig sind.

Die `summary`-Methode gibt auch die Anzahl der Parameter (Gewichte) an, die in jeder Schicht trainiert werden. Sollten Sie jemals feststellen, dass Ihr Modell zu langsam trainiert, überprüfen Sie mithilfe der Zusammenfassung, ob es Schichten gibt, die eine sehr große Anzahl an Gewichten enthalten. Wenn ja, sollten Sie überlegen, ob die Anzahl der Neuronen in der Schicht reduziert werden kann, um das Training zu beschleunigen.

Kompilierung des Modells

In diesem Schritt kompilieren wir das Modell mit einem Optimierungsalgorithmus und einer Verlustfunktion:

```
from keras.optimizers import Adam

opt = Adam(lr=0.0005)
model.compile(loss='categorical_crossentropy', optimizer=opt,
              metrics=['accuracy'])
```

Die Verlustfunktion wird vom neuronalen Netzwerk genutzt, um seine vorhergesagte Ausgabe mit dem tatsächlichen wahren Wert zu vergleichen. Sie gibt für jede

Beobachtung eine einzelne Zahl zurück. Je größer diese Zahl ist, desto schlechter hat das Netzwerk hinsichtlich dieser Beobachtung abgeschnitten.

Keras bietet bereits viele integrierte Verlustfunktionen. Sie können eine auswählen oder Ihre eigene erstellen. Drei der am häufigsten verwendeten Verlustfunktionen sind der mittlere quadratische Fehler, die kategoriale Kreuzentropie und die binäre Kreuzentropie. Dabei ist es wichtig, zu verstehen, wann welche am besten zur Anwendung kommt.

Sofern Ihr neuronales Netzwerk darauf ausgelegt ist, eine Regressionsaufgabe zu lösen (d.h., wenn die Ausgabe kontinuierlich ist), können Sie als Verlustfunktion den *mittleren quadratischen Fehler* verwenden. Er ist definiert als Mittelwert der quadrierten Differenz zwischen dem wahren Wert y_i und dem vorhergesagten Wert p_i aller Ausgabeeinheiten, wobei der Mittelwert über alle n Beobachtungen gebildet wird:

$$\mathrm{MSE} = \frac{1}{n}\sum_{i=1}^{n}(y_i - p_i)^2$$

Arbeiten Sie dagegen an einer Klassifikationsaufgabe, bei der jede Beobachtung jeweils nur einer einzigen Kategorie angehört, ist die *kategoriale Kreuzentropie* die geeignete Verlustfunktion. Sie ist wie folgt definiert:

$$-\sum_{i=1}^{n} y_i \log(p_i)$$

Wenn Sie schließlich an einer binären Klassifikationsaufgabe mit einem einzelnen Ausgabeneuron oder einer Multilabel-Klassifikation arbeiten, bei der jede Beobachtung gleichzeitig mehreren Kategorien angehören kann, sollten Sie die *binäre Kreuzentropie* verwenden:

$$-\frac{1}{n}\sum_{i=1}^{n}\left(y_i \log(p_i) + (1 - y_i)\log(1 - p_i)\right)$$

Der Optimierungsalgorithmus dient dazu, die Gewichte im neuronalen Netzwerk basierend auf dem Gradienten der Verlustfunktion zu aktualisieren. Einer der am häufigsten verwendeten und stabilsten Optimierungsalgorithmen trägt die Bezeichnung *Adam*.[3] In den meisten Fällen sollten Sie, abgesehen von der Lernrate, keine weiteren Standardparameter des Adam-Optimierers verändern müssen. Je höher Sie die Lernrate wählen, desto größer ist die Veränderung der Gewichte in jedem Trainingsschritt. Das Training mit einer hohen Lernrate ist zwar schneller, der Nachteil liegt jedoch darin, dass das Training weniger stabil vonstattengeht und die Minima der Verlustfunktion nicht ermittelt werden können. Wenn Sie während der Trai-

3 Diederik Kingma und Jimmy Ba, »Adam: A Method for Stochastic Optimization«, 22. Dezember 2014, *https://arxiv.org/abs/1412.6980v8*.

ningsphase Anpassungen vornehmen möchten, sollten Sie zunächst die Lernrate nachjustieren.

Ein anderer gebräuchlicher Optimierungsalgorithmus, dem Sie möglicherweise begegnen, trägt den Namen *RMSProp*. Auch hier sollten Sie die Parameter nicht allzu sehr anpassen müssen. Es lohnt sich allerdings, die Keras-Dokumentation (*https://keras.io/optimizers*) zu lesen, um die Funktionsweise der einzelnen Parameter zu verstehen.

Wir übergeben sowohl die Verlustfunktion als auch den Optimierungsalgorithmus an die `compile`-Methode des Modells. Ebenso können wir mit dem Parameter `metrics` alle weiteren Metriken angeben, über die wir während des Trainings berichtet bekommen möchten, wie z. B. die Genauigkeit des Modells.

Trainieren des Modells

Bislang haben wir dem Modell keine Daten zur Verfügung gestellt, sondern lediglich die Architektur implementiert und das Modell mit einer Verlustfunktion und einem Optimierungsalgorithmus kompiliert.

Rufen Sie einfach die Methode `fit` auf, um das Modell zu trainieren:

```
model.fit(x_train ❶
          , y_train ❷
          , batch_size = 32 ❸
          , epochs = 10 ❹
          , shuffle = True ❺
          )
```

❶ Die Rohdaten des Bilds.

❷ Die One-Hot-codierten Klassifikationslabel.

❸ Die `batch_size` bestimmt, wie viele Beobachtungen bei jedem Trainingsschritt an das Netzwerk geleitet werden.

❹ Der Parameter `epochs` bestimmt, wie oft dem Netzwerk die vollständigen Trainingsdaten gezeigt werden.

❺ Wenn `shuffle = True` gesetzt wird, werden die Batches bei jedem Trainingsschritt zufällig ohne Wiederholung aus den Trainingsdaten gezogen.

Beginnen wir nun mit dem Training eines tiefen neuronalen Netzwerks, um die Kategorie eines Bilds aus dem CIFAR-10-Datensatz vorherzusagen.

Der Trainingsprozess läuft wie folgt ab: Zunächst werden die Gewichte des Netzwerks mit kleinen Zufallswerten initialisiert. Anschließend durchläuft das Netzwerk eine ganze Reihe von Trainingsschritten.

Bei jedem Trainingsschritt wird ein Batch von Bildern durch das Netzwerk geleitet, und die Fehler werden zurückgeschickt, um die Gewichte zu aktualisieren. Die `batch_size` bestimmt, wie viele Bilder sich pro Trainingsschritt in einem Batch befinden. Je größer das Batch, desto stabiler verläuft die Gradientenberechnung, und desto länger dauert auch jeder Trainingsschritt. Es wäre viel zu zeitaufwendig und zu rechenintensiv, den gesamten Datensatz zur Berechnung des Gradienten bei jedem Trainingsschritt zu verwenden. In der Regel wird eine Batchgröße zwischen 32 und 256 gewählt. Inzwischen wird ebenfalls dazu geraten, die Batchgröße im Zuge der Trainingsphase zu erhöhen.[4]

Dieser Prozess geht so lange vonstatten, bis alle Beobachtungen im Datensatz einmal verarbeitet wurden. Damit ist die erste Epoche (*epoch*) zu Ende. Im Rahmen der zweiten Epoche werden die Daten dann wieder batchweise an das Netzwerk übermittelt. Dieser Vorgang wird so lange wiederholt, bis die vorgegebene Anzahl an Epochen erreicht ist.

Wie in Abbildung 2-7 zu erkennen, gibt Keras während des Trainings den Trainingsfortschritt aus. Wir können sehen, dass der Trainingsdatensatz mit insgesamt 50.000 Beobachtungen dem Netzwerk zehnmal (d. h. über zehn Epochen) übermittelt wurde – bei einer Rechenleistung von etwa 160 Mikrosekunden pro Trainingsschritt. Der kategoriale Kreuzentropie-Verlust ist von 1,842 auf 1,357 gesunken, was zu einer Genauigkeitssteigerung von 33,5 % nach der ersten Epoche auf 51,9 % nach der zehnten Epoche geführt hat.

```
model.fit(x_train
          , y_train
          , batch_size=BATCH_SIZE
          , epochs=EPOCHS
          , shuffle=True)
```

```
Epoch 1/10
50000/50000 [==============================] - 8s 164us/step - loss: 1.8424 - acc: 0.3354
Epoch 2/10
50000/50000 [==============================] - 8s 154us/step - loss: 1.6592 - acc: 0.4048
Epoch 3/10
50000/50000 [==============================] - 8s 153us/step - loss: 1.5733 - acc: 0.4381
Epoch 4/10
50000/50000 [==============================] - 8s 154us/step - loss: 1.5232 - acc: 0.4579
Epoch 5/10
50000/50000 [==============================] - 8s 155us/step - loss: 1.4874 - acc: 0.4698
Epoch 6/10
50000/50000 [==============================] - 8s 165us/step - loss: 1.4569 - acc: 0.4799
Epoch 7/10
50000/50000 [==============================] - 10s 208us/step - loss: 1.4281 - acc: 0.4887
Epoch 8/10
50000/50000 [==============================] - 8s 165us/step - loss: 1.4038 - acc: 0.4984
Epoch 9/10
50000/50000 [==============================] - 8s 153us/step - loss: 1.3797 - acc: 0.5084
Epoch 10/10
50000/50000 [==============================] - 8s 155us/step - loss: 1.3571 - acc: 0.5187
```

Abbildung 2-7: Die Ergebnisse der fit-Methode

Bewertung des Modells

Wir wissen, dass das Modell eine Genauigkeit von 51,9 % auf den Trainingsdatensatz erreicht, doch wie verhält es sich bei Daten, die es nie zuvor gesehen hat?

4 Samuel L. Smith et al., »Don't Decay the Learning Rate, Increase the Batch Size«, 1. November 2017, *https://arxiv.org/abs/1711.00489*.

Um diese Frage zu beantworten, können wir die von Keras bereitgestellte Methode evaluate verwenden:

```
model.evaluate(x_test, y_test)
```

Abbildung 2-8 zeigt die resultierende Ausgabe.

```
10000/10000 [==============================] - 1s 55us/step

[1.4358007415771485, 0.4896]
```

Abbildung 2-8: Die Bildschirmausgabe der evaluate-Methode

Die Ausgabe umfasst eine Liste aller Metriken, die für uns von Interesse sind: die kategoriale Kreuzentropie und die Genauigkeit. Die Modellgenauigkeit beträgt selbst bei Bildern, die es noch nie zuvor gesehen hat, 49,0 %. Dabei sollten wir uns vor Augen führen, dass ein Modell, das die Kategorien rein zufällig schätzt, eine Genauigkeit von etwa 10 % erreichen würde (da es zehn Kategorien gibt). Dementsprechend können wir 50 % als ein gutes Ergebnis werten, zumal wir ein sehr simples neuronales Netzwerk verwendet haben.

Mit der Methode predict können wir die für den Testdatensatz berechneten Vorhersagen nachvollziehen:

```
CLASSES = np.array(['airplane', 'automobile', 'bird', 'cat', 'deer', 'dog'
                    , 'frog', 'horse', 'ship', 'truck'])

preds = model.predict(x_test) ❶
preds_single = CLASSES[np.argmax(preds, axis = -1)] ❷
actual_single = CLASSES[np.argmax(y_test, axis = -1)]
```

❶ preds ist ein Array mit den Dimensionen [10000, 10] – d.h. ein Vektor mit zehn Wahrscheinlichkeitskategorien für jede Beobachtung.

❷ Wir transformieren das Array mit den zehn Wahrscheinlichkeitskategorien unter Verwendung der numpy-Funktion argmax zurück in ein Array, das nur noch eine einzige Vorhersage für jede Beobachtung besitzt. Mit der Angabe axis = -1 teilen wir der Funktion mit, dass sie das Array hinsichtlich der letzten Dimension (enthält Wahrscheinlichkeitskategorien) transformieren soll, sodass die Dimensionen von preds_single dann [10000, 1] sind.

Mit dem folgenden Code können wir einige Bilder samt ihren Labeln und Vorhersagen betrachten. Wie erwartet, wurde etwa die Hälfte korrekt klassifiziert:

```
import matplotlib.pyplot as plt

n_to_show = 10
indices = np.random.choice(range(len(x_test)), n_to_show)

fig = plt.figure(figsize=(15, 3))
fig.subplots_adjust(hspace=0.4, wspace=0.4)
```

```
for i, idx in enumerate(indices):
    img = x_test[idx]
    ax = fig.add_subplot(1, n_to_show, i+1)
    ax.axis('off')
    ax.text(0.5, -0.35, 'pred = ' + str(preds_single[idx]), fontsize=10
        , ha='center', transform=ax.transAxes)
    ax.text(0.5, -0.7, 'act = ' + str(actual_single[idx]), fontsize=10
        , ha='center', transform=ax.transAxes)
    ax.imshow(img)
```

Abbildung 2-9 zeigt eine zufällige Auswahl vom Modell getroffener Vorhersagen zusammen mit ihren echten Labeln.

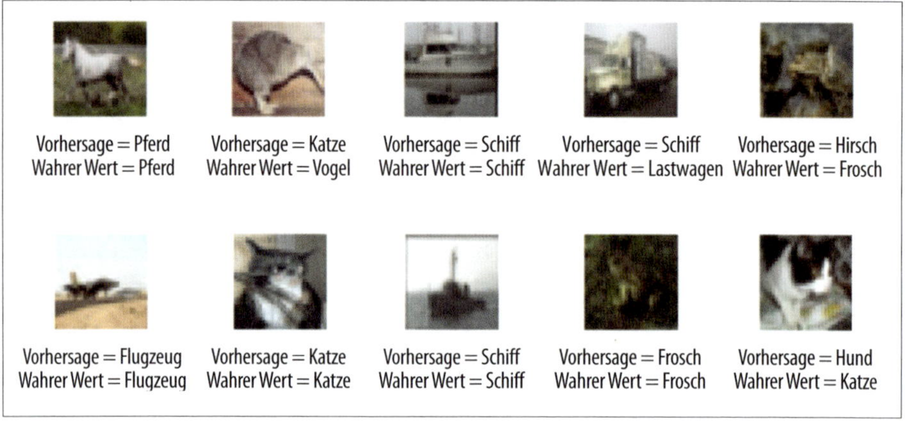

Abbildung 2-9: Einige Vorhersagen des Modells zusammen mit den eigentlichen Labeln

Herzlichen Glückwunsch! Sie haben gerade Ihr erstes tiefes neuronales Netzwerk mit Keras erstellt und es zur Vorhersage neuer Daten genutzt. Auch wenn es sich dabei um eine überwachte Lernaufgabe gehandelt hat, sind viele der Kernideen aus diesem Netzwerk (wie Verlustfunktionen, Aktivierungsfunktionen und das Verständnis von Schichttypen) auch bei der Entwicklung der generativen Modelle in den folgenden Kapiteln von großer Bedeutung. Als Nächstes suchen wir nach Möglichkeiten, dieses Modell durch die Einführung einiger neuer Schichttypen zu verbessern.

Verbesserung des Modells

Eine der Ursachen dafür, dass unser Netzwerk noch nicht seine volle Leistung entfaltet, ist auf eine fehlende Berücksichtigung der räumlichen Dimension der Eingangsbilder zurückzuführen. Um diesem Umstand Rechnung zu tragen, besteht unser erster Schritt darin, das Bild in einen einzigen Vektor zu verflachen, sodass es an die erste `Dense`-Schicht geleitet werden kann.

Hierfür benötigen wir eine Konvolutionsschicht.

Konvolutionsschichten

Machen wir uns zunächst bewusst, was unter einer *Konvolution* im Zusammenhang mit Deep Learning zu verstehen ist.

Abbildung 2-10 zeigt einen 3 × 3 × 1 großen Bildausschnitt eines Graustufenbilds, der mit einem 3 × 3 × 1 Pixel großen *Filter* (oder *Kernel*) gefaltet wird.

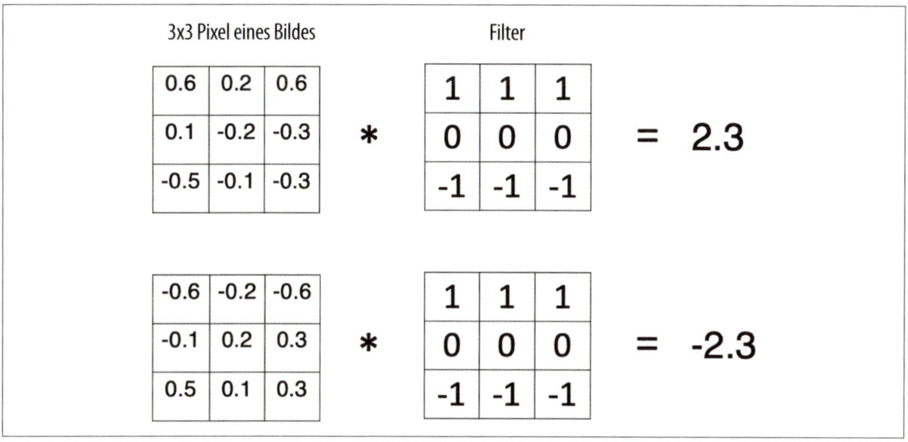

Abbildung 2-10: Der Faltungs- beziehungsweise Konvolutionsprozess

Die Faltung erfolgt durch pixelweise Multiplikation des Bildausschnitts mit den entsprechenden Filterwerten, wobei die Produkte anschließend summiert werden. Die Ausgabe ist umso positiver, je ähnlicher der Teil des Bilds dem Filter ist, und umso negativer, je stärker der Teil des Bilds der Inversion des Filters gleicht.

Wird der Filter über das gesamte Bild verschoben, von links nach rechts und von oben nach unten, und das Ergebnis der Faltung hinterlegt, erhalten wir ein neues Array, das – abhängig von den Werten im Filter – ein bestimmtes Merkmal der Eingabe repräsentiert.

Genau dafür ist eine Konvolutionsschicht ausgelegt, jedoch mit mehreren Filtern und nicht nur einem. Beispielsweise sind in Abbildung 2-11 zwei Filter zu sehen, die horizontal und vertikal verlaufende Ränder hervorheben. Am besten vollziehen Sie den Faltungsprozess mit dem Notebook *02_02_deep_learning_convolutions.ipynb* selbst nach.

Würden wir mit Farbbildern arbeiten, müsste jeder Filter statt nur einem drei Kanäle besitzen (jeder mit der Dimension 3 × 3 × 3), um den drei Kanälen (Rot, Grün, Blau) des Bilds Rechnung zu tragen.

In Keras wird die Schicht `Conv2D` verwendet, um Faltungen auf einen Eingabetensor mit zwei räumlichen Dimensionen (z.B. ein Bild) anzuwenden. Der Keras-Code, der beispielsweise mit dem Schaubild in Abbildung 2-11 korrespondiert, lautet:

```
input_layer = Input(shape=(64,64,1))
```

```
conv_layer_1 = Conv2D(
    filters = 2
    , kernel_size = (3,3)
    , strides = 1
    , padding = "same"
    )(input_layer)
```

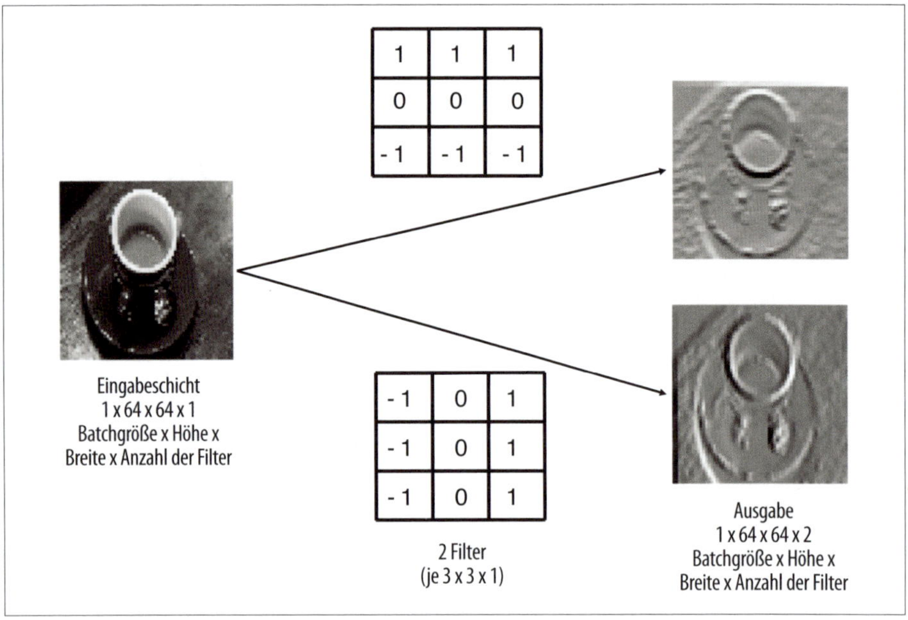

Abbildung 2-11: Zwei Konvolutionsfilter, die auf ein Graustufenbild angewendet werden

strides

Der `strides`-Parameter legt die in der Schicht verwendete Schrittweite fest, mit der der Filter über die Eingabe gleitet. Eine Erhöhung der Schrittweite reduziert daher die Größe des Ausgabetensors. Wird beispielsweise `strides = 2` gewählt, werden Höhe und Breite des Ausgabetensors halb so groß sein wie die des Eingabetensors. So ist es uns möglich, die räumliche Größe des Tensors während der Verarbeitung im Netzwerk zu reduzieren und gleichzeitig die Anzahl der Kanäle zu erhöhen.

Padding

Die Parameterangabe `padding = "same"` sorgt dafür, dass die Eingabedaten mit Nullen aufgefüllt werden, damit die Dimensionen der Ausgabe der Schicht den Dimensionen der Eingabe bei `strides = 1` entspricht.

In Abbildung 2-12 ist ein Kernel der Größe 3 × 3 abgebildet, der mit den gewählten Optionen `padding = "same"` und `strides = 1` über ein 5 × 5 Pixel großes Eingabebild gleitet. Die Ausgabe dieser Faltungsschicht entspricht ebenfalls 5 × 5, da das Padding dem Kernel ermöglicht, sich über den Bildrand hinweg zu erstrecken, sodass er fünfmal in beide Richtungen passt. Ohne Padding passt der Kernel nur dreimal in jede Richtung, was einer Ausgabegröße von 3 × 3 entspricht.

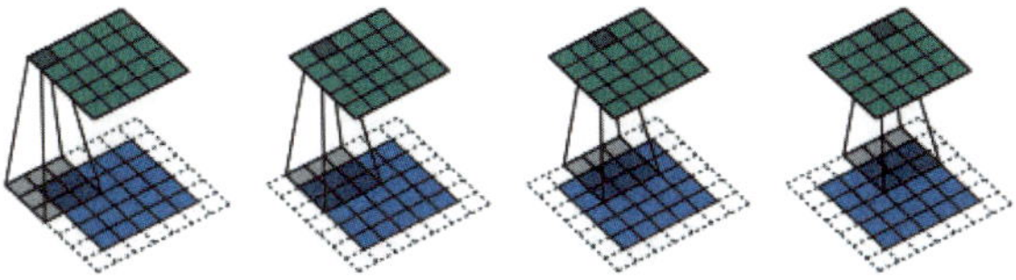

Abbildung 2-12: Ein 3 × 3 × 1-Kernel (grau), der über ein 5 × 5 × 1 dimensioniertes Eingabebild (blau) mit den Optionen padding="same" und strides = 1 gleitet, um eine 5 × 5 × 1 dimensionierte Ausgabe (grün) zu erzeugen.[5]

Durch die Verwendung der Option `padding = "same"` können wir mühelos die Größe eines Tensors, der durch mehrere Konvolutionsschichten geleitet wird, sicherstellen.

Die in den Filtern hinterlegten Werte entsprechen den Gewichten, die das neuronale Netz im Verlauf des Trainings lernt. Zu Beginn werden diese zufällig initialisiert, aber nach und nach passen die Filter ihre Gewichte so an, dass sie interessante Merkmale wie Ränder oder besondere Farbkombinationen herausfiltern.

Die Ausgabe einer `Conv2D`-Schicht ist wiederum auch ein vierdimensionaler Tensor, der in unserem Fall die Abmessungen (`batch_size`, `height`, `width`, `filters`) besitzt, die es uns erlauben, mehrere `Conv2D`-Schichten hintereinanderzuschalten, um die Tiefe unseres neuronalen Netzwerks zu erhöhen. Es ist von entscheidender Bedeutung, zu verstehen, wie sich die Abmessungen eines Tensors ändern, wenn die Daten von einer Konvolutionsschicht zur nächsten gelangen. Stellen wir uns zur Verdeutlichung vor, wir würden `Conv2D`-Schichten auf den CIFAR-10-Datensatz anwenden. Diesmal hätten wir statt eines Eingabekanals (Graustufen) drei (Rot, Grün und Blau).

Abbildung 2-13 bildet den Aufbau des folgenden mit Keras formulierten Netzwerks ab:

```
input_layer = Input(shape=(32,32,3))

conv_layer_1 = Conv2D(
    filters = 10
    , kernel_size = (4,4)
    , strides = 2
    , padding = 'same'
    )(input_layer)
```

5 Quelle: Vincent Dumoulin und Francesco Visin, »A Guide to Convolution Arithmetic for Deep Learning«, 12. Januar 2018, *https://arxiv.org/pdf/1603.07285.pdf*.

```
conv_layer_2 = Conv2D(
    filters = 20
    , kernel_size = (3,3)
    , strides = 2
    , padding = 'same'
    )(conv_layer_1)

flatten_layer = Flatten()(conv_layer_2)

output_layer = Dense(units=10, activation = 'softmax')(flatten_layer)

model = Model(input_layer, output_layer)
```

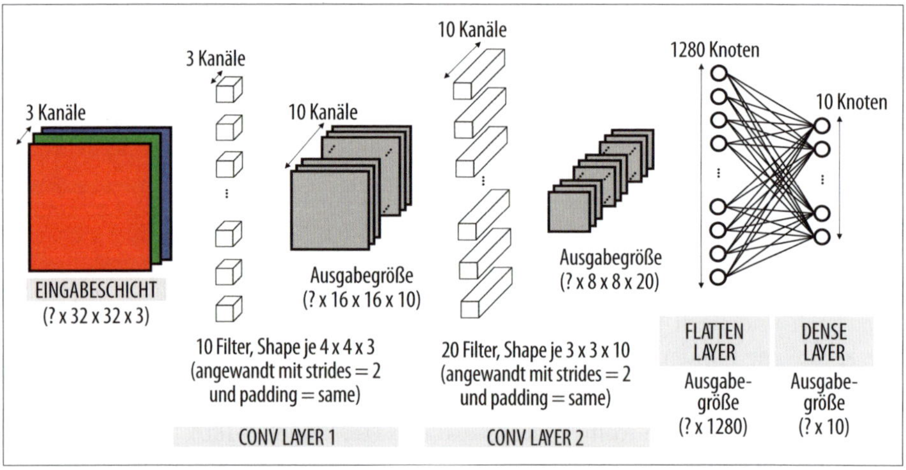

Abbildung 2-13: Der schematische Aufbau eines neuronalen Konvolutionsnetzes

Mit der Methode `model.summary()` können wir die Abmessungen des Tensors für jede Schicht des Netzwerks begutachten (siehe Abbildung 2-14).

```
_________________________________________________________________
Layer (type)                 Output Shape              Param #
=================================================================
input_1 (InputLayer)         (None, 32, 32, 3)         0
_________________________________________________________________
conv2d_1 (Conv2D)            (None, 16, 16, 10)        490
_________________________________________________________________
conv2d_2 (Conv2D)            (None, 8, 8, 20)          1820
_________________________________________________________________
flatten_1 (Flatten)          (None, 1280)              0
_________________________________________________________________
dense_1 (Dense)              (None, 10)                12810
=================================================================
Total params: 15,120
Trainable params: 15,120
Non-trainable params: 0
_________________________________________________________________
```

Abbildung 2-14: Eine Übersicht des neuronalen Konvolutionsnetzes infolge des Befehls model.summary()

Betrachten wir das Netzwerk von seiner Eingabe bis zur Ausgabe. Die Abmessungen der Eingabe sind (None, 32, 32, 3) – Keras verwendet None, um zu verdeutlichen, dass wir beliebig viele Bilder gleichzeitig durch das Netzwerk schicken können. Da im Netzwerk lediglich algebraische Tensoroperationen durchgeführt werden, sind wir nicht gezwungen, die Bilder einzeln durch das Netzwerk zu leiten, sondern können sie stattdessen gemeinsam als *Batch* einführen.

Die Abmessungen der Filter in der ersten Konvolutionsschicht betragen 4 × 4 × 3. Dies ist darauf zurückzuführen, dass wir den Filter so gewählt haben, dass er eine Höhe und eine Breite von 4 besitzt (kernel_size = (4,4)) und es in der vorhergehenden Schicht drei Kanäle gibt (Rot, Grün und Blau). Deshalb beträgt die Anzahl der Parameter (oder Gewichte) in der Schicht (4 × 4 × 3 + 1) × 10 = 490, wobei die + 1 auf die Berücksichtigung eines Bias-Terms zurückzuführen ist, der bei jedem der Filter vorgesehen ist. Es ist wichtig, sich zu vergegenwärtigen, dass die Filtertiefe in einer Schicht immer der Anzahl der Kanäle in der vorhergehenden Schicht entspricht!

Wie zuvor berechnet sich die Ausgabe eines Filters, der jeweils auf alle 4 × 4 × 3 großen Teilbereiche des Eingabebilds angewendet wird, durch die pixelweise Multiplikation der Filtergewichte mit den Pixelwerten des Bilds, die einen Teilbereich abdecken. Da die Optionen strides = 2 und padding = "same" gewählt sind, werden sowohl die Breite als auch die Höhe der Ausgabe auf 16 halbiert. Weil zehn Filter angewandt werden, ist die Ausgabe der ersten Schicht ein Batch von Tensoren mit jeweils den Abmessungen [16, 16, 10].

Im Allgemeinen lauten die Abmessungen der Ausgabe einer Konvolutionsschicht bei Wahl der Option padding="same":

$$\left(None, \frac{Höhe\ Eingabebild}{Schrittweite}, \frac{Breite\ Eingabebild}{Schrittweite}, Anzahl\ Filter\right)$$

In der zweiten Konvolutionsschicht verwenden wir 3 × 3 große Filter mit einer Tiefe von 10, um der Anzahl der Kanäle in der vorherigen Schicht zu entsprechen. Da es in dieser Schicht 20 Filter gibt, ergibt sich eine Gesamtanzahl an Parametern (Gewichten) von (3 × 3 × 10 + 1) × 20 = 1.820. Auch hier verwenden wir strides = 2 und padding = "same", sodass sich Breite und Höhe halbieren. Daraus ergibt sich für die Ausgabe eine Abmessung von (None, 8, 8, 20).

Nachdem ein Tensor durch mehrere Conv2D-Schichten transformiert wurde, müssen wir ihn mit der Keras-Flatten-Schicht glätten. Daraus ergibt sich ein Verbund von 8 × 8 × 20 = 1.280 Neuronen, die wir mit einer finalen zehn Neuronen umfassenden Dense-Schicht mit einer Softmax-Aktivierungsfunktion verbinden können, die jeweils die Wahrscheinlichkeit aller zehn Kategorien zu einer Klassifikationsaufgabe wiedergibt.

An diesem Beispiel wird bereits deutlich, wie Konvolutionsschichten miteinander verbunden werden können, um ein neuronales Konvolutionsnetzwerk zu erzeugen.

Bevor wir untersuchen, wie sich dieses im Vergleich zu unserem dicht verbundenen neuronalen Netzwerk verhält, lernen wir noch zwei weitere Schichttypen kennen, die ebenfalls zu einer Leistungssteigerung beitragen können: `BatchNormalization` und `Dropout`.

Batch-Normalisierung

Ein häufig auftretendes Problem beim Training eines tiefen neuronalen Netzwerks ist es, sicherzustellen, dass die Gewichte des Netzwerks in einem akzeptablen Wertebereich bleiben. Wenn sie zu groß werden, ist dies ein Zeichen dafür, dass Ihr Netzwerk unter dem sogenannten Problem des *explodierenden Gradienten* leidet. Da die Fehler rückwärts durch das Netzwerk geleitet werden, kann der Wert des Gradienten in den vorderen Schichten manchmal übermäßig groß werden, was zu starken Veränderungen der Gewichtswerte führt. Wenn Ihre Verlustfunktion beginnt, `NaN` zurückzugeben, kann dies ein Hinweis darauf sein, dass Ihre Gewichte so groß geworden sind, dass sie einen Überlauffehler verursachen.

Das muss nicht unbedingt sofort geschehen, wenn Sie mit dem Training des Netzwerks beginnen. Manchmal kann Ihr Netzwerk stundenlang störungsfrei trainieren, bis plötzlich die Verlustfunktion nur noch `NaN` wiedergibt und Ihnen Ihr Netzwerk um die Ohren fliegt. Das ist in der Regel unglaublich ärgerlich, besonders wenn das Netzwerk augenscheinlich schon lange erfolgreich trainiert hatte. Um das zu verhindern, sollten Sie sich über die Ursache explodierender Gradienten im Klaren sein.

Einer der Gründe für die Skalierung der Eingabedaten in ein neuronales Netzwerk ist es, während der ersten paar Iterationen einen stabilen Trainingsbeginn zu gewährleisten. Da die Gewichte des Netzwerks zunächst zufällig initialisiert werden, könnte eine nicht skalierte Eingabe möglicherweise zu großen Aktivierungswerten führen, die unmittelbar explodierende Gradienten zur Folge haben. Anstatt beispielsweise Pixelwerte von 0 bis 255 in die Eingabeschicht einzuspeisen, werden diese Werte normalerweise auf einen Wertebereich zwischen –1 und 1 skaliert.

Da die Eingabedaten bereits skaliert sind, liegt es nahe, zu erwarten, dass auch die Aktivierungen aus allen nachfolgenden Schichten relativ gut skaliert sein werden. Zunächst mag dies der Fall sein. Doch je stärker sich die Gewichte von ihren zufälligen Anfangswerten wegbewegen, desto wahrscheinlicher ist es, dass sich diese Annahme zerschlägt. Diese Erscheinung wird als *Kovariatenverschiebung* bezeichnet.

Stellen Sie sich vor, Sie tragen einen riesigen Stapel Bücher und werden von einer Windböe erfasst. Zum Ausgleich bewegen Sie die Bücher in eine dem Wind entgegengesetzte Richtung. Dabei verschieben sich einige Bücher, sodass der Turm ein wenig instabiler als zuvor ist. Zunächst stellt dies kein Problem dar, doch mit jeder Böe wird der Stapel zunehmend wackeliger, bis sich die Bücher schließlich so stark verschieben, dass der Stapel einstürzt. Genauso können Sie sich eine Kovariatenverschiebung vorstellen.

In Bezug auf neuronale Netze ist jede Schicht wie ein Buch in dem Stapel. Um stabil zu bleiben, geht jede Schicht bei der Aktualisierung der Gewichte im Netzwerk implizit davon aus, dass die Verteilung ihrer Eingaben aus der vorgelagerten Schicht über Iterationen hinweg annähernd gleichbleibend ist. Da jedoch nichts dagegen spricht, dass sich eine der Aktivierungsverteilungen signifikant in eine bestimmte Richtung verschiebt, kann dies manchmal zu einem ungewünschten Ausreißen der Gewichtswerte und einem allgemeinen Zusammenbruch des Netzwerks führen.

Die *Batch-Normalisierung* ist ein Lösungsansatz, der dieser Problematik erheblich vorbeugt. Die Lösung ist überraschend einfach. Eine Batch-Normalisierungsschicht berechnet batchweise den Mittelwert und die Standardabweichung jedes ihrer Eingabekanäle und normalisiert die einzelnen Datenpunkte durch Subtraktion des Mittelwerts und Division mit der Standardabweichung. Pro Kanal gibt es dementsprechend zwei erlernte Parameterwerte: die Skalierung (Gamma) und die Verschiebung (Beta). Die Ausgabedaten entsprechen den normalisierten Eingabedaten, skaliert um Gamma und verschoben um Beta. Abbildung 2-15 veranschaulicht den gesamten Prozess.

EINGABE: Werte für x für jeweils ein Mini-Batch: $B = \{x_{1...m}\}$;
Zu erlernende Parameter: γ, β

AUSGABE: $\{y_i = BN_{\gamma,\beta}(x_i)\}$

$$\mu_B \leftarrow \frac{1}{m}\sum_{i=1}^{m} x_i$$ Mini-Batch Mittelwert

$$\sigma_{\mathcal{B}}^2 \leftarrow \frac{1}{m}\sum_{i=1}^{m} (x_i - \mu_{\mathcal{B}})^2$$ Mini-Batch Varianz

$$\hat{x}_i \leftarrow \frac{x_i - \mu_{\mathcal{B}}}{\sqrt{\sigma_{\mathcal{B}}^2 + \epsilon}}$$ normalisieren

$$y_i \leftarrow \gamma\hat{x}_i \qquad \beta \equiv BN_{\gamma,\beta}(x_i)$$ Skalierung und Verschiebung

Abbildung 2-15: Der Batch-Normalisierungsprozess[6] – Algorithmus 1: Transformation durch Batch-Normalisierung, angewandt auf Aktivierung x je Mini-Batch

Um die Ausgabe nach Dense- oder Konvolutionsschichten zu normalisieren, können wir danach Batch-Normalisierungsschichten anordnen. Dies wirkt sozusagen

6 Quelle: Sergey Ioffe und Christian Szegedy, »Batch Normalization: Accelerating Deep Network Training by Reducing Internal Covariate Shift«, 11. Februar 2015, *https://arxiv.org/abs/1502.03167*.

so, als verbinde man den Bücherstapel mit kleinen verstellbaren Federn, die dafür Sorge tragen, dass es bei den Büchern im Laufe der Zeit zu keinen nennenswerten Veränderungen in ihrer Anordnung kommt.

Sie fragen sich vielleicht, wie diese Schicht während der Testphase funktioniert. In einem Vorhersagemodell wollen wir gegebenenfalls nur eine einzige Beobachtung vorhersagen. Dementsprechend steht unserem Modell auch kein *Batch* zur Verfügung, über das es Durchschnittswerte ermitteln könnte. Um dieses Problem zu umgehen, berechnet eine Batch-Normalisierungsschicht während des Trainings auch den gleitenden Durchschnitt des Mittelwerts und der Standardabweichung jedes Kanals und speichert diese schichtspezifischen Werte ebenfalls für die Testphase.

Wie viele Parameter sind in einer Batch-Normalisierungsschicht vorhanden? Für jeden Kanal in der vorherigen Schicht müssen zwei Gewichte gelernt werden: die Skalierung (Gamma) und die Verschiebung (Beta). Das sind die *trainierbaren* Parameter. Ebenso werden für jeden Kanal der gleitende Durchschnitt und die Standardabweichung berechnet. Da beide Parameter von den Daten abgeleitet werden, die durch die Schicht gehen – und nicht durch Backpropagation trainiert werden –, werden sie als *nicht-trainierbare* Parameter bezeichnet. Daraus ergeben sich insgesamt vier Parameter für jeden Kanal aus der vorherigen Schicht, wobei zwei trainierbar und zwei nicht-trainierbar sind.

Um die Batch-Normalisierung in Keras zu implementieren, können wir eine `BatchNormalization`-Schicht einbinden:

```
BatchNormalization(momentum = 0.9)
```

Der `momentum`-Parameter gibt das Gewicht des vorherigen Werts bei der Berechnung des gleitenden Durchschnitts und der gleitenden Standardabweichung an.

Drop-out-Schichten

Wenn man sich für eine Prüfung vorbereitet, verwendet man für gewöhnlich frühere Arbeiten und Beispielfragen, um die Kenntnisse zu vertiefen. Einige Studenten versuchen, die Antworten auf diese Fragen auswendig zu lernen, und fallen dann in der Prüfung durch, weil sie das Thema nicht wirklich verstanden haben. Andere nutzen das Übungsmaterial, um ihr allgemeines Verständnis so zu vertiefen, dass sie auch bei neuen Fragen, die sie noch nie zuvor gesehen haben, die richtige Antwort parat haben.

Das gleiche Prinzip trifft beim maschinellen Lernen zu. Ein erfolgreicher maschineller Lernalgorithmus muss sicherstellen, dass er auf zuvor unbekannte Daten verallgemeinert, anstatt sich einfach nur den Trainingsdatensatz zu *merken*. Wenn ein Algorithmus beim Trainingsdatensatz gut, beim Testdatensatz aber schlecht abschneidet, spricht man von *Overfitting*. Um diesem Problem entgegenzuwirken, verwenden wir *Regularisierungsverfahren*, die sicherstellen, dass das Modell bei Overfitting bestraft wird.

Es gibt zahlreiche Möglichkeiten, einen maschinellen Lernalgorithmus zu regularisieren. Im Bereich des Deep Learning hat sich insbesondere die Verwendung von *Drop-out-Schichten* etabliert. Diese Idee wurde 2012 von Geoffrey Hinton vorgestellt und 2014 in einem Forschungspapier von Srivastava et al. veröffentlicht.[7]

Drop-out-Layer sind denkbar einfach gestaltet. Während des Trainings wählt jeder Drop-out-Layer zufällig mehrere Neuronen aus dem vorherigen Layer aus und setzt diese Ausgaben – wie in Abbildung 2-16 gezeigt – auf null.

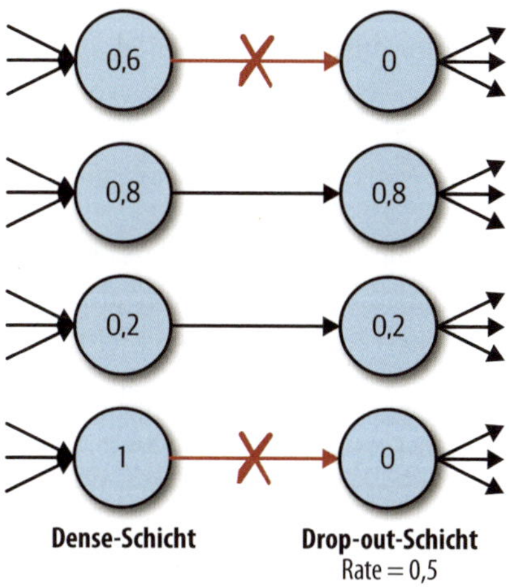

Abbildung 2-16: Ein Drop-out-Layer

Erstaunlicherweise verringert diese einfache Erweiterung die Tendenz zum Overfitting drastisch. Sie bewirkt, dass das Netzwerk nicht von bestimmten Neuronen oder Gruppen von Neuronen abhängig ist, die sich im Endeffekt nur Beobachtungen aus dem Trainingsdatensatz merken. Durch die Verwendung von Drop-out-Layern kann sich das Netzwerk nicht zu sehr auf ein Neuron stützen, und die Informationen verteilen sich gleichmäßiger über das gesamte Netzwerk. Dadurch erweist sich das Modell bei der Verallgemeinerung auf zuvor unbekannte Daten als bedeutend robuster. Da das Netzwerk bereits während des Trainings mit ungewöhnlichen Bedingungen konfrontiert wurde, wie z. B. der Unterdrückung der Aktivierung zufällig ausgewählter Neuronen, kann es dennoch genaue Vorhersagen treffen. Innerhalb eines Drop-out-Layers müssen keine Gewichte gelernt wer-

7 Nitish Srivastava et al., »Dropout: A Simple Way to Prevent Neural Networks from Overfitting«, *Journal of Machine Learning Research* 15 (2014): 1929–1958, *http://jmlr.org/papers/volume15/srivastava14a/srivastava14a.pdf*.

den, da die unterdrückten Neuronen durch einen Zufallsprozess ausgewählt werden. Während der Testphase werden keine Aktivierungen durch die Dropout-Schicht unterdrückt, damit das gesamte Netzwerk zur Vorhersage genutzt werden kann.

Kehren wir zu unserer Analogie zurück. Es erinnert ein wenig an einen Mathematikstudenten, der zufällig ausgewählte ältere Forschungsartikel studiert, um fehlende Grundformeln in seiner Formelsammlung zu ergänzen. Auf diese Weise lernt er, wie er Fragen mithilfe des Verständnisses der Kernprinzipien beantworten kann, anstatt nur die Formeln an den gleichen Stellen im Buch nachschlagen zu können. In der Prüfungsphase fällt es ihm bedeutend leichter, Fragen zu beantworten, die er noch nie zuvor gesehen hat, da er nun in der Lage ist, über das Lehrmaterial hinaus zu verallgemeinern.

In Keras ist diese Funktionalität durch den `Dropout`-Layer implementiert, wobei der Parameter `rate` den Anteil der Neuronen aus dem vorherigen Layer angibt, deren Aktivierungen unterdrückt werden sollen:

```
Dropout(rate = 0.25)
```

Die `Dropout`-Layer finden am häufigsten nach den `Dense`-Layern Verwendung, da diese aufgrund der hohen Anzahl an Gewichten am anfälligsten für Overfitting sind. Außerdem können sie nach Konvolutionsschichten zum Einsatz kommen.

> Dem Overfitting kann nachweislich auch durch die Batch-Normalisierung begegnet werden, weshalb viele moderne Deep-Learning-Architekturen überhaupt kein Drop-out verwenden und zur Regularisierung ausschließlich auf die Batch-Normalisierung setzen. Wie bei den meisten Prinzipien des Deep Learning gibt es keine goldene Regel, die in jeder Situation gilt – der einzige Weg, um zu ermitteln, was das Beste ist, führt über das Ausprobieren verschiedener Architekturen und das Testen, welche auf einen vorgehaltenen Datensatz am besten vorhersagt.

Zusammenführen aller Teilelemente

Inzwischen haben Sie in Keras drei neue Layer-Typen kennengelernt: `Conv2D`, `BatchNormalization` und `Dropout`. Wir können diese nun zu einer neuen Deep-Learning-Architektur zusammenführen und betrachten, wie sie sich auf dem CIFAR-10-Datensatz verhalten.

Das folgende Beispiel im Jupyter-Notebook finden Sie in dem Buch-Repository unter dem Namen *02_03_deep_learning_conv_neural_network.ipynb*.

Wir erproben die folgende Modellarchitektur:

```
input_layer = Input((32,32,3))

x = Conv2D(filters = 32, kernel_size = 3
        , strides = 1, padding = 'same')(input_layer)
```

```
x = BatchNormalization()(x)
x = LeakyReLU()(x)

x = Conv2D(filters = 32, kernel_size = 3, strides = 2, padding = 'same')(x)
x = BatchNormalization()(x)
x = LeakyReLU()(x)

x = Conv2D(filters = 64, kernel_size = 3, strides = 1, padding = 'same')(x)
x = BatchNormalization()(x)
x = LeakyReLU()(x)

x = Conv2D(filters = 64, kernel_size = 3, strides = 2, padding = 'same')(x)
x = BatchNormalization()(x)
x = LeakyReLU()(x)

x = Flatten()(x)

x = Dense(128)(x)
x = BatchNormalization()(x)
x = LeakyReLU()(x)
x = Dropout(rate = 0.5)(x)

x = Dense(NUM_CLASSES)(x)
output_layer = Activation('softmax')(x)

model = Model(input_layer, output_layer)
```

Wir verwenden vier hintereinandergeschaltete `Conv2D`-Layer, auf die jeweils ein `BatchNormalization`- und ein `LeakyReLU`-Layer folgen. Nachdem wir den resultierenden Tensor verflacht haben, leiten wir die Daten durch eine `Dense`-Schicht mit 128 Neuronen, gefolgt von einer `BatchNormalization`- und einer `LeakyReLU`-Schicht. Zur Regularisierung folgt unmittelbar danach eine `Dropout`-Schicht. Als Ausgabeschicht nutzen wir einen `Dense`-Layer mit zehn Neuronen.

Die Reihenfolge der `BatchNormalization`- und `Activation`-Layer ist eine Frage der Präferenz. Ich bevorzuge es, die `BatchNormalization`- vor die `Activation`-Schicht zu setzen, aber einige erfolgreiche Architekturen verwenden diese Schichten in umgekehrter Anordnung. Wenn Sie sich dafür entscheiden, den `BatchNormalization`- vor dem `Activation`-Layer zu verwenden, können Sie sich die Reihenfolge einfach mit dem Akronym `BAD` merken (`BatchNormalization`, `Activation`, `Dropout`)!

Eine Modellübersicht finden Sie in Abbildung 2-17.

Bevor Sie fortfahren, sollten Sie prüfen, ob Sie die Abmessungen und die Anzahl der Parameter für jede Schicht von Hand berechnen können. Es stellt eine gute Übung dar, um sich selbst zu beweisen, dass Sie vollständig verstanden haben, wie jede Schicht aufgebaut und wie sie mit der vorherigen Schicht verbunden ist! Vergessen Sie dabei nicht die Bias-Gewichte, die Bestandteil der `Conv2D`- und `Dense`-Layer sind.

```
Layer (type)                 Output Shape              Param #
=================================================================
input_2 (InputLayer)         (None, 32, 32, 3)         0
_________________________________________________________________
conv2d_3 (Conv2D)            (None, 32, 32, 32)        896
_________________________________________________________________
batch_normalization_1 (Batch (None, 32, 32, 32)        128
_________________________________________________________________
leaky_re_lu_1 (LeakyReLU)    (None, 32, 32, 32)        0
_________________________________________________________________
conv2d_4 (Conv2D)            (None, 16, 16, 32)        9248
_________________________________________________________________
batch_normalization_2 (Batch (None, 16, 16, 32)        128
_________________________________________________________________
leaky_re_lu_2 (LeakyReLU)    (None, 16, 16, 32)        0
_________________________________________________________________
conv2d_5 (Conv2D)            (None, 16, 16, 64)        18496
_________________________________________________________________
batch_normalization_3 (Batch (None, 16, 16, 64)        256
_________________________________________________________________
leaky_re_lu_3 (LeakyReLU)    (None, 16, 16, 64)        0
_________________________________________________________________
conv2d_6 (Conv2D)            (None, 8, 8, 64)          36928
_________________________________________________________________
batch_normalization_4 (Batch (None, 8, 8, 64)          256
_________________________________________________________________
leaky_re_lu_4 (LeakyReLU)    (None, 8, 8, 64)          0
_________________________________________________________________
flatten_2 (Flatten)          (None, 4096)              0
_________________________________________________________________
dense_2 (Dense)              (None, 128)               524416
_________________________________________________________________
batch_normalization_5 (Batch (None, 128)               512
_________________________________________________________________
leaky_re_lu_5 (LeakyReLU)    (None, 128)               0
_________________________________________________________________
dropout_1 (Dropout)          (None, 128)               0
_________________________________________________________________
dense_3 (Dense)              (None, 10)                1290
_________________________________________________________________
activation_1 (Activation)    (None, 10)                0
=================================================================
Total params: 592,554
Trainable params: 591,914
Non-trainable params: 640
_________________________________________________________________
```

Abbildung 2-17: Ein Konvolutionsnetzwerk für den CIFAR-10-Datensatz

Wir kompilieren und trainieren das Modell auf die gleiche Weise wie zuvor. Mit der evaluate-Methode können wir die Genauigkeit auf dem Hold-out-Datensatz bestimmen (siehe Abbildung 2-18).

```
model.evaluate(x_test, y_test, batch_size=1000)

 10000/10000 [==============================] - 15s 1ms/step

[0.8423407137393951, 0.7155999958515167]
```

Abbildung 2-18: Leistungsvermögen des Konvolutionsnetzes

Wie Sie sehen können, erreicht das vorliegende Modell nun eine Genauigkeit von 71,5%. Verglichen mit den 49,0% zuvor, ist das viel besser! Abbildung 2-19 zeigt eine Auswahl von Vorhersagen des neuen Konvolutionsmodells.

Abbildung 2-19: Vorhersagen des Konvolutionsnetzes

Die Verbesserung ist allein auf die Änderung der Modellarchitektur durch den Einbezug von Konvolutions-, Batch-Normalisierungs- und Drop-out-Schichten zurückzuführen. Beachten Sie, dass die Anzahl der Parameter in unserem neuen Modell tatsächlich geringer ist als im Vorgängermodell, obwohl die Anzahl der Schichten viel größer ist. Das zeigt, wie wichtig es ist, mit dem Modelldesign zu experimentieren und sich damit vertraut zu machen, wie Sie die verschiedenen Schichttypen zu Ihrem Vorteil nutzen können. Bei der Erstellung generativer Modelle ist es noch bedeutender, das Innenleben Ihres Modells zu verstehen, da es die mittleren Schichten Ihres Netzwerks sind, die die übergeordneten Merkmale erfassen, für die Sie sich am meisten interessieren.

Zusammenfassung

In diesem Kapitel wurden die grundlegenden Konzepte des Deep Learning vorgestellt, damit Sie mit der Entwicklung tiefer generativer Modelle beginnen können.

Sie sollten insbesondere die Tatsache, dass tiefe neuronale Netze vom Design her völlig flexibel sind und hinsichtlich ihrer Modellarchitektur keine wirklich festen Regeln vorgegeben sind, in Erinnerung behalten. Es gibt Richtlinien und Best Practices, aber Sie sollten sich die Zeit nehmen, mit den Layern und der Reihenfolge, in der Sie sie verwenden, zu experimentieren. Dabei sollten Sie im Hinterkopf behalten, dass einige Schichten, ähnlich wie Bauklötze aus einem Baukasten, nicht zusammenpassen, da die Abmessungen der Eingabe nicht mit denen der Ausgabe des vorherigen Layers übereinstimmen. Mit etwas mehr Erfahrung und einem besseren Verständnis dafür, auf welche Weise jeder der Schichttypen einen Tensor transformiert, sollte auch dies kein Problem für Sie darstellen.

Zu guter Letzt sei noch darauf hingewiesen, dass in einem tiefen neuronalen Netzwerk die *Schichten* konvolutioniert, also gefaltet werden – und nicht das Netzwerk selbst. Wenn man von Konvolutionsnetzen spricht, meint man damit eigentlich *neuronale Netze, die Konvolutionsschichten enthalten*. Die Unterscheidung ist nicht unerheblich, schließlich sollten Sie sich nicht gezwungen fühlen, nur die Architekturen zu verwenden, über die Sie in diesem Buch oder anderswo gelesen haben. Betrachten Sie sie stattdessen als Beispiele dafür, wie Sie die verschiedenen Schichttypen zusammenfügen können. Wie bei einem Kind, das mit Bauklötzen spielt, ist das Design Ihres neuronalen Netzwerks nur durch Ihre eigene Fantasie begrenzt – und vor allem durch Ihr Verständnis davon, wie die verschiedenen Layer miteinander kompatibel sind.

Im nächsten Kapitel sehen wir, wie wir diese Bestandteile nutzen können, um ein Netzwerk zu entwickeln, das Bilder erzeugen kann.

KAPITEL 3

Variational Autoencoder

2013 veröffentlichten Diederik P. Kingma und Max Welling ein Forschungspaper, das den Grundstein für eine neue Art von neuronalem Netzwerk legte, den *Variational Autoencoder* (VAE).[1] Dies ist heutzutage eine der wichtigsten und bekanntesten Deep-Learning-Architekturen der generativen Modellierung. In diesem Kapitel werden wir zunächst einen gewöhnlichen Autoencoder entwickeln und dann überlegen, wie wir diesen zu einem Variational Autoencoder erweitern können – unser erstes Anwendungsbeispiel eines generativen Deep-Learning-Modells.

Auf dem Weg dorthin werden wir beide Arten von Modell genauer unter die Lupe nehmen, um deren Funktionsweise im Detail zu verstehen. Am Ende des Kapitels sollten Sie ein umfassendes Wissen darüber haben, wie man Autoencoder-basierte Modelle erstellt und modifiziert, und insbesondere, wie man einen Variational Autoencoder von Grund auf entwickelt, der Bilder basierend auf Ihrem eigenen Trainingsdatensatz erzeugen kann.

Beginnen wir mit einem Besuch einer seltsamen Kunstausstellung …

Die Kunstausstellung

Zwei Brüder, Herr N. Coder und Herr D. Coder, betreiben eine Kunstgalerie. An einem Wochenende veranstalten sie eine Ausstellung, die sich auf Untersuchungen einfarbiger, einstelliger Zahlen konzentriert. Die Ausstellung ist umso merkwürdiger, da sie nur eine Wand und keine physischen Kunstwerke enthält. Wenn ein neues Gemälde zur Ausstellung kommt, wählt Herr N. Coder einfach einen Punkt an der Wand, um das Gemälde darzustellen, setzt an dieser Stelle einen Marker und wirft dann das ursprüngliche Kunstwerk weg. Wenn ein Kunde darum bittet, das Gemälde zu sehen, versucht Herr D. Coder, das Kunstwerk nur anhand der Koordinaten des entsprechenden Markers an der Wand wiederherzustellen.

1 Diederik P. Kingma und Max Welling, »Auto-Encoding Variational Bayes«, 20. Dezember 2013, *https://arxiv.org/abs/1312.6114*.

Die Ausstellungswand ist in Abbildung 3-1 abgebildet, wobei jeder schwarze Punkt einen Marker darstellt, der von Herrn N. Coder gesetzt wurde, um ein Bild darzustellen. Außerdem sehen Sie eines der Gemälde, das an der Stelle [-3,5, -0,5] von Herrn N. Coder an der Wand markiert und dann von Herrn D. Coder mit diesen beiden Zahlen rekonstruiert wurde.

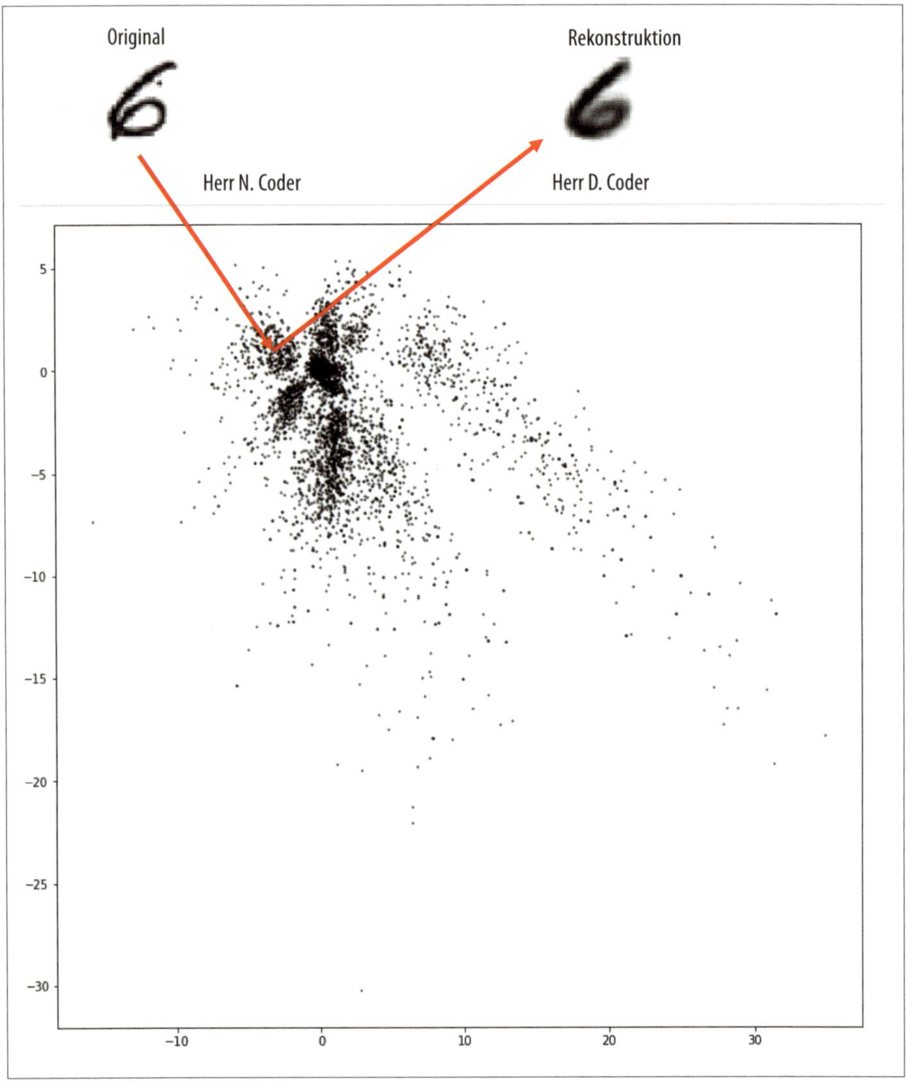

Abbildung 3-1: Die Wand der Kunstausstellung

In Abbildung 3-2 sehen Sie Beispiele anderer Originalgemälde (obere Reihe), die Koordinaten des von Herrn N. Coder gesetzten Markers an der Wand und die von Herrn D. Coder rekonstruierten Gemälde (untere Reihe).

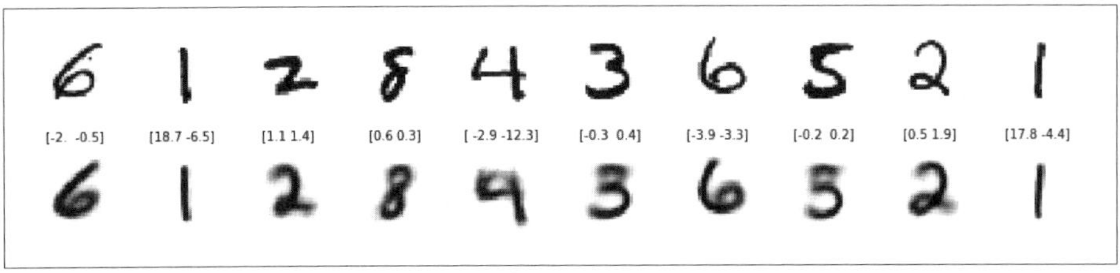

Abbildung 3-2: Beispiele rekonstruierter Gemälde

Wie entscheidet Herr N. Coder, wo die Marker gesetzt werden sollen? Das System hat sich auf natürliche Weise durch jahrelanges Training und ebenso lange Zusammenarbeit entwickelt und dabei schrittweise die Prozesse der Markerplatzierung und der Rekonstruktion optimiert. Die Brüder überwachen minutiös den Umsatzverlust an der Kasse, der durch Kunden verursacht wird, die wegen schlecht rekonstruierter Gemälde ihr Geld zurückfordern, und sie sind ununterbrochen auf der Suche nach einem System, das diesen Verdienstausfall minimiert. Wie Sie in Abbildung 3-2 sehen können, funktioniert das bemerkenswert gut – Kunden, die die Kunstwerke sehen wollen, beschweren sich sehr selten darüber, dass sich die von Herrn D. Coder wiedererschaffenen Gemälde deutlich von den Originalen unterscheiden.

Eines Tages hat Herr N. Coder eine Idee. Was wäre, wenn er zufällig Marker auf Wandbereiche setzt, die momentan noch keinen Marker haben? Herr D. Coder könnte dann die diesen Punkten entsprechenden Kunstwerke wiederherstellen, und so hätten die Brüder innerhalb weniger Tage ihre eigene Ausstellung mit ganz neuen Originalbildern.

Die Brüder setzen diesen Plan um und öffnen ihre neue Ausstellung. Einige der Exponate und die dazugehörigen Marker sind in Abbildung 3-3 dargestellt.

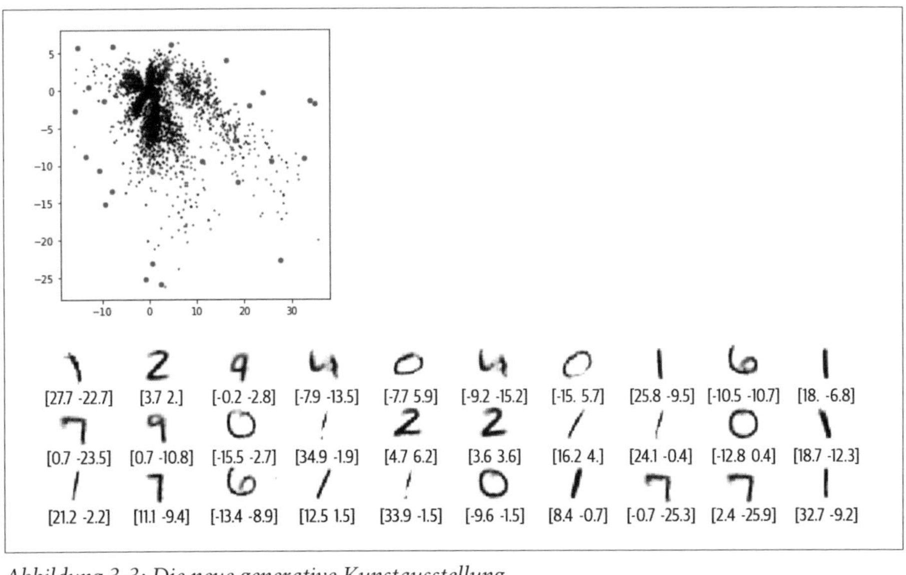

Abbildung 3-3: Die neue generative Kunstausstellung

Wie Sie sehen können, war der Plan nicht von großem Erfolg gekrönt. Die Variation ist insgesamt gering, und einige Kunstwerke ähneln nicht wirklich einstelligen Zahlen.

Aber was ist schiefgelaufen, und wie können die Brüder ihren Plan verbessern?

Autoencoder

Die Geschichte dient als Analogie für einen sogenannten *Autoencoder*, ein neuronales Netzwerk, das aus zwei Komponenten besteht:

- einem *Encoder*-Netzwerk, das hochdimensionale Eingabedaten in einen niederdimensionalen Darstellungsvektor komprimiert, und
- einem *Decoder*-Netzwerk, das einen gegebenen Darstellungsvektor zurück in den ursprünglichen hochdimensionalen Raum umwandelt.

Dieser Vorgang wird in Abbildung 3-4 dargestellt.

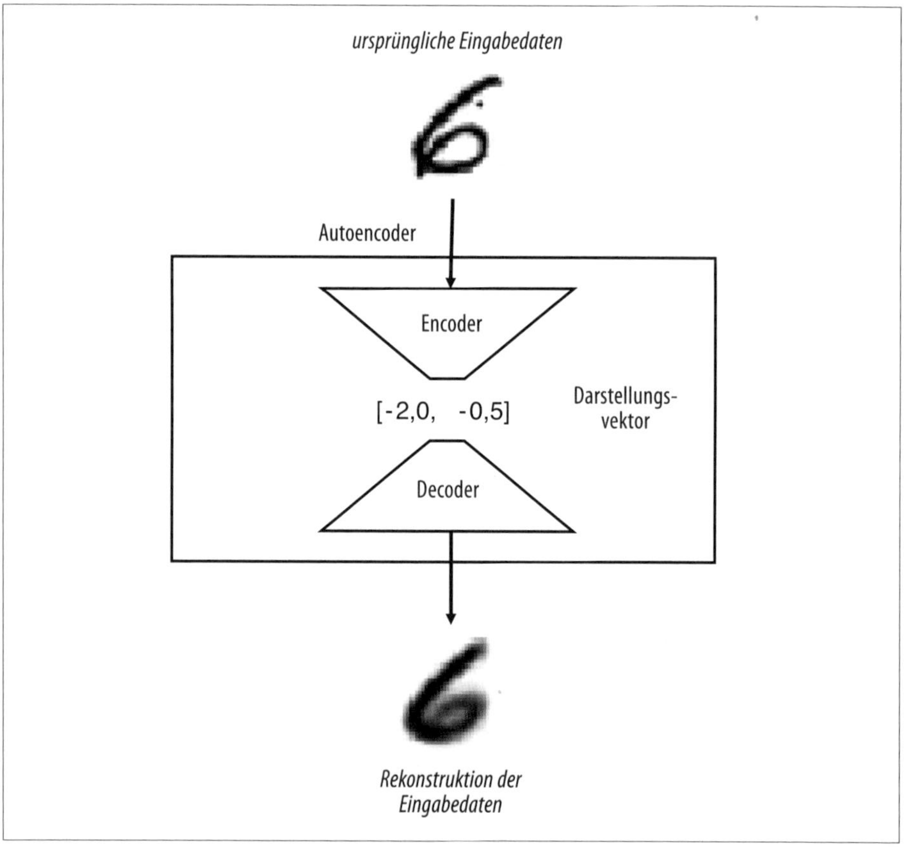

Abbildung 3-4: Diagramm eines Autoencoders

Das Netzwerk wird trainiert, um Gewichte für Encoder und Decoder zu finden, die den Verlust zwischen den ursprünglichen Eingabedaten und deren Rekonstruktion minimieren, nachdem sie Encoder und Decoder durchlaufen haben.

Der Darstellungsvektor ist eine Kompression des Originalbilds in einen niedriger dimensionalen latenten Raum. Die Idee dahinter ist, dass wir theoretisch durch die Wahl eines beliebigen Punkts im latenten Raum neue Bilder erzeugen können, indem wir diesen Punkt durch den Decoder schicken, da der Decoder gelernt hat, wie man Punkte im latenten Raum in realistische Bilder umwandelt.

In unserer Geschichte verwenden Herr N. Coder und Herr D. Coder Darstellungsvektoren innerhalb eines zweidimensionalen latenten Raums (der Wand), um die Bilder zu codieren. Dies hilft uns, den latenten Raum zu visualisieren, da wir Punkte leicht in 2-D darstellen können. In der Praxis haben Autoencoder in der Regel mehr als zwei Dimensionen, um eine größere Flexibilität zu haben und so mehr Nuancen in den Bildern erfassen zu können.

Autoencoder können auch zur Bildreinigung verrauschter Bilder verwendet werden, da der Encoder lernt, dass die Position des Rauschens innerhalb des latenten Raums nicht relevant ist. Für solche Aufgaben ist ein 2-D-Latenzraum wahrscheinlich zu klein, um genügend relevante Informationen aus den Eingabedaten zu codieren. Wir werden jedoch sehen, dass die Erhöhung der Dimensionalität des latenten Raums schnell zu Problemen führt, wenn wir den Autoencoder als generatives Modell nutzen wollen.

Ihr erster Autoencoder

Lassen Sie uns nun einen Autoencoder in Keras erstellen. Dieses Beispiel folgt dem Jupyter-Notebook *03_01_autoencoder_train.ipynb* aus dem GitHub-Repository.

Grundsätzlich ist es sinnvoll, eine Klasse für Ihr Modell in einer separaten Datei zu erstellen. Auf diese Weise können Sie im Notebook ein `Autoencoder`-Objekt mit Parametern für eine spezifische Modellarchitektur erzeugen, wie zum Beispiel in Beispiel 3-1. Diese Vorgehensweise macht Ihr Modell sehr flexibel, und es kann so bei Bedarf leicht getestet und in andere Projekte portiert werden.

Beispiel 3-1: Erstellen des Autoencoders

```
from models.AE import Autoencoder

AE = Autoencoder(
    input_dim = (28,28,1)
    , encoder_conv_filters = [32,64,64, 64]
    , encoder_conv_kernel_size = [3,3,3,3]
    , encoder_conv_strides = [1,2,2,1]
    , decoder_conv_t_filters = [64,64,32,1]
    , decoder_conv_t_kernel_size = [3,3,3,3]
    , decoder_conv_t_strides = [1,2,2,1]
    , z_dim = 2)
```

Schauen wir uns also nun die Architektur eines Autoencoders genauer an, beginnend mit dem Encoder.

Der Encoder

In einem Autoencoder ist es Aufgabe des Encoders, das Eingabebild zu verarbeiten und es einem Punkt im latenten Raum zuzuordnen. Die Architektur des Encoders, den wir erstellen werden, ist in Abbildung 3-5 abgebildet.

```
_________________________________________________________________
Layer (type)                 Output Shape              Param #
=================================================================
encoder_input (InputLayer)   (None, 28, 28, 1)         0
_________________________________________________________________
encoder_conv_0 (Conv2D)      (None, 28, 28, 32)        320
_________________________________________________________________
leaky_re_lu_1 (LeakyReLU)    (None, 28, 28, 32)        0
_________________________________________________________________
encoder_conv_1 (Conv2D)      (None, 14, 14, 64)        18496
_________________________________________________________________
leaky_re_lu_2 (LeakyReLU)    (None, 14, 14, 64)        0
_________________________________________________________________
encoder_conv_2 (Conv2D)      (None, 7, 7, 64)          36928
_________________________________________________________________
leaky_re_lu_3 (LeakyReLU)    (None, 7, 7, 64)          0
_________________________________________________________________
encoder_conv_3 (Conv2D)      (None, 7, 7, 64)          36928
_________________________________________________________________
leaky_re_lu_4 (LeakyReLU)    (None, 7, 7, 64)          0
_________________________________________________________________
flatten_1 (Flatten)          (None, 3136)              0
_________________________________________________________________
encoder_output (Dense)       (None, 2)                 6274
=================================================================
Total params: 98,946
Trainable params: 98,946
Non-trainable params: 0
_________________________________________________________________
```

Abbildung 3-5: Architektur des Encoders

Dafür verwenden wir zunächst eine Eingabeschicht für das Bild und leiten dieses nacheinander durch vier `Conv2D`-Schichten, die jeweils immer wesentlichere Merkmale erfassen. Wir verwenden eine Schrittweite von 2 in einigen der Schichten, um die Größe der Ausgabe zu reduzieren. Die letzte Konvolutionsschicht wird dann verflacht und mit einer `Dense`-Schicht der Größe 2 verbunden, die unseren zweidimensionalen latenten Raum darstellt.

Beispiel 3-2 zeigt, wie man diese Architektur in Keras erstellt.

Beispiel 3-2: Der Encoder

```
### DER ENCODER
encoder_input = Input(shape=self.input_dim, name='encoder_input') ❶

x = encoder_input

for i in range(self.n_layers_encoder):
    conv_layer = Conv2D(
        filters = self.encoder_conv_filters[i]
        , kernel_size = self.encoder_conv_kernel_size[i]
        , strides = self.encoder_conv_strides[i]
        , padding = 'same'
        , name = 'encoder_conv_' + str(i)
        )

    x = conv_layer(x) ❷
    x = LeakyReLU()(x)

shape_before_flattening = K.int_shape(x)[1:]
x = Flatten()(x) ❸

encoder_output= Dense(self.z_dim, name='encoder_output')(x) ❹

self.encoder = Model(encoder_input, encoder_output) ❺
```

❶ Definieren Sie die Eingabedaten für den Encoder (das Bild).

❷ Schalten Sie mehrere Konvolutionsschichten nacheinander.

❸ Verflachen Sie die letzte Konvolutionsschicht zu einem Vektor.

❹ Dense-Schicht, die diesen Vektor mit dem latenten 2-D-Raum verbindet.

❺ Das Keras-Modell, das den Encoder definiert – ein Modell, das ein Eingabebild nimmt und es in den 2-D-Latenzraum codiert.

Sie können die Anzahl der Konvolutionsschichten im Encoder ändern, indem Sie einfach Elemente den Listen hinzufügen, die die Modellarchitektur im Notebook definieren. Ich empfehle Ihnen wärmstens, mit den Parametern zu experimentieren, die die Modelle in diesem Buch definieren, um zu verstehen, wie sich die Architektur auf die Anzahl der Gewichte in jeder Schicht, die Modellleistung und die Laufzeit des Modells auswirkt.

Der Decoder

Der Decoder ist ein Spiegelbild des Encoders mit der Ausnahme, dass wir anstelle von Konvolutionsschichten nun *Konvolutions-Transpose-Schichten* verwenden, wie in Abbildung 3-6 zu sehen ist.

```
_________________________________________________________________
Layer (type)                 Output Shape              Param #
=================================================================
decoder_input (InputLayer)   (None, 2)                 0
_________________________________________________________________
dense_1 (Dense)              (None, 3136)              9408
_________________________________________________________________
reshape_1 (Reshape)          (None, 7, 7, 64)          0
_________________________________________________________________
decoder_conv_t_0 (Conv2DTran (None, 7, 7, 64)          36928
_________________________________________________________________
leaky_re_lu_5 (LeakyReLU)    (None, 7, 7, 64)          0
_________________________________________________________________
decoder_conv_t_1 (Conv2DTran (None, 14, 14, 64)        36928
_________________________________________________________________
leaky_re_lu_6 (LeakyReLU)    (None, 14, 14, 64)        0
_________________________________________________________________
decoder_conv_t_2 (Conv2DTran (None, 28, 28, 32)        18464
_________________________________________________________________
leaky_re_lu_7 (LeakyReLU)    (None, 28, 28, 32)        0
_________________________________________________________________
decoder_conv_t_3 (Conv2DTran (None, 28, 28, 1)         289
_________________________________________________________________
activation_1 (Activation)    (None, 28, 28, 1)         0
=================================================================
Total params: 102,017
Trainable params: 102,017
Non-trainable params: 0
_________________________________________________________________
```

Abbildung 3-6: Architektur des Decoders

Der Decoder muss jedoch kein Spiegelbild des Encoders sein. Sie können den Decoder so gestalten, wie Sie möchten, solange das Ausgabeformat der letzten Decoder-Schicht die gleichen Dimensionen hat wie die Eingabedaten zum Encoder (da unsere Verlustfunktion diese pixelweise vergleicht).

Konvolutions-Transpose-Schichten

Standard-Konvolutionsschichten erlauben uns, die Größe des Eingabetensors in Höhe und Breite zu halbieren, indem wir eine Schrittweite von 2 wählen.

Die Konvolutions-Transpose-Schicht arbeitet nach dem gleichen Prinzip wie eine normale Konvolutionsschicht (indem sie einen Filter über das Bild schiebt), unterscheidet sich aber dadurch, dass die Einstellung `stride = 2` die Größe des Eingabetensors in Höhe und Breite verdoppelt.

In einer Konvolutions-Transpose-Schicht bestimmt der Schrittweite-Parameter die interne Auffüllung mit Nullen zwischen den Bildpixeln (siehe Abbildung 3-7).

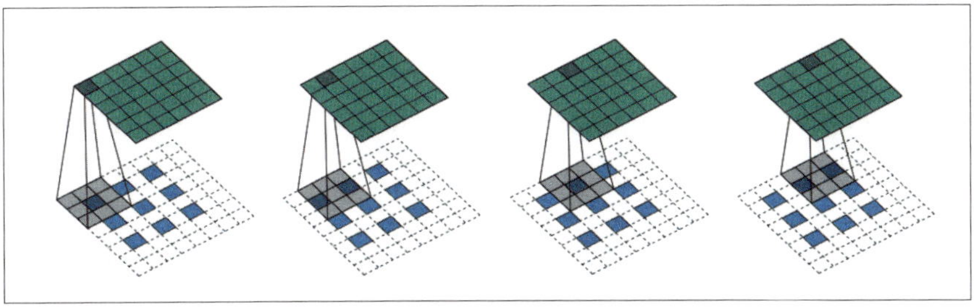

Abbildung 3-7: Ein Beispiel einer Konvolutions-Transpose-Schicht – hier wird ein 3 × 3 × 1-Filter (grau) über ein 3 × 3 × 1-Bild (blau) mit Schrittweite = 2 geleitet, um ein 6 × 6 × 1-Ausgabetensor (grün) zu erzeugen.[2]

In Keras ermöglicht uns die `Conv2DTranspose`-Schicht, konvolutionale Transponierungsoperationen an Tensoren durchzuführen. Durch eine Hintereinanderschaltung dieser Schichten können wir die Größe jeder Schicht nach und nach durch eine Schrittweite von 2 erweitern, bis wir wieder zur ursprünglichen Bilddimension von 28 × 28 zurückkehren.

Beispiel 3-3 zeigt, wie wir den Decoder in Keras erstellen können.

Beispiel 3-3: Der Decoder

```
### DER DECODER
decoder_input = Input(shape=(self.z_dim,), name='decoder_input') ❶

x = Dense(np.prod(shape_before_flattening))(decoder_input) ❷
x = Reshape(shape_before_flattening)(x) ❸

for i in range(self.n_layers_decoder):
    conv_t_layer = Conv2DTranspose(
        filters = self.decoder_conv_t_filters[i]
        , kernel_size = self.decoder_conv_t_kernel_size[i]
        , strides = self.decoder_conv_t_strides[i]
        , padding = 'same'
        , name = 'decoder_conv_t_' + str(i)
        )

    x = conv_t_layer(x) ❹

    if i < self.n_layers_decoder - 1:
        x = LeakyReLU()(x)
    else:
        x = Activation('sigmoid')(x)
```

2 Quelle: Vincent Dumoulin und Francesco Visin, »A Guide to Convolution Arithmetic for Deep Learning«, 12. Januar 2018, *https://arxiv.org/pdf/1603.07285.pdf*.

```
decoder_output = x

self.decoder = Model(decoder_input, decoder_output) ❺
```

❶ Definieren Sie die Eingabedaten für den Decoder (den Punkt im latenten Raum).

❷ Verbinden Sie die Eingabedaten mit einer `Dense`-Schicht.

❸ Transformieren Sie diesen Vektor in einen Tensor, den Sie in die erste Konvolutions-Transpose-Schicht einführen können.

❹ Schalten Sie mehrere Konvolutions-Transpose-Schichten nacheinander.

❺ Das Keras-Modell, das den Decoder definiert – ein Modell, das einen Punkt im latenten Raum nimmt und ihn in die ursprüngliche Bilddomäne decodiert.

Verbinden von Encoder und Decoder

Um Encoder und Decoder gleichzeitig zu trainieren, müssen wir zuerst ein Modell definieren, das dem Verlauf eines Bilds durch den Encoder und zurück durch den Decoder entspricht. Erfreulicherweise macht uns Keras das extrem einfach, wie Sie in Beispiel 3-4 sehen können.

Beispiel 3-4: Der vollständige Autoencoder

```
### DER VOLLSTÄNDIGE
model_input = encoder_input # ❶
model_output = decoder(encoder_output) # ❷

self.model = Model(model_input, model_output) # ❸
```

❶ Die Eingabe in den Autoencoder ist dieselbe wie die in den Encoder.

❷ Die Ausgabe des Autoencoders ist die durch den Decoder gesendete Ausgabe des Encoders.

❸ Das Keras-Modell, das den vollständigen Autoencoder definiert – ein Modell, das ein Bild nimmt und es erst durch den Encoder und dann durch den Decoder leitet, um eine Rekonstruktion des Originalbilds zu erzeugen.

Nachdem wir nun unser Modell definiert haben, müssen wir es nur noch mit einer Verlustfunktion und einem Optimierer kompilieren, wie in Beispiel 3-5 zu sehen. Die Verlustfunktion ist normalerweise entweder der *Root Mean Squared Error* (RMSE) oder die binäre Kreuzentropie zwischen den einzelnen Pixeln des Originalbilds und der Rekonstruktion. Binäre Kreuzentropie bestraft extrem falsche Vorhersagen mehr, sodass dadurch Pixelvorhersagen eher in die Mitte des Wertebereichs tendieren. Dies führt zu weniger lebhaften Bildern. Aus diesem Grund verwende ich im Allgemeinen lieber RMSE als Verlustfunktion. Es gibt jedoch keine richtige oder falsche Wahl – Sie sollten wählen, was für Ihren Anwendungsfall am besten geeignet ist.

Beispiel 3-5: Kompilierung

```
### KOMPILIERUNG
optimizer = Adam(lr=learning_rate)

def r_loss(y_true, y_pred):
    return K.mean(K.square(y_true - y_pred), axis = [1,2,3])

self.model.compile(optimizer=optimizer, loss = r_loss)
```

Nun können wir den Autoencoder trainieren, indem wir die Eingabebilder sowohl als Eingabe als auch als Ausgabe übergeben, wie in Beispiel 3-6 gezeigt.

Beispiel 3-6: Training des Autoencoders

```
self.model.fit(
    x = x_train
    , y = x_train
    , batch_size = batch_size
    , shuffle = True
    , epochs = 10
    , callbacks = callbacks_list
)
```

Analyse des Autoencoders

Nach dem Trainieren unseres Autoencoders können wir nun untersuchen, wie dieser Bilder im latenten Raum darstellt. Anschließend werden wir sehen, warum Variational Autoencoder eine logische Erweiterung sind, die die Probleme des normalen Autoencoders beheben. Den entsprechenden Code dazu finden Sie im Notebook *03_02_autoencoder_analysis.ipynb*.

Nehmen wir zunächst ein Reihe neuer Bilder, die das Modell noch nicht gesehen hat. Wir schicken diese durch den Encoder und stellen deren zweidimensionale Darstellungen in einem Streudiagramm grafisch dar. Eigentlich haben wir diesen Graphen bereits gesehen: die Wand von Herr N. Coder aus Abbildung 3-1. Das Einfärben dieses Plots nach Ziffern erzeugt das Diagramm in Abbildung 3-8. Dabei ist Folgendes anzumerken: Obwohl das Modell beim Trainieren die Ziffernlabel nie zu sehen bekommen hat, hat der Autoencoder von sich aus die Ziffern, die sich ähnlich sehen, gruppiert und an einer ähnlichen Stelle im latenten Raum abgebildet.

Es gibt einige interessante Punkte zu beachten:

1. Die Darstellung ist weder symmetrisch um den Punkt (0, 0), noch begrenzt. Beispielsweise gibt es weitaus mehr Punkte mit negativen y-Achsen-Werten als positive, und einige Punkte erstrecken sich sogar bis zu einem y-Achsen-Wert von < -30.
2. Einige Ziffern werden über einen sehr kleinen Bereich und andere über einen deutlich größeren Bereich dargestellt.
3. Zumeist gibt es große Lücken mit nur wenigen Punkten zwischen den verschiedenen Farben.

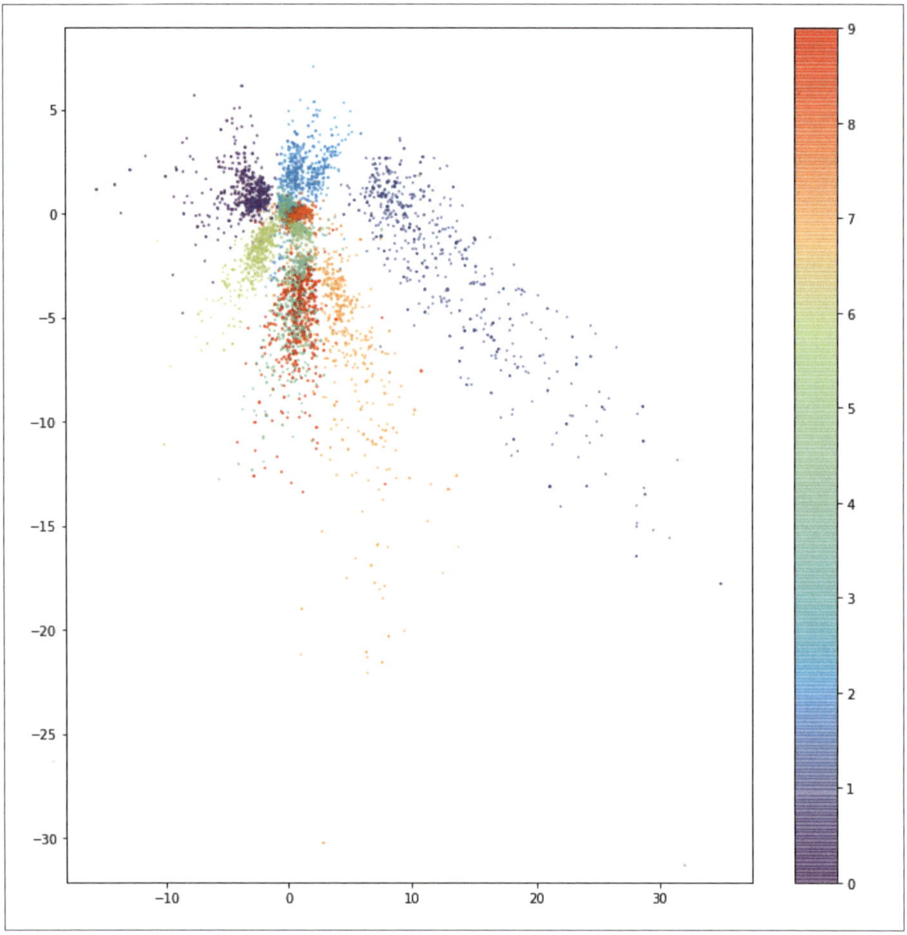

Abbildung 3-8: Diagramm des latenten Raums, eingefärbt nach Ziffern

Denken Sie daran: Unser Ziel ist es, einen zufälligen Punkt im latenten Raum wählen zu können, diesen durch den Decoder zu leiten und dadurch ein Bild von einer Ziffer zu erhalten, die echt aussieht. Wenn wir dies mehrfach tun, sollten wir idealerweise auch eine etwa gleichmäßige Mischung von verschiedenen Ziffern erhalten (d. h., es sollte nicht immer die gleiche Ziffer erzeugt werden). Das war auch das Ziel der Gebrüder Coder, als sie zufällige Punkte an ihrer Wand wählten, um neue Kunstwerke für ihre Ausstellung zu generieren.

Obiger Punkt 1 zeigt, warum es nicht offensichtlich ist, wie wir überhaupt einen »zufälligen« Punkt im latenten Raum wählen sollten, da die Verteilung dieser Punkte nicht definiert ist. Technisch gesehen, könnten wir einen beliebigen Punkt in der 2-D-Ebene wählen! Es ist nicht einmal garantiert, dass die Punkte um (0,0) zentriert sind. Das macht die Wahl eines Punkts aus unserem latenten Raum äußerst problematisch.

Punkt 2 erklärt die mangelnde Vielfalt der erzeugten Bilder. Im Idealfall möchten wir eine etwa gleichmäßige Verteilung der Ziffern erreichen, wenn wir zufällige Stichproben aus unserem latenten Raum nehmen. Bei einem Autoencoder ist dies jedoch nicht garantiert. Zum Beispiel ist der Bereich der 1er weitaus größer als der Bereich der 8er, sodass wir, wenn wir zufällig Punkte im Raum auswählen, eher etwas erzeugen, das wie eine 1 aussieht als wie eine 8.

Punkt 3 verdeutlicht, warum einige erzeugte Bilder unzureichend geformt sind. In Abbildung 3-9 sehen wir drei Punkte im latenten Raum und ihre decodierten Bilder, von denen keines besonders gut geformt ist.

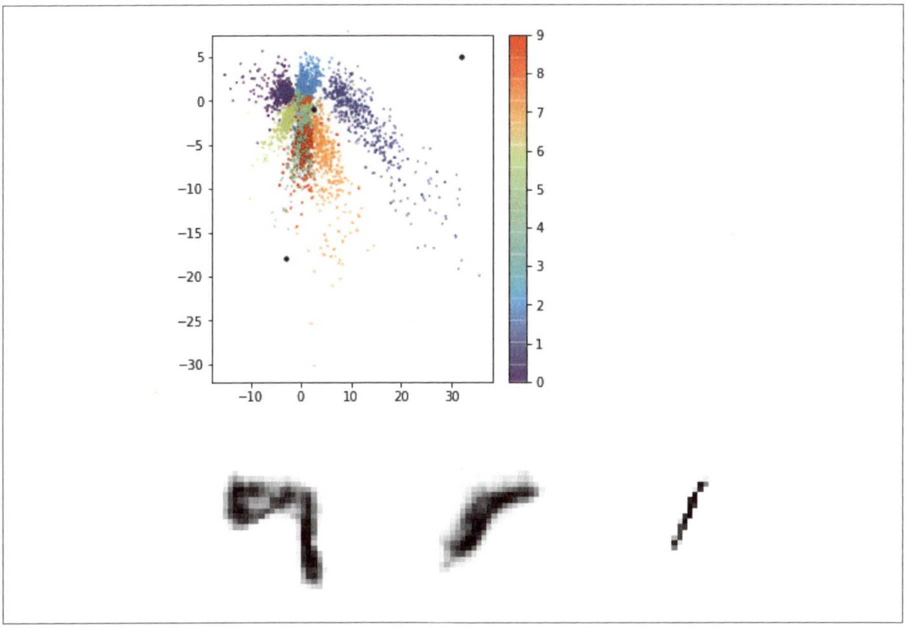

Abbildung 3-9: Einige schlecht generierte Bilder

Zum Teil liegt das an den großen Bereichen am Rand des Raums, in denen es nur wenige Punkte gibt – der Autoencoder hat keinen Grund, dafür zu sorgen, dass Punkte hier in lesbare Ziffern decodiert werden, da hier nur sehr wenige Bilder codiert sind. Noch beunruhigender ist es jedoch, dass selbst Punkte, die sich genau in der Mitte des Raums befinden, nicht zwangsläufig in gut geformte Bilder decodiert werden können. Der Grund dafür ist, dass der Autoencoder nicht für einen »kontinuierlichen« Raum sorgen muss. Beispielsweise gibt es keinen Mechanismus, der sicherzustellt, dass der Punkt (2.1, -2.1) ebenfalls eine zufriedenstellende 4 erzeugt, obwohl der Punkt (2, -2) zu einem klaren Bild einer 4 decodiert werden könnte.

In 2-D ist dieses Problem subtil; der Autoencoder hat nur eine kleine Anzahl von Dimensionen zur Verfügung, sodass er natürlicherweise Zifferngruppen zusammenquetschen muss, was dazu führt, dass der Abstand zwischen den Zifferngruppen relativ klein ist. Sobald wir jedoch beginnen, mehr Dimensionen im latenten

Raum zu nutzen, um komplexere Bilder wie z.B. Gesichter zu erzeugen, wird dieses Problem noch deutlicher. Wenn wir dem Autoencoder freie Hand dabei lassen, wie er den latenten Raum zum Codieren von Bildern nutzt, gibt es große Lücken zwischen Gruppen ähnlicher Punkte ohne Anreiz für den Raum dazwischen, gut geformte Bilder zu erzeugen.

Wie können wir also diese drei Probleme lösen, damit wir unser Autoencoder-Framework als generatives Modell verwenden können? Um das zu erklären, besuchen wir noch einmal die Kunstausstellung der Gebrüder Coder, wo sich seit unserem letzten Besuch einiges geändert hat ...

Die »Variationale« Kunstausstellung

Entschlossen, die generative Kunstausstellung zum Laufen zu bringen, rekrutiert Herr N. Coder seine Tochter Epsilon. Nach einer kurzen Diskussion beschließen sie, die Art und Weise zu ändern, wie neue Gemälde an der Wand markiert werden. Der neue Prozess funktioniert wie folgt.

Wenn ein neues Gemälde in der Ausstellung ankommt, wählt Herr N. Coder einen Punkt an der Wand, an dem er den Marker platzieren möchte, um das Kunstwerk darzustellen, genau wie bisher. Doch anstatt den Marker selbst an der Wand zu platzieren, gibt er seine Meinung darüber an Epsilon weiter, die daraufhin entscheidet, wo der Marker letztendlich platziert wird. Sie berücksichtigt natürlich die Meinung ihres Vaters, sodass sie den Marker normalerweise irgendwo in der Nähe des von ihm vorgeschlagenen Punkts platziert. Herr D. Coder findet dann den Marker dort, wo Epsilon ihn platziert hat, ohne dabei die ursprüngliche Meinung von Herrn N. Coder zu erfahren.

Herr N. Coder teilt seiner Tochter auch mit, wie sicher er sich ist, dass der Marker an der vorgeschlagenen Stelle platziert werden soll. Je sicherer er sich ist, desto näher an seinem Vorschlag platziert Epsilon den Punkt üblicherweise.

Es gibt noch eine letzte Änderung am alten System. Bisher war der einzige Feedback-Mechanismus der Verdienstausfall an der Ticketkasse aufgrund schlecht rekonstruierter Bilder. Wenn die Brüder sahen, dass bestimmte Gemälde nicht genau rekonstruiert wurden, haben sie die Platzierung der Marker und die Bildrekonstruktion angepasst, um die Einnahmenverluste zu minimieren.

Nun gibt es eine weitere Feedback-Quelle. Epsilon ist ziemlich faul und ärgert sich, wenn ihr Vater will, dass sie Marker weit weg von der Wandmitte platzieren soll, wo sie womöglich auch noch eine Leiter benutzen muss. Außerdem mag sie es nicht, wenn er zu sehr bestimmt, wo die Marker platziert werden sollen, denn dann trägt sie ihrer Meinung nach zu wenig Verantwortung. Wenn ihr Vater dagegen zu wenig von seinem eigenen Vorschlag für die Markerplatzierung überzeugt ist, hat sie wiederum das Gefühl, dass sie diejenige ist, die die ganze Arbeit macht! Damit Epsilon glücklich ist, muss die Zuversicht ihres Vater in die Platzierung des Markers genau richtig sein.

Um ihren Ärger auszugleichen, bezahlt ihr Vater ihr mehr für die Arbeit, wenn er sich nicht an diese Regeln hält. In der Bilanz wird dieser Aufwand als sein Kitty-Verlust ausgewiesen. Deshalb muss er darauf achten, dass er seiner Tochter nicht zu viel bezahlt, und gleichzeitig den Einkommensverlust an der Ticketkasse im Auge behalten. Nach dem Training mit diesen einfachen Änderungen testet Herr N. Coder noch einmal seine Strategie, Marker auf leere Wandabschnitte zu setzen, damit Herr D. Coder diese Punkte als originale Kunstwerke rekonstruieren kann.

Einige dieser Punkte stellt Abbildung 3-10 zusammen mit den erzeugten Bildern dar.

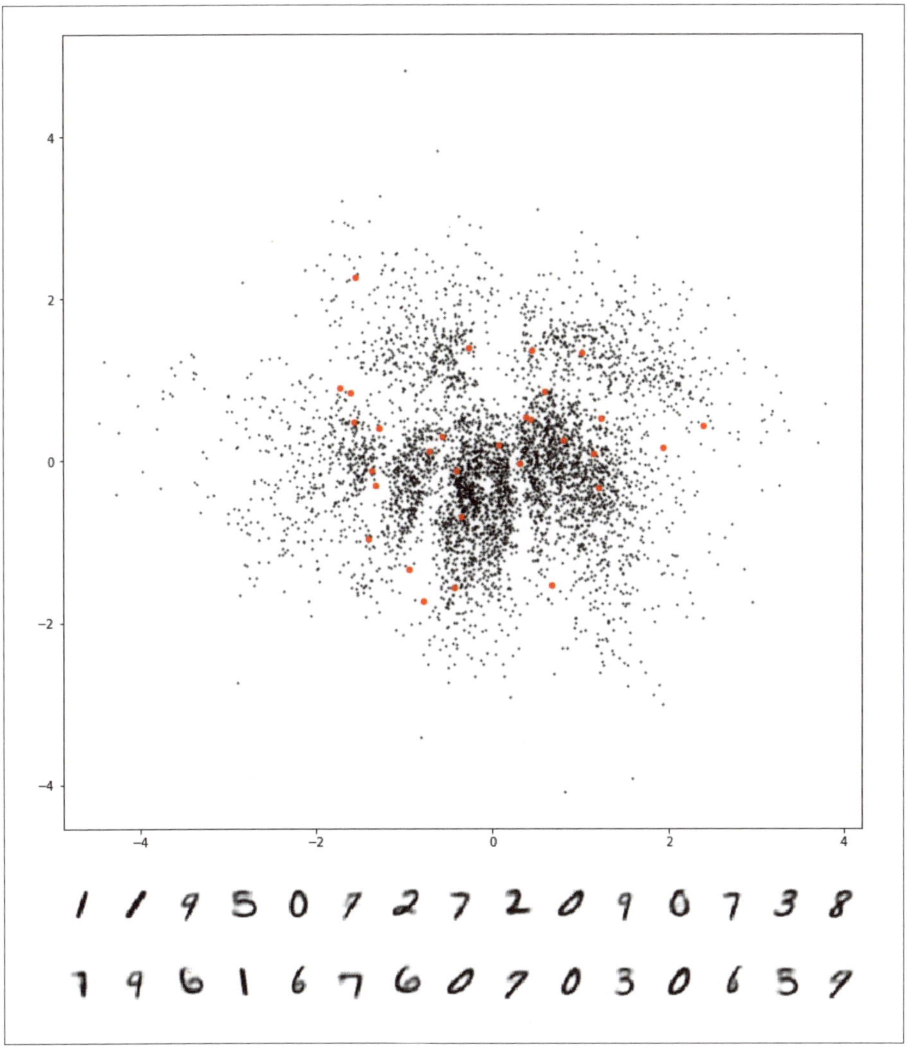

Abbildung 3-10: Kunstwerke der neuen Kunstausstellung

Viel besser! Große Menschenmengen strömen zu der neuen Kunstausstellung, um diese faszinierende generative Kunst zu bewundern, und sind von der Originalität und Vielfältigkeit der Gemälde begeistert.

Erstellen eines Variational Autoencoders

Die oben erzählte Geschichte hat gezeigt, wie die Kunstausstellung mit wenigen einfachen Änderungen in einen erfolgreichen generativen Prozess umgewandelt werden konnte. Schauen wir nun etwas genauer auf die Mathematik, mit der wir unseren Autoencoder in einen Variational Autoencoder verwandeln und ihn so zu einem wahrlich generativen Modell machen.

Tatsächlich müssen wir lediglich Änderungen in zwei Bereichen durchführen, dem Encoder und der Verlustfunktion.

Der Encoder

In einem Autoencoder wird jedes Bild direkt auf einen Punkt im latenten Raum abgebildet. In einem Variational Autoencoder hingegen wird jedes Bild auf eine multivariate Normalverteilung um einen Punkt im latenten Raum abgebildet, wie in Abbildung 3-11 zu sehen.

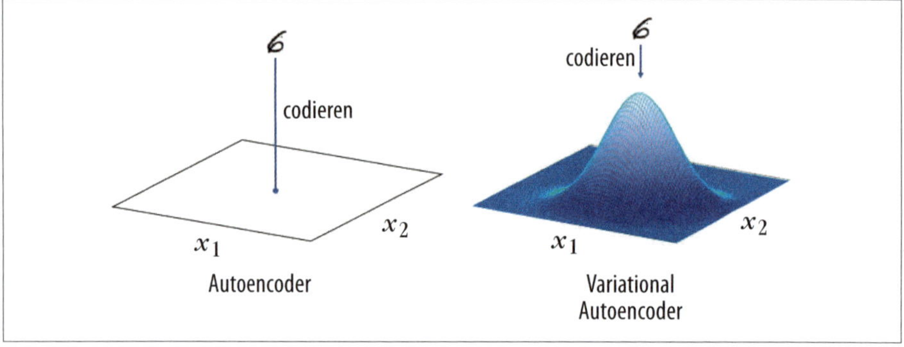

Abbildung 3-11: Der Unterschied zwischen dem Encoder eines Autoencoders und eines Variational Autoencoders

Die Normalverteilung

Die Normalverteilung ist eine Wahrscheinlichkeitsverteilung, die durch die charakteristische Form der Glockenkurve gekennzeichnet ist. In einer Dimension wird sie durch zwei Variablen definiert: den *Mittelwert* (μ) und die *Varianz* (σ^2). Die *Standardabweichung* (σ) ist die Quadratwurzel der Varianz.

Die Wahrscheinlichkeitsdichtefunktion der eindimensionalen Normalverteilung ist wie folgt definiert:

$$f\left(x \mid \mu, \sigma^2\right) = \frac{1}{\sqrt{2\pi\sigma^2}} e^{-\frac{(x-\mu)^2}{2\sigma^2}}$$

Abbildung 3-12 zeigt mehrere eindimensionale Normalverteilungen mit unterschiedlichen Werten für Mittelwert und Varianz. Die rote Kurve ist die *Standardnormalkurve* – die Normalverteilung mit Mittelwert gleich 0 und Varianz gleich 1.

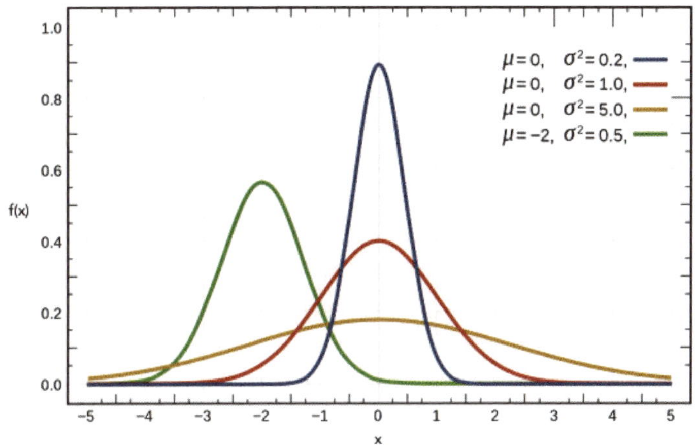

Abbildung 3-12: Die eindimensionale Normalverteilung[3]

Wir können einen Stichprobenpunkt z gemäß einer Normalverteilung mit Mittelwert μ und Standardabweichung σ mit folgender Gleichung berechnen:

$$z = \mu + \sigma\epsilon$$

wobei ϵ einer Standardnormalverteilung entnommen wird.

Das Konzept einer Normalverteilung kann auch auf mehr als eine Dimension erweitert werden – die Wahrscheinlichkeitsdichtefunktion einer allgemeinen multivariaten Normalverteilung in k Dimensionen lautet wie folgt:

$$f\left(x_1, \ldots, x_k\right) = \frac{\exp\left(-\frac{1}{2}(\mathbf{x}-\mu)^{\mathrm{T}}\Sigma^{-1}(\mathbf{x}-\mu)\right)}{\sqrt{(2\pi)^k|\Sigma|}}$$

3 Quelle: Wikipedia, *http://bit.ly/2ZDWRJv*.

In 2-D sind der Mittelwertvektor μ und die symmetrische Kovarianzmatrix Σ wie folgt definiert:

$$\mu = \begin{pmatrix} \mu_1 \\ \mu_2 \end{pmatrix}, \quad \Sigma = \begin{pmatrix} \sigma_1^2 & \rho\sigma_1\sigma_2 \\ \rho\sigma_1\sigma_2 & \sigma_2^2 \end{pmatrix}$$

wobei ρ die Korrelation zwischen den zwei Dimensionen x_1 und x_2 beschreibt.

Variational Autoencoder unterstellen, dass es keine Korrelation zwischen den Dimensionen im latenten Raum gibt und dass die Kovarianzmatrix daher diagonal ist. Das bedeutet, dass der Encoder lediglich jede Eingabe zu einem Mittelwert- und einem Varianzvektor abbilden muss und sich nicht um die Kovarianz zwischen den Dimensionen zu sorgen braucht. Darüber hinaus nehmen wir den *Logarithmus* der Varianz, da dieser eine beliebige reelle Zahl im Bereich $(-\infty, \infty)$ annehmen kann, was dem natürlichen Ausgabebereich eines neuronalen Netzes entspricht, wohingegen die Varianz nur positive Werte annehmen kann.

Zusammenfassend lässt sich sagen, dass der Encoder jedes Eingangsbild zu zwei Vektoren codiert, `mu` und `log_var`, die zusammen eine multivariate Normalverteilung im latenten Raum definieren:

`mu`
: Der Mittelwert der Verteilung.

`log_var`
: Der Logarithmus der Varianz jeder Dimension.

Um ein Bild in einen bestimmten Punkt `z` im latenten Raum zu codieren, können wir die Verteilung mit der folgenden Gleichung benutzen:

```
z = mu + sigma * epsilon
```

wobei[4]

```
sigma = exp(log_var / 2)
```

`epsilon` ist ein Stichprobenpunkt der Standardnormalverteilung.

In Bezug auf unsere Geschichte stellt `mu` die Empfehlung des Herrn N. Coder dar, an welcher Stelle der Marker an der Wand platziert werden soll. `epsilon` ist die zufällige Wahl seiner Tochter, in welcher Entfernung von `mu` der Marker platziert werden soll, skaliert durch `sigma`, Herr N. Coders Vertrauen in seinen Vorschlag für die Positionierung des Markers.

4 $\sigma = \exp(\log(\sigma)) = \exp(2\log(\sigma)/2) = \exp(\log(\sigma^2)/2)$

Aber warum genau hilft diese kleine Veränderung am Encoder?

Bislang gab es keine Bedingung dafür, dass der latente Raum kontinuierlich sein musste – auch wenn der Punkt (-2, 2) zu einem gut geformten Bild einer 4 decodiert wurde, hieß das nicht, dass der Punkt (-2.1, 2.1) ähnlich aussehen würde. Da wir jetzt aber einen zufälligen Punkt rund um mu wählen, muss der Decoder sicherstellen, dass alle Punkte in derselben Umgebung beim Decodieren sehr ähnliche Bilder ergeben, damit der Verlust durch die Rekonstruktion gering bleibt. Diese nützliche Eigenschaft stellt sicher, dass selbst Punkte im latenten Raum, die der Decoder zuvor nie gesehen hat, höchstwahrscheinlich zu gut geformten Bildern decodiert werden.

Schauen wir uns nun an, wie wir diese neue Encoder-Version in Keras erstellen können (siehe Beispiel 3-7). Sie können Ihren eigenen Variational Autoencoder auf dem Zahlendatensatz trainieren, indem Sie das Notebook *03_03_vae_digits_train.ipynb* ausführen.

Beispiel 3-7: Der Encoder des Variational Autoencoders

```
### DER ENCODER
encoder_input = Input(shape=self.input_dim, name='encoder_input')

x = encoder_input

for i in range(self.n_layers_encoder):
    conv_layer = Conv2D(
        filters = self.encoder_conv_filters[i]
        , kernel_size = self.encoder_conv_kernel_size[i]
        , strides = self.encoder_conv_strides[i]
        , padding = 'same'
        , name = 'encoder_conv_' + str(i)
        )

    x = conv_layer(x)

    if self.use_batch_norm:
        x = BatchNormalization()(x)

    x = LeakyReLU()(x)
    if self.use_dropout:
        x = Dropout(rate = 0.25)(x)

shape_before_flattening = K.int_shape(x)[1:]
x = Flatten()(x)

self.mu = Dense(self.z_dim, name='mu')(x) ❶
self.log_var = Dense(self.z_dim, name='log_var')(x) #
```

```
encoder_mu_log_var = Model(encoder_input, (self.mu, self.log_var)) ❷

def sampling(args):
    mu, log_var = args
    epsilon = K.random_normal(shape=K.shape(mu), mean=0., stddev=1.)
    return mu + K.exp(log_var / 2) * epsilon

encoder_output = Lambda(sampling, name='encoder_output')([self.mu, self.log_var]) ❸

encoder = Model(encoder_input, encoder_output) ❹
```

❶ Anstatt die verflachte Schicht direkt mit dem 2-D-Latenzraum zu verbinden, verbinden wir sie mit den Schichten `mu` und `log_var`.

❷ Das Keras-Modell, das die Werte von `mu` und `log_var` für ein gegebenes Eingangsbild ausgibt.

❸ Diese `Lambda`-Schicht nimmt einen Punkt `z` im latenten Raum gemäß der Normalverteilung, die durch die Parameter `mu` und `log_var` definiert ist.

❹ Das Keras-Modell, das den Encoder definiert – ein Modell, das ein Eingabebild nimmt und es in einen 2-D-Latenzraum codiert, indem es einen Punkt aus der durch `mu` und `log_var` definierten Normalverteilung entnimmt.

Lambda-Schicht

Eine Lambda-Schicht verpackt eine Funktion in eine Keras-Schicht. Beispielsweise quadriert die folgende Schicht ihre Eingabe:

```
Lambda(lambda x: x ** 2)
```

Lambda-Schichten sind nützlich, wenn Sie eine Funktion auf einen Tensor anwenden wollen, die es noch nicht als standardmäßige Keras-Schicht gibt.

Das Diagramm des Encoders ist in Abbildung 3-13 dargestellt.

Wie bereits erwähnt, ist der Decoder eines Variational Autoencoders identisch mit dem Decoder eines einfachen Autoencoders. Der einzige weitere Teil, den wir ändern müssen, ist die Verlustfunktion.

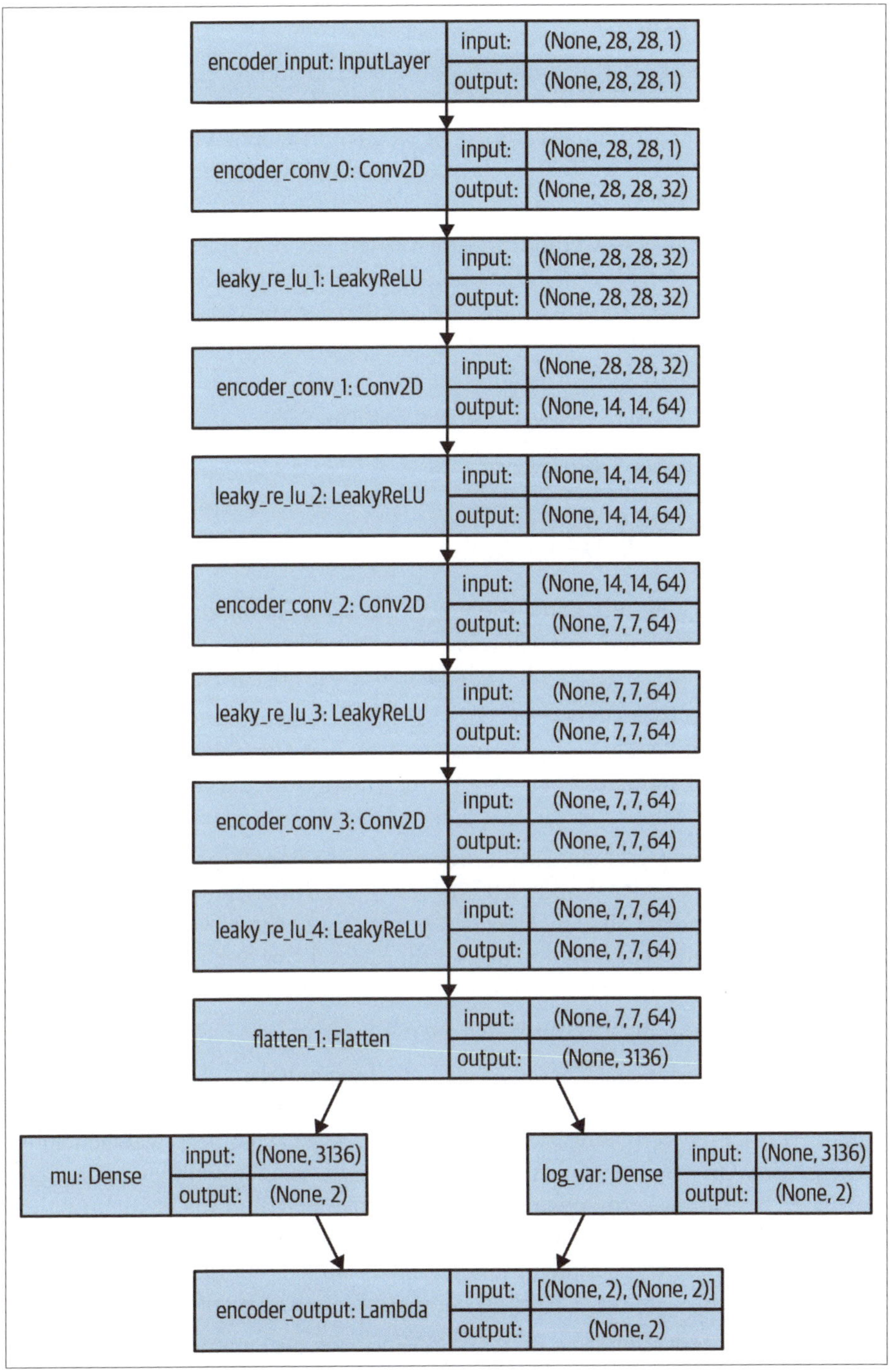

Abbildung 3-13: Diagramm des VAE-Encoders

Die Verlustfunktion

Bisher bestand unsere Verlustfunktion lediglich aus dem RMSE zwischen den Bildern und deren Rekonstruktion, nachdem sie Encoder und Decoder durchlaufen haben. Diesen *Rekonstruktionsverlust* gibt es auch in einem Variational Autoencoder, jedoch benötigen wir hier noch eine zusätzliche Komponente: die *Kullback-Leibler-(KL-)Divergenz*.

Die KL-Divergenz ist eine Methode, um zu messen, wie sehr sich eine Wahrscheinlichkeitsverteilung von einer anderen unterscheidet. In einem VAE wollen wir messen, wie sehr sich unsere Normalverteilung mit den Parametern `mu` und `log_var` von der Standardnormalverteilung unterscheidet. In diesem speziellen Fall hat die KL-Divergenz die folgende Form:

```
kl_loss = -0.5 * sum(1 + log_var - mu ^ 2 - exp(log_var))
```

oder in mathematischer Schreibweise:

$$D_{KL}[N(\mu, \sigma \parallel N(0,1)] = \frac{1}{2}\sum\left(1 + log\left(\sigma^2\right) - \mu^2 - \sigma^2\right)$$

Die Summe wird über alle Dimensionen im latenten Raum genommen. `kl_loss` wird auf 0 minimiert, wenn `mu = 0` und `log_var = 0` für alle Dimensionen gilt. Je mehr sich diese beiden Terme von 0 unterscheiden, desto größer wird `kl_loss`.

Zusammenfassend lässt sich sagen, dass der KL-Divergenzterm das Netzwerk für die Codierung von Beobachtungen zu `mu`- und `log_var`-Variablen bestraft, die sich deutlich von den Parametern einer Standardnormalverteilung unterscheiden, also `mu = 0` und `log_var = 0`.

In Bezug auf unsere Geschichte stellt dieser Term Epsilons Ärger zum einen darüber dar, die Leiter von der Wandmitte wegbewegen zu müssen (`mu` ungleich 0), und zum anderen über den Fall, dass Herr N. Coders Zuversicht in seinen Vorschlag für die Markerposition nicht genau richtig ist für Epsilon (`log_var` ungleich 0). Beides verursacht Kosten.

Aber wie genau hilft uns diese Erweiterung der Verlustfunktion?

Erstens haben wir jetzt eine klar definierte Verteilung, mit deren Hilfe wir Punkte im latenten Raum wählen können – die Standardnormalverteilung. Wenn wir zufällig Punkte von dieser Verteilung ziehen, wissen wir, dass diese sehr wahrscheinlich innerhalb der Grenzen dessen liegen, was der VAE zu sehen gewohnt ist. Zweitens: Da dieser Bestrafungsterm versucht, alle codierten Verteilungen in Richtung der Standardnormalverteilung zu drängen, ist die Wahrscheinlichkeit geringer, dass sich große Lücken zwischen den Punktegruppen bilden. Stattdessen versucht der Encoder, den Raum um den Ursprung symmetrisch und effizient zu nutzen.

Im Code ist die Verlustfunktion für einen VAE einfach die Summe von Rekonstruktionsverlust und KL-Divergenzverlust. Wir gewichten den Rekonstruktionsverlust mit einem Term, r_loss_factor, der sicherstellt, dass er mit dem KL-Divergenzverlust gut ausbalanciert ist. Wenn wir den Rekonstruktionsverlust zu stark gewichten, wird der KL-Verlust nicht den gewünschten Effekt haben, und wir werden die gleichen Probleme bekommen, die wir mit dem normalen Autoencoder hatten. Wenn der Gewichtungsterm zu klein ist, dominiert der KL-Divergenzverlust, und die rekonstruierten Bilder sind von schlechter Qualität. Dieser Gewichtungsterm ist einer der Parameter, die Sie beim Trainieren Ihres VAE adjustieren können, um die Leistung des VAE zu erhöhen.

Beispiel 3-8 zeigt, wie wir den KL-Divergenzterm in unsere Verlustfunktion aufnehmen können.

Beispiel 3-8: Aufnahme der KL-Divergenz in die Verlustfunktion

```
### KOMPILIERUNG
optimizer = Adam(lr=learning_rate)

def vae_r_loss(y_true, y_pred):
    r_loss = K.mean(K.square(y_true - y_pred), axis = [1,2,3])
    return r_loss_factor * r_loss

def vae_kl_loss(y_true, y_pred):
    kl_loss =  -0.5 * K.sum(1 + self.log_var - K.square(self.mu)
                      - K.exp(self.log_var), axis = 1)
    return kl_loss

def vae_loss(y_true, y_pred):
    r_loss = vae_r_loss(y_true, y_pred)
    kl_loss = vae_kl_loss(y_true, y_pred)
    return  r_loss + kl_loss

optimizer = Adam(lr=learning_rate)
self.model.compile(optimizer=optimizer, loss = vae_loss
                , metrics = [vae_r_loss, vae_kl_loss])
```

Analyse des Variational Autoencoders

Alle Beispiele der folgenden Analyse können Sie im Notebook *03_04_vae_digits_analysis.ipynb* finden.

Wenn wir uns noch mal an Abbildung 3-10 zurückerinnern, können wir einige Veränderungen in der Organisation des latenten Raums sehen. Die schwarzen Punkte zeigen die mu-Werte jedes codierten Bilds. Der KL-Divergenzverlust stellt sicher, dass die mu- und sigma-Werte nie zu weit von einer Standardnormalverteilung abweichen. Deshalb können wir zufällige Punkte mit einer Standardnormalverteilung wählen (die roten Punkte), um neue Kunstwerke zu generieren.

Außerdem gibt es nun nicht mehr so viele schlecht geformte Zahlen, da der latente Raum jetzt lokal kontinuierlich ist dank der Tatsache, dass der Encoder nun stochastisch und nicht mehr deterministisch arbeitet.

Indem wir die Punkte im latenten Raum je nach Zahl einfärben (siehe Abbildung 3-14), sehen wir, dass es keine Bevorzugung irgendeiner Ziffer gibt. Das rechte Diagramm zeigt den zu *p*-Werten umgewandelten Raum. Hier erkennen Sie, dass jede Farbe in etwa gleich häufig vorkommt. Ich möchte Sie an dieser Stelle daran erinnern, dass die Label beim Trainieren des VAE nicht verwendet wurden – der VAE hat die unterschiedlichen Ziffernformen ganz von sich aus erlernt, um den Rekonstruktionsverlust zu minimieren.

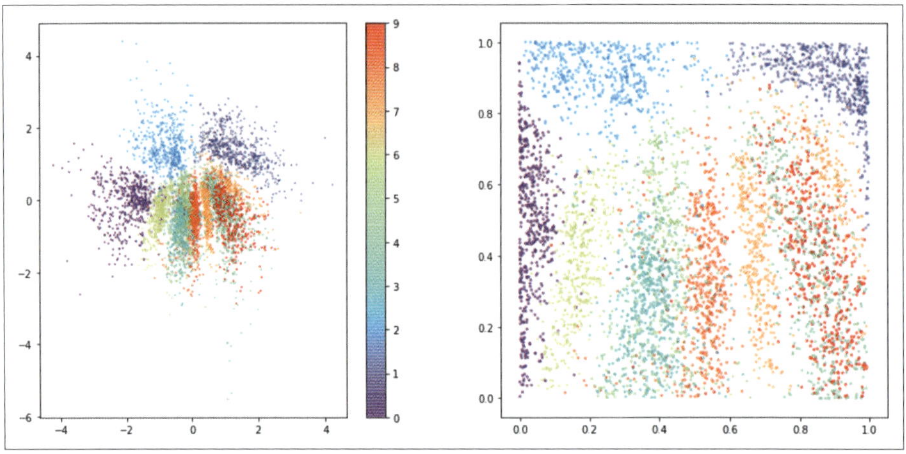

Abbildung 3-14: Der latente Raum des VAE, eingefärbt nach Ziffer

Bisher haben wir Autoencoder und Variational Autoencoder auf einen latenten Raum mit zwei Dimensionen beschränkt. Dies war hilfreich, um das Innenleben eines VAE zu visualisieren und um leichter zu verstehen, warum unsere kleinen Veränderungen an der Architektur des Autoencoders dazu beitrugen, diesen in eine leistungsfähigere Netzwerkklasse zu verwandeln, die zur generativen Modellierung verwendet werden kann.

Nun wollen wir uns einem komplexeren Datensatz widmen, um zu sehen, wozu ein Variational Autoencoder in der Lage ist, wenn wir die Dimensionalität des latenten Raums erhöhen.

Erzeugen von Gesichtern mithilfe von VAEs

Wir trainieren unseren nächsten Variational Autoencoder mit dem CelebFaces-Attributes-(CelebA-)Datensatz (*http://bit.ly/2WSiOXt*). Dieser enthält über 200.000 Farbbilder von Gesichtern von Prominenten, die jeweils mit verschiedenen Labeln versehen sind (z.B. *trägt Hut*, *lächelt* etc.). Einige Beispiele finden Sie in Abbildung 3-15.

Abbildung 3-15: Einige Beispiele des CelebA-Datensatzes[5]

Natürlich benötigen wir diese Label nicht zum Trainieren des VAE, aber später sind sie nützlich, wenn wir untersuchen, wie die verschiedenen Merkmale im multidimensionalen latenten Raum erfasst werden. Sobald unser VAE trainiert ist, können wir zufällige Punkte im latenten Raum wählen, um neue Promi-Gesichter zu generieren.

Trainieren des VAE

Die Netzwerkarchitektur für das Gesichtsmodell ähnelt zu großen Teilen dem Ziffernbeispiel, jedoch mit einigen kleinen Unterschieden:

1. Unsere Daten haben nun drei Eingabekanäle (RGB) statt eines (Graustufen). Deshalb müssen wir die Anzahl der Kanäle in der letzten Konvolutions-Transpose-Schicht des Decoders auf 3 erhöhen.
2. Wir werden einen latenten Raum mit zweihundert statt zwei Dimensionen verwenden. Da Gesichter viel komplexer sind als Ziffern, erhöhen wir die Dimensionalität des latenten Raums, damit das Netzwerk die Bilder mit ausreichender Detailgenauigkeit codieren kann.
3. Nach jeder Konvolutionsschicht verwenden wir Batch-Normalisierungsschichten, um das Trainieren zu beschleunigen. Auch wenn jedes Batch dadurch eine

5 Quelle: Liu et al., 2015, *http://mmlab.ie.cuhk.edu.hk/projects/CelebA.html.*

längere Laufzeit hat, wird die Anzahl der für denselben Verlust benötigten Batches stark reduziert. Außerdem verwenden wir Drop-out-Schichten.

4. Wir erhöhen den Rekonstruktionsverlustfaktor auf 10.000. Das ist einer der Parameter, die es in einem VAE zu optimieren gilt; für diesen Datensatz und diese Netzwerkarchitektur liefert der Wert erfahrungsgemäß gute Ergebnisse.
5. Wir verwenden einen *Generator*, um die Eingabebilder aus dem Ordner in den VAE zu speisen, anstatt alle Bilder im Voraus in den Zwischenspeicher zu laden. Da der VAE mit Batches trainiert wird, besteht keine Notwendigkeit, alle Bilder in den Zwischenspeicher zu laden. Daher benutzen wir die in Keras integrierte `fit_generator` Methode, die Bilder nur dann einliest, wenn sie für das Trainieren benötigt werden.

Die komplette Architektur von Encoder und Decoder können Sie in den Abbildungen 3-16 und 3-17 sehen.

```
Layer (type)                    Output Shape         Param #     Connected to
==================================================================================================
encoder_input (InputLayer)      (None, 128, 128, 3)  0
__________________________________________________________________________________________________
encoder_conv_0 (Conv2D)         (None, 64, 64, 32)   896         encoder_input[0][0]
__________________________________________________________________________________________________
batch_normalization_1 (BatchNor (None, 64, 64, 32)   128         encoder_conv_0[0][0]
__________________________________________________________________________________________________
leaky_re_lu_1 (LeakyReLU)       (None, 64, 64, 32)   0           batch_normalization_1[0][0]
__________________________________________________________________________________________________
dropout_1 (Dropout)             (None, 64, 64, 32)   0           leaky_re_lu_1[0][0]
__________________________________________________________________________________________________
encoder_conv_1 (Conv2D)         (None, 32, 32, 64)   18496       dropout_1[0][0]
__________________________________________________________________________________________________
batch_normalization_2 (BatchNor (None, 32, 32, 64)   256         encoder_conv_1[0][0]
__________________________________________________________________________________________________
leaky_re_lu_2 (LeakyReLU)       (None, 32, 32, 64)   0           batch_normalization_2[0][0]
__________________________________________________________________________________________________
dropout_2 (Dropout)             (None, 32, 32, 64)   0           leaky_re_lu_2[0][0]
__________________________________________________________________________________________________
encoder_conv_2 (Conv2D)         (None, 16, 16, 64)   36928       dropout_2[0][0]
__________________________________________________________________________________________________
batch_normalization_3 (BatchNor (None, 16, 16, 64)   256         encoder_conv_2[0][0]
__________________________________________________________________________________________________
leaky_re_lu_3 (LeakyReLU)       (None, 16, 16, 64)   0           batch_normalization_3[0][0]
__________________________________________________________________________________________________
dropout_3 (Dropout)             (None, 16, 16, 64)   0           leaky_re_lu_3[0][0]
__________________________________________________________________________________________________
encoder_conv_3 (Conv2D)         (None, 8, 8, 64)     36928       dropout_3[0][0]
__________________________________________________________________________________________________
batch_normalization_4 (BatchNor (None, 8, 8, 64)     256         encoder_conv_3[0][0]
__________________________________________________________________________________________________
leaky_re_lu_4 (LeakyReLU)       (None, 8, 8, 64)     0           batch_normalization_4[0][0]
__________________________________________________________________________________________________
dropout_4 (Dropout)             (None, 8, 8, 64)     0           leaky_re_lu_4[0][0]
__________________________________________________________________________________________________
flatten_1 (Flatten)             (None, 4096)         0           dropout_4[0][0]
__________________________________________________________________________________________________
mu (Dense)                      (None, 200)          819400      flatten_1[0][0]
__________________________________________________________________________________________________
log_var (Dense)                 (None, 200)          819400      flatten_1[0][0]
__________________________________________________________________________________________________
encoder_output (Lambda)         (None, 200)          0           mu[0][0]
                                                                 log_var[0][0]
==================================================================================================
Total params: 1,732,944
Trainable params: 1,732,496
Non-trainable params: 448
__________________________________________________________________________________________________
```

Abbildung 3-16: Der VAE-Encoder für den CelebA-Datensatz

```
_________________________________________________________________
Layer (type)                 Output Shape              Param #
=================================================================
decoder_input (InputLayer)   (None, 200)               0
_________________________________________________________________
dense_1 (Dense)              (None, 4096)              823296
_________________________________________________________________
reshape_1 (Reshape)          (None, 8, 8, 64)          0
_________________________________________________________________
decoder_conv_t_0 (Conv2DTran (None, 16, 16, 64)        36928
_________________________________________________________________
batch_normalization_5 (Batch (None, 16, 16, 64)        256
_________________________________________________________________
leaky_re_lu_5 (LeakyReLU)    (None, 16, 16, 64)        0
_________________________________________________________________
dropout_5 (Dropout)          (None, 16, 16, 64)        0
_________________________________________________________________
decoder_conv_t_1 (Conv2DTran (None, 32, 32, 64)        36928
_________________________________________________________________
batch_normalization_6 (Batch (None, 32, 32, 64)        256
_________________________________________________________________
leaky_re_lu_6 (LeakyReLU)    (None, 32, 32, 64)        0
_________________________________________________________________
dropout_6 (Dropout)          (None, 32, 32, 64)        0
_________________________________________________________________
decoder_conv_t_2 (Conv2DTran (None, 64, 64, 32)        18464
_________________________________________________________________
batch_normalization_7 (Batch (None, 64, 64, 32)        128
_________________________________________________________________
leaky_re_lu_7 (LeakyReLU)    (None, 64, 64, 32)        0
_________________________________________________________________
dropout_7 (Dropout)          (None, 64, 64, 32)        0
_________________________________________________________________
decoder_conv_t_3 (Conv2DTran (None, 128, 128, 3)       867
_________________________________________________________________
activation_1 (Activation)    (None, 128, 128, 3)       0
=================================================================
Total params: 917,123
Trainable params: 916,803
Non-trainable params: 320
_________________________________________________________________
```

Abbildung 3-17: Der VAE-Decoder für den CelebA-Datensatz

Führen Sie das Jupyter-Notebook *03_05_vae_faces_train.ipynb* aus, um den VAE auf dem CelebA-Datensatz zu trainieren. Nach etwa fünf Trainingsepochen sollte Ihr VAE in der Lage sein, neue Promi-Gesichter zu erzeugen!

Analyse des VAE

Sie können die nachfolgende Analyse reproduzieren, indem Sie das Notebook *03_06_vae_faces_analysis.ipynb* ausführen, nachdem Sie den VAE trainiert haben. Viele der Ideen in diesem Abschnitt sind an das 2016er-Forschungspaper von Xianxu Hou et al.[6] angelehnt.

Werfen wir zunächst einen Blick auf eine Auswahl rekonstruierter Gesichter. Die obere Reihe in Abbildung 3-18 zeigt die Originalbilder und die untere Reihe die Rekonstruktionen, nachdem die Bilder Encoder und Decoder durchlaufen haben.

6 Xianxu Hou et al., »Deep Feature Consistent Variational Autoencoder«, 2. Oktober 2016, *https://arxiv.org/abs/1610.00291*.

Abbildung 3-18: Rekonstruierte Gesichter nach Durchlaufen von Encoder und Decoder

Der VAE hat die wichtigsten Gesichtsmerkmale erfolgreich erfasst – Blickwinkel, Frisur, Mimik etc. Einige der feinen Details fehlen, jedoch möchte ich Sie daran erinnern, dass es nicht das Ziel eines VAE ist, einen perfekten Rekonstruktionsverlust zu erreichen. Unser oberstes Ziel ist es, den latenten Raum zu benutzen, um neue Gesichter zu erzeugen.

Dafür müssen wir prüfen, ob die Punkteverteilung im latenten Raum etwa einer multivariaten Standardnormalverteilung entspricht. Da wir dies nicht für alle Dimensionen gleichzeitig tun können, überprüfen wir die Verteilung jeder Dimension im latenten Raum einzeln. Falls sich Dimensionen deutlich von einer Standardnormalverteilung unterscheiden, sollten wir wahrscheinlich den Rekonstruktionsverlustfaktor reduzieren, da der KL-Divergenzterm nicht genügend Wirkung zeigt.

Abbildung 3-19 zeigt die ersten 50 Dimensionen des latenten Raums. Keine davon unterscheidet sich deutlich von einer Standardnormalverteilung, wir können also damit beginnen, Gesichter zu erzeugen!

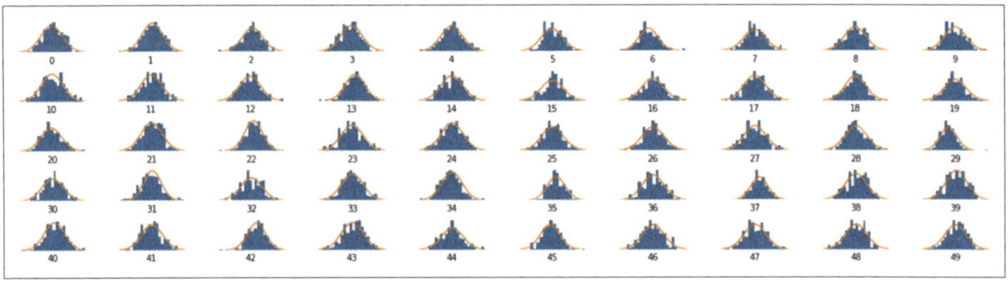

Abbildung 3-19: Punkteverteilungen der ersten 50 Dimensionen des latenten Raums

Erzeugen neuer Gesichter

Um neue Gesichter zu erzeugen, nutzen wir hier den Code aus Beispiel 3-9.

Beispiel 3-9: Erzeugen neuer Gesichter aus dem latenten Raum

```
n_to_show = 30

znew = np.random.normal(size = (n_to_show,VAE.z_dim)) ❶

reconst = VAE.decoder.predict(np.array(znew)) ❷

fig = plt.figure(figsize=(18, 5))
fig.subplots_adjust(hspace=0.4, wspace=0.4)
```

```
for i in range(n_to_show):
    ax = fig.add_subplot(3, 10, i+1)
    ax.imshow(reconst[i, :,:,:]) ❸
    ax.axis('off')

plt.show()
```

❶ Wir erzeugen zufällig 30 standardnormalverteilte Punkte mit 200 Dimensionen ...

❷ ... und schicken diese Punkte dann durch den Decoder.

❸ Die daraus resultierende Ausgabe sind 128 × 128 × 3 Bilder, die wir uns anschauen können.

Abbildung 3-20 zeigt die Ausgabebilder.

Abbildung 3-20: Neu erzeugte Gesichter

Der VAE nimmt jeden unserer zufällig gewählten Punkte und verwandelt ihn in ein überzeugendes Bild von einem Gesicht. Auch wenn die Bilder nicht perfekt sind, sind sie dennoch ein riesiger Schritt nach vorne gegenüber dem naiven Bayes-Modell aus Kapitel 1. Dieses konnte die Abhängigkeit benachbarter Pixel nicht erfassen, da es keine Vorstellung von übergeordneten Merkmalen wie *Sonnenbrille* oder *braunes Haar* hatte. Der VAE hat das Problem nicht, da die Konvolutionsschichten des Encoders darauf ausgelegt sind, untergeordnete Merkmale in übergeordnete Merkmale zu überführen. Der Decoder ist auf die entgegengesetzte Aufgabe trainiert, die übergeordneten Merkmale im latenten Raum zurück zu einzelnen Pixeln zu übersetzen.

Arithmetik im latenten Raum

Einer der Vorteile, Bilder in einen niedriger dimensionalen Raum abzubilden, ist, dass wir in diesem latenten Raum Vektoren arithmetisch auf eine Weise verändern können, die dann auch die entsprechenden visuellen Folgen hat, wenn wir den Punkt zurück in die ursprüngliche Bilddomäne decodieren.

Nehmen wir beispielsweise an, wir möchten ein Bild von einer traurig blickenden Person verändern und dieser Person ein Lächeln ins Gesicht zaubern. Dafür müssen wir zunächst im latenten Raum einen Vektor finden, der in die Richtung

Lächeln zeigt. Wenn wir dann diesen Vektor zur Codierung des Originalbilds im latenten Raum addieren, erhalten wir einen neuen Punkt, der uns decodiert eine lächelndere Version des Originalbilds geben sollte.

Aber wie können wir diesen *Lächeln*-Vektor finden? Jedes der Bilder im CelebA-Datensatz hat verschiedene Label, eines davon ist *Lächeln*. Indem wir die durchschnittliche Position der codierten Bilder mit Label *Lächeln* nehmen und davon die durchschnittliche Position der codierten Bilder ohne Label *Lächeln* abziehen, erhalten wir den Vektor, der von *Nicht Lächeln* zu *Lächeln* zeigt – genau das, was wir brauchen.

Konzeptionell führen wir die folgende Vektorarithmetik im latenten Raum durch, wobei `alpha` bestimmt, wie viel des Merkmalvektors addiert oder subtrahiert wird:

```
z_new = z + alpha * feature_vector
```

Probieren wir das mal aus. Abbildung 3-21 zeigt mehrere Bilder, die in den latenten Raum codiert wurden. Nun addieren oder subtrahieren wir Vielfache eines bestimmten Vektors (z.B. *Lächeln*, *Blond*, *Männlich*, *Brille*), um unterschiedliche Versionen des Bilds zu erhalten, bei denen nur das jeweilige Merkmal verändert wurde.

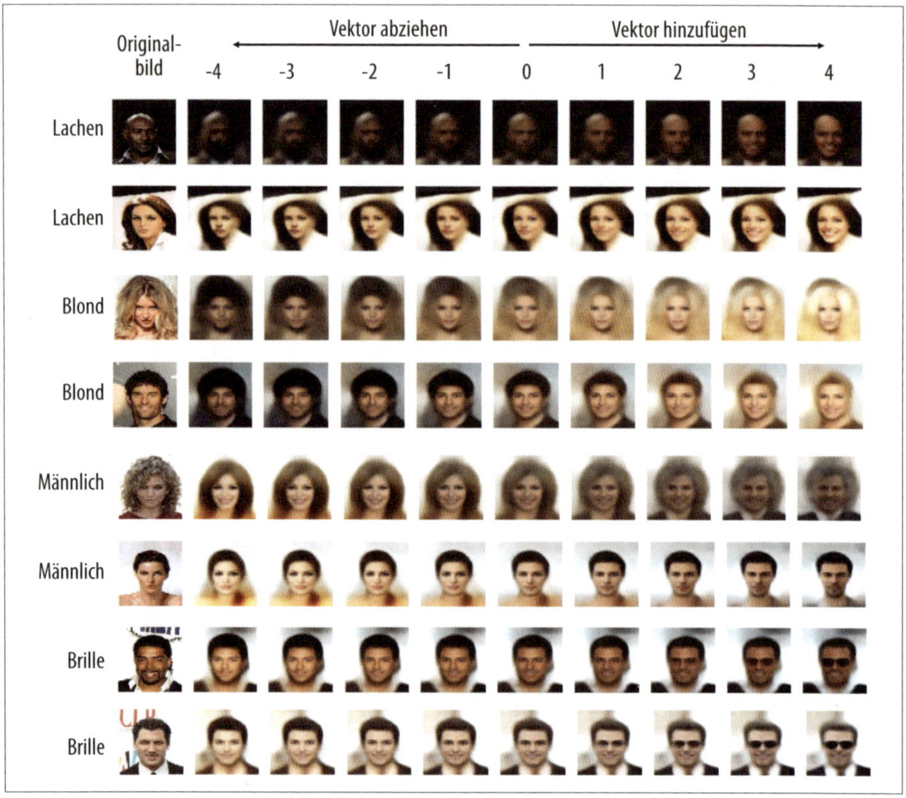

Abbildung 3-21: Hinzufügen und Wegnehmen von Merkmalen zu und von Gesichtern

Es ist bemerkenswert, dass sich das Bild im Kern bis auf das Merkmal, das wir manipulieren wollten, nicht verändert, obwohl wir den Punkt im latenten Raum um eine beträchtliche Distanz verschieben. Dies demonstriert die Leistungsfähigkeit von VAEs, wenn es darum geht, übergeordnete Merkmale zu erkennen und zu verändern.

Verschmelzen von Gesichtern

Wir können eine ähnliche Idee einsetzen, um zwei Gesichter ineinander verschmelzen zu lassen. Stellen Sie sich zwei Punkte im latenten Raum vor, A und B, die zwei Bilder darstellen. Wenn Sie beginnend bei Punkt A in einer geraden Linie auf Punkt B zugehen und dabei jeden Punkt auf der Linie decodieren würden, sähen Sie einen schrittweisen Übergang von Gesicht A zu Gesicht B.

Mathematisch gesehen, bewegen wir uns dabei auf der Linie, die durch die folgende Gleichung definiert ist:

```
z_new = z_A * (1- alpha) + z_B * alpha
```

`alpha` ist dabei eine Zahl zwischen 0 und 1, die bestimmt, weit entfernt wir uns auf der Linie von Punkt A befinden.

Abbildung 3-22 zeigt diesen Prozess in Aktion. Wir codieren zwei Bilder in den latenten Raum und decodieren dann Punkte in regelmäßigen Abständen auf der Geraden zwischen den beiden codierten Bildern.

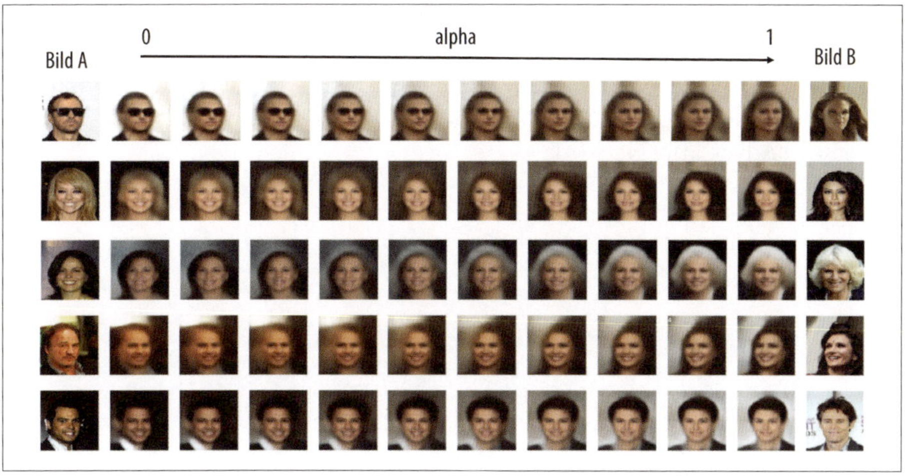

Abbildung 3-22: Verschmelzen zweier Gesichter

Der reibungslose Übergang ist bemerkenswert – selbst wenn mehrere Merkmale gleichzeitig geändert werden müssen (z. B. Entfernen der Sonnenbrille, Haarfarbe, Geschlecht), erzeugt der VAE einen fließenden Übergang. Dies belegt, dass der latente Raum des VAE tatsächlich kontinuierlich ist und durchquert und erforscht werden kann, um eine Vielzahl verschiedener menschlicher Gesichter zu erzeugen.

Zusammenfassung

In diesem Kapitel haben Sie gelernt, warum Variational Autoencoder ein so mächtiges Instrument in der generativen Modellierung sind. Zunächst haben wir normale Autoencoder untersucht und gesehen, wie diese hochdimensionale Bilder in einen niederdimensionalen Raum abbilden und so aus einzeln für sich uninformativen Pixeln übergeordnete Merkmale ableiten können. Wie bei der Kunstausstellung der Gebrüder Coder gesehen, stellten wir jedoch rasch fest, dass die Verwendung einfacher Autoencoder als generatives Modell auch einige Nachteile mit sich bringt – das Decodieren von zufälligen Punkten aus dem latenten Raum war aus einer Reihe von Gründen problematisch.

Variational Autoencoder lösen diese Probleme, indem sie Randomisierung in das Modell einbringen und die Verteilung der Punkte im latenten Raum einschränken. Mit wenigen kleinen Veränderungen konnten wir unseren Autoencoder zu einem Variational Autoencoder erweitern und diesen so zu einem generativen Modell machen.

Schließlich haben wir unsere neue Methode auf das Problem der Gesichtsgenerierung angewandt und gesehen, dass wir nun einfach zufällige Punkte gemäß einer Standardnormalverteilung wählen können, um neue Gesichter zu generieren. Darüber hinaus können wir mit Vektorarithmetik im latenten Raum einige erstaunliche Effekte erzielen, wie z.B. die Manipulation von einzelnen Merkmalen bis hin zum Verschmelzen zweier Gesichter. Dank dieser Eigenschaften haben sich VAEs zu einer der beliebtesten Methoden der generative Modellierung der letzten Jahre aufgeschwungen.

Im nächsten Kapitel werden Sie eine weitere Art von generativem Modell kennenlernen, das in letzter Zeit sogar für noch mehr Aufmerksamkeit gesorgt hat: das Generative Adversarial Network.

KAPITEL 4

Generative Adversarial Networks

Ian Goodfellow von Google Brain präsentierte am Montag, den 5. Dezember 2016, 14:30 Uhr, den Teilnehmern der Konferenz *Neural Information Processing Systems* (NeurIPS) in Barcelona ein Tutorial mit dem Titel »Generative Adversarial Networks« (*https://bit.ly/2WkkB7r*).[1] Die in diesem Tutorial vorgestellten Ideen gelten heute als einer der wichtigsten Wendepunkte in der generativen Modellierung. Heute gibt es eine Vielzahl von Varianten dieser Kernidee, durch die das Feld der generativen Modellierung in immer größere Dimensionen getrieben wird.

Dieses Kapitel erläutert zunächst die theoretischen Grundlagen der *Generative Adversarial Networks* (GANs). Dann lernen Sie, wie Sie mit der Python-Bibliothek Keras Ihre eigenen GANs erstellen können.

Zuerst machen wir jedoch einen Ausflug in die Wildnis, um Gene zu treffen ...

Ganimals

Eines Nachmittags auf dem Weg durch den örtlichen Dschungel sieht Gene eine Frau, die besorgt auf einige Schwarz-Weiß-Fotos schaut. Er geht hinüber zu ihr und bietet seine Hilfe an.

Die Frau stellt sich als Di vor, eine begeisterte Entdeckerin, und erklärt, dass sie nach dem schwer zu findenden »Ganimal« sucht, einem mythischen Wesen, das in diesem Dschungel leben soll. Da die Kreatur nachtaktiv ist, hat sie nur eine Sammlung von nächtlichen Fotos des Tiers, die sie einst auf dem Boden des Dschungels fand, fallen gelassen von einem anderen Ganimal-Enthusiasten. Einige dieser Fotos sind in Abbildung 4-1 zu sehen. Di verdient ihr Geld damit, die Bilder an Sammler zu verkaufen. Sie fängt jedoch an, sich Sorgen zu machen, da sie die Kreaturen selbst noch nie gesehen hat, und befürchtet, dass ihr Geschäft ins Wanken gerät, wenn sie nicht bald mehr Originalfotos erzeugen kann.

1 Ian Goodfellow, »NIPS 2016 Tutorial: Generative Adversarial Networks«, 21. Dezember 2016, *https://arxiv.org/abs/1701.00160v4*.

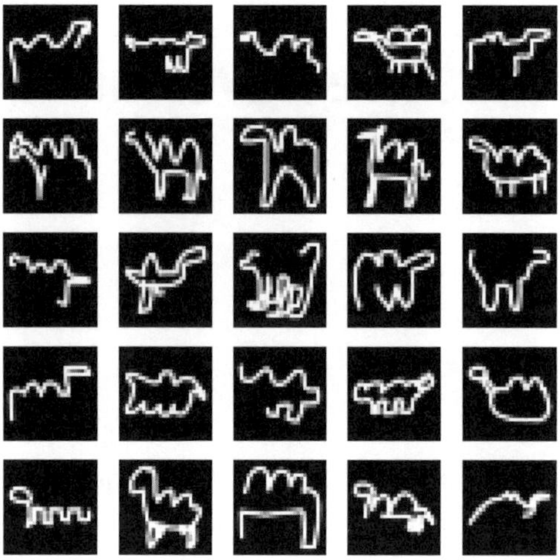

Abbildung 4-1: Originale Ganimal-Fotos

Als leidenschaftlicher Fotograf beschließt Gene, Di zu helfen. Er willigt ein, selbst nach dem Ganimal zu suchen und ihr alle Fotos des nachtaktiven Tiers zu geben, die er zu schießen vermag.

Es gibt dabei jedoch ein Problem. Da Gene noch nie ein Ganimal gesehen hat, weiß er nicht, wie man gute Fotos der Kreatur macht, und weil Di bislang nur die gefundenen Fotos verkauft hat, kann sie nicht einmal den Unterschied zwischen einem guten Foto eines Ganimals und einem Foto von nichts erkennen.

Ausgehend von diesem Zustand der Unwissenheit: Wie können Gene und Di zusammenarbeiten, um sicherzustellen, dass Gene irgendwann beeindruckende Ganimal-Fotos schießen kann?

Sie entwickeln die folgende Vorgehensweise. Jede Nacht macht Gene 64 Fotos, jedes an einem anderen Ort mit unterschiedlicher zufälliger Mondlichteinstrahlung, und mischt sie mit 64 Ganimal-Fotos aus der Originalsammlung. Di schaut sich dann diese Fotosammlung an und versucht, zu erkennen, welche von Gene aufgenommen wurden und welche die Originale sind. Basierend auf ihren Fehlern, verbessert sie ihr eigenes Verständnis davon, wie man zwischen Genes Versuchen und den Originalfotos unterscheiden kann. Danach macht Gene weitere 64 Fotos und zeigt sie Di. Di gibt jedem Foto eine Punktzahl zwischen 0 und 1, die angibt, wie realistisch sie jedes Foto findet. Basierend auf diesem Feedback aktualisiert Gene die Einstellungen seiner Kamera, damit er beim nächsten Mal Fotos macht, die von Di möglichst hoch bewertet werden.

Dieser Prozess dauert viele Tage an. Zuerst erhält Gene kaum nützliches Feedback von Di, da sie zufällig rät, welche Bilder echt sind. Nach einigen Wochen Training steigert sie sich jedoch allmählich, wodurch sie Gene besseres Feedback geben kann, und er wiederum kann dadurch seine Kamera besser einstellen. Dadurch wird wiederum die Aufgabe von Di schwieriger, da Genes Fotos nicht mehr ganz so leicht von echten Fotos zu unterscheiden sind, also muss sich Di erneut verbessern. Dieser abwechselnde Verbesserungsprozess zieht sich über mehrere Tage und Wochen.

Mit der Zeit wird Gene immer besser beim Schießen der Ganimal-Fotos, bis Di irgendwann den Unterschied zwischen den Fotos von Gene und den Originalen nicht mehr erkennen kann. Sie bringen die Fotos von Gene zur Auktion, und die Experten können die Qualität der neuen Ganimal-Sichtungen kaum glauben – die Fotos sind genauso überzeugend wie die Originale. Sie können einige von Genes Fotos in Abbildung 4-2 bewundern.

Abbildung 4-2: Beispiel für Ganimal-Fotos von Gene

Einführung in GANs

Die Abenteuer von Gene und Di und die Jagd auf schwer zu fassende nachtaktive Ganimals sind eine Metapher für eine der wichtigsten Entwicklungen im Deep Learning der letzten Jahre: *Generative Adversarial Networks* (GANs).

Einfach ausgedrückt, ist ein GAN ein Kampf zwischen zwei Kontrahenten, dem Generator und dem Diskriminator. Der Generator versucht, Zufallsrauschen in Beobachtungen umzuwandeln, die so aussehen, als würden sie aus dem ursprünglichen Datensatz stammen, und der Diskriminator versucht, zu erkennen, ob eine Beobachtung aus dem ursprünglichen Datensatz stammt oder eine der Fälschungen des Generators ist. Beispiele für die Ein- und Ausgabe der beiden Netzwerke sind in Abbildung 4-3 dargestellt.

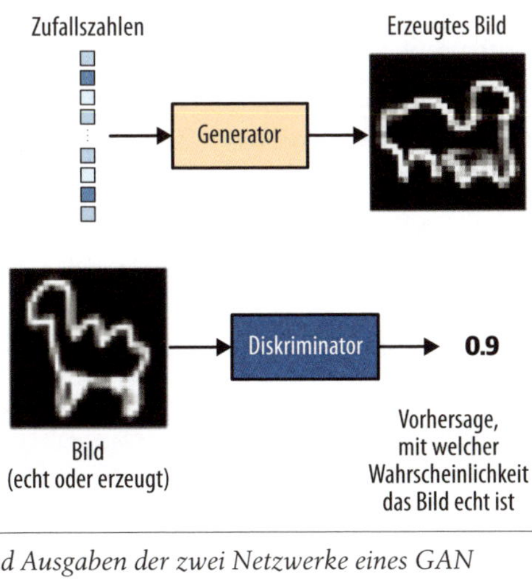

Abbildung 4-3: Ein- und Ausgaben der zwei Netzwerke eines GAN

Am Anfang gibt der Generator sehr verrauschte Bilder aus, und der Diskriminator prognostiziert zufällig. Der entscheidende Punkt von GANs ist, wie wir das Training der beiden Netzwerke abwechseln, sodass, sobald der Generator geschickter im Täuschen des Diskriminators wird, dieser sich anpassen muss, um weiterhin die gefälschten Bilder zu erkennen. Das wiederum treibt den Generator dazu an, neue Wege zu finden, um den Diskriminator zu täuschen, und so geht der Zyklus immer weiter.

Lassen Sie uns zur Veranschaulichung nun unser erstes GAN in Keras bauen, das Bilder von nachtaktiven Ganimals erzeugt.

Ihr erstes GAN

Zunächst müssen Sie die Trainingsdaten herunterladen. Wir verwenden den Datensatz *Quick, Draw!* (*http://bit.ly/30HyNqg*) von Google. Dieser besteht aus einer Sammlung von 28 × 28-Pixel-Skizzen in Graustufen, die nach Subjekt geordnet sind. Der Datensatz wurde als Teil eines Onlinespiels gesammelt, in dem die Spieler ein Bild von einem Objekt oder Konzept zeichnen, während ein neuronales Netz versucht, das Thema der Kritzelei zu erraten. Es ist ein wirklich nützlicher und auch lustiger Datensatz, um die Grundlagen des Deep Learning zu verstehen. Für diesen Teil müssen Sie die *camel*-`numpy`-Datei herunterladen und in dem Ordner *./data/camel/* des Buch-Repositorys speichern.[2] Die Originaldaten sind auf den Bereich von [0, 255] skaliert, um die Pixelintensität anzugeben. Für unser GAN skalieren wir die Daten jedoch auf den Wertebereich von [–1, 1].

Sie können das Training des GAN beginnen, indem Sie das Notebook *04_01_gan_camel_train.ipynb* ausführen. Wie auch schon im vorigen Kapitel über VAEs können Sie ein GAN-Objekt im Notebook erzeugen, siehe Beispiel 4-1, und mit dessen Parametern herumspielen, um zu sehen, wie dies das Modell beeinflusst.

Beispiel 4-1: Erstellen des GAN

```
gan = GAN(input_dim = (28,28,1)
            , discriminator_conv_filters = [64,64,128,128]
            , discriminator_conv_kernel_size = [5,5,5,5]
            , discriminator_conv_strides = [2,2,2,1]
            , discriminator_batch_norm_momentum = None
            , discriminator_activation = 'relu'
            , discriminator_dropout_rate = 0.4
            , discriminator_learning_rate = 0.0008
            , generator_initial_dense_layer_size = (7, 7, 64)
            , generator_upsample = [2,2, 1, 1]
            , generator_conv_filters = [128,64, 64,1]
            , generator_conv_kernel_size = [5,5,5,5]
            , generator_conv_strides = [1,1, 1, 1]
            , generator_batch_norm_momentum = 0.9
            , generator_activation = 'relu'
```

2 Durch einen glücklichen Zufall sehen Ganimals genau aus wie Kamele.

```
    , generator_dropout_rate = None
    , generator_learning_rate = 0.0004
    , optimiser = 'rmsprop'
    , z_dim = 100
    )
```

Schauen wir uns nun zunächst genauer an, wie wir den Diskriminator erstellen können.

Der Diskriminator

Das Ziel des Diskriminators ist es, vorherzusagen, ob ein Bild echt oder gefälscht ist. Dies stellt ein Problem der überwachten Bildklassifizierung dar, daher können wir also die gleiche Netzwerkarchitektur wie in Kapitel 2 verwenden: mehrere Konvolutionsschichten, gefolgt von einer dichten Ausgabeschicht.

Im Original-GAN-Forschungspaper wurden dichte Schichten anstelle der Konvolutionsschichten verwendet. Seitdem hat sich jedoch gezeigt, dass Konvolutionsschichten dem Diskriminator eine bessere Vorhersagekraft verleihen. Diese Art von GANs wird in der Literatur auch DCGAN (*Deep Convolutional Generative Adversarial Network*) genannt, aber heutzutage enthalten fast alle GAN-Architekturen Konvolutionsschichten, sodass das »DC« bereits enthalten ist, wenn wir über GANs reden. Üblicherweise verwenden GANs auch Batch-Normalisierungsschichten im Diskriminator, auch wenn wir diese in unserem Beispiel der Einfachheit halber nicht nutzen.

Sie können die gesamte Architektur unseres Diskriminators in Abbildung 4-4 sehen.

Der Keras-Code zum Bau des Diskriminators befindet sich in Beispiel 4-2.

Beispiel 4-2: Der Diskriminator

```
discriminator_input = Input(shape=self.input_dim, name='discriminator_input') ❶
x = discriminator_input

for i in range(self.n_layers_discriminator): ❷

    x = Conv2D(
        filters = self.discriminator_conv_filters[i]
        , kernel_size = self.discriminator_conv_kernel_size[i]
        , strides = self.discriminator_conv_strides[i]
        , padding = 'same'
        , name = 'discriminator_conv_' + str(i)
        )(x)

    if self.discriminator_batch_norm_momentum and i > 0:
        x = BatchNormalization(momentum = self.discriminator_batch_norm_momentum)(x)

    x = Activation(self.discriminator_activation)(x)

    if self.discriminator_dropout_rate:
        x = Dropout(rate = self.discriminator_dropout_rate)(x)
```

```
x = Flatten()(x) ❸
discriminator_output= Dense(1, activation='sigmoid'
    , kernel_initializer = self.weight_init)(x) ❹

discriminator = Model(discriminator_input, discriminator_output) ❺
```

❶ Definition der Eingabe des Diskriminators (das Bild).

❷ Hintereinanderschaltung mehrerer Konvolutionsschichten.

❸ Verflachung der letzten Konvolutionsschicht zu einem Vektor.

❹ Dichte Schicht der Größe 1 mit sigmoider Aktivierungsfunktion, die die Ausgabe der dichten Schicht in den Bereich [0, 1] umwandelt.

❺ Das Keras-Modell, das den Diskriminator definiert – ein Modell, das ein Bild als Eingabe nimmt und eine Zahl zwischen 0 und 1 ausgibt.

Beachten Sie, wie wir eine Schrittweite von 2 in einigen der Konvolutionsschichten verwenden, um die Größe des Tensors beim Durchlaufen des Netzwerks zu verringern, aber gleichzeitig die Anzahl der Kanäle erhöhen (1 im Eingabebild in Graustufen, dann 64, dann 128).

```
Layer (type)                 Output Shape              Param #
=================================================================
discriminator_input (InputLa (None, 28, 28, 1)         0
_________________________________________________________________
discriminator_conv_0 (Conv2D (None, 14, 14, 64)        1664
_________________________________________________________________
activation_1 (Activation)    (None, 14, 14, 64)        0
_________________________________________________________________
dropout_1 (Dropout)          (None, 14, 14, 64)        0
_________________________________________________________________
discriminator_conv_1 (Conv2D (None, 7, 7, 64)          102464
_________________________________________________________________
activation_2 (Activation)    (None, 7, 7, 64)          0
_________________________________________________________________
dropout_2 (Dropout)          (None, 7, 7, 64)          0
_________________________________________________________________
discriminator_conv_2 (Conv2D (None, 4, 4, 128)         204928
_________________________________________________________________
activation_3 (Activation)    (None, 4, 4, 128)         0
_________________________________________________________________
dropout_3 (Dropout)          (None, 4, 4, 128)         0
_________________________________________________________________
discriminator_conv_3 (Conv2D (None, 4, 4, 128)         409728
_________________________________________________________________
activation_4 (Activation)    (None, 4, 4, 128)         0
_________________________________________________________________
dropout_4 (Dropout)          (None, 4, 4, 128)         0
_________________________________________________________________
flatten_1 (Flatten)          (None, 2048)              0
_________________________________________________________________
dense_1 (Dense)              (None, 1)                 2049
=================================================================
Total params: 720,833
Trainable params: 720,833
Non-trainable params: 0
_________________________________________________________________
```

Abbildung 4-4: Der Diskriminator des GAN

Die sigmoide Aktivierungsfunktion in der letzten Schicht stellt sicher, dass die Ausgabe zwischen 0 und 1 liegt. Diese Zahl stellt die vorhergesagte Wahrscheinlichkeit dar, dass das Bild echt ist.

Der Generator

Bauen wir nun den Generator. Die Eingabe zum Generator ist ein Vektor, der normalerweise zufällig aus einer multivariaten Standardnormalverteilung gezogen wird. Die Ausgabe ist ein Bild mit der gleichen Größe der Bilder im Trainingsdatensatz.

```
_________________________________________________________________
Layer (type)                 Output Shape              Param #
=================================================================
generator_input (InputLayer) (None, 100)               0
_________________________________________________________________
dense_9 (Dense)              (None, 3136)              316736
_________________________________________________________________
batch_normalization_10 (Batc (None, 3136)              12544
_________________________________________________________________
activation_36 (Activation)   (None, 3136)              0
_________________________________________________________________
reshape_4 (Reshape)          (None, 7, 7, 64)          0
_________________________________________________________________
up_sampling2d_10 (UpSampling (None, 14, 14, 64)        0
_________________________________________________________________
generator_conv_0 (Conv2D)    (None, 14, 14, 128)       204928
_________________________________________________________________
batch_normalization_11 (Batc (None, 14, 14, 128)       512
_________________________________________________________________
activation_37 (Activation)   (None, 14, 14, 128)       0
_________________________________________________________________
up_sampling2d_11 (UpSampling (None, 28, 28, 128)       0
_________________________________________________________________
generator_conv_1 (Conv2D)    (None, 28, 28, 64)        204864
_________________________________________________________________
batch_normalization_12 (Batc (None, 28, 28, 64)        256
_________________________________________________________________
activation_38 (Activation)   (None, 28, 28, 64)        0
_________________________________________________________________
generator_conv_2 (Conv2D)    (None, 28, 28, 64)        102464
_________________________________________________________________
batch_normalization_13 (Batc (None, 28, 28, 64)        256
_________________________________________________________________
activation_39 (Activation)   (None, 28, 28, 64)        0
_________________________________________________________________
generator_conv_3 (Conv2D)    (None, 28, 28, 1)         1601
_________________________________________________________________
activation_40 (Activation)   (None, 28, 28, 1)         0
=================================================================
Total params: 844,161
Trainable params: 837,377
Non-trainable params: 6,784
```

Abbildung 4-5: Der Generator

Diese Beschreibung erinnert Sie vielleicht an den Decoder in einem Variational Autoencoder. Tatsächlich erfüllt der Generator eines GAN genau den gleichen Zweck wie der Decoder eines VAE: die Umwandlung eines Vektors aus dem latenten Raum zu einem Bild. Das Konzept der Umwandlung von einem latenten Raum zurück zur ursprünglichen Domäne ist bei der generativen Modellierung sehr verbreitet, da es uns die Möglichkeit gibt, Vektoren im latenten Raum zu manipulieren, um übergeordnete Bildmerkmale in der ursprünglichen Domäne zu ändern.

Sie können die Architektur unseres Generators in Abbildung 4-5 sehen.

Zunächst müssen wir jedoch eine neue Art von Schicht einführen: die *Upsampling*-Schicht.

Upsampling

Im Decoder des VAE aus dem vorigen Kapitel haben wir die Tensorgröße in jeder Schicht verdoppelt, indem wir `Conv2DTranspose`-Schichten mit Schrittweite 2 verwendeten. Dadurch wurden Nullen zwischen den Pixeln eingefügt, bevor die Konvolutionsoperationen durchgeführt wurden.

In diesem GAN nutzen wir stattdessen die `Upsampling2D`-Schicht von Keras, um die Größe des Eingabetensors zu verdoppeln. Dadurch wird jede Zeile und jede Spalte zweifach wiederholt und so die Größe des Tensors verdoppelt. Danach kommt eine normale Konvolutionsschicht mit Schrittweite 1 für den Konvolutionsvorgang. Die Idee ähnelt der der Konvolutions-Transpose-Schicht, aber statt die Lücken mit Nullen aufzufüllen, wiederholt Upsampling einfach die vorhandenen Pixelwerte.

Abbildung 4-6: Bildartefakte bei Verwendung von Konvolutions-Transpose-Schichten[3]

Beide Methoden – `Upsampling + Conv2D` und `Conv2DTranspose` – sind zulässige Methoden für die Rückführung in die ursprüngliche Bilddomäne. Am besten testen Sie beide Methoden im Zusammenhang mit der jeweiligen Problemstellung und schauen, welche bessere Ergebnisse liefert. Es hat sich gezeigt, dass die `Conv2DTranspose`-Methode zu *Bildartefakten* oder kleinen Schachbrettmustern im Ausgabebild (siehe Abbildung 4-6) führen kann, die die Qualität der Ausgabe

3 Quelle: Augustus Odena et al., »Deconvolution and Checkerboard Artifacts, 17. Oktober 2016, *http://bit.ly/31MgHUQ*.

beeinträchtigen. Sie werden jedoch immer noch in vielen der beeindruckendsten GANs der Literatur verwendet und haben sich als mächtiges Instrument im Deep Learning erwiesen. Daher schlage ich vor, dass Sie mit beiden Methoden experimentieren und schauen, welche je nach Anwendungsfall am besten funktioniert.

Den Code zum Erstellen des Generators finden Sie in Beispiel 4-3.

Beispiel 4-3: Der Generator

```
generator_input = Input(shape=(self.z_dim,), name='generator_input') ❶
x = generator_input

x = Dense(np.prod(self.generator_initial_dense_layer_size))(x) ❷

if self.generator_batch_norm_momentum:
    x = BatchNormalization(momentum = self.generator_batch_norm_momentum)(x)
x = Activation(self.generator_activation)(x)

x = Reshape(self.generator_initial_dense_layer_size)(x) ❸

if self.generator_dropout_rate:
    x = Dropout(rate = self.generator_dropout_rate)(x)

for i in range(self.n_layers_generator): ❹

    x = UpSampling2D()(x)
    x = Conv2D(
        filters = self.generator_conv_filters[i]
        , kernel_size = self.generator_conv_kernel_size[i]
        , padding = 'same'
        , name = 'generator_conv_' + str(i)
        )(x)

    if i < n_layers_generator - 1: ❺
        if self.generator_batch_norm_momentum:
            x = BatchNormalization(momentum = self.generator_batch_norm_momentum))(x)
        x = Activation('relu')(x)
    else:
        x = Activation('tanh')(x)


generator_output = x
generator = Model(generator_input, generator_output) ❻
```

❶ Definition der Eingabe des Generators – ein Vektor der Länge 100.

❷ Darauf folgt eine dichte Schicht mit 3.136 Neuronen ...

❸ ... die nach Batch-Normalisierung und ReLU-Aktivierungsfunktion zu einem 7 × 7 × 64-Tensor umgewandelt wird.

❹ Danach folgen vier `Conv2D`-Schichten. Den ersten beiden gehen `Upsampling2D`-Schichten voraus, um den Tensor erst auf 14 × 14, dann auf 28 × 28 (die Originalbildgröße) umzuformen. In all diesen Schichten außer der letzten verwenden wir Batch-Normalisierung und ReLU-Aktivierungsfunktion (Sie könnten auch Leaky-ReLU einsetzen).

❺ Nach der letzten `Conv2D`-Schicht verwenden wir die `tanh`-Aktivierungsfunktion, um die Ausgabe in den Bereich [-1, 1] zu transformieren, der der ursprünglichen Bilddomäne entspricht.

❻ Das Keras-Modell, das den Generator definiert – ein Modell, das einen Vektor der Länge 100 nimmt und einen Tensor mit den Abmessungen `[28, 28, 1]` ausgibt.

Trainieren des GAN

Die Architektur des Generators und Diskriminators in einem GAN ist relativ einfach und unterscheidet sich nicht so sehr von den Modellen, die wir uns zuvor angesehen haben. Der Schlüssel zum besseren Verständnis von GANs liegt im Verständnis des Trainingsprozesses.

Wir können den Diskriminator trainieren, indem wir einen Trainingsdatensatz erstellen mit einem Mix aus zufällig gewählten, *echten* Beobachtungen und Ausgaben des Generators. Die Label sind dann 1 für echte Bilder und 0 für erzeugte Bilder. Indem wir dies als überwachtes Lernproblem behandeln, können wir dem Diskriminator beibringen, zwischen originalen und erzeugten Bildern zu unterscheiden. Dieser gibt dann Werte nahe 1 für echte Bilder und Werte nahe 0 für erzeugte Bilder aus.

Das Trainieren des Generators ist dagegen etwas anspruchsvoller, da es keinen Trainingsdatensatz gibt, der uns das *wahre* Bild liefert, zu dem ein bestimmter Punkt im latenten Raum umgewandelt werden sollte. Stattdessen wollen wir lediglich mit dem erzeugten Bild den Diskriminator täuschen – d.h., wenn sich der Diskriminator das Bild anschaut, wollen wir, dass seine Ausgabe nahe bei 1 liegt.

Um den Generator zu trainieren, müssen wir ihn daher zuerst mit dem Diskriminator verbinden, um ein Keras-Modell zu erhalten, das wir trainieren können. Wir geben also die Ausgabe des Generators (ein 28 × 28 × 1-Bild) in den Diskriminator, sodass die Ausgabe dieses verknüpften Modells die Wahrscheinlichkeit wiedergibt, dass das erzeugte Bild laut Diskriminator *echt* ist. Wir können dieses verknüpfte Modell trainieren, indem wir Trainingseinheiten erstellen, die aus zufällig gewählten 100-dimensionalen Vektoren aus dem latenten Raum bestehen, jeweils mit Label 1, da wir den Generator darauf trainieren wollen, Bilder zu erzeugen, die der Diskriminator für *echt* hält.

Die Verlustfunktion ist dann einfach der binäre Kreuzentropie-Verlust zwischen der Ausgabe des Diskriminators und dem Labelvektor von 1.

Entscheidend dabei ist, die Gewichte des Diskriminators beim Training des verknüpften Modells einzufrieren, sodass nur die Gewichte des Generators aktualisiert werden. Wenn wir die Gewichte des Diskriminators nicht einfrieren, passt dieser sich so an, dass er die erzeugten Bilder eher als echt einstuft, was nicht das erwünschte Resultat ist. Erzeugte Bilder sollen als nahe 1 (echt) eingestuft werden, weil der Generator leistungsstark ist, und nicht, weil der Diskriminator zu schwach ist.

Abbildung 4-7 zeigt ein Diagramm des Trainingsprozesses des Diskriminators und des Generators.

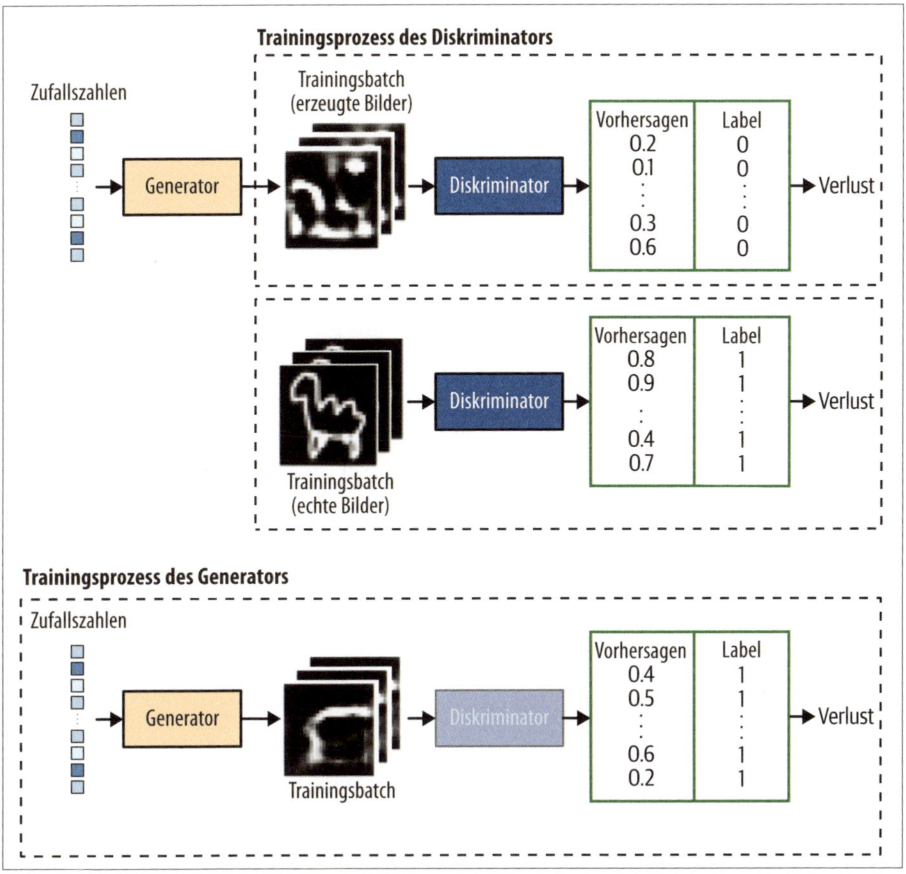

Abbildung 4-7: Trainieren des GAN

Schauen wir uns nun den Code dafür an. Zunächst müssen wir das Diskriminator-Modell und das Modell, das den Generator trainiert, kompilieren (Beispiel 4-4).

Beispiel 4-4: Kompilieren des GAN

```
### MODELL KOMPILIEREN, DAS DEN DISKRIMINATOR TRAINIERT

self.discriminator.compile(
    optimizer= RMSprop(lr=0.0008)
    , loss = 'binary_crossentropy'
    ,  metrics = ['accuracy']
) ❶
```

```
### MODELL KOMPILIEREN, DAS DEN GENERATOR TRAINIERT

self.discriminator.trainable = False ❷
model_input = Input(shape=(self.z_dim,), name='model_input')
model_output = discriminator(self.generator(model_input))
self.model = Model(model_input, model_output) ❸

self.model.compile(
    optimizer=RMSprop(lr=0.0004)
    , loss='binary_crossentropy'
    , metrics=['accuracy']
) ❹
```

❶ Der Diskriminator verwendet binären Kreuzentropie-Verlust, da das Label binär ist und wir eine Ausgabeeinheit mit sigmoider Aktivierung haben.

❷ Als Nächstes frieren wir die Gewichte des Diskriminators ein – dies hat keinen Einfluss auf das bestehende Diskriminator-Modell, das wir bereits kompiliert haben.

❸ Wir definieren ein neues Modell, das einen 100-dimensionalen Vektor aus dem latenten Raum als Eingabe nimmt; dieser Eingabevektor wird durch den Generator und den eingefrorenen Diskriminator geschickt, um eine Wahrscheinlichkeit als Ausgabe zu erzeugen.

❹ Auch für das verknüpfte Modell verwenden wir den binären Kreuzentropie-Verlust – die Lernrate ist langsamer als beim Diskriminator, da der Diskriminator allgemein stärker sein soll als der Generator. Die Lernrate ist einer der Parameter, die für jede GAN-Problemstellung genau angepasst werden sollte.

Nun können wir unser GAN trainieren, indem wir abwechselnd Diskriminator und Generator trainieren (Beispiel 4-5).

Beispiel 4-5: Trainieren des GAN

```
def train_discriminator(x_train, batch_size):

    valid = np.ones((batch_size,1))
    fake = np.zeros((batch_size,1))

    # TRAINING MIT ECHTEN BILDERN
    idx = np.random.randint(0, x_train.shape[0], batch_size)
    true_imgs = x_train[idx]
    self.discriminator.train_on_batch(true_imgs, valid) ❶

    # TRAINING MIT ERZEUGTEN BILDERN
    noise = np.random.normal(0, 1, (batch_size, z_dim))
    gen_imgs = generator.predict(noise)
    self.discriminator.train_on_batch(gen_imgs, fake) ❷


def train_generator(batch_size):

    valid = np.ones((batch_size,1))

    noise = np.random.normal(0, 1, (batch_size, z_dim))
    self.model.train_on_batch(noise, valid) ❸
```

```
epochs = 2000
batch_size = 64

for epoch in range(epochs):

    train_discriminator(x_train, batch_size)
    train_generator(batch_size)
```

❶ Eine Batch-Aktualisierung des Diskriminators beinhaltet zuerst das Training mit einem Batch echter Bilder mit Label 1 ...

❷ ... und dann mit einem Batch erzeugter Bilder mit Label 0.

❸ Eine Batch-Aktualisierung des Generators beinhaltet das Training mit einem Batch erzeugter Bilder mit Label 1. Da der Diskriminator eingefroren ist, werden seine Gewichte nicht beeinflusst. Stattdessen verändern sich die Gewichte des Generators so, dass er besser Bilder erzeugen kann, die den Diskriminator eher täuschen (d.h. den Diskriminator dazu bringen, Werte nahe 1 vorherzusagen).

Nach einer angemessenen Anzahl von Epochen finden Diskriminator und Generator ein Gleichgewicht, das dem Generator ermöglicht, relevante Informationen vom Diskriminator zu lernen, wodurch die Qualität der erzeugten Bilder steigt (siehe Abbildung 4-8).

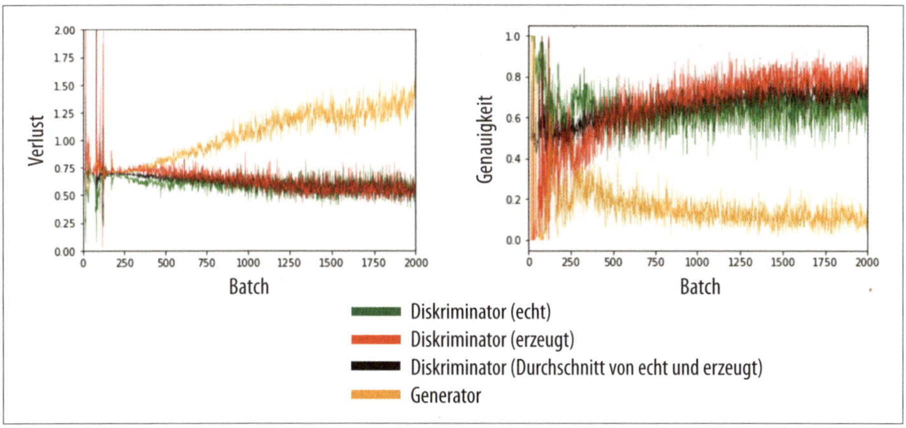

Abbildung 4-8: Verlust und Genauigkeit des Diskriminators und des Generators während des Trainings

Wenn wir uns vom Generator erzeugte Bilder nach unterschiedlich vielen Trainingsepochen anschauen (siehe Abbildung 4-9), wird deutlich, dass der Generator immer geschickter darin wird, Bilder zu erzeugen, die dem ursprünglichen Trainingsdatensatz ähnlich sehen.

Es ist schon erstaunlich, dass ein neuronales Netz zufälliges Rauschen in etwas Sinnvolles verwandeln kann. Wir haben dem Modell keine weiteren Informationen zur Verfügung gestellt außer den Rohpixeln der Bilder, es muss also übergeordnete Konzepte, z.B. wie man Höcker, Beine oder einen Kopf malt, zunächst selbst erlernen. Die naiven Bayes-Modelle aus Kapitel 1 können diesen Grad an Komplexität nicht erreichen, da sie die Abhängigkeiten zwischen Pixeln nicht modellieren können, die für die Bildung dieser übergeordneten Merkmale entscheidend sind.

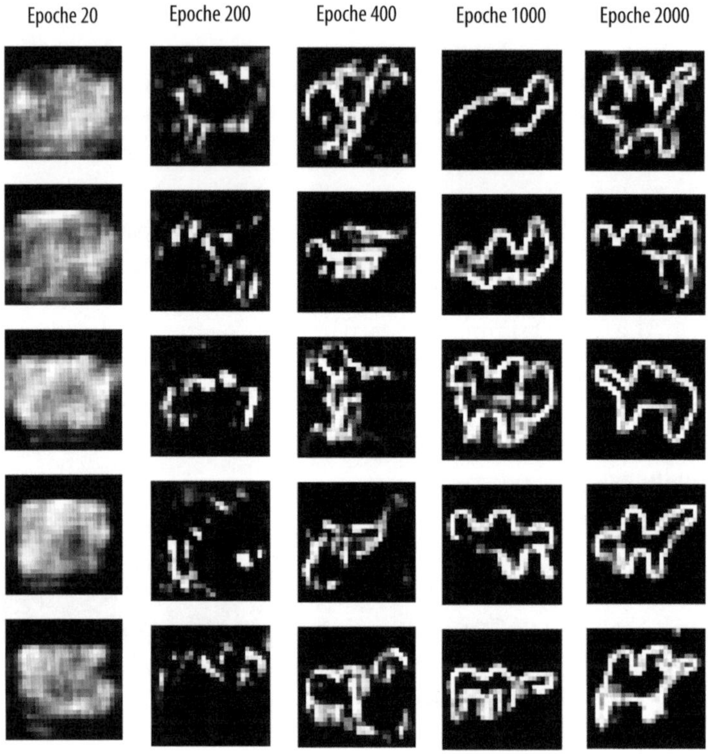

Abbildung 4-9: Generatorausgabe zu unterschiedlichen Trainingszeitpunkten

Eine weitere Anforderung an ein funktionierendes generatives Modell ist, dass es nicht lediglich die Bilder des Trainingsdatensatzes reproduziert. Um dies zu überprüfen, können wir jedes erzeugte Bild mit dem Bild aus dem Trainingsdatensatz vergleichen, dem es am nächsten ist. Ein gutes Maß für Nähe ist die L1-Distanz, definiert als:

```
def l1_compare_images(img1, img2):
    return np.mean(np.abs(img1 - img2))
```

Abbildung 4-10 zeigt eine Auswahl an erzeugten Bildern und die dazu ähnlichsten Bilder aus dem Trainingsdatensatz. Die Bilder weisen zwar ein gewisses Maß an Ähnlichkeit mit dem Trainingsdatensatz auf, sind aber nicht identisch, und das GAN konnte sogar einige unvollendete Zeichnungen durch Hinzufügen von Kopf und Beinen vervollständigen. Dies beweist, dass der Generator diese übergeordneten Merkmale verstanden hat und dass er Beispiele erstellen kann, die sich von dem Trainingsdatensatz unterscheiden.

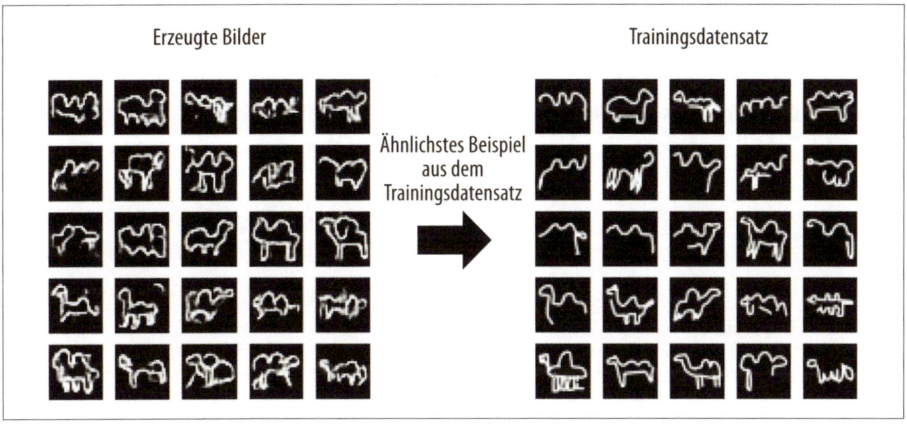

Abbildung 4-10: Ähnlichste Bilder aus erzeugten Bildern und Trainingsdatensatz

GAN-Herausforderungen

Mit GANs ist uns zwar ein großer Durchbruch in der generativen Modellierung gelungen, sie sind aber berüchtigterweise schwer zu trainieren. In diesem Abschnitt untersuchen wir die häufigsten Probleme beim Trainieren von GANs und schauen uns dann noch einige Änderungen des GAN-Frameworks an, mit denen sich viele dieser Probleme beheben lassen.

Oszillierender Verlust

Der Verlust des Diskriminators und Generators beginnt, wild zu oszillieren, anstatt langfristig eine bestimmte Stabilität aufzuweisen.

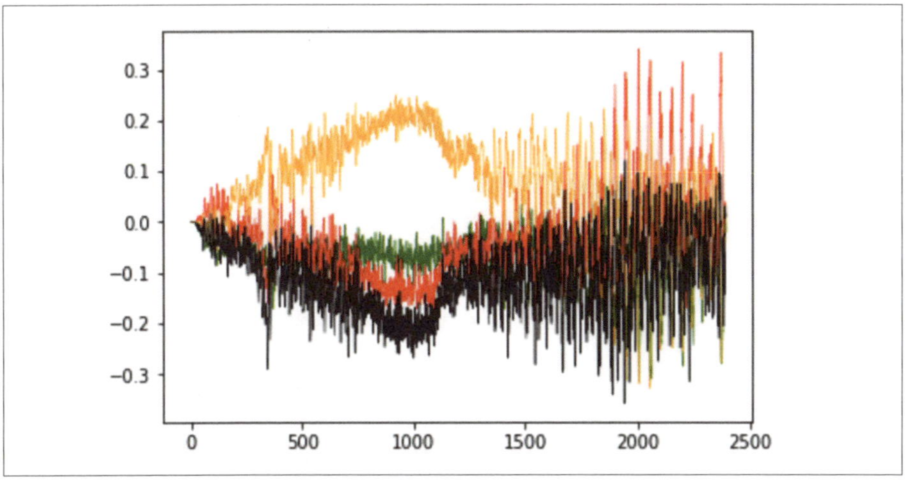

Abbildung 4-11: Oszillierender Verlust eines instabilen GAN

Gewisse Schwankungen des Verlusts zwischen Batches sind ganz normal, aber langfristig sollte sich der Verlust stabilisieren beziehungsweise allmählich erhöhen oder verringern (siehe Abbildung 4-8) und nicht wild schwanken, damit sichergestellt ist, dass Ihr GAN konvergiert und sich mit der Zeit verbessert. Abbildung 4-11 zeigt ein GAN, bei dem der Verlust von Diskriminator und Generator bei etwa Batch 1400 außer Kontrolle gerät. Es lässt sich von vornherein schwer feststellen, ob oder wann dies passieren könnte, da Standard-GANs für diese Art von Instabilität anfällig sind.

Mode-Collapse

Mode-Collapse tritt auf, wenn der Generator eine kleine Anzahl von Beispielen findet, die den Diskriminator täuschen, und daraufhin lediglich Beispiele aus diesem begrenzten Set produziert. Überlegen wir einmal, wie das passieren könnte. Angenommen, wir trainierten den Generator mit einigen Batches, ohne den Diskriminator zwischendurch zu aktualisieren. Der Generator wäre dann geneigt, eine einzige Beobachtung (hier auch *Mode* genannt) zu finden, die den Diskriminator immer täuscht, und würde einfach jeden Punkt aus dem latenten Raum zu dieser Beobachtung transformieren. Daraufhin würde der Gradient der Verlustfunktion zu nahe 0 kollabieren. Selbst wenn wir dann den Diskriminator trainierten, sodass er nicht mehr von diesem einen Punkt getäuscht würde, fände nun der Generator einfach einen anderen *Mode*, der den Diskriminator täuscht. Der Generator ist an diesem Punkt quasi taub gegenüber seiner Eingabe geworden und hat keinerlei Anreiz, seine Ausgabe zu variieren. Sie können die Auswirkung von Mode-Collapse in Abbildung 4-12 sehen.

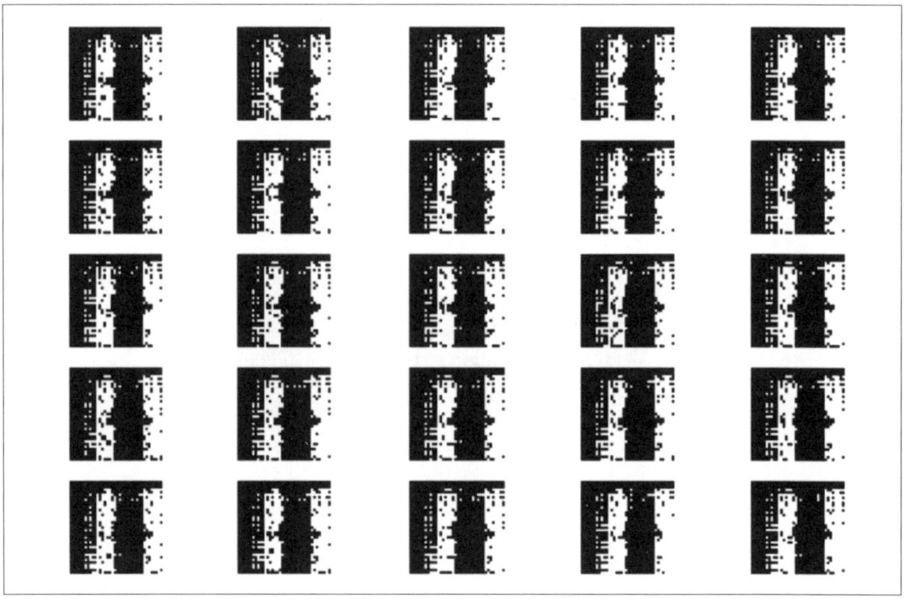

Abbildung 4-12: Mode-Collapse

Uninformativer Verlust

Da das Deep-Learning-Modell darauf ausgerichtet ist, die Verlustfunktion zu minimieren, könnte man denken, dass die Qualität der erzeugten Bilder umso besser ist, je kleiner der Verlust des Generators ist. Da allerdings der Generator immer nur gegen den jeweils aktuellen Diskriminator gemessen wird und der Diskriminator sich ständig verbessert, können wir die Verlustfunktion von unterschiedlichen Zeitpunkten im Training nicht miteinander vergleichen. Tatsächlich nimmt die Verlustfunktion in Abbildung 4-8 mit der Zeit zu, obwohl sich die Qualität der erzeugten Bilder deutlich verbessert. Dieser mangelnde Zusammenhang zwischen dem Verlust des Generators und der Bildqualität macht es schwer, das Training des GAN genau zu verfolgen.

Hyperparameter

Wie wir gesehen haben, gibt es selbst bei einfachen GANs sehr viele Hyperparameter zu optimieren. Neben der allgemeinen Architektur des Diskriminators und Generators gilt es, auch weitere Parameter zu optimieren, etwa für Batch-Normalisierung, Drop-out, Lernrate, Aktivierungsschichten, Konvolutionsfilter, Filtergröße, Schrittweite, Batchgröße, Größe des latenten Raums. GANs reagieren sehr empfindlich auf selbst kleine Veränderungen dieser Parameter. Geeignete Parameter finden sich eher durch Ausprobieren als durch Folgen bestimmter Regeln.

Daher ist es so wichtig, die Funktionsweise eines GAN zu verstehen und zu wissen, wie die Verlustfunktion interpretiert werden kann – sodass Sie sinnvolle Anpassungen der Hyperparameter finden können, die die Stabilität des Modells verbessern.

Bewältigung der GAN-Herausforderungen

In den letzten Jahren haben mehrere wichtige Erneuerungen die Stabilität von GAN-Modellen erheblich verbessert und die Eintrittswahrscheinlichkeit einiger der zuvor genannten Probleme, wie z.B. Mode-Collapse, deutlich verringert.

Im weiteren Verlauf dieses Kapitels werden wir zwei dieser Verbesserungen genauer untersuchen, das *Wasserstein-GAN* (WGAN) und das *Wasserstein-GAN-Gradient-Penalty* (WGAN-GP). Beide beruhen auf dem uns bekannten Framework mit lediglich geringen Anpassungen. Letzteres gilt heutzutage als das am besten bewährte Framework für das Training der anspruchsvollsten GANs.

Wasserstein-GAN

Das Wasserstein-GAN war einer der ersten großen Schritte zur Stabilisierung von GANs.[4] Die Autoren konnten zeigen, wie man mit einigen Änderungen GANs trainieren kann, die die folgenden zwei Eigenschaften besitzen (zitiert aus dem Paper):

4 Martin Arjovsky et al., »Wasserstein GAN«, 26. Januar 2017, *https://arxiv.org/pdf/1701.07875.pdf*.

- Eine aussagekräftige Verlustfunktion, die mit der Konvergenz und der Bildqualität des Generators korreliert.
- Verbesserte Stabilität des Optimierungsprozesses.

Insbesondere stellt das Paper eine neue Verlustfunktion sowohl für den Diskriminator als auch den Generator vor. Die Verwendung dieser Verlustfunktion anstelle von binärer Kreuzentropie führt zu einer stabileren Konvergenz des GAN. Der mathematische Hintergrund dafür würde den Rahmen dieses Buchs sprengen, aber es gibt einige ausgezeichnete Onlineressourcen, die die mathematischen Vorteile dieser Verlustfunktion erklären.

Schauen wir uns also einmal die Definition der Wasserstein-Verlustfunktion an:

Wasserstein-Verlust

Denken wir zunächst noch mal an den binären Kreuzentropie-Verlust zurück – die Funktion, die wir momentan verwenden, um Diskriminator und Generator des GAN zu trainieren:

Binärer Kreuzentropie-Verlust

$$-\frac{1}{n}\sum_{i=1}^{n}\left(y_i \log\left(p_i\right) + \left(1 - y_i\right) \log\left(1 - p_i\right)\right)$$

Um den GAN-Diskriminator D zu trainieren, berechnen wir den Verlust zwischen Vorhersagen für echte Bilder $p_i=D(x_i)$ zum Label $y_i=1$ und zwischen Vorhersagen für erzeugte Bilder $p_i=D(G(z_i))$ zum Label $y_i=0$. Wir können also die Verlustminimierung des GAN-Diskriminators wie folgt schreiben:

GAN-Diskriminator-Verlustminimierung

$$\min_D -\left(\mathbb{E}_{x \sim p_X}[\log D(x)] + \mathbb{E}_{z \sim p_Z}[\log(1 - D(G(z)))]\right)$$

Um den GAN-Generator G zu trainieren, berechnen wir den Verlust zwischen Vorhersagen für erzeugte Bilder $p_i=D(G(z_i))$ und dem Label $y_i=1$. Wir können also die Verlustminimierung des GAN-Generators so schreiben:

GAN-Generator-Verlustminimierung

$$\min_G -\left(\mathbb{E}_{z \sim p_Z}[\log D(G(z))]\right)$$

Vergleichen wir das nun mit der Wasserstein-Verlustfunktion.

Zunächst erfordert der *Wasserstein-Verlust*, dass wir $y_i=1$ und $y_i=-1$ als Label verwenden anstelle von 1 und 0. Außerdem entfernen wir die sigmoide Aktivierungsfunktion der letzten Schicht des Diskriminators, sodass die Vorhersagen p_i nicht mehr auf den Bereich $[0, 1]$ beschränkt sind, sondern jetzt eine beliebige Zahl im

Bereich $[-\infty, \infty]$ annehmen können. Daher wird der Diskriminator in einem WGAN üblicherweise als *Kritiker* bezeichnet. Die Wasserstein-Verlustfunktion ist wie folgt definiert:

Wasserstein-Verlust

$$-\frac{1}{n}\sum_{i=1}^{n}\left(y_i p_i\right)$$

Um den WGAN-Kritiker D zu trainieren, berechnen wir den Verlust zwischen Vorhersagen für echte Bilder $p_i=D(x_i)$ zum Label $y_i=1$ und Vorhersagen für erzeugte Bilder $p_i=D(G(z_i))$ zum Label $y_i=-1$. Wir können also die Verlustminimierung des WGAN-Kritikers so schreiben:

WGAN-Kritiker-Verlustminimierung

$$\min_D \; -\left(\mathbb{E}_{x \sim p_X}[D(x)] - \mathbb{E}_{z \sim p_Z}[D(G(z))]\right)$$

Anders ausgedrückt, versucht der WGAN-Kritiker, die Differenz zwischen seinen Vorhersagen für echte Bilder und erzeugte Bilder zu maximieren, wobei echte Bilder höher bewertet werden.

Um den WGAN-Generator zu trainieren, berechnen wir den Verlust zwischen Vorhersagen für erzeugte Bilder $p_i=D(G(z_i))$ zum Label $y_i=1$. So schreiben wir also die Verlustminimierung des WGAN-Generators:

WGAN-Generator-Verlustminimierung

$$\min_G \; -\left(\mathbb{E}_{z \sim p_Z}[D(G(z))]\right)$$

Beim Kompilieren der Modelle, die den WGAN-Kritiker und den WGAN-Generator trainieren, können wir einstellen, dass wir den Wasserstein-Verlust anstelle der binären Kreuzentropie nutzen möchten (siehe Beispiel 4-6). Außerdem verwenden wir bei WGANs tendenziell geringere Lernraten.

Beispiel 4-6: Kompilieren der Modelle, die Kritiker und Generator trainieren

```
def wasserstein(y_true, y_pred):
    return -K.mean(y_true * y_pred)


critic.compile(
    optimizer= RMSprop(lr=0.00005)
    , loss = wasserstein
)

model.compile(
    optimizer= RMSprop(lr=0.00005)
    , loss = wasserstein
)
```

Die Lipschitz-Bedingung

Es mag Sie überraschen, dass wir dem Kritiker jetzt erlauben, eine beliebige Zahl aus dem Bereich $[-\infty, \infty]$ auszugeben, anstatt die Ausgabe durch eine sigmoide Funktion auf den üblichen [0, 1]-Bereich zu beschränken. Der Wasserstein-Verlust kann dadurch beunruhigend groß werden – in der Regel sollten Sie große Zahlen in neuronalen Netzen vermeiden!

Tatsächlich zeigen die Autoren des WGAN-Papers, dass wir dem Kritiker eine zusätzliche Bedingung auferlegen müssen, damit der Wasserstein-Verlust funktioniert. Konkret geht es dabei darum, dass der Kritiker eine *1-Lipschitz-stetige Funktion* sein muss. Schauen wir uns nun mal im Detail an, was das bedeutet.

Der Kritiker ist eine Funktion D, die ein Bild in eine Vorhersage verwandelt. Wir nennen diese Funktion 1-Lipschitz-stetig, falls sie die folgende Ungleichheit für zwei beliebige Eingabebilder x_1 und x_2 erfüllt:

$$\frac{|D(x_1) - D(x_2)|}{|x_1 - x_2|} \leq 1$$

$x_1 - x_2$ ist hier der durchschnittliche pixelweise absolute Unterschied zwischen zwei Bildern, und $|D(x_1) - D(x_2)|$ ist der absolute Unterschied zwischen den Vorhersagen des Kritikers. Im Grunde setzen wir eine Begrenzung für die mögliche Veränderungsrate von Vorhersagen zwischen zwei Bildern (d.h., der Absolutwert des Gradienten darf nirgendwo größer als 1 sein). Wir können diese Beschränkung auf eine eindimensionale Lipschitz-stetige Funktion angewendet in Abbildung 4-13 sehen – die Linie ist niemals in dem Kegel, egal an welcher Stelle der Linie der Kegel platziert wird. Anders gesagt, es gibt eine Beschränkung dahin gehend, wie stark die Linie steigen oder fallen darf.

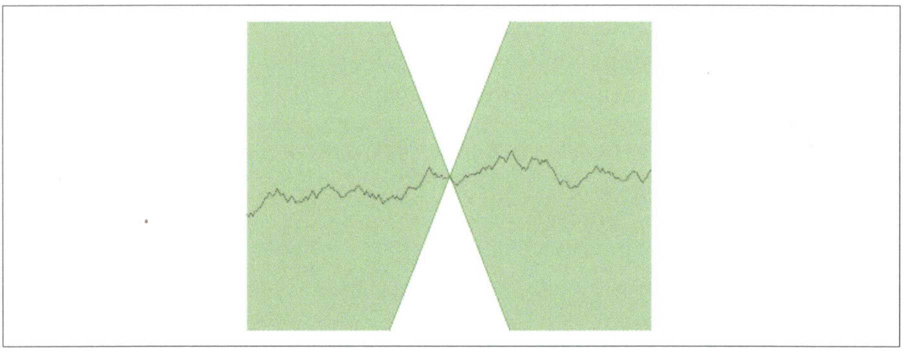

Abbildung 4-13: Eine Lipschitz-stetige Funktion – wo auch immer der Doppelkegel auf der Linie platziert wird, die Funktion bleibt stets komplett außerhalb des Kegels.[5]

5 Quelle: Wikipedia, *http://bit.ly/2Xufwd8*.

Für diejenigen, die tiefer in die Mathematik dahinter einsteigen möchten, warum der Wasserstein-Verlust nur in Verbindung mit dieser Bedingung funktioniert, bietet Jonathan Hui eine hervorragende Erklärung (*http://bit.ly/2MwS8rc*).

Gewichte beschränken

In dem WGAN-Paper haben die Autoren gezeigt, dass die Lipschitz-Bedingung erfüllt ist, wenn man die Gewichte des Kritikers nach jedem Trainingsbatch so kappt, dass sie in dem kleinen Bereich [–0,01, 0,01] liegen.

Wir können diesen Kappungsprozess mit in die Trainingsfunktion unseres WGAN-Kritikers aufnehmen (siehe Beispiel 4-7).

Beispiel 4-7: Trainieren des WGAN-Kritikers

```
def train_critic(x_train, batch_size, clip_threshold):

    valid = np.ones((batch_size,1))
    fake = -np.ones((batch_size,1))

    # TRAINING MIT ECHTEN BILDERN
    idx = np.random.randint(0, x_train.shape[0], batch_size)
    true_imgs = x_train[idx]
    self.critic.train_on_batch(true_imgs, valid)

    # TRAINING MIT ERZEUGTEN BILDERN
    noise = np.random.normal(0, 1, (batch_size, self.z_dim))
    gen_imgs = self.generator.predict(noise)
    self.critic.train_on_batch(gen_imgs, fake)

    for l in critic.layers:
        weights = l.get_weights()
        weights = [np.clip(w, -clip_threshold, clip_threshold) for w in weights]
        l.set_weights(weights)
```

Training des WGAN

Bei Verwendung der Wasserstein-Verlustfunktion sollten wir den Kritiker bis zur Konvergenz trainieren, um sicherzustellen, dass die Gradienten für die Generatoraktualisierung stimmen. Dies ist ein Unterschied zum normalen GAN, bei dem wir den Diskriminator nicht zu stark werden lassen konnten, um das Problem der schwindenden Gradienten zu vermeiden.

Daher behebt der Wasserstein-Verlust eine der Hauptschwierigkeiten beim Trainieren eines GAN – nämlich wie man das Trainieren von Diskriminator und Generator am besten ausbalanciert. Bei WGANs können wir den Kritiker lediglich mehrmals zwischen Generator-Updates trainieren, um sicherzustellen, dass er der Konvergenz nahekommt. Ein oft verwendetes Verhältnis ist fünf Kritiker-Updates zu einem Generator-Update.

Die Trainingsschleife des WGAN ist in Beispiel 4-8 dargestellt.

Beispiel 4-8: Trainieren des WGAN

```
for epoch in range(epochs):

    for _ in range(5):
        train_critic(x_train, batch_size = 128, clip_threshold = 0.01)

    train_generator(batch_size)
```

Wir haben nun alle wesentlichen Unterschiede zwischen einem Standard-GAN und einem WGAN angesprochen. Hier eine kurze Zusammenfassung:

- Ein WGAN verwendet den Wasserstein-Verlust.
- Ein WGAN wird mit den Labeln 1 für *echt* und -1 für *erzeugt* trainiert.
- Der WGAN-Kritiker hat keine sigmoide Aktivierungsfunktion in der letzten Schicht.
- Die Gewichte des Kritikers werden nach jedem Update gekappt.
- Der Kritiker wird nach jedem Update des Generators mehrmals trainiert.

Analyse des WGAN

Sie können Ihr eigenes WGAN mit dem Code aus dem Notebook *04_02_wgan_cifar_train.ipynb* trainieren. Darin wird ein WGAN auf dem CIFAR-10-Datensatz, den Sie auch schon in Kapitel 2 gesehen haben, trainiert, um Pferdebilder zu erzeugen.

In Abbildung 4-14 zeigen wir einige vom WGAN erzeugte Bilder.

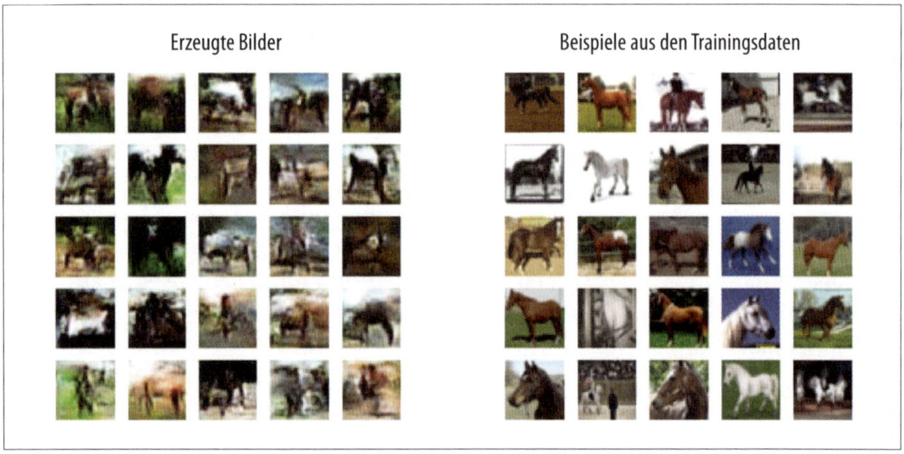

Abbildung 4-14: Beispielbilder eines WGAN-Generators, trainiert auf Pferdebildern

Zweifellos ist dies eine deutlich schwierigere Problemstellung als unser voriges Ganimal-Beispiel, aber das WGAN hat erfolgreich die wichtigsten Merkmale von Pferdebildern ermittelt (Beine, Himmel, Gras, Braun, Schatten etc.). Die Bilder im

Trainingsdatensatz sind nicht nur in Farbe, sondern es gibt auch viele verschiedene Blickwinkel, Formen und Hintergründe, die das WGAN zu verarbeiten lernen muss. Auch wenn die Bildqualität noch nicht perfekt ist, ist es beeindruckend, dass das WGAN eindeutig die übergeordneten Merkmale, die ein farbiges Pferdefoto ausmachen, erlernt hat.

Einer der Hauptkritikpunkte an WGANs ist, dass durch die Kappung der Gewichte des Kritikers die Lernfähigkeit stark eingeschränkt ist. Tatsächlich schreiben die Autoren im Original-WGAN-Paper selbst, dass die Kappung der Gewichte ganz klar ein schlechter Weg ist, um die Lipschitz-Bedingung zu erzwingen.

Ein starker Kritiker ist unabdingbar für den Erfolg eines WGAN, da der Generator ohne präzise Gradienten nicht erlernen kann, wie er seine Gewichte anpassen muss, um bessere Bilder zu erzeugen.

Deshalb haben andere Forscher nach Alternativen gesucht, um die Lipschitz-Bedingung zu erzwingen und so die Fähigkeit des WGAN, komplexe Merkmale zu erfassen, zu verbessern. Im nächsten Abschnitt schauen wir uns eine solche Erweiterung etwas genauer an.

WGAN-GP

Eine der jüngsten Erweiterungen der WGAN-Literatur ist das Wasserstein-GAN-Gradient-Penalty-Framework (»WGAN-GP«).[6]

Der WGAN-GP-Generator wird genau so definiert und kompiliert wie der WGAN-Generator. Lediglich der Kritiker wird etwas anders definiert und kompiliert.

Insgesamt müssen wir drei Änderungen an unserem WGAN-Kritiker vornehmen, um ihn in einen WGAN-GP-Kritiker zu verwandeln:

- Fügen Sie einen Gradienten-Bestrafungsterm zu der Verlustfunktion des Kritikers hinzu.
- Kappen Sie nicht die Gewichte des Kritikers.
- Verwenden Sie im Kritiker keine Batch-Normalisierungsschichten.

Schauen wir uns zunächst einmal an, wie wir den Gradienten-Bestrafungsterm in unsere Verlustfunktion einbauen können. In dem Paper dieser Variante schlagen die Autoren eine Alternative vor, um die Lipschitz-Bedingung für den Kritiker zu erzwingen. Anstatt die Gewichte des Kritikers zu kappen, zeigen sie, wie man die Bedingung direkt erzwingen kann durch das Hinzufügen eines Terms zur Verlustfunktion, der das Modell bestraft, wenn die Gradientennorm des Kritikers von 1 abweicht. Das ist ein viel natürlicherer Weg, um die Lipschitz-Bedingung zu erfüllen, und führt zu einem wesentlich stabileren Trainingsprozess.

6 Ishaan Gulrajani et al., »Improved Training of Wasserstein GANs«, 31. März 2017, *https://arxiv.org/abs/1704.00028*.

Der Gradient-Penalty-Verlust

Abbildung 4-15 zeigt ein Diagramm des Trainingsprozesses des Kritikers. Wenn wir dies mit dem Trainingsprozess des ursprünglichen Diskriminators vergleichen (siehe Abbildung 4-7), erkennen wir, dass die wichtigste Ergänzung der Gradient-Penalty-Verlust ist, der nun neben dem Wasserstein-Verlust einen Teil der Verlustfunktion der echten und erzeugten Bilder bildet.

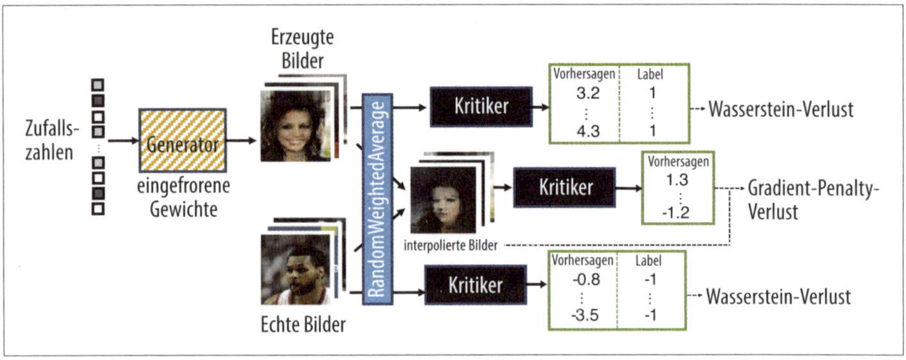

Abbildung 4-15: Der Trainingsprozess des WGAN-GP-Kritikers

Der Gradient-Penalty-Verlust misst die quadrierte Differenz zwischen der Norm des Gradienten der Vorhersagen mit Bezug auf die Eingabebilder und 1. Das Modell wird so auf natürliche Weise Gewichte finden, die den Gradient-Penalty-Verlust minimieren und so das Modell dazu veranlassen, die Lipschitz-Bedingung zu erfüllen.

Es ist kaum möglich, beim Trainingsprozess diesen Gradienten überall zu berechnen, daher berechnet das WGAN-GP den Gradienten nur an einer Handvoll Punkten. Um eine ausgewogene Mischung an Punkten zu gewährleisten, verwenden wir interpolierte Bilder, die an zufälligen Punkten auf der Linie zwischen echten und erzeugten Bildern liegen (siehe Abbildung 4-16).

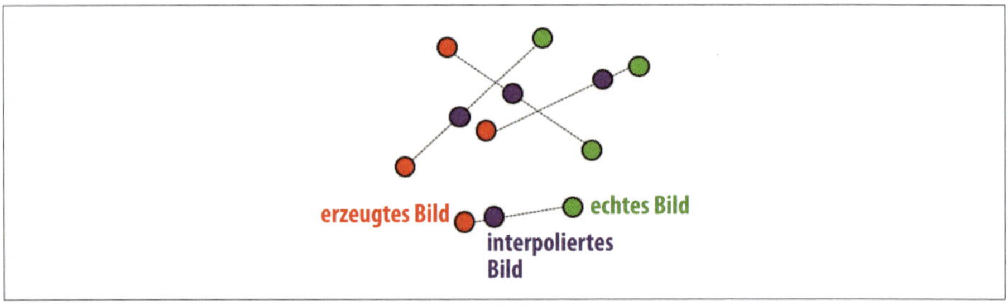

Abbildung 4-16: Interpolation zwischen Bildern

In Keras können wir eine `RandomWeightedAverage`-Schicht für die Interpolation erstellen, indem wir sie von der eingebauten `_Merge`-Schicht erben lassen.

```
class RandomWeightedAverage(_Merge):
    def __init__(self, batch_size):
        super().__init__()
        self.batch_size = batch_size
    def _merge_function(self, inputs):
        alpha = K.random_uniform((self.batch_size, 1, 1, 1)) ❶
        return (alpha * inputs[0]) + ((1 - alpha) * inputs[1]) ❷
```

❶ Jedes Bild des Batch bekommt eine Zufallszahl zwischen 0 und 1 zugewiesen, gespeichert als Vektor `alpha`.

❷ Die Schicht gibt pixelweise interpolierte Bilder zurück, die auf den paarweisen Linien zwischen echten (`inputs[0]`) und erzeugten Bilder (`inputs[1]`) liegen, gewichtet mit dem `alpha`-Wert.

Die `gradient_penalty_loss`-Funktion in Beispiel 4-9 gibt die quadrierte Differenz zwischen den an den interpolierten Punkten berechneten Gradienten und 1 aus.

Beispiel 4-9: Die Gradient-Penalty-Verlustfunktion

```
def gradient_penalty_loss(y_true, y_pred, interpolated_samples):

    gradients = K.gradients(y_pred, interpolated_samples)[0] ❶

    gradient_l2_norm = K.sqrt(
        K.sum(
            K.square(gradients),
            axis=[1:len(gradients.shape)]
            )
        )
    ) ❷
    gradient_penalty = K.square(1 - gradient_l2_norm)
    return K.mean(gradient_penalty) ❸
```

❶ Die Keras-Funktion `gradients` berechnet die Gradienten der Vorhersagen für die interpolierten Bilder (`y_pred`) in Bezug auf die Eingabe (`interpolated_samples`).

❷ Wir berechnen die L2-Norm dieses Vektors (d. h. seine euklidische Länge).

❸ Die Funktion gibt den quadrierten Abstand zwischen der L2-Norm und 1 aus.

Da wir nun mit der `RandomWeightedAverage`-Schicht zwischen zwei Bildern interpolieren und mit der `gradient_penalty_loss`-Funktion den Gradientenverlust für die interpolierten Bilder berechnen können, müssen wir diese beiden Komponenten nur noch mit in die Modellzusammenstellung des Kritikers aufnehmen.

In unserem WGAN-Beispiel haben wir den Kritiker so kompiliert, dass er direkt vorhersagt, ob ein gegebenes Bild echt oder erzeugt ist. Um den WGAN-GP-Kritiker zu kompilieren, müssen wir die interpolierten Bilder in der Verlustfunktion verwenden – das Problem dabei ist, dass Keras nur benutzerdefinierte Verlustfunktionen mit zwei Parametern erlaubt, den Vorhersagen und den wahren Labeln. Aber wir können dieses Problem lösen, indem wir die Python-Funktion `partial` benutzen.

Beispiel 4-10 zeigt den Code für die vollständige Zusammenstellung des WGAN-GP-Kritikers.

Beispiel 4-10: Kompilieren des WGAN-GP-Kritikers

```
from functools import partial

### KOMPILIEREN DES KRITIKERS

self.generator.trainable = False ❶

real_img = Input(shape=self.input_dim) ❷
z_disc = Input(shape=(self.z_dim,))
fake_img = self.generator(z_disc)

fake = self.critic(fake_img) ❸
valid = self.critic(real_img)

interpolated_img = RandomWeightedAverage(self.batch_size)([real_img, fake_img]) ❹
validity_interpolated = self.critic(interpolated_img)

partial_gp_loss = partial(self.gradient_penalty_loss,
                          interpolated_samples = interpolated_img) ❺
partial_gp_loss.__name__ = 'gradient_penalty' ❻

self.critic_model = Model(inputs=[real_img, z_disc],
                          outputs=[valid, fake, validity_interpolated]) ❼

self.critic_model.compile(
    loss=[self.wasserstein,self.wasserstein, partial_gp_loss]
    ,optimizer=Adam(lr=self.critic_learning_rate, beta_1=0.5)
    ,loss_weights=[1, 1, self.grad_weight]
    ) ❽
```

❶ Hier werden die Gewichte des Generators eingefroren. Der Generator ist ein Teil des Modells, das wir zum Trainieren des Kritikers verwenden, da die interpolierten Bilder nun aktiv an der Verlustfunktion mitwirken.

❷ Das Modell nimmt zwei Eingaben: ein Batch echter Bilder und einen Satz zufällig erzeugter Zahlen, mit denen ein Batch erzeugter Bilder erstellt wird.

❸ Die echten und erzeugten Bilder werden durch den Kritiker geleitet, um den Wasserstein-Verlust zu berechnen.

❹ Die `RandomWeightedAverage`-Schicht erzeugt die interpolierten Bilder, die dann auch durch den Kritiker geleitet werden.

❺ Keras erwartet eine Verlustfunktion mit nur zwei Eingaben – den Vorhersagen und den Labeln –, daher definieren wir eine eigene Verlustfunktion `partial_gp_loss` mit der Python-Funktion `partial`, um die interpolierten Bilder in unsere `gradient_penalty_loss`-Funktion zu bekommen.

❻ Keras erfordert, dass die Funktion benannt wird.

7. Das Modell, das den Kritiker trainiert, hat zwei Eingaben: das Batch an echten Bildern und die Zufallszahlen, mit denen das Batch falscher Bilder erzeugt wird. Das Modell hat drei Ausgaben: 1 für echte Bilder, -1 für erzeugte Bilder und einen Dummy-Vektor mit 0, der zwar nicht verwendet wird, aber den Keras erfordert, da jede Verlustfunktion auf eine Ausgabe abgebildet werden muss. Daher erzeugen wir den Dummy-Vektor und ordnen ihn der `partial_gp_loss`-Funktion zu.
8. Wir kompilieren den Kritiker mit drei Verlustfunktionen: zwei Wasserstein-Verluste für die echten und erzeugten Bilder und als dritte den Gradient-Penalty-Verlust. Der Gesamtverlust ist die Summe dieser drei Verluste, wobei der Gradientenverlust mit einem Faktor von 10 gewichtet wird, wie im ursprünglichen Paper empfohlen. Außerdem verwenden wir den Adam-Optimierer, der allgemein als der beste Optimierer für WGAN-GP-Modelle gilt.

Batch-Normalisierung im WGAN-GP

Bevor wir mit dem Aufbau des WGAN-GP beginnen, sollten wir noch beachten, dass wir keine Batch-Normalisierung im Kritiker verwenden sollten. Der Grund dafür ist, dass Batch-Normalisierung eine Korrelation zwischen Bildern im selben Batch erzeugt, was den Gradientenverlust weniger wirkungsvoll macht. Es hat sich gezeigt, dass ein WGAN-GP auch ohne Batch-Normalisierung im Kritiker hervorragende Ergebnisse erzielen kann.

Analyse des WGAN-GP

Durch Ausführen des Notebooks *04_03_wgangp_faces_train.ipynb* können Sie ein WGAN-GP-Modell auf dem CelebA-Datensatz mit Gesichtern von Prominenten trainieren.

Schauen wir uns zunächst einmal einige unbehandelte Beispielausgaben des Generators nach 3.000 Trainingsbatches an (siehe Abbildung 4-17).

Abbildung 4-17: WGAN-GP-CelebA-Beispiele

Offensichtlich hat das Modell die wesentlichen übergeordneten Merkmale eines Gesichts erlernt, und es gibt keine Anzeichen von Mode-Collapse.

Wir können auch sehen, wie sich die Verlustfunktion des Modells mit der Zeit entwickelt (siehe Abbildung 4-18) – die Verlustfunktionen sowohl des Diskriminators als auch des Generators sind sehr stabil und konvergieren.

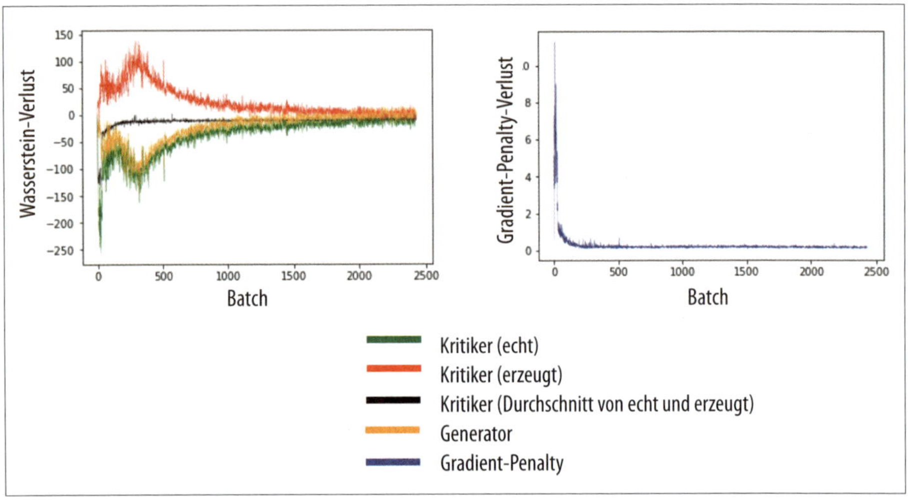

Abbildung 4-18: WGAN-GP-Verlust

Beim Vergleich der WGAN-GP-Ausgabe mit der Ausgabe des VAE aus dem vorigen Kapitel können wir sehen, dass die GAN-Bilder allgemein schärfer sind – insbesondere der Übergang von den Haaren zum Hintergrund. Dies gilt allgemein; VAEs erzeugen weichere Bilder, bei denen sich die Farbgrenzen vermischen, während GANs schärfere und klarere Bilder erzeugen.

Es stimmt aber auch, dass GANs generell schwieriger zu trainieren sind als VAEs und länger brauchen, um eine zufriedenstellende Qualität zu erreichen. Dennoch sind die meisten hochmodernen generativen Modelle heute GAN-basiert, da die Vorteile großer auf GPUs trainierter GANs doch beträchtlich sind.

Zusammenfassung

In diesem Kapitel haben Sie drei verschiedene Varianten von Generative Adversarial Networks kennengelernt, angefangen bei normalen GANs über Wasserstein-GANs (WGANs) bis hin zu den hochmodernen WGAN-GP-Modellen.

Alle GANs zeichnen sich durch eine *Generator vs. Diskriminator*-Architektur aus, bei der der Diskriminator versucht, den Unterschied zwischen echten und erzeugten Bildern zu erkennen, und der Generator versucht, den Diskriminator zu täuschen. Mit einer guten Balance im Training dieser beiden Kontrahenten kann der

GAN-Generator Schritt für Schritt lernen, ähnliche Bilder wie im Trainingssatz zu erzeugen.

Wir haben gesehen, dass bei normalen GANs mehrere Probleme auftreten können, darunter Mode-Collapse und instabiles Training, und wie die Wasserstein-Verlustfunktion viele dieser Probleme beheben kann und somit das Training des GAN zuverlässiger macht. Die natürliche Erweiterung des WGAN ist das WGAN-GP, das die 1-Lipschitz-Bedingung in den Mittelpunkt des Trainingsprozesses stellt, indem der Verlustfunktion ein Term hinzugefügt wird, um die Gradientennorm in Richtung 1 zu lenken.

Schließlich haben wir unsere neue Technik auf das Problem der Gesichtsgenerierung angewendet und gesehen, wie wir neue Gesichter erzeugen können, indem wir einfach zufällig Punkte von einer Standardnormalverteilung ziehen. Dieser Prozess ist einem VAE sehr ähnlich, die von einem GAN erzeugten Gesichter sind jedoch ziemlich anders – oft schärfer und mit einer stärkeren Differenzierung zwischen den unterschiedlichen Teilen des Bilds. Diese Eigenschaften ermöglichen GANs, die auf einer großen Anzahl von GPUs trainiert wurden, sehr beeindruckende Ergebnisse zu erzielen, und so haben GANs im Bereich der generativen Modellierung neue Maßstäbe gesetzt.

Wir haben gesehen, dass das GAN-Framework sehr flexibel ist und an viele interessante Aufgabenstellungen angepasst werden kann. Im nächsten Kapitel schauen wir uns eine solche Aufgabenstellung an und lernen, wie wir Maschinen das Malen beibringen können.

TEIL II

Maschinen das Malen, Schreiben, Komponieren und Spielen beibringen

Teil I war eine Einführung ins generative Deep Learning mit Fokus auf zwei der wichtigsten Innovationen der letzten Jahre, Variational Autoencoder und Generative Adversarial Networks. Der restliche Teil dieses Buchs stellt eine Reihe von Anwendungsfällen vor, wie generative Modellierungstechnik auf gewisse Aufgabenstellungen angewandt werden kann. Die nächsten drei Kapitel befassen sich mit drei zentralen Elementen der menschlichen Kreativität: Malen, Schreiben und musikalische Komposition.

In Kapitel 5 schauen wir uns zwei Methoden des maschinellen Malens an. Zuerst untersuchen wir das CycleGAN, das, wie der Name schon sagt, eine Adaption der GAN-Architektur ist, die dem Modell beibringt, ein Foto in ein Gemälde eines bestimmten Stils (oder umgekehrt) umzuwandeln. Danach schauen wir uns die neuronale Stiltransfer-Technik an, die in vielen Fotobearbeitungs-Apps verwendet wird, um den Stil eines Gemäldes auf ein Foto zu übertragen und so den Eindruck zu erwecken, dass es um ein Bild desselben Künstlers handelt.

In Kapitel 6 wenden wir uns dem maschinellen Schreiben zu – eine Aufgabe, die ganz andere Herausforderungen als die Bilderzeugung mit sich bringt. In diesem Kapitel lernen Sie das rekurrente neuronale Netzwerk (RNN) kennen, das uns erlaubt, Problemstellungen mit sequenziellen Daten anzugehen. Wir erfahren hier auch, wie die Encoder-Decoder-Architektur funktioniert, und erstellen damit einen einfachen Frage-Antwort-Generator.

Kapitel 7 befasst sich mit der Erzeugung von Musik, die zwar auch ein Problem der sequenziellen Generierung darstellt, aber noch zusätzliche Herausforderungen wie die Modellierung von Tonhöhe und Rhythmus mit sich bringt. Wir werden sehen, dass viele Methoden der Texterzeugung auch in dem Musikbereich angewandt werden können, aber wir werden uns ebenfalls mit einer Deep-Learning-Architektur namens MuseGAN befassen, die Ideen aus Kapitel 4 (über GANs) auf Musikdaten überträgt.

Kapitel 8 zeigt, wie generative Modelle auch in anderen Bereichen des maschinellen Lernens eingesetzt werden können, z.B. im Reinforcement Learning. Dieses Kapitel stellt einen der spannendsten Forschungsartikel der letzten Jahre vor. In diesem Beitrag zeigen die Autoren, wie ein generatives Modell als Umgebung verwendet werden kann, in der der Agent trainiert. Dadurch kann der Agent von möglichen Zukunftsszenarien *träumen* und simulieren, was passieren würde, wenn er bestimmte Aktionen vollzieht – und all das in seinem eigenen konzeptionellen Modell der Umgebung.

Abschließend fasst Kapitel 9 die aktuelle Entwicklung der generativen Modellierung zusammen und eruiert noch einmal die Methoden, die Sie in diesem Buch kennengelernt haben. Wir werfen auch einen Blick in die Zukunft und überlegen, wie die modernsten heute verfügbaren Methoden die Art und Weise, wie wir über Kreativität denken, verändern könnten. Schließlich fragen wir uns, ob wir jemals eine künstliche Intelligenz erzeugen können, die Kunst erschaffen kann, die sich in ihrer Kreativität nicht von den Werken menschlicher Vorreiter in Kunst, Literatur und Musik unterscheidet.

KAPITEL 5
Malen

Bislang haben wir verschiedene Möglichkeiten kennengelernt, ein Modell darauf zu trainieren, anhand eines Trainingsdatensatzes, den wir imitieren möchten, neue Beispiele zu erzeugen. Wir haben dies auf verschiedene Datensätze angewandt und gesehen, wie VAEs und GANs eine Zuordnung zwischen latentem Raum und ursprünglichem Pixelraum erlernen können. Durch das zufällige Wählen eines Punkts im latenten Raum können wir dann mithilfe des generativen Modells diesen Punkt in ein neues Bild im Pixelraum umwandeln.

Beachten Sie, dass alle bislang gesehenen Beispiele komplett neuartige Bilder erzeugen – damit ist gemeint, dass die einzige im Modell verwendete Eingabe der Vektor mit Zufallszahlen aus dem latenten Raum ist.

Stiltransfer ist eine etwas andere Anwendung generativer Modelle. Hierbei soll unser Modell eine Eingabe, das *Basisbild*, so verändern, dass der Eindruck entsteht, es stamme aus einer Sammlung von gegebenen *Stilbildern*. Auf dieser Technik beruhen viele kommerzielle Anwendungen, unter anderem wird sie in Grafiksoftware, Computerspieldesign und Handy-Apps eingesetzt. Abbildung 5-1 zeigt einige Beispiele.

Abbildung 5-1: Stiltransfer-Beispiele[1]

1 Jun-Yan Zhu et al., »Unpaired Image-to-Image Translation Using Cycle-Consistent Adversarial Networks«, 30. März 2017, *https://arxiv.org/pdf/1703.10593.pdf*.

Beim Stiltransfer geht es nicht darum, die zugrunde liegende Verteilung der Stilbilder zu modellieren, sondern nur die stilistischen Komponenten dieser Bilder zu extrahieren und sie dann auf das Basisbild zu übertragen. Natürlich können wir die Stilbilder mit dem Basisbild nicht einfach interpolieren, da der Inhalt der Stilbilder mit übertragen werden würde und die Farben trübe und verschwommen wirkten. Außerdem braucht es möglicherweise nicht nur ein Bild, sondern einen ganzen Satz an Bildern, um den Stil eines Künstlers zu erfassen, daher müssen wir dem Modell erlauben, den Stil aus einer ganzen Kollektion von Bildern zu erlernen. Wir wollen den Eindruck erwecken, dass der Künstler das Basisbild als Vorlage für ein neues Kunstwerk verwendet hat, das mit dem gleichen stilistischen Flair wie andere Werke seiner Sammlung versehen ist.

In diesem Kapitel lernen Sie, wie Sie zwei verschiedene Arten von Stiltransfer-Modellen (CycleGAN und neuronaler Stiltransfer) erstellen und auf Ihre eigenen Fotos und Kunstwerke anwenden können.

Wir beginnen mit einem Besuch in einen Obst- und Gemüseladen, in dem nicht alles so ist, wie es scheint ...

Äpfel und Orangen

Granny Smith und Florida besitzen zusammen einen Gemüseladen. Um sicherzustellen, dass der Laden so effizient wie möglich geführt wird, kümmern sie sich jeweils um verschiedene Bereiche – genauer gesagt, Granny Smith ist sehr stolz auf ihre Apfelauswahl, und Florida verbringt Stunden damit, die Orangen perfekt anzuordnen.

Beide sind so von ihrer Obstpräsentation überzeugt, dass sie sich auf einen Deal verständigt haben: Die Gewinne aus dem Apfelverkauf gehen vollständig an Granny Smith und die aus dem Orangenverkauf vollständig an Florida.

Doch weder Granny Smith noch Florida planen, dies zu einem fairen Wettkampf kommen zu lassen. Wenn Florida gerade nicht aufpasst, schleicht sich Granny Smith in die Orangenabteilung und malt Orangen rot an, damit sie wie Äpfel aussehen! Florida hat genau den gleichen Plan und benutzt ein Spray, um Granny Smiths Äpfel orange zu färben.

Wenn Kunden ihre Früchte nun zur Selbstbedienungskasse bringen, wählen sie schon mal die falsche Option an der Kasse. Kunden mit Äpfeln kennzeichnen sie wegen der Bemalung manchmal als Orangen, und Kunden mit Orangen bezahlen diese gelegentlich fälschlicherweise als Äpfel.

Am Ende des Tages werden die Gewinne aus den Früchten aufsummiert und entsprechend geteilt – jedes Mal, wenn ein Apfel als Orange verkauft wird, verliert Granny Smith Geld, und jedes Mal, wenn eine Orange als Apfel verkauft wird, verliert Florida Geld.

Nach Feierabend geben die beiden verärgerten Gemüsehändlerinnen ihr Bestes, um ihre eigenen Obststände aufzuräumen. Anstatt jedoch die Bemalung des anderen zu entfernen, wenden die beiden einfach ihren eigenen Manipulationsprozess auf ihre Früchte an, um diese so aussehen zu lassen, wie sie vor der Sabotage waren. Es ist wichtig, dass sie dies gut hinbekommen, denn Früchte, die nicht echt aussehen, können am nächsten Tag nicht verkauft werden, und so würden weitere Verluste anfallen.

Um Einheitlichkeit im Laufe der Zeit zu gewährleisten, probieren die beiden ihre Techniken an ihren eigenen Früchten aus. Florida überprüft, ob ihre Orangen, nachdem sie sie orange angesprüht hat, wie ursprünglich ausschauen. Aus dem gleichen Grund testet Granny Smith ihre Apfelbemalung. Wenn sie offensichtliche Unterschiede finden, müssen sie ihre hart erarbeiteten Gewinne für das Erlernen besserer Techniken ausgeben.

Der gesamte Prozess wird in Abbildung 5-2 dargestellt.

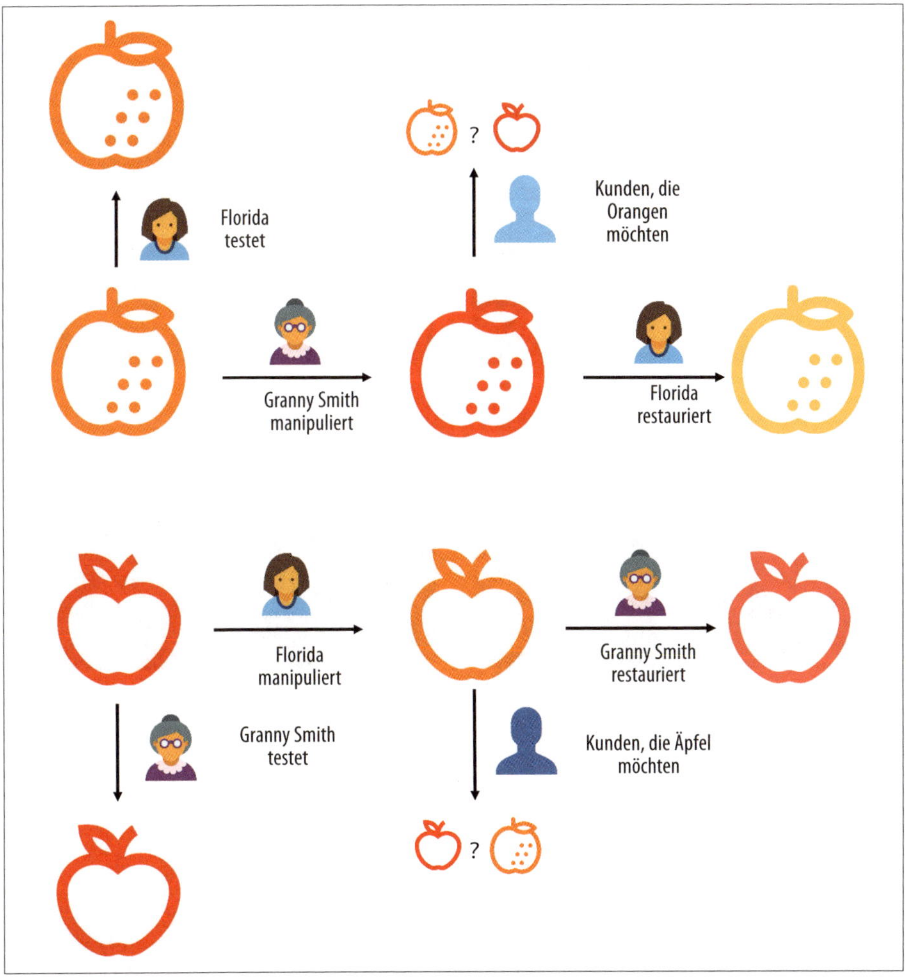

Abbildung 5-2: Diagramm des Manipulations-, Wiederherstellungs- und Testverfahrens der Gemüsehändler

An den neu installierten Selbstbedienungskassen treffen Kunden zunächst wegen ihrer Unerfahrenheit mit den Maschinen relativ zufällige Entscheidungen. Im Laufe der Zeit werden sie jedoch geschickter im Umgang mit der Technologie und lernen, wie man manipulierte Früchte erkennen kann.

Dies wiederum zwingt Granny Smith und Florida dazu, besser beim Manipulieren der jeweils anderen Früchte zu werden und gleichzeitig sicherzustellen, dass sie die gleiche Technik anwenden können, um ihre eigenen Früchte von der Manipulation zu säubern. Darüber hinaus müssen sie sicherstellen, dass die Technik nicht das Erscheinungsbild ihrer eigenen Früchte beeinträchtigt.

Nach vielen Tagen und Wochen dieses lächerlichen Spiels merken sie, dass etwas Außergewöhnliches passiert ist. Die Kunden sind völlig verwirrt und können keinen Unterschied zwischen echten und falschen Äpfeln und echten und falschen Orangen erkennen. Abbildung 5-3 zeigt den Zustand der Früchte nach der Manipulation und Reinigung sowie nach dem Testen an den eigenen Früchten.

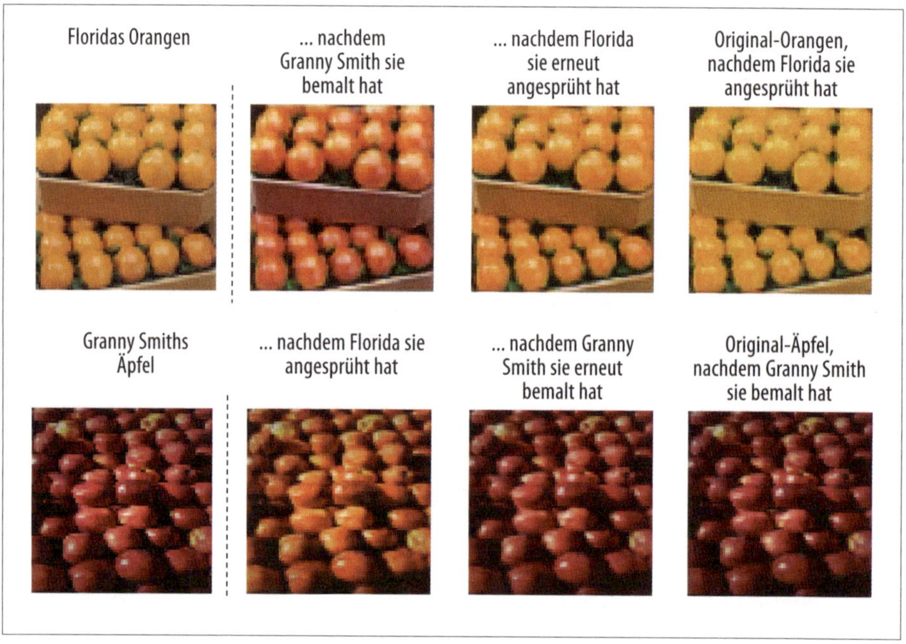

Abbildung 5-3: Beispiele für die Orangen und Äpfel in der Gemüsehandlung

CycleGAN

Die oben erzählte Geschichte ist ein Sinnbild für eine Schlüsselentwicklung in der generativen Modellierung und speziell für den Stiltransfer: das Cycle-Consistent Adversarial Network, kurz *CycleGAN*. Das Originalpaper stellte einen bedeutenden Fortschritt im Bereich des Stiltransfers dar. Es zeigt, wie man ein Modell trainieren kann, das den Stil von einer Reihe von Referenzbildern auf ein anderes Bild übertragen kann, ohne einen Trainingssatz gepaarter Beispiele zu haben.[2]

Bisherige Stiltransfer-Modelle, wie z. B. *pix2pix*[3], erforderten, dass jedes Bild aus dem Trainingssatz sowohl in der Ursprungs- als auch in der Zieldomäne existiert. Für einige Aufgabenstellungen des Stiltransfers ist es zwar denkbar, diese Art von Trainingsdatensatz zu erzeugen (z. B. Schwarz-Weiß- zu Farbfoto, Karten- zu Satellitenbildern), aber meistens ist es nicht möglich. Zum Beispiel haben wir weder Originalfotos des Teichs, an dem Monet seine Wasserlilien-Serie gemalt hat, noch ein Picasso-Gemälde des Empire State Buildings. Es wäre auch ein enormer Aufwand, Fotos von Pferden und Zebras so zu arrangieren, dass sie in komplett identischer Position stehen.

Das CycleGan-Paper wurde nur wenige Monate nach dem pix2pix-Paper veröffentlicht und zeigt, wie man ein Modell trainieren kann, um Aufgabenstellungen zu lösen, bei denen keine Bildpaare in Ursprungs- und Zieldomäne vorliegen. Abbildung 5-4 zeigt die Unterschiede zwischen den gepaarten und ungepaarten Datensätzen von pix2pix und CycleGAN auf.

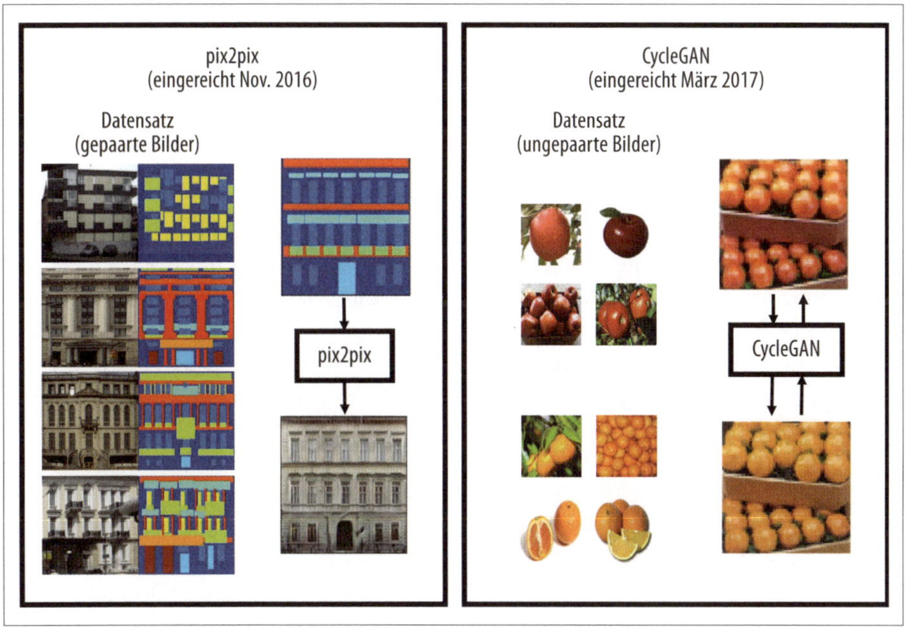

Abbildung 5-4: pix2pix-Datensatz und ein Beispiel für Domänen-Mapping

2 Jun-Yan Zhu et al., »Unpaired Image-to-Image Translation Using Cycle-Consistent Adversarial Networks«, 30. März 2017, *https://arxiv.org/pdf/1703.10593*.

3 Phillip Isola et al., »Image-to-Image Translation with Conditional Adversarial Networks«, 2016, *https://arxiv.org/abs/1611.07004*.

Während pix2pix nur in eine Richtung funktioniert (von der Ursprungs- zur Zieldomäne), trainiert CycleGAN das Modell in beide Richtungen gleichzeitig, sodass es lernt, Bilder sowohl von Ursprungs- zu Zieldomäne als auch von Ziel- zu Ursprungsdomäne zu überführen. Dies ist ein Ergebnis der Modellarchitektur, Sie erhalten die umgekehrte Richtung ohne zusätzlichen Aufwand dazu.

Schauen wir uns nun einmal an, wie wir ein CycleGAN-Modell in Keras erstellen können. Zunächst werden wir das Beispiel mit den Äpfeln und Orangen von oben verwenden, um uns jeden einzelnen Teil eines CycleGAN anzuschauen und mit der Architektur zu experimentieren. Danach erstellen wir mit der gleichen Methodik ein Modell, das den Stil eines gegebenen Künstlers auf ein Foto Ihrer Wahl anwenden kann.

Ihr erstes CycleGAN

Große Teile des folgenden Codes sind von dem großartigen Keras-GAN-Repository (*http://bit.ly/2Za68J2*) von Erik Linder-Norén inspiriert und adaptiert. Dieses Repository ist eine ausgezeichnete Quelle für Keras-Beispiele wichtiger GANs aus der Literatur.

Zunächst müssen Sie den Datensatz für unser CycleGAN herunterladen. Führen Sie dafür einfach den folgenden Code in dem Ordner, in den Sie das Repository des Buchs geklont haben, aus:

```
bash ./scripts/download_cyclegan_data.sh apple2orange
```

Dieser Befehl lädt den Datensatz mit Äpfel- und Orangenbildern herunter. Die Daten sind auf vier Ordner aufgeteilt: *trainA* und *testA* enthalten Äpfelbilder, und *trainB* und *testB* enthalten die Orangenbilder. Somit ist Domäne A der Raum der Äpfelbilder und Domäne B der Raum der Orangenbilder. Unser Ziel ist es, ein Modell mit den *train*-Datensätzen zu trainieren, um Bilder von Domäne A zu Domäne B und umgekehrt zu verwandeln. Mit den *test*-Datensätzen testen wir dann unser Modell.

Überblick

Ein CycleGAN besteht aus vier Modellen, zwei Generatoren und zwei Diskriminatoren. Der erste Generator, `G_AB`, wandelt Bilder von Domäne A in Domäne B um. Der zweite Generator, `G_BA`, wandelt Bilder von Domäne B in Domäne A um.

Da wir keine gepaarten Bilder haben, um unsere Generatoren zu trainieren, müssen wir auch zwei Diskriminatoren trainieren, die bestimmen, ob die von den Generatoren erzeugten Bilder überzeugen. Der erste Diskriminator, `d_A`, wird darauf trainiert, Unterschiede zwischen echten Bildern aus Domäne A und von Generator `G_BA` erzeugten Bildern zu erkennen. Umgekehrt wird Diskriminator `d_B` darauf trainiert, Unterschiede zwischen echten Bildern aus Domäne B und von Generator

G_AB erzeugten Bildern zu erkennen. Die Beziehung zwischen den vier Modellen zeigt Abbildung 5-5.

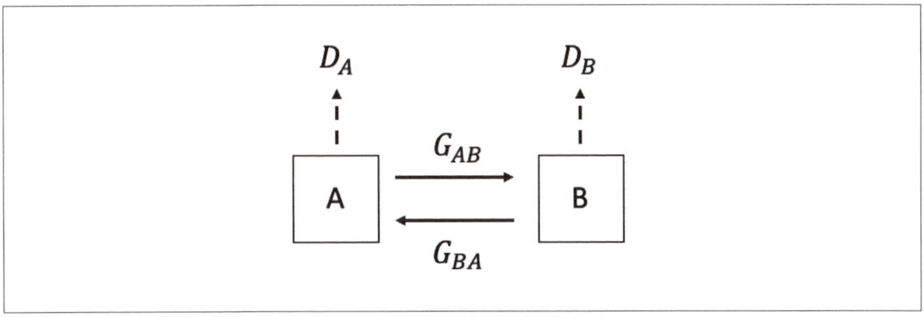

Abbildung 5-5: Diagramm der vier CycleGAN-Modelle[4]

Durch Ausführen des Notebooks *05_01_cyclegan_train.ipynb* wird das Training des CycleGAN gestartet. Wie auch schon in den vorherigen Kapiteln können Sie ein CycleGAN-Objekt im Notebook erstellen (siehe Beispiel 5-1) und mit den Parametern herumspielen, um zu sehen, wie sich das auf das Modell auswirkt.

Beispiel 5-1: Erstellen des CycleGAN

```
gan = CycleGAN(
        input_dim = (128,128,3)
        , learning_rate = 0.0002
        , lambda_validation = 1
        , lambda_reconstr = 10
        , lambda_id = 2
        , generator_type = 'u-net'
        , gen_n_filters = 32
        , disc_n_filters = 32
        )
```

Schauen wir uns zuerst die Architektur der Generatoren an. Typischerweise haben CycleGAN-Generatoren eine der beiden Formen *U-Net* oder *ResNet* (Residual Network). In Ihrem pix2pix-Paper[5] verwendeten die Autoren eine U-Net-Architektur, wechselten dann aber zu ResNet für das CycleGAN. Wir werden beide Architekturarten in diesem Kapitel bauen und starten mit U-Net.[6]

Die Generatoren (U-Net)

Abbildung 5-6 zeigt die Architektur des U-Net, das wir verwenden werden – dreimal dürfen Sie raten, warum es U-Net genannt wird.[7]

4 Quelle: Zhu et al., 2017, *https://arxiv.org/pdf/1703.10593.pdf*.

5 Isola et al., 2016, *https://arxiv.org/abs/1611.07004*.

6 Olaf Ronneberger, Philipp Fischer und Thomas Brox, »U-Net: Convolutional Networks for Biomedical Image Segmentation«, 18. Mai 2015, *https://arxiv.org/abs/1505.04597*.

7 Ronneberger et al., 2015, *https://arxiv.org/abs/1505.04597*.

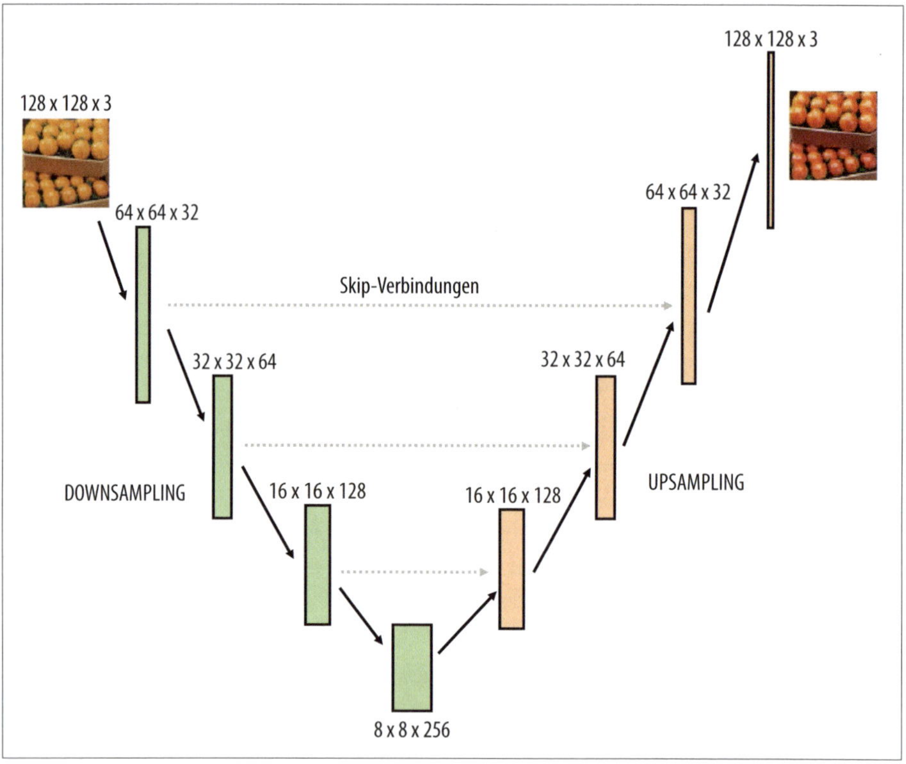

Abbildung 5-6: Diagramm der U-Net-Architektur

Ähnlich wie ein Variational Autoencoder besteht ein U-Net aus zwei Hälften: der Downsampling-Hälfte, die Eingabebilder räumlich komprimiert, aber kanalweise erweitert, und der Upsampling-Hälfte, die die Abbildungen räumlich erweitert, aber kanalweise reduziert.

Im Gegensatz zu einem VAE gibt es jedoch auch *Skip-Verbindungen* zwischen gleichdimensionalen Schichten aus den Upsampling- und Downsampling-Hälften des Netzwerks. Ein VAE ist linear; Daten fließen von der Eingabe Schicht für Schicht zur Ausgabe durch das Netzwerk. Beim U-Net ist das anders, da es Skip-Verbindungen gibt, durch die die Daten eine Abkürzung nehmen und zu späteren Schichten springen können.

Die Idee dahinter ist, dass das Modell mit jeder zusätzlichen Schicht im Downsampling-Teil des Netzwerks zunehmend das *Was* der Bilder erfasst, aber Informationen über das *Wo* verliert. Am Scheitelpunkt des U haben die Feature-Maps ein grundlegendes Verständnis davon erlernt, was in dem Bild abgebildet ist, aber sie haben kaum Informationen darüber, wo es sich in dem Bild befindet. Für Klassifizierungsmodelle ist das alles, was wir brauchen. Wir könnten eine dichte Schicht damit verknüpfen und dann Wahrscheinlichkeiten ausgeben, dass ein bestimmtes Objekt in dem Bild dargestellt wird. Für den ursprünglichen U-Net-Anwendungsfall (Bildsegmentierung) und auch für den Stiltransfer ist es jedoch wichtig, dass wir beim Upsampling die räumlichen Informationen, die beim Downsampling verloren gegangen sind, in jede Schicht mit eingeben. Das ist genau der Grund dafür, dass wir die Skip-Verbindungen benötigen. Diese ermöglichen dem Netzwerk, beim Downsampling erfasste übergeordnete, abstrakte Informationen (d.h. den Bildstil) mit den spezifischen räumlichen Informationen (d.h. dem Bildinhalt) zu verbinden.

Um die Skip-Verbindungen in unser Netzwerk einzubauen, müssen wir zunächst eine neue Art von Schicht vorstellen: `Concatenate`.

Concatenate-Schicht

Die `Concatenate`-Schicht verbindet einfach eine Reihe von Schichten entlang einer bestimmten Dimension (standardmäßig die letzte Dimension). Beispielsweise können wir zwei Schichten, `x` und `y`, wie folgt miteinander verbinden:

```
Concatenate()([x,y])
```

Im U-Net verwenden wir `Concatenate`-Schichten, um Schichten aus dem Upsampling-Teil mit der jeweils entsprechend gleich großen Schicht im Downsampling-Teil zu verbinden. Die Schichten werden an der Kanaldimension zusammengefügt, sodass die Anzahl der Kanäle von k auf $2k$ ansteigt, während die Anzahl an räumlichen Dimensionen gleich bleibt.

Beachten Sie, dass in einer `Concatenate`-Schicht keine Gewichte erlernt werden. Diese Schichten »kleben« lediglich andere Schichten zusammen.

Der Generator enthält noch eine weitere neue Art von Schicht, die `InstanceNormalization`-Schicht.

Instanz-Normalisierungsschicht

Der Generator unseres CycleGAN verwendet `InstanceNormalization`-Schichten statt `BatchNormalization`-Schichten, da diese bei Anwendungsfällen des Stiltransfers bessere Ergebnisse liefern.[8]

Die `InstanceNormalization`-Schicht normalisiert jede Beobachtung einzeln und nicht zusammen als Batch. Anders als bei einer `BatchNormalization`-Schicht müssen beim Training die Parameter für `mu` und `sigma` nicht als gleitender Durchschnitt berechnet werden, da die Schicht beim Testen genauso pro Instanz normalisieren kann wie beim Training. Der Mittelwert und die Standardabweichung werden im Rahmen der Normalisierung pro Kanal und Beobachtung berechnet.

8 Dmitry Ulyanov, Andrea Vedaldi und Victor Lempitsky, »Instance Normalization: The Missing Ingredient for Fast Stylization«, 27. Juli 2016, *https://arxiv.org/pdf/1607.08022.pdf*.

Auch in der InstanceNormalization-Schicht werden keine Gewichte erlernt, da wir weder Skalierungs- (gamma) noch Verschiebungsparameter (beta) verwenden.

Abbildung 5-7 zeigt den Unterschied zwischen Batch-Normalisierung und Instanz-Normalisierung sowie zwei weiteren Normalisierungsmethoden (Schicht- und Gruppen-Normalisierung) auf.

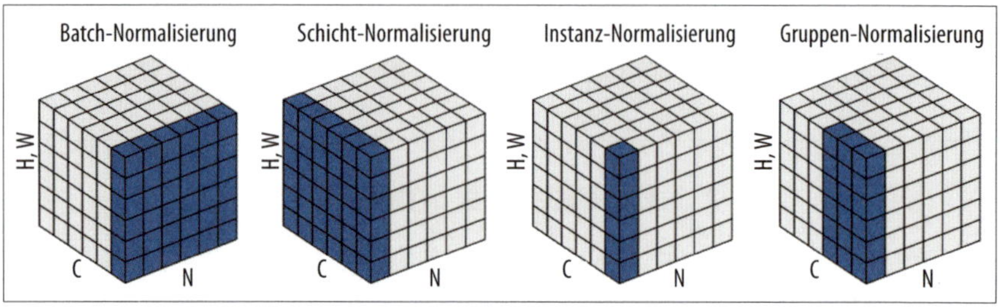

Abbildung 5-7: Vier unterschiedliche Normalisierungsmethoden.[9]

N ist die Batchdimension, C die Kanaldimension, und (H, W) stellt die Raumdimensionen dar. Der Würfel ist also der Eingabetensor der Normalisierungsschicht. Blaue Pixel werden mit demselben Mittelwert und derselben Varianz normalisiert (berechnet aus den blauen Pixeln).

Wir kennen jetzt alles, was wir zum Bau eines U-Net-Generators in Keras benötigen (siehe Beispiel 5-2).

Beispiel 5-2: Erstellen des U-Net-Generators

```
def build_generator_unet(self):

    def downsample(layer_input, filters, f_size=4):
        d = Conv2D(filters, kernel_size=f_size
            , strides=2, padding='same')(layer_input)
        d = InstanceNormalization(axis = -1, center = False, scale = False)(d)
        d = Activation('relu')(d)

        return d

    def upsample(layer_input, skip_input, filters, f_size=4, dropout_rate=0):
        u = UpSampling2D(size=2)(layer_input)
        u = Conv2D(filters, kernel_size=f_size, strides=1, padding='same')(u)
        u = InstanceNormalization(axis = -1, center = False, scale = False)(u)
        u = Activation('relu')(u)
        if dropout_rate:
            u = Dropout(dropout_rate)(u)

        u = Concatenate()([u, skip_input])
        return u
```

9 Quelle: Yuxin Wu und Kaiming He, »Group Normalization«, 22. März 2018, *https://arxiv.org/pdf/1803.08494.pdf*.

```
# Bildeingabe
img = Input(shape=self.img_shape)

# Downsampling ❶
d1 = downsample(img, self.gen_n_filters)
d2 = downsample(d1, self.gen_n_filters*2)
d3 = downsample(d2, self.gen_n_filters*4)
d4 = downsample(d3, self.gen_n_filters*8)

# Upsampling ❷
u1 = upsample(d4, d3, self.gen_n_filters*4)
u2 = upsample(u1, d2, self.gen_n_filters*2)
u3 = upsample(u2, d1, self.gen_n_filters)

u4 = UpSampling2D(size=2)(u3)

output = Conv2D(self.channels, kernel_size=4, strides=1
       , padding='same', activation='tanh')(u4)

return Model(img, output)
```

❶ Der Generator besteht aus zwei Hälften. Wir verwenden `Conv2D`-Schichten mit Schrittweite 2 für das Downsampling.

❷ Dann betreiben wir Upsampling, um den Tensor auf die gleiche Größe wie das Originalbild zurückzubringen. Der Upsampling-Teil enthält `Concatenate`-Schichten, wodurch das Netzwerk die U-Net-Architektur erhält.

Die Diskriminatoren

Die Diskriminatoren, die wir bislang kennengelernt haben, produzierten eine einzige Zahl als Ausgabe: die vorhergesagte Wahrscheinlichkeit, dass das Eingabebild »echt« ist. Die Diskriminatoren, die wir in unserem CycleGAN verwenden, haben einen 8 × 8-Tensor mit einem Kanal als Ausgabe anstatt einer einzelnen Zahl.

Der Grund dafür ist, dass das CycleGAN seine Diskriminatorarchitektur von dem sogenannten *PatchGAN*-Modell übernimmt. Bei einem *PatchGAN* teilt der Diskriminator das Bild in quadratische, überlappende »Patches« und sagt für jeden Patch vorher, ob dieser echt oder erzeugt ist, anstatt das für das gesamte Bild vorherzusagen. Daher ist die Ausgabe dieses Diskriminators ein Tensor, der die Vorhersage für jeden Patch beinhaltet und nicht eine einzelne Zahl.

Beachten Sie, dass die Wahrscheinlichkeiten für die Patches gleichzeitig vorhergesagt werden, wenn wir ein Bild in das Netzwerk geben – wir teilen das Bild also nicht manuell auf, um die Patches einzeln in das Netzwerk zu geben. Die Aufteilung des Bilds in Patches entsteht auf natürliche Weise durch die Konvolutionsarchitektur des Diskriminators.

Der Vorteil des PatchGAN-Diskriminators für uns liegt darin, dass die Verlustfunktion so messen kann, wie gut der Diskriminator bei der Unterscheidung von Bildern nach ihrem *Stil* und nicht nach ihrem *Inhalt* ist. Da jedes einzelne Element der Vorhersage des Diskriminators nur auf einem kleinen Quadrat des Bilds basiert, muss der Diskriminator eher den Stil des Patchs als den Inhalt verwenden, um zu seiner Entscheidung zu kommen. Das ist genau das, was wir brauchen; wir bevorzugen es, dass unser Diskriminator Bilder besser nach Stil unterscheiden kann als nach Inhalt.

Beispiel 5-3 zeigt den Code in Keras für den Bau der Diskriminatoren.

Beispiel 5-3: Erstellen der Diskriminatoren

```
def build_discriminator(self):

    def conv4(layer_input,filters, stride = 2, norm=True):
        y = Conv2D(filters, kernel_size=4, strides=stride
              , padding='same')(layer_input)

        if norm:
            y = InstanceNormalization(axis = -1, center = False, scale = False)(y)

        y = LeakyReLU(0.2)(y)

        return y

    img = Input(shape=self.img_shape)

    y = conv4(img, self.disc_n_filters, stride = 2, norm = False) ❶
    y = conv4(y, self.disc_n_filters*2, stride = 2)
    y = conv4(y, self.disc_n_filters*4, stride = 2)
    y = conv4(y, self.disc_n_filters*8, stride = 1)

    output = Conv2D(1, kernel_size=4, strides=1, padding='same')(y) ❷

    return Model(img, output)
```

❶ Ein CycleGAN-Diskriminator besteht aus einer Reihe von Konvolutionsschichten, mit Ausnahme der ersten Schicht alle mit Instanz-Normalisierung.

❷ Die letzte Schicht ist eine Konvolutionsschicht mit nur einem Filter und keiner Aktivierungsfunktion.

Kompilieren des CycleGAN

Kurz gesagt, wir wollen eine Reihe von Modellen erstellen, die Bilder aus Domäne A (z. B. Bilder von Äpfeln) in Domäne B (z. B. Bilder von Orangen) und umgekehrt umwandeln können. Dafür müssen wir die folgenden vier verschiedenen Modelle kompilieren, zwei Generatoren und zwei Diskriminatoren:

g_AB
: Lernt, ein Bild von Domäne A zu Domäne B umzuwandeln.

g_BA
: Lernt, ein Bild von Domäne B zu Domäne A umzuwandeln.

`d_A`
: Lernt, echte Bilder aus Domäne A und von Generator `g_BA` erstellte Bilder zu unterscheiden.

`d_B`
: Lernt, echte Bilder aus Domäne B und von Generator `g_AB` erstellte Bilder zu unterscheiden.

Wir können die Diskriminatoren direkt kompilieren, da wir bereits sowohl die Eingaben (Bilder aus den beiden Domänen) als auch die Label (binäre Antworten: 1 für echtes Bild oder 0 für erzeugtes Bild) haben. Beispiel 5-4 zeigt den Code dafür.

Beispiel 5-4: Kompilieren des Diskriminators

```
self.d_A = self.build_discriminator()
self.d_B = self.build_discriminator()
self.d_A.compile(loss='mse',
    optimizer=Adam(self.learning_rate, 0.5),
    metrics=['accuracy'])
self.d_B.compile(loss='mse',
    optimizer=Adam(self.learning_rate, 0.5),
    metrics=['accuracy'])
```

Die Generatoren können wir jedoch nicht direkt kompilieren, da wir in unserem Datensatz keine gepaarten Bilder haben. Stattdessen beurteilen wir die Generatoren gleichzeitig nach den folgenden drei Kriterien:

❶ *Validität*. Täuschen die von den Generatoren erzeugten Bilder den entsprechenden Diskriminator? (Täuscht zum Beispiel die Ausgabe von `g_BA` den Diskriminator `d_A` und analog für `g_AB` und `d_B`?)

❷ *Rekonstruktion*. Wenn wir beide Generatoren nacheinander anwenden (in beide Richtungen), erhalten wir dann das Originalbild? Das CycleGAN erhält seinen Namen von diesem *zyklischen* Rekonstruktionskriterium.

❸ *Identität*. Wenn wir jeden Generator auf Bilder aus der entsprechenden Zieldomäne anwenden, bleiben die Bilder dann unverändert?

Beispiel 5-5 zeigt, wie wir ein Modell kompilieren können, sodass diese drei Kriterien erfüllt werden (die numerischen Marker im Code entsprechen der vorangegangenen Liste).

Beispiel 5-5: Erstellen des zusammengesetzten Modells zum Trainieren der Generatoren

```
self.g_AB = self.build_generator_unet()
self.g_BA = self.build_generator_unet()

self.d_A.trainable = False
self.d_B.trainable = False

img_A = Input(shape=self.img_shape)
img_B = Input(shape=self.img_shape)
fake_A = self.g_BA(img_B)
fake_B = self.g_AB(img_A)
```

```
valid_A = self.d_A(fake_A)
valid_B = self.d_B(fake_B) ❶

reconstr_A = self.g_BA(fake_B)
reconstr_B = self.g_AB(fake_A) ❷

img_A_id = self.g_BA(img_A)
img_B_id = self.g_AB(img_B) ❸

self.combined = Model(inputs=[img_A, img_B],
                      outputs=[ valid_A, valid_B,
                                reconstr_A, reconstr_B,
                                img_A_id, img_B_id ])

self.combined.compile(loss=['mse', 'mse',
                            'mae', 'mae',
                            'mae', 'mae'],
                      loss_weights=[
                          self.lambda_validation
                          , self.lambda_validation
                          , self.lambda_reconstr
                          , self.lambda_reconstr
                          , self.lambda_id
                          , self.lambda_id
                      ],
                      optimizer=optimizer)
```

Das zusammengesetzte Modell nimmt eine Reihe von Bildern aus jeder Domäne als Eingabe und gibt drei Ausgaben (die den drei Kriterien entsprechen) für jede Domäne aus – also sechs Ausgaben insgesamt. Beachten Sie, dass wir – wie bei GANs üblich – die Gewichte der Diskriminatoren einfrieren, sodass das zusammengesetzte Modell nur die Gewichte der Generatoren trainiert, obwohl die Diskriminatoren auch am Modell beteiligt sind.

Der Gesamtverlust ist die gewichtete Summe des Verlusts jedes Kriteriums. Für das Validitätskriterium verwenden wir die mittlere quadratische Abweichung (MSE), und für die Bild-zu-Bild-basierten Kriterien (Rekonstruktion und Identität) verwenden wir die mittlere absolute Abweichung (MAE).

Trainieren des CycleGAN

Nun, da wir unsere Diskriminatoren und das zusammengesetzte Modell kompiliert haben, können wir mit dem Training unserer Modelle beginnen. Dabei folgen wir der üblichen GAN-Praxis und wechseln zwischen dem Training der Diskriminatoren und dem Training der Generatoren (durch das zusammengesetzte Modell).

Der Code in Beispiel 5-6 zeigt die Trainingsschleife in Keras.

Beispiel 5-6: Trainieren des CycleGAN

```
batch_size = 1
patch = int(self.img_rows / 2**4)
self.disc_patch = (patch, patch, 1)
```

```
valid = np.ones((batch_size,) + self.disc_patch) ❶
fake = np.zeros((batch_size,) + self.disc_patch)

for epoch in range(self.epoch, epochs):
    for batch_i, (imgs_A, imgs_B) in enumerate(data_loader.load_batch(batch_size)):

        fake_B = self.g_AB.predict(imgs_A) ❷
        fake_A = self.g_BA.predict(imgs_B)

        dA_loss_real = self.d_A.train_on_batch(imgs_A, valid)
        dA_loss_fake = self.d_A.train_on_batch(fake_A, fake)
        dA_loss = 0.5 * np.add(dA_loss_real, dA_loss_fake)

        dB_loss_real = self.d_B.train_on_batch(imgs_B, valid)
        dB_loss_fake = self.d_B.train_on_batch(fake_B, fake)
        dB_loss = 0.5 * np.add(dB_loss_real, dB_loss_fake)

        d_loss = 0.5 * np.add(dA_loss, dB_loss)

        g_loss = self.combined.train_on_batch([imgs_A, imgs_B],
                                              [valid, valid,
                                              imgs_A, imgs_B,
                                              imgs_A, imgs_B]) ❸
```

❶ Wir verwenden 1 als Label für echte Bilder und 0 für erzeugte Bilder. Beachten Sie, dass es ein Label pro Patch gibt, da wir einen PatchGAN-Diskriminator nutzen.

❷ Um die Diskriminatoren zu trainieren, erzeugen wir zuerst mit dem entsprechenden Generator ein Batch von erzeugten Bildern und trainieren dann jeden Diskriminator mit dem Batch erzeugter Bilder und einem Batch echter Bilder. In einem CycleGAN ist die Batchgröße typischerweise 1 (ein einzelnes Bild).

❸ Die Generatoren werden durch das zusammengesetzte Modell in einem Schritt zusammen trainiert. Sehen Sie, wie die sechs Ausgaben mit den sechs bei der Kompilierung definierten Verlustfunktionen übereinstimmen.

Analyse des CycleGAN

Schauen wir nun einmal, wie das CycleGAN auf unserem einfachen Datensatz von Äpfel- und Orangenbildern abschneidet und wie Veränderungen der Gewichtungsparameter in der Verlustfunktion extreme Auswirkungen auf die Ergebnisse haben können.

Wir haben bereits ein Beispiel für die Ausgaben des CycleGAN-Modells in Abbildung 5-3 gesehen. Da Sie nun mit der CycleGAN-Architektur vertraut sind, erkennen Sie vielleicht, dass diese Grafik die drei Kriterien darstellt, nach denen das zusammengesetzte Modell beurteilt wird: Validität, Rekonstruktion und Identität.

Indem wir diese Grafik mit den entsprechenden Funktionen aus der Codebasis benennen, können wir das noch besser erkennen (siehe Abbildung 5-8).

Das Training des Netzwerks war sichtlich ein Erfolg, da jeder Generator das Eingabebild deutlich verändert, sodass es eher wie ein Bild aus der anderen Domäne aussieht. Darüber hinaus ist der Unterschied zwischen Eingabebild und Rekonstruktion minimal, wenn die Generatoren nacheinander auf ein Bild angewendet werden. Wenn schließlich jeder Generator auf ein Bild aus seiner eigenen Zieldomäne angewandt wird, ändert sich das Bild nicht wesentlich.

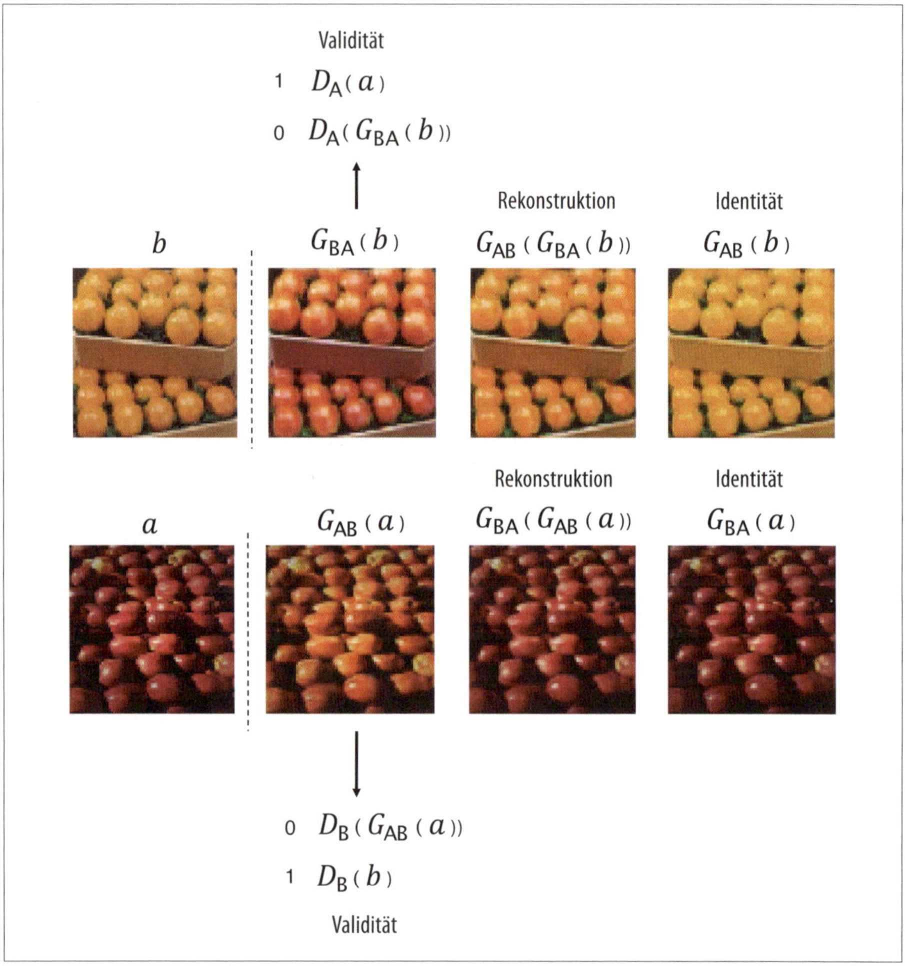

Abbildung 5-8: Ausgaben des zusammengesetzten Modells zum Berechnen des Gesamtverlusts

In dem Original-CycleGAN-Paper wurde der Identitätsverlust als optionale Ergänzung zum notwendigen Rekonstruktions- und Validitätsverlust beschrieben. Um die Wichtigkeit des Identitätsverlust zu demonstrieren, können wir einmal ausprobieren, was passiert, wenn wir den Identitätsverlust entfernen, indem wir dessen Gewichtungsparameter in der Verlustfunktion auf null setzen (siehe Abbildung 5-9).

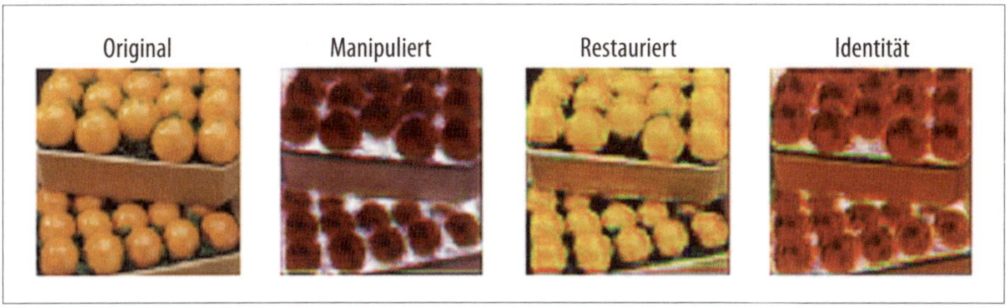

Abbildung 5-9: Ausgabe des CycleGAN ohne Berücksichtigung des Identitätsverlusts

Das CycleGAN schafft es immer noch, die Orangen in Äpfel zu verwandeln, aber die Farbe der Schachtel mit den Orangen ist von Schwarz auf Weiß gesprungen, da es nun keinen Identitätsverlustterm mehr gibt, der Veränderungen der Hintergrundfarben verhindert. Der Identitätsverlustterm reguliert den Generator, sodass dieser nur die Teile des Bilds anpasst, die für die Transformation notwendig sind, und nicht mehr.

Dieses Beispiel unterstreicht die Bedeutung einer ausgewogenen Gewichtung der drei Verlustfunktionen: ein zu geringer Identitätsverlust, und das Problem der Hintergrundfarben tritt auf, ein zu großes Gewicht auf dem Identitätsverlust, und das CycleGAN ist nicht mehr ausreichend motiviert, das Eingabebild so zu ändern, dass es wie ein Bild aus der anderen Domäne aussieht.

Erstellen eines CycleGAN, das wie Monet malt

Nachdem wir uns nun mit der Grundstruktur eines CycleGAN auskennen, können wir unsere Aufmerksamkeit auf interessantere und beeindruckendere Anwendungen dieser Technik lenken.

Eine der herausragenden Errungenschaften des Original-CycleGAN-Papers war es, dass das Modell die Fähigkeit entwickelt hat, ein gegebenes Foto in ein Gemälde im Stile eines bestimmten Künstlers umzuwandeln. Da es sich hier um ein CycleGAN handelt, ist das Modell auch in der Lage, in die andere Richtung zu verwandeln, also ein Gemälde eines Künstlers in ein realistisch aussehendes Foto.

Um den Monet-zu-Foto-Datensatz herunterzuladen, führen Sie den folgenden Befehl im Repository des Buchs aus:

```
bash ./scripts/download_cyclegan_data.sh monet2photo
```

Dieses Mal verwenden wir die Parameter aus Beispiel 5-7, um das Modell zu erstellen:

Beispiel 5-7: Erstellen des Monet-CycleGAN

```
gan = CycleGAN(
        input_dim = (256,256,3)
        , learning_rate = 0.0002
```

```
    , lambda_validation = 1
    , lambda_reconstr = 10
    , lambda_id = 5
    , generator_type = 'resnet'
    , gen_n_filters = 32
    , disc_n_filters = 64
    )
```

Die Generatoren (ResNet)

In diesem Beispiel begegnen wir einer neuen Generator-Architektur: dem Residual Network, oder ResNet genannt.[10] Die ResNet-Architektur ist der des U-Net ähnlich, indem sie Informationen von früheren Netzwerkschichten erlaubt, eine oder mehrere Schichten zu überspringen. Anstatt jedoch eine U-Form durch die Verbindung von Schichten aus dem Downsampling- und Upsampling-Teil zu erzeugen, besteht ein ResNet aus nacheinander geschalteten Residuumblöcken, wobei jeder Block eine Skip-Verbindung enthält, die die Eingabe und Ausgabe des Blocks summiert und erst dann an die nächste Schicht weitergibt. Abbildung 5-10 enthält die Darstellung eines einzelnen Blocks.

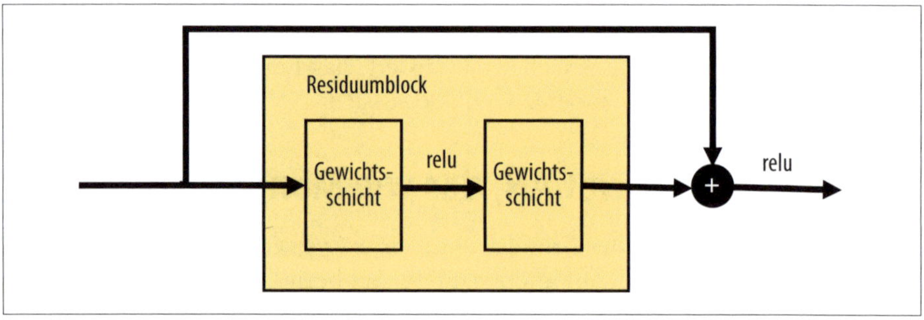

Abbildung 5-10: Ein einzelner Residuumblock

In unserem CycleGAN sind die »Gewichtsschichten« im Diagramm Konvolutionsschichten mit Instanz-Normalisierung. In Keras kann ein Residuumblock wie in Beispiel 5-8 erstellt werden.

Beispiel 5-8: Ein Residuumblock in Keras

```
from keras.layers.merge import add

def residual(layer_input, filters):
    shortcut = layer_input
    y = Conv2D(filters, kernel_size=(3, 3), strides=1, padding='same')(layer_input)
    y = InstanceNormalization(axis = -1, center = False, scale = False)(y)
    y = Activation('relu')(y)
```

10 Kaiming He et al., »Deep Residual Learning for Image Recognition«, 10. Dezember 2015, *https://arxiv.org/abs/1512.03385*.

```
    y = Conv2D(filters, kernel_size=(3, 3), strides=1, padding='same')(y)
    y = InstanceNormalization(axis = -1, center = False, scale = False)(y)

    return add([shortcut, y])
```

Auf beiden Seiten der Residuumblöcke enthält unser ResNet-Generator jeweils Downsampling- beziehungsweise Upsampling-Schichten. Die Gesamtarchitektur eines ResNet ist in Abbildung 5-11 dargestellt.

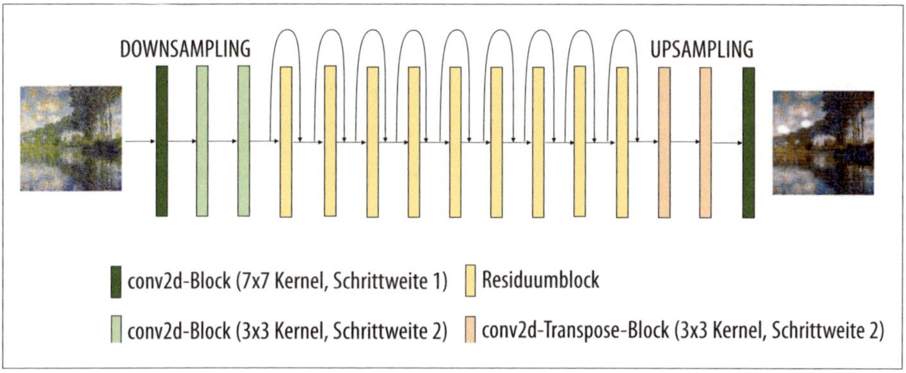

Abbildung 5-11: Ein ResNet-Generator

Es hat sich gezeigt, dass ResNet-Architekturen mit bis zu Hunderten und sogar Tausenden von Schichten trainiert werden können, ohne unter dem Problem von *schwindenden Gradienten* zu leiden, bei dem die Gradienten in frühen Schichten sehr klein sind und daher extrem langsam trainieren. Dies liegt daran, dass die Fehlergradienten sich dank der Skip-Verbindungen in den Residuumblöcken frei durch das Netzwerk zurückbewegen (Stichwort Backpropagation) können. Darüber hinaus geht man davon aus, dass das Hinzufügen von zusätzlichen Schichten niemals zu einem Verlust an Modellgenauigkeit führt, da es durch die Skip-Verbindungen immer möglich ist, das Identitäts-Mapping der vorherigen Schicht weiterzugeben, falls keine weiteren informativen Merkmale extrahiert werden können.

Analyse des CycleGAN

Im Original-CycleGAN-Paper wurde das Modell für 200 Epochen trainiert, um die besten Ergebnisse im Künstler-zu-Foto-Stiltransfer zu erzielen. Abbildung 5-12 zeigt die Ausgabe von jedem der Generatoren zu unterschiedlichen Zeitpunkten des Trainingsprozesses. So können wir sehen, wie das Modell damit anfängt, zu lernen, Monet-Bilder in Fotos und umgekehrt zu verwandeln.

In der oberen Reihe können wir sehen, wie sich die markanten Farben und Pinselstriche von Monet zu natürlicheren Farben und glatten Kanten verwandeln, die man von einem Foto erwarten würde. Ähnlich, nur umgekehrt, verhält es sich in der unteren Reihe, der Generator lernt ein Foto in ein Gemälde im Stile von Monet zu verwandeln.

Abbildung 5-12: Ausgabe zu verschiedenen Zeitpunkten während des Trainings

Abbildung 5-13 zeigt einige der Ergebnisse aus dem Originalpaper, die das Modell nach 200 Trainingsepochen erzeugt hat.

Abbildung 5-13: Ausgabe nach 200 Trainingsepochen[11]

11 Quelle: Zhu et al., 2017, *https://junyanz.github.io/CycleGAN*.

Neuronaler Stiltransfer

Bisher haben wir gesehen, wie ein CycleGAN Bilder zwischen zwei Domänen transponieren kann, wobei die Bilder im Trainingsdatensatz nicht unbedingt gepaart sein müssen. Jetzt schauen wir uns eine weitere Anwendung des Stiltransfers an, bei der wir überhaupt keinen Trainingssatz haben, sondern den Stil eines einzelnen Bilds auf ein anderes Bild übertragen möchten (siehe Abbildung 5-14). Dies ist bekannt als *neuronaler Stiltransfer*.[12]

Abbildung 5-14: Beispiel für einen neuronalen Stiltransfer[13]

Die Idee dahinter ist, dass wir eine Verlustfunktion minimieren, die die gewichtete Summe aus drei verschiedenen Teilen ist:

Inhaltsverlust
: Wir möchten, dass das kombinierte Bild denselben Inhalt wie das Basisbild enthält.

Stilverlust
: Wir möchten, dass das kombinierte Bild denselben generellen Stil hat wie das Stilbild.

Gesamt-Varianz-Verlust
: Wir möchten, dass das kombinierte Bild flüssig und nicht verpixelt erscheint.

Wir minimieren diesen Verlust mit dem Gradientenverfahren – das bedeutet, wir aktualisieren jeden Pixelwert um einen Betrag, der proportional zum negativen Gradienten der Verlustfunktion ist, und das über viele Iterationen hinweg. Auf diese Weise sinkt der Verlust kontinuierlich mit jeder Iteration, und wir erhalten ein Bild, das den Inhalt eines Bilds mit dem Stil eines anderen Bilds kombiniert.

12 Leon A. Gatys, Alexander S. Ecker und Matthias Bethge, »A Neural Algorithm of Artistic Style«, 26. August 2015, *https://arxiv.org/abs/1508.06576*.

13 Quelle: Gatys et al. 2015, *https://arxiv.org/abs/1508.06576*.

Die Optimierung der erzeugten Ausgabe mit dem Gradientenverfahren unterscheidet sich von unserer bisherigen Vorgehensweise bei der Lösung generativer Modellierungsprobleme. Bislang haben wir ein neuronales Netz wie ein VAE oder GAN durch Backpropagation der Fehler durch das gesamte Netz trainiert, um die Informationen aus dem Trainingssatz zu verallgemeinern und zu lernen, wie man neue Bilder erzeugen kann. Bei dem jetzigen Problem können wir diesen Ansatz nicht verfolgen, da wir nur mit zwei Bildern arbeiten, dem Basisbild und dem Stilbild. Wir können jedoch immer noch ein vortrainiertes neuronales Netz verwenden, um der Verlustfunktion wichtige Informationen über jedes Bild bereitzustellen.

Wir beginnen mit der Definition der drei Verlustfunktionen, da diese das Herzstück des neuronalen Stiltransfers darstellen.

Inhaltsverlust

Der Inhaltsverlust misst, wie unterschiedlich zwei Bilder in Bezug auf Motiv und Positionierung ihrer Inhalte sind. Zwei Bilder, die ähnliche Motive enthalten (z.B. ein Foto von einigen Gebäuden und ein weiteres Foto derselben Gebäude, aber aus einem anderen Blickwinkel und mit unterschiedlicher Belichtung), sollten einen geringeren Verlust aufweisen als zwei Bilder, die komplett unterschiedliche Motive enthalten. Ein einfacher Vergleich der Pixelwerte der beiden Bilder reicht hier nicht aus, denn selbst bei zwei verschiedenen Bildern desselben Motivs sind die einzelnen Pixelwerte wahrscheinlich verschieden. Wir wollen nicht, dass sich der Inhaltsverlust um einzelne Pixelwerte kümmert, sondern möchten, dass er Bilder basierend auf der Existenz und der Positionierung von übergeordneten Merkmalen, wie *Gebäude*, *Himmel* oder *Fluss*, bewertet.

Wir haben dieses Konzept schon einmal gesehen. Das ist genau die Grundidee hinter Deep Learning – ein auf Bildklassifizierung trainiertes neuronales Netz lernt in den hinteren Schichten ganz automatisch übergeordnete Merkmale zu erkennen, indem es einfachere Merkmale aus den früheren Schichten kombiniert. Daher benötigen wir ein bereits erfolgreich auf Bildklassifizierung trainiertes neuronales Netz, sodass wir eine der hinteren Schichten verwenden können, um die übergeordneten Merkmale eines Eingabebilds zu extrahieren. Indem wir die mittlere quadratische Abweichung zwischen dieser Ausgabe für das Basisbild und für das aktuelle, kombinierte Bild messen, erhalten wir unseren Inhaltsverlust!

Das vortrainierte Netzwerk, das wir verwenden, heißt VGG19. Es ist ein 19-schichtiges Konvolutionsnetzwerk, das mit mehr als einer Millionen Bilder aus dem ImageNet-Datensatz trainiert wurde, um Bilder in 1.000 verschiedene Kategorien zu klassifizieren. Ein Diagramm des Netzwerks ist in Abbildung 5-15 dargestellt.

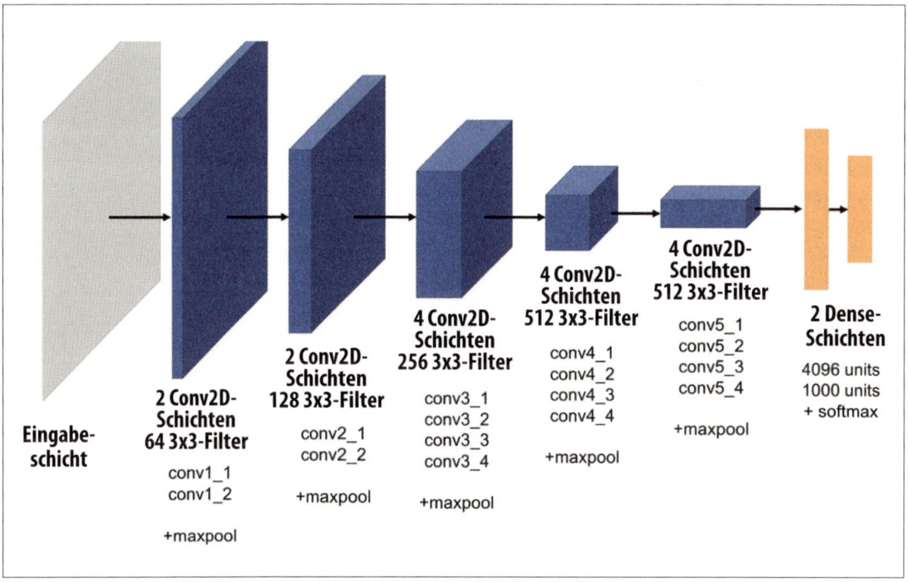

Abbildung 5-15: Das VGG19-Modell

Beispiel 5-9 ist der benötigte Code, um den Inhaltsverlust zwischen zwei Bildern zu berechnen. Der Code ist adaptiert von dem Beispiel für neuronalen Stiltransfer aus dem offiziellen Keras-Repository (*http://bit.ly/2FlVU0P*). Falls Sie diese Technik nachbauen und mit den Parametern experimentieren möchten, empfehle ich Ihnen, dieses Repository als Startpunkt zu verwenden.

Beispiel 5-9: Die Inhaltsverlustfunktion

```
from keras.applications import vgg19 ❶
from keras import backend as K

base_image_path = '/path_to_images/base_image.jpg'
style_reference_image_path = '/path_to_images/styled_image.jpg'

content_weight = 0.01

base_image = K.variable(preprocess_image(base_image_path)) ❷
style_reference_image = K.variable(preprocess_image(style_reference_image_path))
combination_image = K.placeholder((1, img_nrows, img_ncols, 3))

input_tensor = K.concatenate([base_image,
                              style_reference_image,
                              combination_image], axis=0) ❸

model = vgg19.VGG19(input_tensor=input_tensor,
                    weights='imagenet', include_top=False) ❹
```

```
outputs_dict = dict([(layer.name, layer.output) for layer in model.layers])
layer_features = outputs_dict['block5_conv2'] ❺

base_image_features = layer_features[0, :, :, :]
combination_features = layer_features[2, :, :, :] ❻

def content_loss(content, gen):
    return K.sum(K.square(gen - content))

content_loss = content_weight * content_loss(base_image_features
                                    , combination_features) ❼
```

❶ Keras enthält ein vortrainiertes VGG19-Modell, das Sie einfach importieren können.

❷ Wir erstellen zwei Keras-Variablen für das Basis- und das Stilbild und erstellen einen Platzhalter für das erzeugte kombinierte Bild.

❸ Der Eingabetensor für das VGG19-Modell ist die Verkettung der drei Bilder.

❹ Hier erstellen wir eine Instanz des VGG19-Modells, indem wir den Eingabetensor und die Gewichte, die wir verwenden möchten, spezifizieren. Der Parameter `include_top = False` besagt, dass wir die Gewichte der letzten dichten Schicht, die für die Klassifizierung zuständig ist, nicht laden möchten, denn wir interessieren uns nur für die vorhergehenden Konvolutionsschichten, die die übergeordneten Merkmale eines Bilds erfassen, und nicht für die Wahrscheinlichkeiten der Bildklassifizierung.

❺ Die Schicht, die wir für die Berechnung des Inhaltsverlusts verwenden, ist die zweite Konvolutionsschicht des fünften Blocks. Die Wahl einer Schicht zu einem früheren oder späteren Punkt in dem Modell beeinflusst, wie die Verlustfunktion *Inhalt* definiert, und verändert somit die Eigenschaften des erzeugten kombinierten Bilds.

❻ Hier extrahieren wir die Merkmale des Basisbilds und des kombinierten Bilds aus dem Eingabetensor, der das VGG19 durchlaufen hat.

❼ Der Inhaltsverlust ist die Quadratsummendistanz zwischen den Ausgaben der gewählten Schicht für beide Bilder, multipliziert mit einem Gewichtungsparameter.

Stilverlust

Der Stilverlust ist etwas schwieriger zu messen – wie können wir die Stilähnlichkeit zweier Bilder messen?

Die Lösung aus dem Paper für neuronalen Stiltransfer basiert auf der Idee, dass Bilder mit ähnlichem Stil typischerweise dasselbe Korrelationsmuster zwischen Feature-Maps in einer gegebenen Schicht haben. Ein Beispiel macht das etwas deutlicher.

Angenommen, in dem VGG19-Netzwerk hätten wir eine Schicht, bei der ein Kanal grüne Bildteile identifiziert, ein anderer Kanal erkennt Stachelförmigkeiten, und ein weiterer Kanal erkennt braune Bildteile.

Die Ausgabe dieser Kanäle (Feature-Maps) für drei verschiedene Eingaben ist in Abbildung 5-16 dargestellt.

Abbildung 5-16: Die Ausgabe der drei Kanäle (Feature-Maps) für drei gegebene Eingabebilder – die dunkleren, orangefarbenen Bereiche stellen größere Werte dar.

Bilder A und B sind vom Stil her ähnlich – beides Grasbilder. Bild C hingegen unterscheidet sich im Stil von Bild A und B. Ein Blick auf die Feature-Maps zeigt, dass die Kanäle für *grün* und *stachelig* an denselben räumlichen Punkten in den Bildern A und B meist stark miteinander korrelieren, aber nicht in Bild C. Umgekehrt werden die *braun-* und *stachelig*-Kanäle in Bild C oft zusammen aktiviert, aber nicht in den Bildern A und B. Um numerisch zu messen, wie sehr zwei Feature-Maps gemeinsam aktiviert werden, können wir diese verflachen und das Skalarprodukt berechnen.[14] Ist das Ergebnis des Skalarprodukts groß, sind die Feature-Maps stark korreliert, bei einem niedrigen Skalarprodukt sind sie nicht korreliert.

Wir können eine Matrix definieren, die das Skalarprodukt zwischen allen möglichen Feature-Map-Paaren einer Schicht enthält. Diese Matrix wird auch als *Gram-Matrix* bezeichnet. Abbildung 5-17 zeigt die Gram Matrizen unserer drei Merkmale für jedes der Bilder.

14 Um das Skalarprodukt zweier Vektoren zu berechnen, multiplizieren wir die Werte an der gleichen Vektorposition und summieren die Ergebnisse.

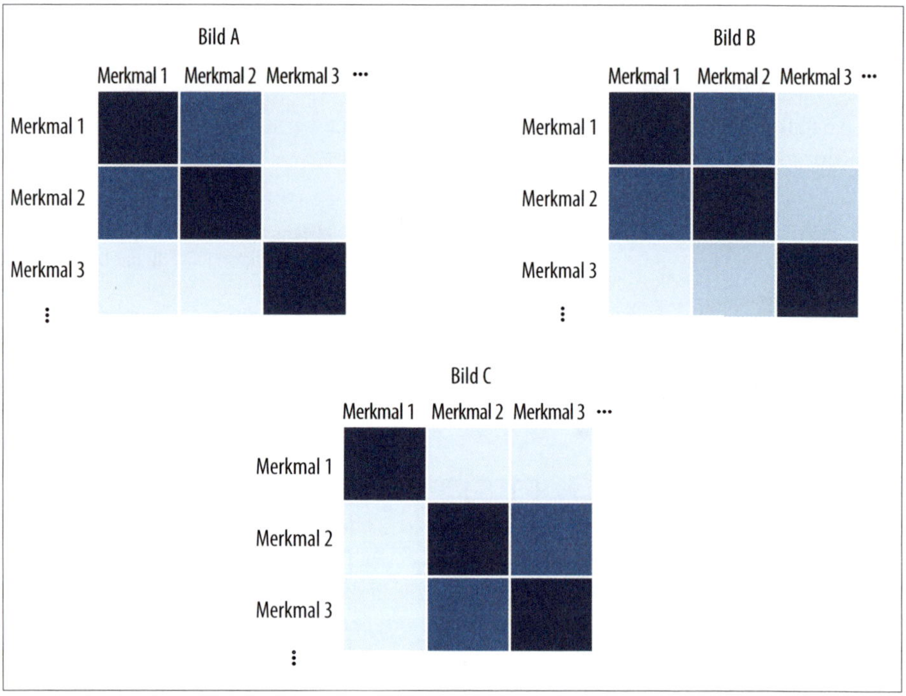

Abbildung 5-17: Teile der Gram-Matrizen der drei Bilder – die dunkleren, blauen Bereiche stellen größere Werte dar.

Offensichtlich haben die Bilder A und B, die sich vom Stil her ähneln, sehr ähnliche Gram-Matrizen in dieser Schicht. Obwohl der Inhalt der Bilder recht verschieden ist, sind sich die Gram-Matrizen – ein Maß für die Korrelation zwischen allen Merkmalspaaren einer Schicht – sehr ähnlich.

Um den Stilverlust zu berechnen, können wir also die Gram-Matrix (*GM*) für eine Reihe von Schichten im gesamten Netzwerk für sowohl das Basisbild als auch das kombinierte Bild berechnen und deren Ähnlichkeit anhand der Summe der quadrierten Abweichungen vergleichen. Algebraisch kann der Stilverlust zwischen dem Basisbild (S) und dem erzeugten Bild (G) in einer gegebenen Schicht (l) der Größe M_l (Länge x Breite) mit N_l Kanälen wie folgt beschrieben werden:

$$L_{GM}(S, G, l) = \frac{1}{4N_l^2 M_l^2} \sum_{ij} \left(GM[l](S)_{ij} - GM[l](G)_{ij} \right)^2$$

Beachten Sie die Skalierung, die die Anzahl der Kanäle (N_l) und die Größe der Schicht (M_l) berücksichtigt. Die Skalierung wird benötigt, da wir den kompletten Stilverlust als gewichtete Summe aus mehreren Schichten berechnen, die alle unterschiedlich groß sind. Der gesamte Stilverlust wird dann wie folgt berechnet:

$$L_{style}(S, G) = \sum_{l=0}^{L} w_l L_{GM}(S, G, l)$$

Beispiel 5-10 zeigt, wie wir die Berechnungen des Stilverlusts in Keras erstellen können.[15]

Beispiel 5-10: Die Stilverlustfunktion

```
style_loss = 0.0

def gram_matrix(x):
    features = K.batch_flatten(K.permute_dimensions(x, (2, 0, 1)))
    gram = K.dot(features, K.transpose(features))
    return gram

def style_loss(style, combination):
    S = gram_matrix(style)
    C = gram_matrix(combination)
    channels = 3
    size = img_nrows * img_ncols
    return K.sum(K.square(S - C)) / (4.0 * (channels ** 2) * (size ** 2))


feature_layers = ['block1_conv1', 'block2_conv1',
                  'block3_conv1', 'block4_conv1',
                  'block5_conv1'] ❶

for layer_name in feature_layers:
    layer_features = outputs_dict[layer_name]
    style_reference_features = layer_features[1, :, :, :] ❷
    combination_features = layer_features[2, :, :, :]
    sl = style_loss(style_reference_features, combination_features)
    style_loss += (style_weight / len(feature_layers)) * sl ❸
```

❶ Der Stilverlust wird über fünf Schichten hinweg gemessen – der jeweils ersten Konvolutionsschicht aus jedem der fünf Blöcke des VGG19-Modells.

❷ Hier extrahieren wir die Merkmale des Stilbilds und des kombinierten Bilds des Eingabetensors, der das VGG19-Netzwerk durchlaufen hat.

❸ Der Stilverlust wird skaliert durch einen Gewichtungsparameter und die Anzahl an Schichten, über die der Verlust berechnet wurde.

Gesamt-Varianz-Verlust

Der Gesamt-Varianz-Verlust ist schlicht ein Maß für das Rauschen im kombinierten Bild. Um zu beurteilen, wie verrauscht ein Bild ist, können wir dieses um ein Pixel nach rechts verschieben und die Summe der quadrierten Differenz zwischen dem verschobenen und dem Originalbild berechnen. Wir machen dasselbe noch einmal, aber verschieben dieses Mal das Bild um ein Pixel nach unten. Die Summe dieser beiden Terme bildet dann den Gesamt-Varianz-Verlust.

Beispiel 5-11 zeigt, wie wir das in Keras umsetzen können.[16]

---

15 Quelle: GitHub, *http://bit.ly/2FlVU0P*.

16 Quelle: GitHub, *http://bit.ly/2FlVU0P*.

Beispiel 5-11: Die Gesamt-Varianz-Verlustfunktion

```
def total_variation_loss(x):
    a = K.square(
        x[:, :img_nrows - 1, :img_ncols - 1, :] - x[:, 1:, :img_ncols - 1, :]) ❶
    b = K.square(
        x[:, :img_nrows - 1, :img_ncols - 1, :] - x[:, :img_nrows - 1, 1:, :]) ❷
    return K.sum(K.pow(a + b, 1.25))

tv_loss = total_variation_weight * total_variation_loss(combination_image) ❸

loss = content_loss + style_loss + tv_loss ❹
```

❶ Die quadrierte Differenz zwischen dem Bild und dem um ein Pixel nach unten verschobenen Bild.

❷ Die quadrierte Differenz zwischen dem Bild und dem um ein Pixel nach rechts verschobenen Bild.

❸ Der Gesamt-Varianz-Verlust wird mit einem Gewichtungsparameter skaliert.

❹ Die Summe aus Inhalts-, Stil- und Gesamt-Varianz-Verlust bildet den gesamten Verlust.

Ausführen des neuronalen Stiltransfers

Der Lernprozess arbeitet mit dem Gradientenverfahren, um die Verlustfunktion in Bezug auf die Pixel im kombinierten Bild zu minimieren. Der dafür benötigte Code ist im *neural_style_transfer.py*-Skript (*http://bit.ly/2FlVU0P*) des offiziellen Keras-Repositorys enthalten. Beispiel 5-12 zeigt den Codeabschnitt für die Trainingsschleife.

Beispiel 5-12: Die Trainingsschleife des neuronalen Stiltransfer-Modells

```
from scipy.optimize import fmin_l_bfgs_b

iterations = 1000
x = preprocess_image(base_image_path) ❶

for i in range(iterations):
    x, min_val, info = fmin_l_bfgs_b( ❷
        evaluator.loss ❸
        , x.flatten()
        , fprime=evaluator.grads ❸
        , maxfun=20
        )
```

❶ Der Prozess wird mit dem Basisbild als Anfangspunkt des *kombinierten* Bilds initialisiert.

❷ In jeder Iteration führen wir die momentane Version des kombinierten Bilds (verflacht) in eine Optimierungsfunktion, `fmin_l_bfgs_b`, aus dem `scipy.optimize`-Modul, die einen Schritt des Gradientenverfahrens gemäß dem L-BFGS-B-Algorithmus ausführt.

❸ evaluator ist ein Objekt, das die Methoden enthält, um den Gesamtverlust und die Gradienten des Verlusts in Bezug auf das Eingabebild zu berechnen.

Analyse des neuronalen Stiltransfer-Modells

Abbildung 5-18 zeigt die Ausgabe des neuronalen Stiltransfer-Prozesses zu drei unterschiedlichen Zeitpunkten im Lernprozess mit den folgenden Parametern:

- `content_weight`: 1
- `style_weight`: 100
- `total_variation_weight`: 20

Abbildung 5-18: Ausgabe des neuronalen Stiltransfers nach 1, 200 und 400 Iterationen

Wir erkennen, dass der Algorithmus mit jedem Trainingsschritt stilistisch näher an das Stilbild heranrückt und die Detailgenauigkeit des Basisbilds verliert, während die gesamte Inhaltsstruktur erhalten bleibt.

Sie können mit dieser Architektur auf verschiedenste Arten experimentieren. Sie können z. B. die Gewichtungsparameter in der Verlustfunktion ändern oder andere Schichten für die Berechnung der Ähnlichkeit des Inhalts wählen, um zu sehen, welche Auswirkung das auf das kombinierte Ausgabebild und die Trainingsgeschwindigkeit hat. Sie können auch das Gewicht einer jeden Schicht in der Funktion für den Stilverlust verändern, um das Modell dazu zu bringen, feinere oder gröbere Stilmerkmale zu übertragen.

Zusammenfassung

In diesem Kapitel haben Sie zwei verschiedene Möglichkeiten kennengelernt, um neue Kunstwerke zu erschaffen: das CycleGAN und den neuronalen Stiltransfer.

Die CycleGAN-Methodik ermöglicht uns, dem Modell den grundsätzlichen Stil eines Künstlers beizubringen und so den Stil auf ein Foto zu übertragen, sodass die Ausgabe des Modells aussieht, als hätte der Künstler das Motiv in dem Foto gemalt. Das Modell erlernt dabei auch den umgekehrten Weg, also vom Gemälde zum realistisch aussehenden Foto. Entscheidend dabei ist, dass ein CycleGAN keine gepaarten Bilder aus beiden Domänen benötigt, was es zu einer äußerst leistungsstarken und flexiblen Technik macht.

Die Technik des neuronalen Stiltransfers ermöglicht uns, den Stil eines einzelnen Bilds auf ein Basisbild zu übertragen. Dies beruht vor allem auf einer geschickt gewählten Verlustfunktion, die das Modell bestraft, wenn es zu sehr vom Inhalt des Basisbilds oder dem Stil des Stilbilds abweicht und die gleichzeitig eine gewisse Geschmeidigkeit der Ausgabe sicherstellt. Diese Technik wird von vielen Apps verwendet, um Fotos von Benutzern mit gegebenen Stilrichtungen zu verschmelzen.

Im nächsten Kapitel wenden wir uns von der bildbasierten generativen Modellierung ab und schauen uns eine Domäne an, die ganz neue Herausforderungen mit sich bringt: die textbasierte generative Modellierung.

KAPITEL 6

Schreiben

In diesem Kapitel erkunden wir Methoden zum Erstellen generativer Modelle auf Basis von Textdaten. Es gibt mehrere wesentliche Unterschiede zwischen Text- und Bilddaten. Viele der Methoden, die bei Bilddaten gut funktionieren, sind nicht so leicht auf Textdaten anwendbar:

- Textdaten bestehen aus diskreten Einheiten (entweder Zeichen oder Wörtern), wohingegen Bildpixel Punkte in einem kontinuierlichen Farbspektrum sind. Wir können ein grünes Pixel leicht blauer färben, aber es ist nicht offensichtlich, wie wir zum Beispiel das Wort *Katze* eher wie das Wort *Hund* darstellen sollten. Auf Bilddaten lässt sich der Backpropagation-Algorithmus problemlos anwenden. Um den Verlust zu minimieren, berechnen wir einfach den Gradienten unserer Verlustfunktion in Bezug auf einzelne Pixel, um so die Richtung festzulegen, in die die Pixelfarben geändert werden müssen. Bei diskreten Textdaten können wir den Backpropagation-Algorithmus nicht wie üblich anwenden. Deshalb müssen wir einen Weg finden, dieses Problem zu umgehen.
- Textdaten besitzen eine zeitliche, aber keine räumliche Dimension. Bilddaten hingegen haben zwei räumliche, aber keine zeitliche Dimension. In Textdaten ist die Reihenfolge der Wörter äußerst wichtig, da Wörter in umgekehrter Reihenfolge keinen Sinn ergeben würden, während Bilder in der Regel gespiegelt werden können, ohne dass dabei der Inhalt beeinflusst wird. Darüber hinaus gibt es oft langfristige sequenzielle Abhängigkeiten zwischen Wörtern, die ein Modell erfassen sollte, wie z.B. die Beantwortung einer Frage oder die Übertragung des Kontexts bei der Nutzung von Pronomen.
- Textdaten sind sehr empfindlich gegenüber kleinen Änderungen in den einzelnen Einheiten (Wörtern oder Zeichen). Bilddaten sind in der Regel weniger empfindlich gegenüber Veränderungen in einzelnen Pixeleinheiten – das Bild eines Hauses wäre auch dann noch als Haus erkennbar, wenn einige Pixel bearbeitet worden wären. Bei Textdaten kann die Änderung auch nur weniger Wörter die Bedeutung der Formulierung bereits drastisch verändern oder sie sinnlos erscheinen lassen. Deshalb ist es schwierig, ein Modell zur Erstellung

eines zusammenhängenden Texts zu trainieren, wenn jedes Wort für die vollumfängliche Bedeutung der Passage unerlässlich ist.

- Textdaten haben eine regelbasierte grammatikalische Struktur, wohingegen Bilddaten keinen festen Regeln dahin gehend unterliegen, wie die Pixelwerte zugeordnet werden. Zum Beispiel wäre es in keinem Zusammenhang grammatikalisch sinnvoll, zu schreiben: »Die Katze saß auf dem Haben.« Außerdem gibt es semantische Regeln, die extrem schwer zu modellieren sind; es wäre etwa nicht sinnvoll, »ich bin im Strand« zu sagen, auch wenn grammatikalisch gesehen an dieser Aussage nichts auszusetzen ist.

Bei der Textmodellierung wurden gute Fortschritte erzielt, aber die Lösungen für die oben genannten Probleme sind weiterhin Gegenstand der Forschung. Wir beginnen mit einem der am häufigsten verwendeten und etablierten Modelle zur Erzeugung sequenzieller Daten wie Text, dem *rekurrenten neuronalen Netzwerk* (RNN) und insbesondere der LSTM-Schicht (*Long Short Term Memory*). In diesem Kapitel werden wir auch einige neue Methoden untersuchen, die zu vielversprechenden Ergebnissen im Bereich der Generierung von Frage-Antwort-Paaren geführt haben.

Zuerst machen wir einen Abstecher ins lokale Gefängnis, wo die Häftlinge eine Literaturgruppe gegründet haben ...

Die literarische Gesellschaft für lästige Bösewichte e. V.

Edward Sopp hat seinen Job als Gefängnisdirektor gehasst. Er verbrachte seine Tage damit, über die Gefangenen zu wachen, und hatte keine Zeit, seiner wahren Leidenschaft zu folgen: Kurzgeschichten zu schreiben. Ihm ging die Inspiration aus, und er musste einen Weg finden, sich neue Inhalte zu erobern.

Eines Tages entwickelte er eine brillante Idee, die es ihm ermöglichen würde, neue Romane in seinem Stil zu verfassen und gleichzeitig auf die Häftlinge aufpassen zu können – er würde die Häftlinge dazu bringen, gemeinsam Geschichten für ihn zu schreiben! Er nannte die neue Gesellschaft LSTM (Literary Society for Troublesome Miscreants, zu Deutsch »Literarische Gesellschaft für lästige Bösewichte e. V.).

Das Gefängnis ist ein wenig ungewöhnlich, da es nur aus einer einzigen großen Zelle für alle 256 Gefangenen besteht. Jeder Gefangene hat eine Meinung darüber, wie Edwards aktuelle Geschichte fortgesetzt werden soll. Jeden Tag veröffentlicht Edward in der Zelle das jüngste Wort aus seinem Roman, und es ist die Aufgabe der Häftlinge, ihre Meinungen zum aktuellen Stand der Geschichte individuell auf Grundlage der neuen Passage und der Meinungen der anderen Häftlinge vom Vortag zu überdenken.

Jeder Gefangene durchläuft einen speziellen Denkprozess, um seine eigene Meinung zu überdenken, indem er Informationen über die neue Passage und die Meinungen anderer Gefangener mit ihren vorherigen Überzeugungen abwägt. Zuerst wird entschieden, wie viel von der gestrigen Meinung in Vergessenheit geraten soll, indem die Informationen aus dem neuen Wort und den Ansichten anderer Gefangener in der Zelle ausgewertet werden. Die Häftlinge nutzen diese Informationen auch, um neue Überlegungen anzustellen und zu entscheiden, wie viel sie davon in die alten Überzeugungen einbringen wollen, die sie vom Vortag übernommen haben. Daraus ergibt sich dann die neue Meinung der Gefangenen für den heutigen Tag.

Die Gefangenen sind jedoch verschlossen und erzählen ihren Mitgefangenen nicht immer alles, was sie glauben. Sie orientieren sich auch an dem zuletzt gewählten Wort und den Meinungen der anderen Häftlinge, um zu entscheiden, wie viel sie von ihrer Überzeugung preisgeben wollen.

Wenn Edward möchte, dass die Zelle das nächste Wort in der Sequenz erzeugt, legen die Gefangenen dem der Tür am nächsten stehenden Wächter ihre Meinungen offen, der diese Informationen zusammenführt, um schließlich über das nächste Wort zu entscheiden, das am Ende des Romans angehängt werden soll. Dieses neue Wort wird dann wie gewohnt in die Zelle zurückgegeben, und der Prozess wird fortgesetzt, bis die Geschichte vervollständigt ist.

Um die Häftlinge und die Wache zu schulen, versorgt Edward die Zelle mit kurzen Sequenzen von Wörtern, die er zuvor geschrieben hat, und überprüft, ob das von den Häftlingen gewählte nächste Wort korrekt ist. Er unterrichtet sie über ihre Treffsicherheit, und allmählich beginnen sie zu lernen, wie man Geschichten in seinem ganz persönlichen Stil schreibt.

Nach etlichen Iterationen dieses Prozesses stellt Edward fest, dass das System bei der Generierung von realistisch aussehendem Text sehr erfolgreich geworden ist. Obwohl in der semantischen Struktur etwas fehlt, weist es sicherlich ähnliche Merkmale wie frühere Geschichten von ihm auf.

Zufrieden mit den Ergebnissen, veröffentlicht er eine Auswahl entstandener Geschichten in seinem neuen Buch mit dem Titel *E. Sopp's Fabeln*.

Long-Short-Term-Memory-Netzwerk

Die Geschichte von Herrn Sopp und seinen Fabeln stellt eine Analogie zu einer der am häufigsten verwendeten und erfolgreichsten Deep-Learning-Verfahren für sequenzielle Daten wie Text dar: das *Long-Short-Term-Memory*-(LSTM-)Netzwerk.

Ein LSTM-Netzwerk ist eine spezielle Art eines *rekurrenten neuronalen Netzwerks* (RNN). RNNs enthalten eine wiederkehrende Schicht (oder *Zelle*), die in der Lage ist, sequenzielle Daten zu verarbeiten, indem sie ihre eigene Ausgabe zu einem bestimmten Zeitpunkt als Teil der Eingabe in den nächsten Zeitschritt einbindet, sodass Informationen aus der Vergangenheit die Vorhersage zum aktuellen Zeitpunkt beeinflussen können. Wir sprechen von *LSTM-Netzwerk* und meinen damit ein neuronales Netzwerk mit einer rekurrenten LSTM-Schicht.

Als RNNs zum ersten Mal eingesetzt wurden, waren rekurrente Schichten sehr einfach gehalten und bestanden ausschließlich aus einem `tanh`-Operator, der sicherstellte, dass die zwischen den Zeitschritten übergebenen Informationen zwischen –1 und 1 skaliert wurden, was jedoch nachweislich unter dem Schwindende-Gradienten-Problem und einer mangelhaften Skalierbarkeit auf lange Datensequenzen litt.

Die ersten LSTM-Zellen wurden 1997 in einem Fachartikel von Sepp Hochreiter und Jürgen Schmidhuber vorgestellt.[1] In dem Artikel beschreiben die Autoren, warum LSTMs nicht unter dem gleichen Problem des schwindenden Gradienten wie RNNs leiden und wie sie auf Sequenzen trainiert werden, die Hunderte von Zeitschritten lang sind. Seitdem wurde die LSTM-Architektur weiter angepasst und verbessert, und Variationen wie *Gated Recurrent Units* (GRUs) sind inzwischen sehr verbreitet und auch als Layer in Keras verfügbar.

Werfen wir zunächst einen Blick darauf, wie in Keras ein sehr simples LSTM-Netzwerk aufgebaut wird und wie Text im Stile von Aesops Fabeln erzeugt werden kann.

Ihr erstes LSTM-Netzwerk

Wie gewohnt, müssen wir zunächst die Daten beschaffen.

Sie können eine Zusammenstellung (*http://bit.ly/2QQEf5T*) von Aesops Fabeln von der Homepage des Projekts Gutenberg (*http://www.gutenberg.net*) herunterladen. Dort finden Sie eine Sammlung kostenloser E-Books, die als reine Textdateien heruntergeladen werden können. Es handelt sich also um eine großartige Ressource für die Beschaffung von Daten, die zum Training textbasierter Deep-Learning-Modelle verwendet werden kann.

Damit Ihnen der Download der Daten keine Umstände bereitet, ist ein Bash-Skript in Ihrem Repository enthalten. Wechseln Sie in das Repository und führen Sie den folgenden Befehl aus der Kommandozeile aus:

```
bash ./scripts/download_gutenburg_data.sh 11339 aesop
```

Sehen wir uns nun die notwendigen Schritte an, um die Daten in die richtige Form zu bringen, damit ein LSTM-Netzwerk trainiert werden kann. Der Code ist im Notebook *06_01_lstm_text_train.ipynb* im Repository hinterlegt.

Tokenisierung

Der erste Schritt besteht darin, den Text zu bereinigen und zu tokenisieren. Unter *Tokenisierung* versteht man die Unterteilung des Texts in einzelne Einheiten, wie z.B. Wörter oder Zeichen beziehungsweise Buchstaben.

1 Sepp Hochreiter und Jürgen Schmidhuber, »Long Short-Term Memory«, *Neural Computation* 9 (1997): 1735–1780, *http://bit.ly/2In7NnH*.

Wie Sie Ihren Text tokenisieren, hängt davon ab, was Sie mit Ihrem Textgenerierungsmodell anstreben. Es gibt Vor- und Nachteile bei der Verwendung von Wort- und Zeichen-Tokens, und Ihre Wahl wird sich darauf auswirken, wie Sie den Text vor der eigentlichen Modellierung und der Ausgabe aus Ihrem Modell bereinigen müssen.

Wenn Sie die Wort-Tokenisierung verwenden möchten:

- Der gesamte Text kann in Kleinbuchstaben umgewandelt werden, um sicherzustellen, dass großgeschriebene Wörter am Anfang von Sätzen genauso tokenisiert werden wie die gleichen Wörter, die in der Mitte eines Satzes stehen. In einigen Fällen ist dies jedoch nicht unbedingt wünschenswert; z.B. können einige Eigennamen, wie Namen oder Orte, davon profitieren, dass sie großgeschrieben bleiben, damit sie unabhängig tokenisiert werden.
- Der *Wortschatz* des Texts (die Menge der verschiedenen Wörter im Trainingsdatensatz) kann sehr groß sein, wobei einige Wörter sehr selten oder vielleicht nur einmal vorkommen. Es kann sinnvoll sein, seltene Wörter durch ein Token mit der Bezeichnung »unbekanntes Wort« zu ersetzen, anstatt sie als separate Tokens einzubeziehen, um die Anzahl der Gewichte zu reduzieren, die das neuronale Netzwerk lernen muss.
- Mit dem sogenannten *Stemming* können Wörter auf ihre einfachste Form reduziert werden, sodass verschiedene Zeitformen eines Verbs in einem Token zusammengefasst werden. Beispielsweise werden die englischen Wörter *browse*, *browsing*, *browses* und *browsed* zu *brows* reduziert.
- Satzzeichen müssen entweder tokenisiert oder ganz entfernt werden.
- Die Nutzung von Wort-Tokenisierungsverfahren bedeutet, dass das Modell niemals in der Lage sein wird, Wörter außerhalb des Trainingswortschatzes vorherzusagen.

Wenn Sie Zeichen-Tokens verwenden:

- Das Modell kann Sequenzen von Zeichen erzeugen, die neue Wörter außerhalb des Trainingsvokabulars bilden – dies kann in einigen Kontexten wünschenswert sein, in anderen nicht.
- Großbuchstaben können entweder in Kleinbuchstaben umgewandelt oder als separate Tokens verwendet werden.
- Der Wortschatz ist bei der Verwendung von Zeichen-Tokenisierungsverfahren in der Regel viel kleiner. Dies ist von Vorteil für die Trainingsgeschwindigkeit des Modells, da in der letzten Ausgabeschicht weniger Gewichte gelernt werden müssen.

Für das folgende Beispiel wandeln wir den Text in Kleinbuchstaben um und verwenden die Wort-Tokenisierung, ohne dass dabei Stemming zur Anwendung kommt. Wir tokenisieren auch Satzzeichen, da das Modell vorhersagen soll, wann es z.B. Sätze beenden oder Anführungszeichen öffnen und schließen sollte. Als Letztes werden wir die mehrfachen Zeilenumbrüche zwischen den Geschichten durch einen Abschnitt mit einem Platzhalter für *neue Geschichten* ersetzen: ||||||||||||||||||||||||||||||||||||||||. Auf diese Weise können wir einen Seed setzen, damit das Modell weiß, dass es mit einer neuen Geschichte beginnen soll.

Der Code in Beispiel 6-1 bereinigt und tokenisiert den Text.

Beispiel 6-1: Tokenisierung

```
import re
from keras.preprocessing.text import Tokenizer

filename = "./data/aesop/data.txt"

with open(filename, encoding='utf-8-sig') as f:
    text = f.read()

seq_length = 20
start_story = '| ' * seq_length

# BEREINIGUNG
text = text.lower()
text = start_story + text
text = text.replace('\n\n\n\n\n', start_story)
text = text.replace('\n', ' ')
text = re.sub('  +', '. ', text).strip()
text = text.replace('..', '.')

text = re.sub('([!"#$%&()*+,-./:;<=>?@[\]^_`{|}~])', r' \1 ', text)
text = re.sub('\s{2,}', ' ', text)


# TOKENISIERUNG
tokenizer = Tokenizer(char_level = False, filters = '')
tokenizer.fit_on_texts([text])
total_words = len(tokenizer.word_index) + 1
token_list = tokenizer.texts_to_sequences([text])[0]
```

Abbildung 6-1 zeigt einen Auszug aus dem Eingabetext nach der Bereinigung.

```
'| | | | | | | | | | | | | | | | | | | | the fox and the grapes . a hungry fox saw some fine bunches of grapes hanging from a vine that was trained along a high trellis , and did his best to reach them by jumping as high as he could into the air . but it was all in vain , for they were just out of reach : so he gave up trying , and walked away with an air of dignity and unconcern , remarking , " i thought those grapes were ripe , but i see now they are quite sour . " | | | | | | | | | | | | | | | | | | | | the goose that laid the golden eggs . a man and his wife had the good fortune to possess a goose which laid a golden egg every day . lucky though they were , they soon began to think they were not getting rich fast enough , and , imagining the bird must be made of gold inside , they decided to kill it in order to secure the whole store of precious metal at once . but when they cut it open they found it was just like any other goose . thus , they neither got rich all at once , as they had hoped , nor enjoyed any longer the daily addition to their wealth . much wants more and loses all . | | | | | | | | | | | | | | | | | | | | the cat and the mice . there was once a house that was overrun with mice . a cat heard of this , and said to herself , " that\'s the place for me , " and off she went and took up her quarters in the house , and caught the mice one by one and ate them . at last the mice could stand it no longer , and they determined to take to their holes and stay there . " that\'s awkward , " said the cat to herself : " the only thing to do is to coax them out by a trick . " so she considered a while , and then climbed up the wall and let herself hang down by her hind legs from a peg , and pretended to be dead . by and by
```

Abbildung 6-1: Der Text nach der Bereinigung

In Abbildung 6-2 sehen Sie das Dictionary der Tokens, die den jeweiligen Indizes zugeordnet sind, sowie einen Ausschnitt aus dem tokenisierten Textkorpus, wobei die korrespondierenden Wörter in Grün gehalten sind.

tokenizer.word_index	token_list	
{'|': 1,	1,	|
',': 2,	3,	the
'the': 3,	56,	fox
'and': 4,	4,	and
'.': 5,	3,	the
'a': 6,	940,	grapes
'to': 7,	5,	.
'"': 8,	6,	a
'of': 9,	382,	hungry
'he': 10,	56,	fox
'his': 11,	94,	saw
'was': 12,		

Abbildung 6-2: Das Mapping-Dictionary der Wörter und Indizes (links) und des Texts nach der Tokenisierung (rechts)

Erstellen des Datensatzes

Unser LSTM-Netzwerk wird darauf trainiert, das nächste Wort einer gegebenen Wortfolge vorherzusagen. Zum Beispiel könnten wir dem Modell die Tokens für den Textabschnitt »die gierige Katze und die« zuführen und erwarten, dass das Modell ein passendes nächstes Wort ausgibt (z. B. »Hund«, aber nicht »in«).

Die Sequenzlänge, die wir zum Trainieren des Modells verwenden, ist ein Parameter des Trainingsprozesses. In diesem Beispiel nutzen wir eine Sequenzlänge von 20, also teilen wir den Text in 20 Wortabschnitte auf. Insgesamt können 50.416 solcher Sequenzen gebildet werden, sodass unser Trainingsdatensatz `X` ein Array mit den Dimensionen `[50416, 20]` darstellt.

Die Antwortvariable jeder Sequenz ist jeweils das folgende Wort. Für sie verwenden wir einen One-Hot-codierten Vektor der Länge 4.169 (die Anzahl der verschiedenen Wörter im Wortschatz). Daher erhalten wir für unsere Antwortvariable y ein binäres Array der Dimension `[50416, 4169]`.

Zur Erzeugung des Datensatzes nutzen wir den Code in Beispiel 6-2.

Beispiel 6-2: Erzeugung des Datensatzes

```
import numpy as np
from keras.utils import np_utils

def generate_sequences(token_list, step):

    X = []
    y = []
```

```
    for i in range(0, len(token_list) - seq_length, step):
        X.append(token_list[i: i + seq_length])
        y.append(token_list[i + seq_length])

    y = np_utils.to_categorical(y, num_classes = total_words)

    num_seq = len(X)
    print('Number of sequences:', num_seq, "\n")

    return X, y, num_seq

step = 1
seq_length = 20
X, y, num_seq = generate_sequences(token_list, step)

X = np.array(X)
y = np.array(y)
```

Die Architektur des LSTM-Netzwerks

Die vollständige Modellarchitektur ist in Abbildung 6-3 abgebildet. Die Eingabe des Modells ist eine Sequenz ganzzahliger Tokens, und die Ausgabe entspricht der Wahrscheinlichkeit von jedem Wort im Wortschatz, als Nächstes in der Sequenz zu erscheinen. Um zu verstehen, wie das Netzwerk im Detail funktioniert, müssen wir zwei neue Arten von Layern einführen, den `Embedding`- und den `LSTM`-Layer.

```
_________________________________________________________________
Layer (type)                 Output Shape              Param #
=================================================================
input_1 (InputLayer)         (None, None)              0
_________________________________________________________________
embedding_1 (Embedding)      (None, None, 100)         416900
_________________________________________________________________
lstm_1 (LSTM)                (None, 256)               365568
_________________________________________________________________
dense_1 (Dense)              (None, 4169)              1071433
=================================================================
Total params: 1,853,901
Trainable params: 1,853,901
Non-trainable params: 0
_________________________________________________________________
```

Abbildung 6-3: Die Architektur des LSTM-Netzwerks

Die Embedding-Schicht

Eine Embedding-Schicht ist im Wesentlichen eine Referenztabelle, die jedes Token in einen Vektor der Länge `embedding_size` (siehe Abbildung 6-4) umwandelt. Die Anzahl der von dieser Schicht gelernten Gewichte entspricht daher dem Umfang des Wortschatzes multipliziert mit `embedding_size`.

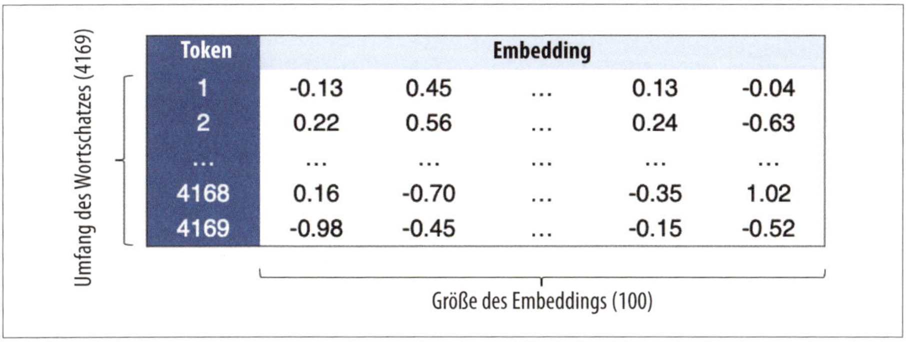

Abbildung 6-4: Ein Embedding-Layer stellt eine Nachschlagetabelle für jedes ganzzahlige Token dar.

Der `Input`-Layer leitet einen Tensor bestehend aus Sequenzen von Ganzzahlen mit den Dimensionen `[batch_size, seq_length]` an den `Embedding`-Layer, der einen Tensor mit den Abmessungen `[batch_size, seq_length, embedding_size]` ausgibt. Dieser wird dann an die `LSTM`-Schicht weitergeleitet (siehe Abbildung 6-5).

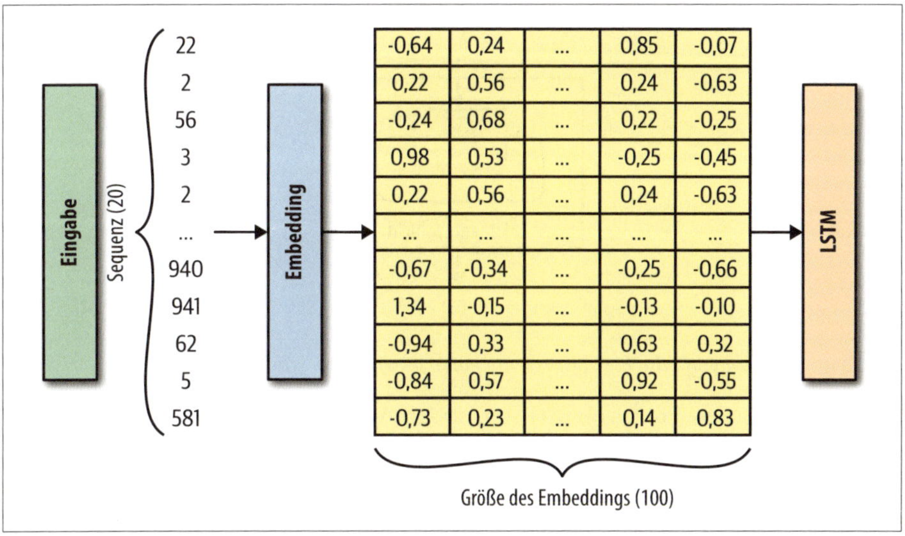

Abbildung 6-5: Eine einzelne Sequenz, die durch einen Embedding-Layer verarbeitet wird

Wir betten jedes Ganzzahl-Token in einen kontinuierlichen Vektor ein, da dies dem Modell ermöglicht, eine Darstellung für jedes Wort zu lernen, die durch Backpropagation aktualisiert werden kann. Wir könnten auch nur eine One-Hot-Codierung für jedes Eingabe-Token vornehmen, aber die Verwendung einer Embedding-Schicht ist vorteilhafter, da sie die Einbettung selbst trainierbar macht und dem Modell so mehr Flexibilität bei der Entscheidung darüber gibt, wie jedes Token eingebettet werden soll, um die Modellleistung zu verbessern.

Die LSTM-Schicht

Um den Aufbau einer LSTM-Schicht zu verstehen, sollten wir uns zunächst anschauen, wie eine gewöhnliche rekurrente Schicht funktioniert.

Eine rekurrente Schicht hat die besondere Eigenschaft, sequenzielle Eingangsdaten $[x_1,...,x_n]$ verarbeiten zu können. Sie besteht aus einer Zelle, die jeweils ihren *verborgenen Zustand* h_t aktualisiert, während die Elemente der Sequenz x_t nacheinander eingehen. Der verborgene Zustand entspricht einem Vektor mit einer Länge, die der Anzahl der *Neuronen* in der Zelle entspricht – er spiegelt sozusagen den aktuellen Wissensstand der Zelle über die vorliegende Sequenz wider. Zum Zeitpunkt t verwendet die Zelle den vorherigen Wert des verborgenen Zustands h_{t-1} zusammen mit den Daten des aktuellen Zeitpunkts x_t, um einen aktualisierten verborgenen Zustandsvektor h_t zu erzeugen. Dieser sich wiederholende Prozess wird bis zum Ende der Sequenz fortgesetzt. Nach Beendigung der Sequenz gibt die Schicht den letzten verborgenen Zustand der Zelle h_n aus, der dann an die nächste Schicht des Netzwerks weitergeleitet wird. Dieser Prozess wird in Abbildung 6-6 veranschaulicht.

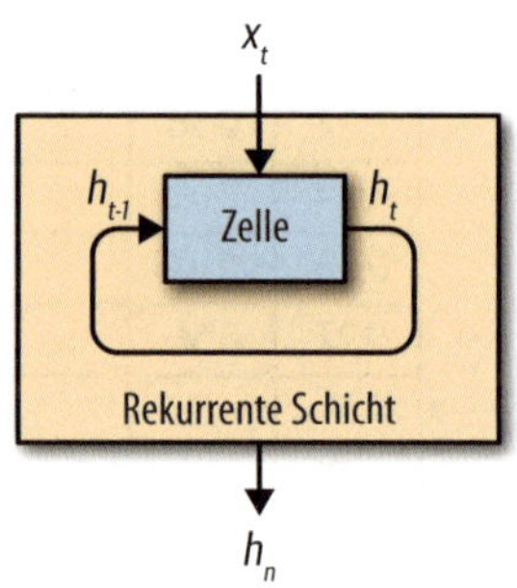

Abbildung 6-6: Ein vereinfachtes Diagramm einer rekurrenten Schicht

Lassen Sie uns den Prozess entwirren, sodass wir genau sehen können, wie eine einzelne Sequenz durch die Schicht hindurchgeleitet wird (siehe Abbildung 6-7).

Sehen wir uns zunächst den rekurrenten Prozess etwas genauer an. Zu diesem Zweck ist in dem Diagramm zu jedem Zeitpunkt eine Kopie der Zelle abgebildet, die verdeutlichen soll, wie der verborgene Zustand der Zelle ständig aktualisiert wird. Wir können deutlich erkennen, wie der vorherige verborgene Zustand mit dem aktuellen sequenziellen Datenpunkt (d. h. dem aktuellen eingebetteten Wortvektor) kombiniert wird, um den nächsten verborgenen Zustand zu erzeugen. Die Ausgabe aus der Schicht ist der letzte verborgene Zustand der Zelle, nachdem jedes Wort in der Eingabesequenz verarbeitet wurde. Es ist wichtig, darauf zu achten, dass alle Zellen in diesem Diagramm die gleichen Gewichte haben (da es sich um dieselbe Zelle handelt). Es gibt keinen Unterschied zwischen diesem Diagramm und Abbildung 6-6; wir haben lediglich eine andere Art gewählt, die Funktionsweise einer rekurrenten Schicht zu skizzieren.

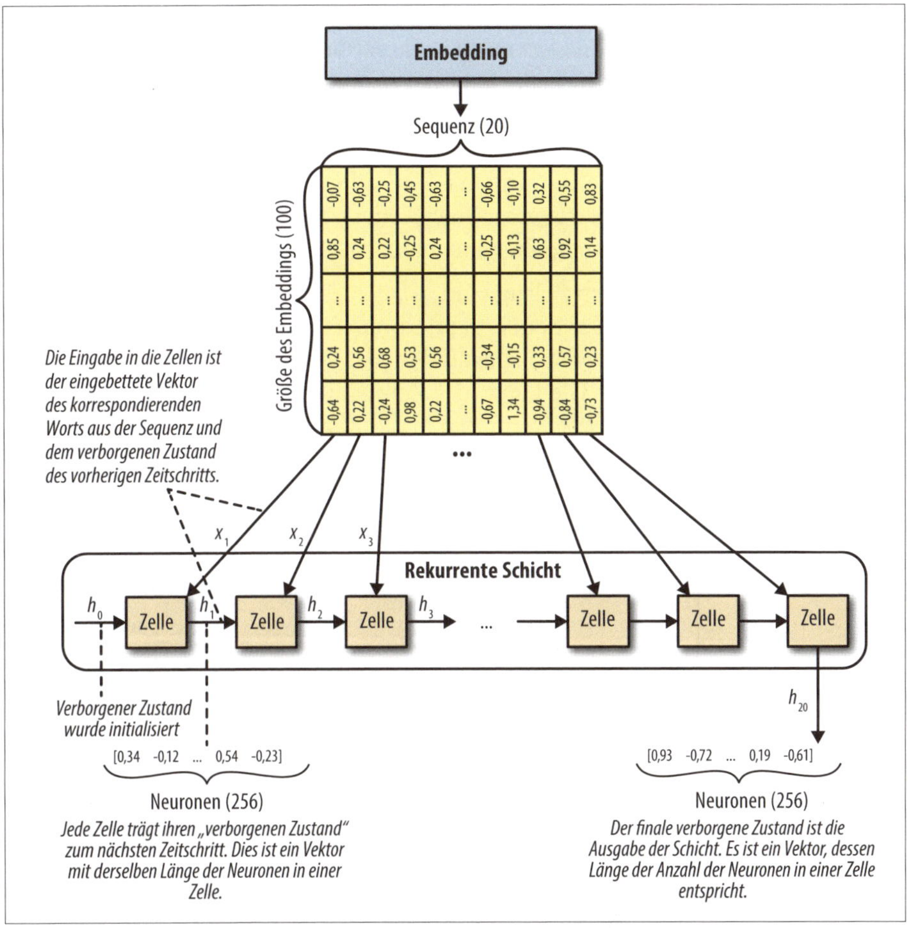

Abbildung 6-7: Wie eine einzelne Sequenz durch eine rekurrente Schicht strömt

Die Tatsache, dass die Ausgabe der Zelle als *verborgener Zustand* bezeichnet wird, ist eine unglückliche Namenskonvention – sie ist nicht wirklich verborgen, und Sie sollten sie nicht als solche betrachten. Tatsächlich entspricht der letzte verborgene Zustand der gesamten Ausgabe der Schicht, und im weiteren Verlauf dieses Kapitels werden wir uns die Tatsache zunutze machen, dass wir zu jedem einzelnen Zeitpunkt auf den verborgenen Zustand zugreifen können.

Die Zelle eines LSTM-Netzwerks

Nachdem wir gesehen haben, wie eine gewöhnliche rekurrente Schicht funktioniert, werfen wir nun einen Blick in eine einzelne LSTM-Zelle.

Die Aufgabe einer LSTM-Zelle besteht darin, einen neuen verborgenen Zustand, h_t, auszugeben, basierend auf dem vorherigen verborgenen Zustand h_{t-1}, und der aktuellen Worteinbettung x_t. Zur Erinnerung, die Länge von h_t entspricht der

Anzahl der Neuronen in dem LSTM. Dies ist ein Parameter, der bei der Definition des Layers gesetzt wird und nichts mit der Länge der Sequenz zu tun hat. Achten Sie darauf, dass Sie den Begriff *Zelle* nicht mit dem Begriff *Neuron* verwechseln. Es gibt eine Zelle in einer LSTM-Schicht, die durch die Anzahl der enthaltenen Neuronen definiert ist, so wie die Gefängniszelle aus unserer vorherigen Geschichte, in der eine ganze Reihe von Häftlingen einsaßen. Oftmals skizzieren wir eine rekurrente Schicht als eine Verkettung ausgewickelter Zellen, da dies dabei hilft, zu visualisieren, wie der verborgene Zustand zu jedem Zeitschritt aktualisiert wird.

Eine LSTM-Zelle besitzt einen Zellzustand, C_t, der als interne Vorstellung der Zelle über den aktuellen Status der Sequenz interpretiert werden kann. Dieser unterscheidet sich von dem verborgenen Zustand h_t, der von der Zelle nach dem letzten Zeitschritt ausgegeben wird. Die Länge des Zellzustands gleicht der Länge des verborgenen Zustands (Anzahl der Neuronen in der Zelle).

Schauen wir uns eine einzelne Zelle genauer an und erkunden wir, wie der verborgene Zustand aktualisiert wird (siehe Abbildung 6-8).

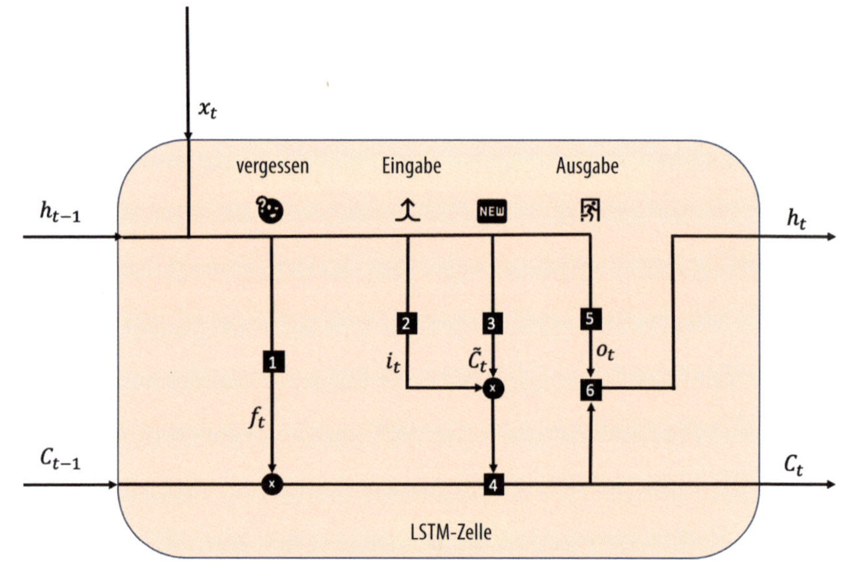

1. $f_t = \sigma(W_f \cdot [h_{t-1}, x_t] + b_f)$
2. $i_t = \sigma(W_i \cdot [h_{t-1}, x_t] + b_i)$
3. $\tilde{C}_t = \tanh(W_C \cdot [h_{t-1}, x_t] + b_C)$
4. $C_t = f_t * C_{t-1} + i_t * \tilde{C}_t$
5. $o_t = \sigma(W_o \ [h_{t-1}, x_t] + b_o)$
6. $h_t = o_t * \tanh(C_t)$

Abbildung 6-8: Eine LSTM-Zelle

Der verborgene Zustand wird in sechs Schritten aktualisiert:

1. Der verborgene Zustand vom vorherigen Zeitschritt h_{t-1} und die aktuelle Worteinbettung x_t werden verknüpft und durch das *Forget-Gate* geleitet. Dieses Gate besteht schlicht aus einer dichten Schicht mit der Gewichtsmatrix W_f, dem Bias b_f und einer sigmoiden Aktivierungsfunktion. Der resultierende Vektor f_t hat eine Länge, die der Anzahl der Neuronen in der Zelle entspricht, und enthält Werte zwischen 0 und 1, die bestimmen, wie viel vom vorherigen Zellzustand C_{t-1} beibehalten werden soll.
2. Der verknüpfte Vektor wird auch durch ein *Input-Gate* geleitet, das wie das Forget-Gate eine dichte Schicht mit der Gewichtsmatrix W_i, dem Bias b_i und einer sigmoiden Aktivierungsfunktion darstellt. Die Ausgabe dieses Gates, i_t, hat eine Länge, die der Anzahl der Neuronen in der Zelle entspricht, und enthält Werte zwischen 0 und 1, die bestimmen, wie viele neue Informationen zum vorherigen Zellzustand C_{t-1} hinzukommen sollen.
3. Der verknüpfte Vektor wird nun durch eine dichte Schicht mit der Gewichtsmatrix W_C, dem Bias b_C und einer `tanh`-Aktivierungsfunktion geleitet, um einen Vektor $\tilde{C}_t$ zu erhalten, der die neuen Informationen enthält, die von der Zelle gespeichert werden sollen. Er weist ebenfalls eine Länge auf, die der Anzahl der Neuronen in der Zelle entspricht, und enthält Werte zwischen –1 und 1.
4. f_t und C_{t-1} werden elementweise multipliziert und zur elementweisen Multiplikation von i_t und $\tilde{C}_t$ hinzuaddiert. Dabei werden Elemente des vorherigen Zellzustands vergessen und anschließend neue relevante Informationen hinzugefügt, um den aktualisierten Zellzustand C_t zu erzeugen.
5. Der ursprüngliche verknüpfte Vektor wird auch durch ein *Output-Gate* geleitet, einer dichten Schicht mit der Gewichtsmatrix W_o, dem Bias b_o und einer sigmoiden Aktivierungsfunktion. Der resultierende Vektor o_t besitzt eine Länge, die der Anzahl der Neuronen in der Zelle entspricht, und speichert Werte zwischen 0 und 1, die bestimmen, wie viel vom aktualisierten Zellzustand C_t von der Zelle ausgegeben werden soll.
6. Nachdem eine `tanh`-Aktivierungsfunktion auf den aktualisierten Zellzustand C_t angewendet wurde, wird dieser elementweise mit o_t multipliziert, um den neuen verborgenen Zustand h_t zu erhalten.

Den Code zur Erstellung des LSTM-Netzwerks finden Sie in Beispiel 6-3.

Beispiel 6-3: Erstellung des LSTM-Netzwerks

```
from keras.layers import Dense, LSTM, Input, Embedding, Dropout
from keras.models import Model
from keras.optimizers import RMSprop

n_units = 256
embedding_size = 100
```

```
text_in = Input(shape = (None,))
x = Embedding(total_words, embedding_size)(text_in)
x = LSTM(n_units)(x)
x = Dropout(0.2)(x)
text_out = Dense(total_words, activation = 'softmax')(x)

model = Model(text_in, text_out)

opti = RMSprop(lr = 0.001)
model.compile(loss='categorical_crossentropy', optimizer=opti)

epochs = 100
batch_size = 32
model.fit(X, y, epochs=epochs, batch_size=batch_size, shuffle = True)
```

Einen neuen Text erzeugen

Nachdem wir nun das LSTM-Netzwerk kompiliert und trainiert haben, können wir damit beginnen, mit dem folgenden Prozess lange Textzeichenketten zu generieren:

1. Geben Sie dem Netzwerk eine vorhandene Sequenz von Wörtern und lassen Sie sich das darauffolgende Wort vorhersagen.
2. Fügen Sie dieses Wort an die bestehende Sequenz an und wiederholen Sie den Vorgang.

Das Netzwerk gibt die Eintrittswahrscheinlichkeiten für alle Wörter aus. Aus dieser Ausgabe ziehen wir eine Stichprobe, um die Textgenerierung stochastisch und nicht deterministisch zu gestalten. Darüber hinaus können wir den Parameter `temperature` im Sampling-Prozess nutzen, um anzugeben, wie deterministisch der Prozess ausfallen soll.

Dies lässt sich mit dem Code in Beispiel 6-4 bewerkstelligen.

Beispiel 6-4: Texterzeugung mit einem LSTM-Netzwerk

```
def sample_with_temp(preds, temperature=1.0): ❶
    # Hilfsfunktion, um den Index aus dem Wahrscheinlichkeits-Array zu samplen
    preds = np.asarray(preds).astype('float64')
    preds = np.log(preds) / temperature
    exp_preds = np.exp(preds)
    preds = exp_preds / np.sum(exp_preds)
    probs = np.random.multinomial(1, preds, 1)
    return np.argmax(probs)

def generate_text(seed_text, next_words, model, max_sequence_len, temp):
    output_text = seed_text
    seed_text = start_story + seed_text ❷

    for _ in range(next_words):
        token_list = tokenizer.texts_to_sequences([seed_text])[0] ❸
        token_list = token_list[-max_sequence_len:] ❹
        token_list = np.reshape(token_list, (1, max_sequence_len))
```

```
        probs = model.predict(token_list, verbose=0)[0] ❺
        y_class = sample_with_temp(probs, temperature = temp) ❻

        output_word = tokenizer.index_word[y_class] if y_class > 0 else ''

        if output_word == "|": ❼
            break

        seed_text += output_word + ' ' ❽
        output_text += output_word + ' '

    return output_text
```

❶ Diese Funktion gewichtet die Log-Wahrscheinlichkeiten mit dem Skalierungsfaktor `temperature`, bevor erneut die Softmax-Aktivierungsfunktion angewandt wird. Eine Temperatur nahe null bewirkt, dass die Stichprobe deterministischer ist (d.h., das Wort mit der höchsten Wahrscheinlichkeit wird höchstwahrscheinlich auch gewählt), während eine Temperatur von eins bedeutet, dass jedes Wort mit der vom Modell ausgegebenen Wahrscheinlichkeit ausgewählt wird.

❷ Der Ausgangstext (`seed_text`) besteht aus einer Reihe von Wörtern, die Sie dem Modell zu Beginn des Generierungsprozesses geben möchten (er kann auch leer sein). Diesem ist ein Platzhalter vorangestellt, mit dem wir den Beginn einer Geschichte markieren (||||||||||||||||||||).

❸ Die Wörter werden in eine Liste mit Tokens umgewandelt.

❹ Es werden nur die letzten `max_sequence_len` Tokens berücksichtigt. Die LSTM-Schicht kann jede beliebige Sequenzlänge als Eingabe verarbeiten, aber je länger die Sequenz ist, desto mehr Zeit braucht sie, um das nächste Wort zu erzeugen. Daher sollte die Sequenzlänge begrenzt werden.

❺ Das Modell gibt für jedes Wort aus, mit welcher Wahrscheinlichkeit es als Nächstes in der Sequenz vorkommt.

❻ Die Wahrscheinlichkeiten werden unter Angabe der Temperatur in den Sampler geleitet, der das nächste Wort ausgibt. Mit dem Parameter `temperature` wird die Determiniertheit der Stichprobe bestimmt.

❼ Wenn das Ausgabewort dem Token des Ausgangstexts entspricht, werden keine weiteren Wörter erzeugt, da dies dem Modell signalisiert, dass es diese Geschichte beenden und die nächste beginnen soll!

❽ Andernfalls wird das neue Wort an den Ausgangstext angefügt, um die nächste Iteration des generativen Prozesses zu initialisieren.

Werfen wir einen Blick darauf, wie unterschiedlich sich zwei verschiedene `Temperature`-Werte auswirken (siehe Abbildung 6-9).

Bei beiden Passagen gibt es ein paar Dinge anzumerken. Erstens ähneln beide den Fabeln aus dem ursprünglichen Trainingsdatensatz in stilistischer Hinsicht. Beide beginnen mit der vertrauten Formulierung der Charaktere in der Geschichte. Auch im Allgemeinen ist der Text innerhalb von Anführungszeichen dialogähnlicher. In diesen Passagen werden Personalpronomen verwendet, und sie werden durch das Auftreten des Worts »said« eingeleitet.

Temperature 0.2

```
the ass and his lion . a certain man who had an ass and a stag at them in a good . " do , " said the other saying , "
you but the ass to be so . to come and you are in the way of ever see how you are , in the man of a lion . " the lion
replied , " you not very much to me , and i will be a eyes upon you , and , as that you were for the good of a on tha
t men will be had all the dog to be a lion . as the cock came , and the ground for it in a very much to wolf , " you
take my oh , if you will do not get me in any time the a very way of some day . " well again , which had very well on
ly a man , he turned up and said to the , " but i see what you see how i are day : but you not one of them to be not
well ? " . he saw what be a of master in the ass was said to him , " the other , you are a man of me , and i were so
. " the wolf was so much to the man and said to his master , " you , in the friend of you are ; and then he should be
running up they found for you said he had a way to make them . " as the very way , for it was that he could not see a
t the eagle and said to him , " i will be a lion and i have was one day , and you know that you go again , but come a
nd see what you are of the better . "
```

Temperature 1.0

```
the great man and the time . a sheep master fell on a head and had been in a other to get them . so the ass , caught
a young horse and was by me , and so he got himself into a horse than the lion of their put out ; and why , he found
a lion in a ass . you must go , he they we not only could not a bull by one day the tortoise in gratitude in a place
live of the very do wish you . so , as he could not the fox no one make the ass of the day , where in the well have w
ould all she had been in a good first , but the other dog and then a cock in a moment . i'm not a lion , who had " co
me off , that do you see that you find that the lion , who they fell on to be very much more good good strength , and
have to a mouse go . when the other who is same , who had no town mouse , and found a cat up out of a great much . "
the better feed in the water , that she came to a bird . the eagle never do so good a frog or and drink ; so my maste
r , saw that the master is was well and the ass at my a very good time . the ox turned too use for a way to have to h
erself : but if the will very fox came to let him one as one as it , and man as he should there well on by the place
and stood there . for the time the lamb ass in the ass , for his the lost these all , should found turned down . a us
e of the hard went to make it , " and the never soon can be of out of a ass . " the master , so not much be a eagle n
ever should be oh ! " presently , not to be a ass , who do not how were heavy : i'm not a do you , you get off in the
water , and not come to we are very take the just so ever even in my master .
```

Abbildung 6-9: Ein Beispiel für LSTM-generierte Passagen für zwei unterschiedliche Temperaturwerte

Zweitens erscheint der generierte Text bei einem Temperaturwert von 0,2 weniger abenteuerlich, aber in seiner Wortwahl stimmiger als der bei einem Temperaturwert von 1,0 erzeugte Text, da niedrigere Temperaturwerte zu deterministischeren Stichproben führen.

Zu guter Letzt liegt es auf der Hand, dass keine der beiden Passagen besonders flüssig als Geschichte über mehrere Sätze hinweg verläuft, denn das LSTM-Netzwerk kann die semantische Bedeutung der erzeugten Wörter nicht erfassen. Um Passagen zu generieren, die eine stärkere semantische Sinnhaftigkeit besitzen, könnten wir einen vom Menschen unterstützten Textgenerator einbeziehen. Dabei gibt das Modell die zehn Wörter mit den höchsten Wahrscheinlichkeiten aus, und es liegt dann letztlich an einem Menschen, das nächste Wort aus dieser Liste auszuwählen. Dieser Ansatz ähnelt dem des Texteingabeassistenten auf Ihrem Smartphone, bei dem Sie die Wahl zwischen einigen Wörtern haben, die auf Ihre bisherige Eingabe folgen könnten.

Zur Veranschaulichung zeigt Abbildung 6-10 jeweils die zehn Wörter mit den höchsten Wahrscheinlichkeiten, die die entsprechenden Sequenzen vervollständigen (nicht aus dem Trainingsdatensatz).

Das Modell ist in der Lage, eine adäquate Verteilung für das nächste wahrscheinlichste Wort hinsichtlich einer Vielzahl von Kontexten zu erzeugen. Obwohl das

Modell beispielsweise nie über Wortarten wie Substantiv, Verb, Adjektiv und Präposition informiert wurde, ist es im Allgemeinen in der Lage, diese Wortarten zu trennen und sie grammatikalisch korrekt zu verwenden. Es kann auch voraussagen, dass der unbestimmte Artikel, der in einer englischsprachigen Erzählung vor das Wort Adler (im Englischen *eagle*) gesetzt wird, eher das Wort »an« als das Wort »a« ist.

Nomen

```
the fox and the stag . there was a
21.3%  : time
19.1%  : lion
15.7%  : man
11.6%  : ass
8.6%   : good
4.3%   : fox
2.0%   : a
1.8%   : once
1.7%   : old
1.3%   : dogs
```

Verb

```
the fox and the snake . one day a fox
49.9%  : came
19.8%  : saw
8.0%   : went
6.0%   : ,
5.5%   : was
4.2%   : were
1.2%   : said
1.1%   : go
0.4%   : had
0.3%   : put
```

Präposition

```
the dog and the hare . a dog was lying
68.6%  : in
21.6%  : on
6.7%   : at
0.6%   : by
0.5%   : into
0.4%   : from
0.3%   : to
0.3%   : with
0.2%   : about
0.2%   : for
```

Adjektiv/Verb

```
the farmer and his sheep . a farmer was
17.2%  : unable
8.3%   : afraid
6.1%   : so
5.4%   : good
5.0%   : lying
4.6%   : sitting
4.2%   : who
2.4%   : by
2.3%   : going
2.3%   : caught
```

Artikel

```
the eagle and the sea .
89.4%  : an
4.1%   : the
1.5%   : just
1.2%   : thus
0.7%   : two
0.7%   : presently
0.6%   : a
0.5%   : there
0.4%   : jupiter
0.1%   : at
```

Zeichensetzung

```
the lion said ,
98.0%  : "
1.1%   : and
0.4%   : that
0.1%   : the
0.1%   : much
0.0%   : you
0.0%   : do
0.0%   : time
0.0%   : as
0.0%   : a
```

```
the lion said , and
84.4%  : the
5.2%   : you
3.4%   : that
3.0%   : if
0.3%   : well
0.2%   : "
0.2%   : i
0.2%   : my
0.2%   : we
0.2%   : very
```

Abbildung 6-10: Verteilung der Wahrscheinlichkeiten möglicher folgender Wörter für verschiedene Sequenzen

Das Zeichensetzungsbeispiel aus Abbildung 6-10 zeigt, wie empfindlich das Modell auch auf geringfügige Änderungen in der Eingabesequenz reagiert. Im ersten Abschnitt (»the lion said ,«) geht das Modell davon aus, dass mit einer Wahrscheinlichkeit von 98% Anführungszeichen folgen, sodass der Satz dem gesprochenen Sprachdialog vorangestellt ist. Wenn wir stattdessen für das nächste Wort »and« wählen, kann es verstehen, dass bei dieser Wortwahl Anführungszeichen unwahrscheinlich sind, da der Satz tendenziell in beschreibender Prosa weitergeht.

Erweiterungen von RNNs

Das Netzwerk im vorherigen Abschnitt ist ein einfaches Beispiel dafür, wie man ein LSTM-Netzwerk darauf trainieren kann, Texte in einem bestimmten Stil zu generieren. In diesem Abschnitt werden wir einige Erweiterungen dieser Idee entwickeln.

Hintereinandergeschaltete rekurrente Netzwerke

Das Netzwerk, das wir kurz zuvor gesehen haben, enthielt nur eine einzige LSTM-Schicht. Im Vergleich dazu können wir auch Netzwerke mit mehreren hintereinandergeschalteten LSTM-Schichten trainieren, sodass tiefer greifende Merkmale aus dem Text gelernt werden können.

Um das zu erreichen, setzen wir den Parameter `return_sequences` in der ersten LSTM-Schicht auf `True`. Dadurch wird der verborgene Zustand zu jedem einzelnen Zeitpunkt zur Ausgabe des Layers und nicht nur beim letzten Zeitpunkt. Die zweite LSTM-Schicht kann dann die verborgenen Zustände der ersten Schicht als Eingabedaten nutzen. Dies wird in Abbildung 6-11 visualisiert. Die gesamte Modellarchitektur zeigt Abbildung 6-12.

Der Code zur Erstellung des hintereinandergeschalteten LSTM-Netzwerks ist in Beispiel 6-5 zu finden.

Beispiel 6-5: Erstellen eines hintereinandergeschalteten LSTM-Netzwerks

```
text_in = Input(shape = (None,))
    embedding = Embedding(total_words, embedding_size)
    x = embedding(text_in)
    x = LSTM(n_units, return_sequences = True)(x)
    x = LSTM(n_units)(x)
    x = Dropout(0.2)(x)
    text_out = Dense(total_words, activation = 'softmax')(x)

    model = Model(text_in, text_out)
```

Gated Recurrent Units

Eine weitere häufig verwendete Art einer RNN-Schicht ist die *Gated Recurrent Unit* (GRU)[2]. Die wesentlichen Unterschiede zu einem Neuron einer LSTM-Schicht sind die folgenden:

1. Die Gates *Forget* und *Input* werden durch die Gates *Reset* und *Update* ersetzt.
2. Es gibt weder einen *Zellzustand* noch ein *Output-Gate*, nur einen *verborgenen Zustand*, der von der Zelle ausgegeben wird.

2 Kyunghyun Cho et al., »Learning Phrase Representations Using RNN Encoder-Decoder for Statistical Machine Translation«, 3. Juni 2014, *https://arxiv.org/abs/1406.1078*

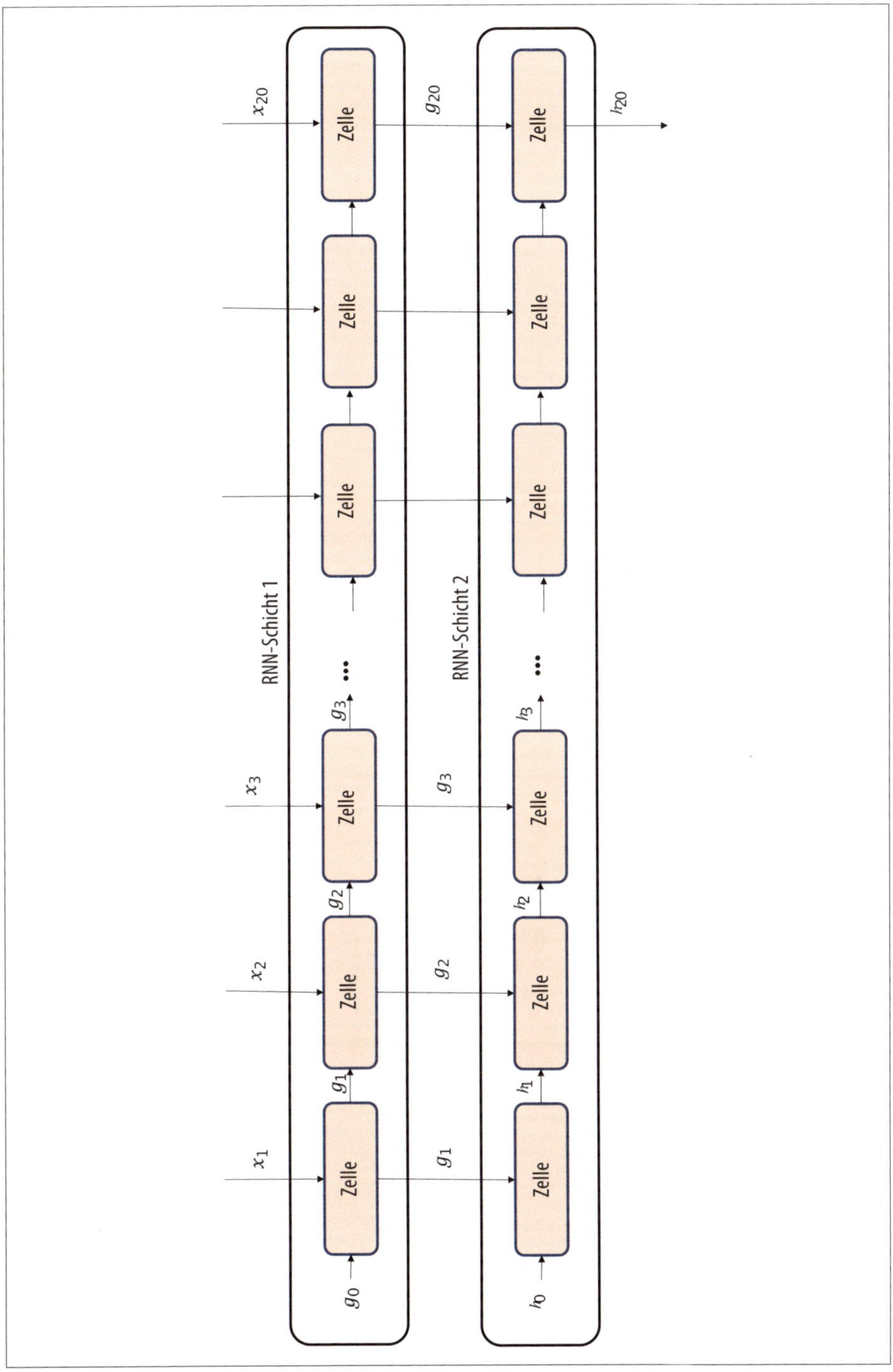

Abbildung 6-11: Schema eines mehrschichtigen RNN: g_t bezeichnet verborgene Zustände der ersten Schicht und h_t verborgene Zustände der zweiten Schicht.

```
_________________________________________________________________
Layer (type)                 Output Shape              Param #
=================================================================
input_1 (InputLayer)         (None, None)              0
_________________________________________________________________
embedding_1 (Embedding)      (None, None, 100)         416900
_________________________________________________________________
lstm_1 (LSTM)                (None, None, 256)         365568
_________________________________________________________________
lstm_2 (LSTM)                (None, 256)               525312
_________________________________________________________________
dropout_1 (Dropout)          (None, 256)               0
_________________________________________________________________
dense_1 (Dense)              (None, 4169)              1071433
=================================================================
Total params: 2,379,213
Trainable params: 2,379,213
Non-trainable params: 0
_________________________________________________________________
```

Abbildung 6-12: Ein hintereinandergeschaltetes LSTM-Netzwerk

Wie Sie in Abbildung 6-13 nachvollziehen können, wird der verborgene Zustand in vier Schritten aktualisiert.

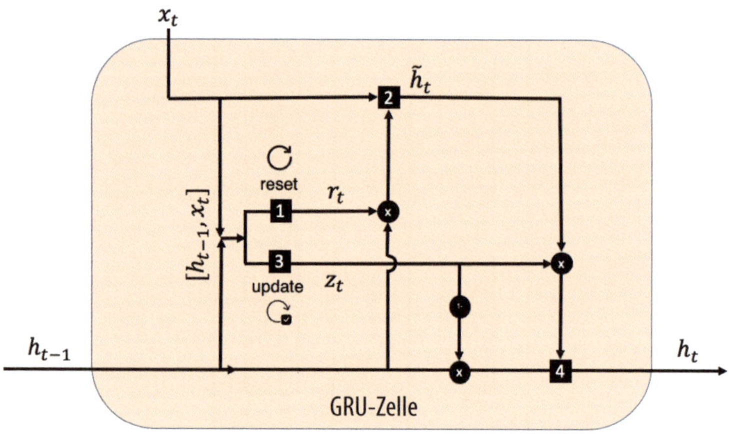

1 $r_t = \sigma\left(W_r \cdot [h_{t-1}, x_t]\right)$

2 $\tilde{h}_t = \tanh\left(W \cdot [r_t * h_{t-1}, x_t]\right)$

3 $z_t = \sigma\left(W_z \cdot [h_{t-1}, x_t]\right)$

4 $h_t = (1 - z_t) * h_{t-1} + z_t * \tilde{h}_t$

Abbildung 6-13: Eine einzelne GRU-Zelle

Der Prozess läuft wie folgt ab:

1. Der verborgene Zustand des vorherigen Zeitschritts, h_{t-1}, und die aktuelle Worteinbettung, x_t, werden zusammengeführt und zum Erstellen des *Reset-Gates* verwendet. Dieses Gate ist eine dichte Schicht mit der Gewichtungsmatrix W_r und einer sigmoiden Aktivierungsfunktion. Der resultierende Vektor r_t besitzt eine Länge, die der Anzahl der Neuronen in der Zelle entspricht, und er speichert Werte zwischen 0 und 1, die bestimmen, wie viel vom vorherigen verborgenen Zustand h_{t-1} in die Berechnung für den neuen Wissensstand der Zelle mit einbezogen werden soll.
2. Das Reset-Gate wird auf den verborgenen Zustand h_{t-1} angewendet und mit der aktuellen Worteinbettung x_t verknüpft. Dieser Vektor wird dann einer dichten Schicht mit einer Gewichtungsmatrix W und einer `tanh`-Aktivierungsfunktion zugeführt, um einen Vektor $\tilde{h}_t$ zu erzeugen, der den neuen Wissensstand der Zelle speichert. Sie hat eine Länge, die der Anzahl der Neuronen in der Zelle gleicht, und speichert Werte zwischen –1 und 1.
3. Die Verknüpfung des verborgenen Zustands des vorherigen Teilschritts, h_{t-1}, und die Einbettung des aktuellen Worts, x_t, werden auch dazu verwendet, das *Update*-Gate zu erstellen. Dieses Gate entspricht einer dichten Schicht mit der Gewichtungsmatrix W_z und ebenfalls einer sigmoiden Aktivierungsfunktion. Der resultierende Vektor z_t hat eine Länge, die der Anzahl der Neuronen in der Zelle entspricht, und speichert Werte zwischen 0 und 1, die verwendet werden, um zu bestimmen, wie viel des neuen Wissensstands $\tilde{h}_t$ in den aktuellen verborgenen Zustand h_{t-1} einfließt.
4. Der neue Wissensstand der Zelle $\tilde{h}_t$ und der aktuelle verborgene Zustand h_{t-1} werden in einem Verhältnis miteinander verknüpft, das durch das Update-Gate z_t bestimmt wird, um den aktualisierten verborgenen Zustand h_t zu erzeugen, der von der Zelle ausgegeben wird.

Bidirektionale Zellen

Bei Prognosemodellen, bei denen der gesamte Text zum Zeitpunkt der Inferenz zur Verfügung steht, gibt es keinen Grund, die Sequenz ausschließlich in Vorwärtsrichtung zu verarbeiten – sie könnte genauso gut rückwärts verarbeitet werden. Eine *bidirektionale* Schicht setzt an diesem Punkt an, indem sie zwei verborgene Zustände speichert: einen, der dadurch entsteht, dass die Sequenz in der üblichen Vorwärtsrichtung verarbeitet wird, und einen anderen, der durch die Rückwärtsverarbeitung der Sequenz erzeugt wird. Auf diese Weise kann die Schicht aus Informationen lernen, die dem jeweiligen Zeitpunkt sowohl vorausgehen als auch nachfolgen.

In Keras wird dies, wie in folgender Codezeile nachvollziehbar, mithilfe eines Wrappers um einen rekurrenten Layer implementiert:

```
layer = Bidirectional(GRU(100))
```

Die verborgenen Zustände in der resultierenden Schicht sind Vektoren mit einer Länge, die der doppelten Anzahl von Neuronen in der umhüllten Zelle entspricht (eine Verknüpfung der vorwärts und rückwärts gerichteten verborgenen Zustände). In diesem Beispiel entsprechen die verborgenen Zustände der Schicht also Vektoren der Länge 200.

Encoder-Decoder-Modelle

Bisher haben wir uns mit der Verwendung von LSTM-Netzwerken zur Fortsetzung einer bestehenden Textsequenz beschäftigt. Wir haben gesehen, wie eine einzelne LSTM-Schicht die Daten sequenziell verarbeitet, um einen verborgenen Zustand zu aktualisieren, der den aktuellen Wissensstand der Schicht hinsichtlich der Sequenz abbildet. Durch die Verknüpfung des letzten verborgenen Zustands mit einer dichten Schicht kann das Netzwerk eine Wahrscheinlichkeitsverteilung für das nächstfolgende Wort ausgeben.

Bei einigen Aufgaben liegt das Ziel nicht darin, ein einzelnes nächstes Wort einer gegebenen Sequenz vorherzusagen, sondern vielmehr darin, eine vollkommen neue Wortfolge vorherzusagen, die in irgendeiner Weise mit der Eingabesequenz in Beziehung steht. Beispiele für diesen Aufgabenbereich sind unter anderem:

Übersetzung von Sprachen
: Dem Netzwerk wird ein Text in der Quellsprache zugeführt, und das Ziel ist es, den in eine Zielsprache übersetzten Text auszugeben.

Erstellung von Fragen
: Das Encoder-Decoder-Netzwerk erhält eine Textpassage, und das Ziel ist es, eine sinnvolle Frage zu erzeugen, die über den Text gestellt werden könnte.

Textzusammenfassung
: Das Netzwerk erhält eine lange Textpassage mit dem Ziel, eine kurze Zusammenfassung der Passage zu erzeugen.

Für diese Art von Aufgaben können wir eine Netzwerkstruktur verwenden, die als *Encoder-Decoder* bekannt ist. Wir haben bereits eine Form von Encoder-Decoder-Netzwerken im Rahmen der Bilderzeugung gesehen: den Variational Autoencoder. Bei sequenziellen Daten funktioniert der Encoder-Decoder-Prozess wie folgt:

1. Die ursprüngliche Eingabesequenz wird durch das Encoder-RNN zu einem einzigen Vektor zusammengefasst.
2. Dieser Vektor wird verwendet, um das Decoder-RNN zu initialisieren.
3. In jedem Teilschritt wird der verborgene Zustand des Decoder-RNN mit einer dichten Schicht verbunden, die eine Wahrscheinlichkeitsverteilung für den Wortschatz ausgibt. Auf diese Weise kann der Decoder eine neue Textsequenz erzeugen, die durch eine Repräsentation der vom Encoder erzeugten Eingabedaten eingeleitet wird.

Dieser Prozess wird in Abbildung 6-14 im Kontext einer Übersetzung aus dem Englischen ins Deutsche veranschaulicht.

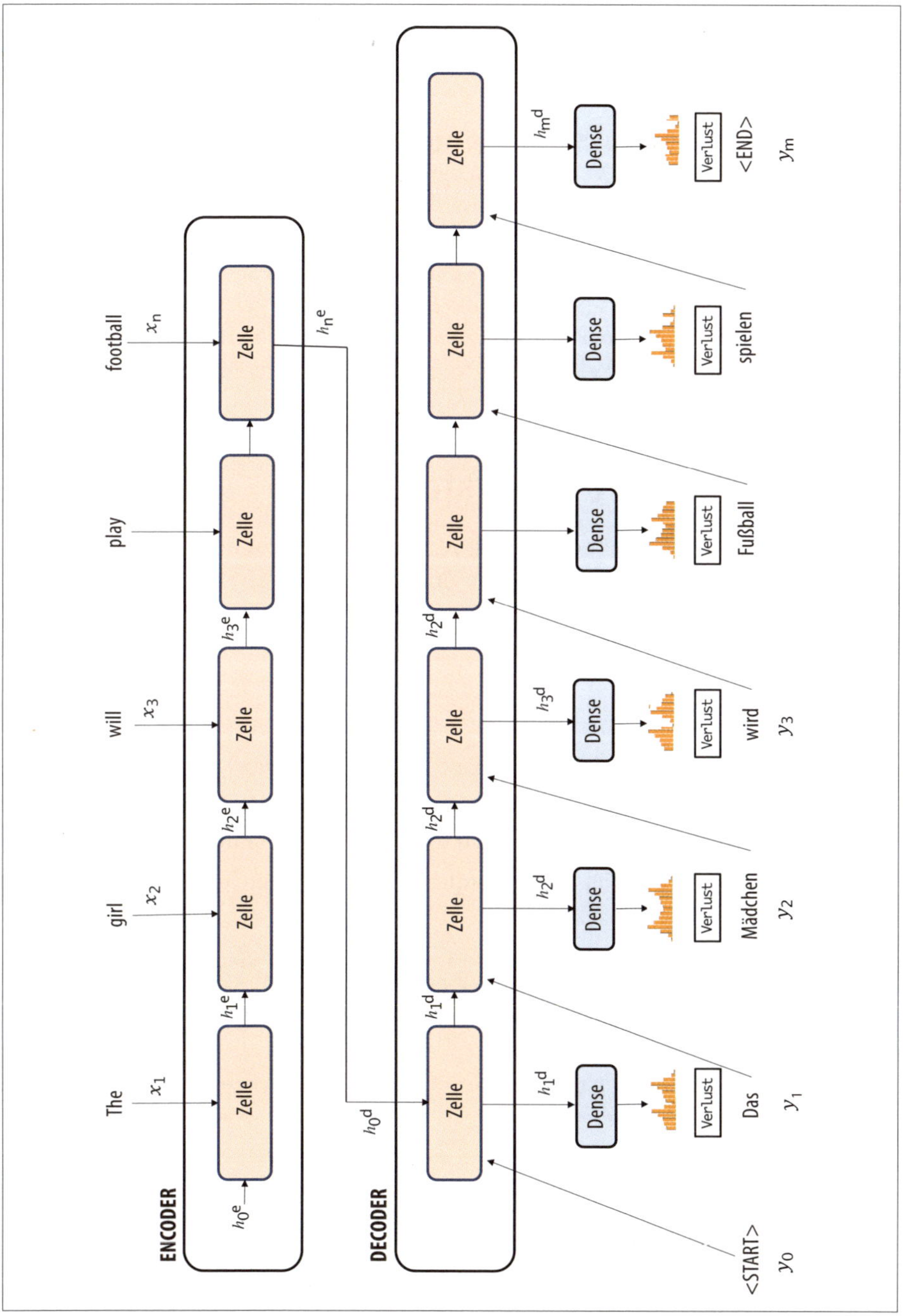

Abbildung 6-14: Ein Encoder-Decoder-Netzwerk

Der endgültige verborgene Zustand des Encoders kann als eine Repräsentation des gesamten Eingabedokuments betrachtet werden. Der Decoder wandelt diese Darstellung dann in eine sequenzielle Ausgabe um, wie beispielsweise eine Übersetzung des Texts in eine andere Sprache oder eine Frage zum Textinhalt.

Während des Trainings wird die vom Decoder bei jedem einzelnen Schritt erzeugte Ausgabeverteilung mit dem wahren nächsten Wort abgeglichen, um den Verlust zu berechnen. Um während des Trainingsprozesses Wörter zu erzeugen, muss der Decoder nicht aus diesen Verteilungen samplen, da die darauffolgende Zelle mit dem nächsten wahren Wort beschickt wird und nicht mit einem Wort, das aus der vorherigen Ausgangsverteilung gesamplet wurde. Diese Form des Trainings von Encoder-Decoder-Netzwerken wird als *Teacher Forcing* bezeichnet. Dabei können wir uns vorstellen, dass das Netzwerk ein Schüler ist, der gelegentlich falsche Verteilungsprognosen stellt, aber unabhängig davon, was das Netzwerk zu jedem Zeitpunkt ausgibt, liefert der Lehrer dem Netzwerk die richtige Antwort als Eingabe zur Vorhersage des nächsten Worts.

Ein Frage-Antwort-Generator

Wir führen nun alle Elemente in einem Modell zusammen, dessen Aufgabe es ist, für eine vorgegebene Textpassage Frage-und-Antwort-Paare zu erzeugen. Das Projekt lehnt sich an die Codebasis des `Qgen-TensorFlow-Workshops` (*http://bit.ly/2EUkIg8*) und das von Tong Wang, Xingdi Yuan und Adam Trischler veröffentlichte Modell an.[3]

Das Modell besteht aus zwei Teilen:

- einem RNN, das geeignete Antworten aus dem Textblock identifiziert, und
- einem Encoder-Decoder-Netzwerk, das eine passende Frage zu einer der möglichen Antworten erzeugt, die durch das RNN ausgewählt wurden.

Betrachten Sie zum Beispiel die folgende Einleitung einer Textpassage, die von einem Fußballspiel berichtet:

```
" Bei dem Spiel zwischen Arsenal und Barcelona wurde das Siegtor während des
Spiels von dem 23-jährigen Stürmer Joe Bloggs erzielt .
Arsenal verpflichtete den Stürmer kürzlich für 50 Millionen Pfund. Das nächste
Spiel ist in zwei Wochen am 31. Juli 2005 . "
```

Wir möchten, dass unser erstes Netzwerk in der Lage ist, mögliche Antworten wie die folgenden zu identifizieren:

```
"Joe Bloggs"
"Arsenal"
"Barcelona"
"50 Millionen Pfund"
"31. Juli 2005"
```

3 Tong Wang, Xingdi Yuan und Adam Trischler, »A Joint Model for Question Answering and Question Generation«, 5. Juli 2017, *https://arxiv.org/abs/1706.01450*

Unser zweites Netzwerk soll Fragen erzeugen, die in Bezug zu den Antworten stehen, wie beispielsweise die folgenden:

```
"Wer erzielte das Siegtor?"
"Wer hat das Spiel gewonnen?"
"Gegen wen hat Arsenal gespielt?"
"Wie viel hat der Stürmer gekostet?"
"Wann findet das nächste Spiel statt?"
```

Schauen wir uns zunächst den Datensatz, den wir verwenden möchten, genauer an.

Ein Frage-Antwort-Datensatz

Wir benutzen den Maluuba-NewsQA-Datensatz, den Sie auf GitHub (*http://bit.ly/2Ky7uJq*) herunterladen können.

Die so erhaltenen Dateien *train.csv*, *test.csv* und *dev.csv* sollten im Ordner *./data/qa/* innerhalb des Buch-Repositorys gespeichert werden. Sie alle besitzen die gleiche Spaltenstruktur, die wie folgt aufgebaut ist:

`story_id`
: Eine eindeutige Identifikation des Texts.

`story_text`
: Der Inhalt des Texts (z.B. »... wurde das Siegtor während des Spiels von dem 23-jährigen Stürmer Joe Bloggs erzielt.«).

`question`
: Eine Frage, die zum Text gestellt werden könnte (z.B. »Wie viel hat der Stürmer gekostet?«).

`answer_token_ranges`
: Die Token-Positionen der Antwort innerhalb des Texts (z.B. `24:27`). Kommt eine Antwort mehrmals in dem Text vor, werden mehrere Angaben zu allen Positionen gemacht (jeweils mit einem Komma getrennt).

Die Rohdaten werden verarbeitet und tokenisiert, um sie als Eingabe in unserem Modell verwenden zu können. Nach dieser Transformation besteht jede Beobachtung im Trainingsdatensatz aus den folgenden fünf Merkmalen:

`document_tokens`
: Der tokenisierte Text des Dokuments (z.B. `[1, 4633, 7, 66, 11, ...]`), gekappt oder aufgefüllt mit Nullen, um die Länge `max_document_length` (ein Parameter) zu gewährleisten.

`question_input_tokens`
: Die tokenisierte Frage (z.B. `[2, 39, 1, 52, ...]`), aufgefüllt mit Nullen, um die Länge `max_question_length` (ein weiterer Parameter) zu erreichen.

`question_output_tokens`
: Die tokenisierte Frage, um einem Zeitschritt versetzt (z.B. `[39, 1, 52, 1866, ...]`, aufgefüllt mit Nullen, um die Länge `max_question_length` zu gewährleisten.

answer_masks
: Eine binäre maskierte Matrix mit den Dimensionen [max_answer_length, max_document_length]. Der [i, j]-te Wert der Matrix ist jeweils 1, wenn sich das i-te Wort der Antwort zu der Frage beim j-ten Wort des Texts befindet, und andernfalls 0.

answer_labels
: Ein binärer Vektor der Länge max_document_length (z.B. [0, 1, 1, 1, 0, ...]). Das i-te Element des Vektors ist 1, wenn das i-te Wort des Texts als Bestandteil einer Antwort gewertet werden kann, und andernfalls 0.

Werfen wir nun einen Blick auf die Modellarchitektur, die es uns ermöglicht, Frage-Antwort-Paare für einen bestimmten Textabschnitt zu generieren.

Die Modellarchitektur

Abbildung 6-15 zeigt die gesamte Modellarchitektur, auf der unser Modell fußt. Sollte Sie das einschüchtern: Seien Sie unbesorgt! Es besteht ausschließlich aus Elementen, die wir bereits kennengelernt haben. In diesem Abschnitt vollziehen wir die Architektur Schritt für Schritt nach.

Analysieren wir zunächst den Keras-Code, der den Modellteil aus obigem Schaubild erzeugt, bei dem vorhersagt wird, ob jeweils ein Wort des Texts in einer Antwort enthalten ist oder nicht. Der Code ist in Beispiel 6-6 dargestellt. Sie können auch das zugehörige Notebook *06_02_qa_train.ipynb* aus dem Buch-Repository nutzen.

Beispiel 6-6: Eine Modellarchitektur zur Generierung von Frage-Antwort-Paaren

```
from keras.layers import Input, Embedding, GRU, Bidirectional, Dense, Lambda
from keras.models import Model, load_model
import keras.backend as K
from qgen.embedding import glove

#### PARAMETER ####

VOCAB_SIZE = glove.shape[0] # 9984
EMBEDDING_DIMENS = glove.shape[1] # 100

GRU_UNITS = 100
DOC_SIZE = None
ANSWER_SIZE = None
Q_SIZE = None

document_tokens = Input(shape=(DOC_SIZE,), name="document_tokens") ❶

embedding = Embedding(input_dim = VOCAB_SIZE, output_dim = EMBEDDING_DIMENS
        , weights=[glove], mask_zero = True, name = 'embedding') ❷
document_emb = embedding(document_tokens)

answer_outputs = Bidirectional(GRU(GRU_UNITS, return_sequences=True)
        , name = 'answer_outputs')(document__emb) ❸
answer_tags = Dense(2, activation = 'softmax'
    , name = 'answer_tags')(answer_outputs) ❹
```

❶ Die Dokument-Tokens werden als Eingabe in das Modell geführt. Hier verwenden wir die Variable `DOC_SIZE`, um die Größe dieser Eingabe zu bestimmen, wobei wir die Variable auf `None` gesetzt haben. Der Grund dafür ist, dass die Architektur des Modells nicht von der Länge der Eingabesequenz abhängig ist – die Anzahl der Zellen in der Schicht passt sich der Länge der Eingabesequenz an, sodass wir sie nicht explizit angeben müssen.

❷ Der `Embedding`-Layer wird mit *GloVe*-Wortvektoren initialisiert (siehe den folgenden Infokasten).

❸ Die rekurrente Schicht entspricht einer bidirektionalen GRU, die zu jedem Zeitpunkt den verborgenen Zustand zurückgibt.

❹ Die `Dense`-Ausgabeschicht ist zu jedem Zeitpunkt mit dem verborgenen Zustand verknüpft und hat nur zwei Neuronen mit einer Softmax-Aktivierung, die die Wahrscheinlichkeit wiedergeben, dass die einzelnen Wörter Bestandteil einer Antwort (1) oder nicht Teil einer Antwort (0) sind.

GloVe-Wortvektoren

Die Embedding-Schicht wird mit einer Reihe von vorab trainierten Worteinbettungen initialisiert und nicht mit zufälligen Vektoren, wie wir es zuvor gesehen haben. Diese Wortvektoren wurden im Rahmen des Projekts Stanford GloVe (»Global Vectors«, *https://stanford.io/2Wh3Ndv*) erstellt, bei dem ein unüberwachtes Lernverfahren dazu genutzt wurde, repräsentative Vektoren für eine große Anzahl von Wörtern zu erhalten.

Diese Vektoren besitzen viele nützliche Eigenschaften, wie z.B. ihre Ähnlichkeit hinsichtlich der verknüpften Wörter. Beispielsweise entspricht der Vektor zwischen den Einbettungen der Wörter »Mann« und »Frau« ungefähr dem Vektor zwischen den Wörtern »König« und »Königin«. Es scheint, als sei das Geschlecht eines Worts in dem latenten Raum codiert, in dem die Wortvektoren liegen. Die Initialisierung einer GloVe-Embedding-Schicht ist oft besser, als das Modell von Grund auf zu trainieren, da ein Großteil der aufwendigen Arbeit zur Darstellung eines Worts bereits durch den GloVe-Trainingsprozess geleistet wurde. Ihr Algorithmus kann anschließend die Worteinbettungen an den jeweiligen Kontext Ihrer maschinellen Lernaufgabe anpassen.

Um mit den GloVe-Wortvektoren innerhalb unseres Projekts zu arbeiten, laden Sie die Datei *glove.6B.100d.txt* (6 Milliarden Wörter mit je einer Einbettung der Länge 100) von der Projekt-Homepage des GloVe-Projekts herunter und führen dann das folgende Python-Skript aus dem Buch-Repository aus, um diese Datei so zu konfigurieren, dass nur Wörter berücksichtigt werden, die auch im Trainingskorpus vorhanden sind:

```
python ./utils/write.py
```

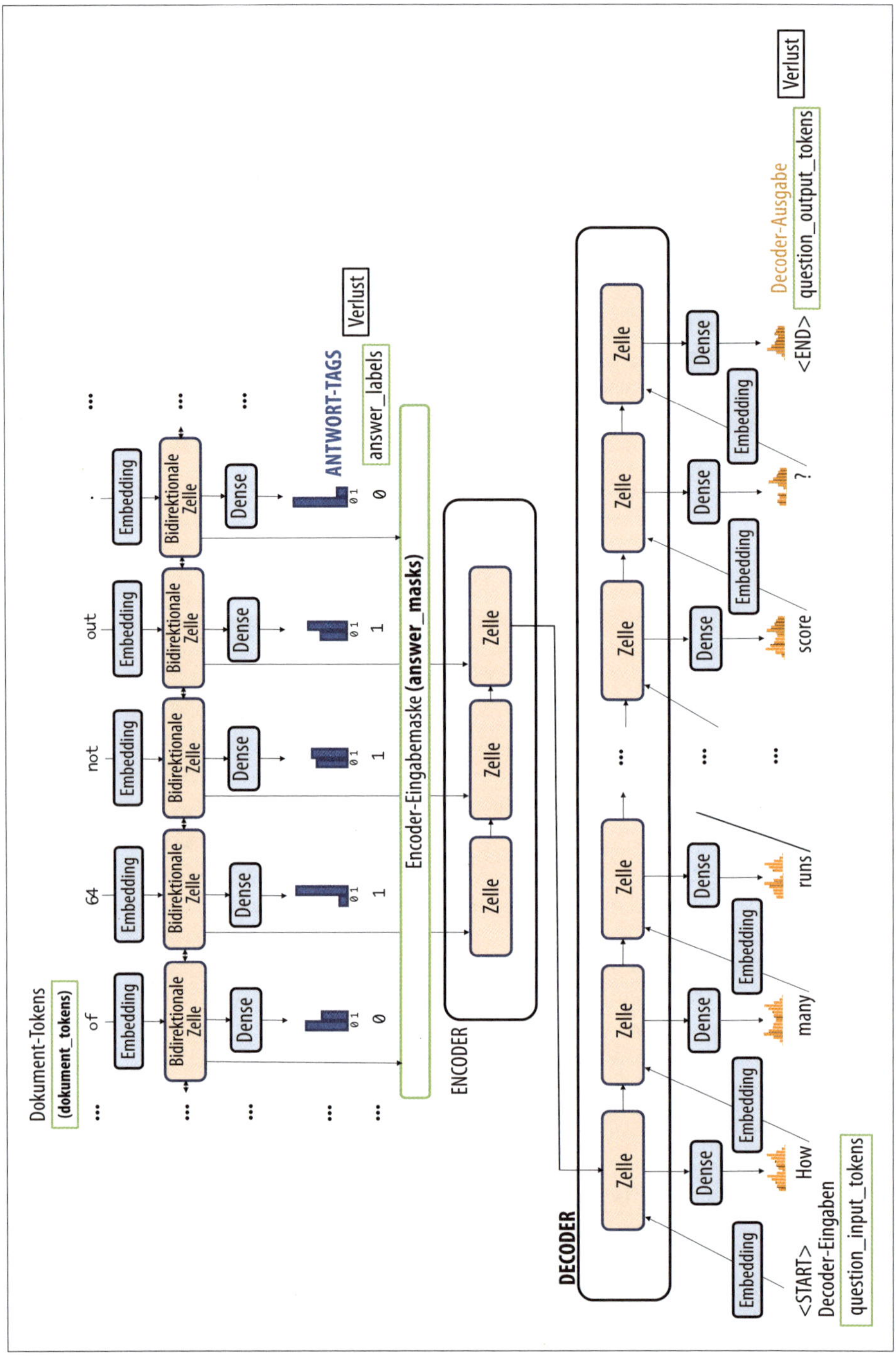

Abbildung 6-15: Die Architektur für die Erzeugung von Frage-Antwort-Paaren; die Eingabedaten sind jeweils grün umrandet.

Den zweiten Teil des Modells bildet das Encoder-Decoder-Netzwerk, das eine vorgegebene Antwort erhält und dazu eine passende Frage zu formulieren versucht (der untere Teil von Abbildung 6-15).

Den Keras-Code für diesen Teil des Netzwerks finden Sie in Beispiel 6-7.

Beispiel 6-7: Die Modellarchitektur des Encoder-Decoder-Netzwerks, das eine passende Frage zu einer gegebenen Antwort erzeugt

```
encoder_input_mask = Input(shape=(ANSWER_SIZE, DOC_SIZE)
        , name="encoder_input_mask")❶
encoder_inputs = Lambda(lambda x: K.batch_dot(x[0], x[1])
        , name="encoder_inputs")([encoder_input_mask, answer_outputs])
encoder_cell = GRU(2 * GRU_UNITS, name = 'encoder_cell')(encoder_inputs) ❷

decoder_inputs = Input(shape=(Q_SIZE,), name="decoder_inputs") ❸
decoder_emb = embedding(decoder_inputs) ❹
decoder_emb.trainable = False
decoder_cell = GRU(2 * GRU_UNITS, return_sequences = True, name = 'decoder_cell')
decoder_states = decoder_cell(decoder_emb, initial_state = [encoder_cell]) ❺

decoder_projection = Dense(VOCAB_SIZE, name = 'decoder_projection'
        , activation = 'softmax', use_bias = False)
decoder_outputs = decoder_projection(decoder_states) ❻

total_model = Model([document_tokens, decoder_inputs, encoder_input_mask]
        , [answer_tags, decoder_outputs])
answer_model = Model(document_tokens, [answer_tags])
decoder_initial_state_model = Model([document_tokens, encoder_input_mask]
        , [encoder_cell])
```

❶ Die maskierte Antwortmatrix wird als Eingabe an das Modell weitergeleitet – so können wir die verborgenen Zustände eines einzelnen Antwortbereichs an den Encoder-Decoder übergeben. Dazu verwenden wir eine `Lambda`-Schicht.

❷ Der Encoder entspricht einem `GRU`-Layer, dem die verborgenen Zustände für einen gegebenen Antwortbereich als Eingabedaten zugeführt werden.

❸ Die Eingabedaten für den Decoder umfassen die Fragen, die zu einem vorgegebenen Antwortbereich passen.

❹ Die Wort-Tokens der Fragen werden durch die gleiche Embedding-Schicht geleitet, die auch in dem Modell verwendet wird, das die Antworten identifiziert.

❺ Der Decoder besteht aus einem `GRU`-Layer und wird mit dem endgültigen verborgenen Zustand vom Encoder initialisiert.

❻ Die verborgenen Zustände des Decoders werden durch eine `Dense`-Schicht geleitet, um eine Verteilung des gesamten Wortschatzes für das nächste Wort in der Sequenz zu erzeugen.

Damit haben wir unser Netzwerk zur Erzeugung von Frage-Antwort-Paaren vervollständigt. Um das Netzwerk zu trainieren, übergeben wir den Dokumententext, den Fragetext und die maskierten Antworten batchweise als Eingabedaten und minimieren den Kreuzentropie-Verlust sowohl hinsichtlich der Vorhersage der Position der Antwort als auch hinsichtlich der Generierung der Fragen, wobei beide gleichgewichtet in die Verlustfunktion einfließen.

Inferenz

Um das Modell an einer Eingabesequenz zu testen, die es noch nie zuvor gesehen hat, müssen wir den folgenden Prozess in Gang setzen:

1. Leiten Sie den Text des Dokuments an den Antwortgenerator weiter, um gesamplete Positionen für Antworten im Dokument zu erzeugen.
2. Wählen Sie einen dieser Antwortblöcke, um ihn an den Encoder-Decoder-Fragegenerator weiterzuleiten (d.h., die entsprechende maskierte Antwort zu erzeugen).
3. Schicken Sie das Dokument und die Antwortmaske an den Encoder, um den Ausgangszustand für den Decoder zu erzeugen.
4. Initialisieren Sie den Decoder mit diesem Ausgangszustand und speisen Sie das `<START>`-Token ein, um das erste Wort der Frage zu erzeugen. Setzen Sie diesen Prozess fort, indem Sie die erzeugten Wörter nacheinander eingeben, bis vom Modell das `<END>`-Token vorhergesagt wird.

Wie bereits erwähnt, verwendet das Modell während des Trainings das Teacher Forcing, um die zugrunde liegenden wahren Wörter (und nicht die vorhergesagten nächsten Wörter) zurück in die Decoder-Zelle zu leiten. Während der Inferenz muss das Modell jedoch selbst eine Frage generieren, damit es die vorhergesagten Wörter unter Beibehaltung des verborgenen Zustands an die Decoder-Zelle zurückgeben kann.

Eine Möglichkeit besteht darin, ein zusätzliches Keras-Modell (`question_model`) zu definieren, das das aktuelle Wort-Token und den aktuellen verborgenen Zustand des Decoders als Eingabe akzeptiert und die vorhergesagte nächste Wortverteilung und den aktualisierten verborgenen Zustand des Decoders ausgibt. In Beispiel 6-8 wird gezeigt, wie sich das mit Keras umsetzen lässt.

Beispiel 6-8: Inferenzmodelle

```
decoder_inputs_dynamic = Input(shape=(1,), name="decoder_inputs_dynamic")
decoder_emb_dynamic = embedding(decoder_inputs_dynamic)
decoder_init_state_dynamic = Input(shape=(2 * GRU_UNITS,)
        , name = 'decoder_init_state_dynamic')
decoder_states_dynamic = decoder_cell(decoder_emb_dynamic
        , initial_state = [decoder_init_state_dynamic])
decoder_outputs_dynamic = decoder_projection(decoder_states_dynamic)

question_model = Model([decoder_inputs_dynamic, decoder_init_state_dynamic]
    , [decoder_outputs_dynamic, decoder_states_dynamic])
```

Wie in Beispiel 6-9 veranschaulicht, können wir das Modell in einer Schleife verwenden, um die Ausgangsfrage Wort für Wort zu erzeugen.

Beispiel 6-9: Erzeugung von Frage-Antwort-Paaren für ein gegebenes Dokument

```
test_data_gen = test_data()
batch = next(test_data_gen)
answer_preds = answer_model.predict(batch["document_tokens"])

idx = 0
start_answer = 37
end_answer = 39

answers = [[0] * len(answer_preds[idx])]
for i in range(start_answer, end_answer + 1):
    answers[idx][i] = 1

answer_batch = expand_answers(batch, answers)

next_decoder_init_state = decoder_initial_state_model.predict(
        [answer_batch['document_tokens'][[idx]], answer_batch['answer_masks'][[idx]]])

word_tokens = [START_TOKEN]
questions = [look_up_token(START_TOKEN)]

ended = False

while not ended:

        word_preds, next_decoder_init_state = question_model.predict(
        [word_tokens, next_decoder_init_state])

        next_decoder_init_state = np.squeeze(next_decoder_init_state, axis = 1)
        word_tokens = np.argmax(word_preds, 2)[0]

        questions.append(look_up_token(word_tokens[0]))

        if word_tokens[0] == END_TOKEN:
                ended = True

questions = ' '.join(questions)
```

Modellergebnisse

In Abbildung 6-16 sehen Sie einen Auszug gesampleter Modellausgaben (siehe auch das dazugehörige Notebook *06_03_qa_analysis.ipynb* in dem Buch-Repository). Der rechte Teil des Schaubilds gibt die ermittelte Wahrscheinlichkeit für jedes Wort im Dokument an, Bestandteil der jeweiligen Antwort zu sein. Diese Antworten werden dann an den Fragegenerator weitergeleitet – die Ausgabe dieses Modells wird auf der linken Seite des Schaubilds dargestellt (»Predicted Question«).

Achten Sie darauf, wie gut der Antwortgenerator in der Lage ist, die Wörter im Dokument, die am ehesten in einer Antwort enthalten sind, zu identifizieren. Das

Ergebnis ist bereits recht beeindruckend, besonders da der Antwortgenerator diesen Text noch nie zuvor gesehen hat und auch bestimmte Wörter aus dem Dokument, die in der Antwort enthalten sind, wie »Bloggs«, zuvor nicht gekannt hat. Er ist in der Lage, aus dem Kontext abzuleiten, dass es sich wohl um den Nachnamen einer Person handelt und das Wort somit wahrscheinlich Teil einer Antwort ist.

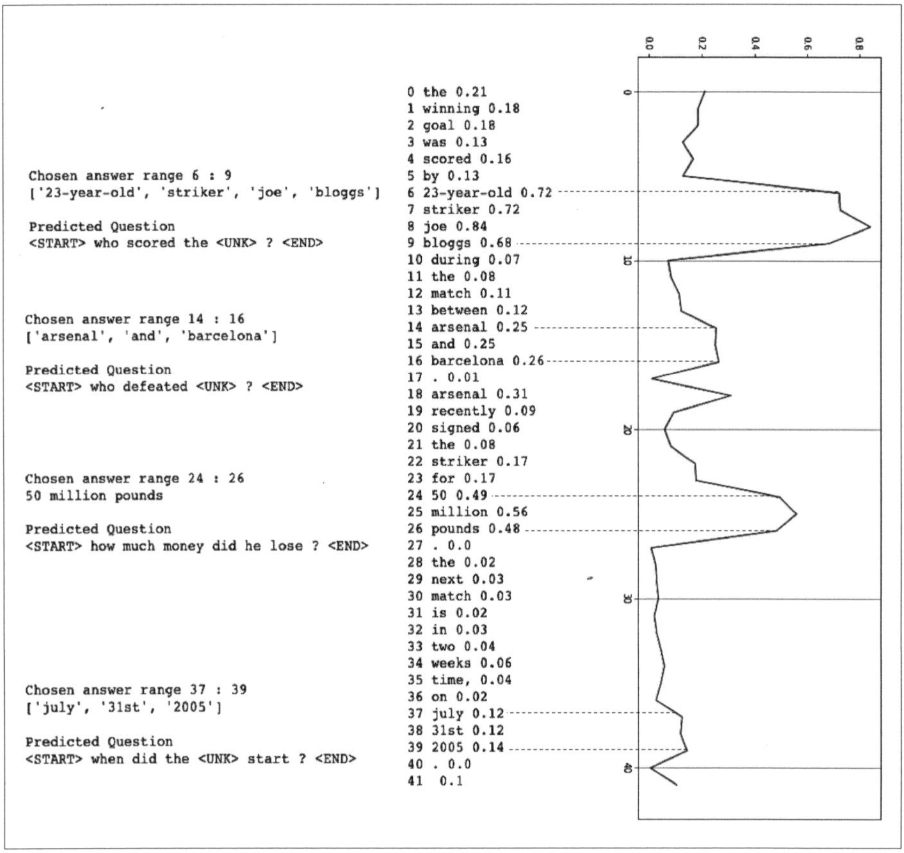

Abbildung 6-16: Gesamplete Ergebnisse des Modells (Sie sehen hier die englische Version, zur besseren Lesbarkeit wurde das Beispiel im Text übersetzt.)

Aus jeder dieser möglichen Antworten extrahiert der Encoder den Kontext, sodass der Decoder in der Lage ist, geeignete Fragen zu erstellen. Bemerkenswert ist, dass der Encoder in der Lage ist, die in der ersten Antwort erwähnte Person, den »23-jährigen Stürmer Joe Bloggs«, auch als wahrscheinliche Antwort auf die Frage zu seinen Torschussfähigkeiten zu erfassen, und diesen Kontext an den Decoder weitergibt, sodass dieser die Frage »Wer erzielte das <UNK>?« und nicht etwa »Wer ist der Präsident?« ausgibt.

Der Decoder beendet die Frage mit dem Tag *<UNK>*, jedoch nicht, weil er nicht weiß, was er als Nächstes tun soll – er geht davon aus, dass das folgende Wort wahrscheinlich außerhalb des Wortschatzes liegt. Es sollte uns nicht überraschen, dass das Modell in diesem Zusammenhang auf die Verwendung des Tags *<UNK>* zurückgreift, da viele der verwendeten Nischenwörter auf diese Weise im ursprünglichen Korpus tokenisiert wurden.

Es ist offensichtlich, dass der Decoder in allen Fällen die richtige *Art* von Frage wählt – wer, wie viel oder wann, je nach vorgegebener Antwort. Es gibt jedoch noch einige Probleme, z. B. bei der Frage, »Wie viel Geld hat er verloren?« statt »Wie viel Geld hat der Stürmer gekostet?«. Das ist nachvollziehbar, da dem Decoder nur der endgültige Zustand des Encoders und nicht das Originaldokument vorliegt, aus dem er zusätzliche Informationen ziehen könnte.

Es gibt mehrere Erweiterungen für Encoder-Decoder-Netzwerke, die die Genauigkeit und die generative Leistung des Modells verbessern. Zwei der am häufigsten verwendeten sind *Pointer-Netzwerke*[4] und Netzwerke mit *Aufmerksamkeitsmechanismus*.[5] Pointer-Netzwerke geben dem Modell die Möglichkeit, auf bestimmte Wörter im Eingabetext zu *zielen*, um sie in die generierte Frage aufzunehmen, anstatt sich nur auf Wörter aus dem bekannten Wortschatz zu stützen. Auf diese Weise wird das bereits erwähnte Problem mit dem Tag *<UNK>* gelöst. Dem Aufmerksamkeitsmechanismus werden wir uns im nächsten Kapitel widmen.

Zusammenfassung

In diesem Kapitel haben wir gesehen, wie rekurrente neuronale Netze eingesetzt werden können, um Textsequenzen zu erzeugen, die einen bestimmten Schreibstil nachahmen und auch plausible Frage-Antwort-Paare aus einem bestimmten Dokument erzeugen.

Mit dem LSTM und der GRU haben wir zwei verschiedene Arten von rekurrenten Layern untersucht und gesehen, wie diese Zellen hintereinandergeschaltet oder bidirektional gestaltet werden können, um komplexere Netzwerkarchitekturen zu entwickeln. Die in diesem Kapitel vorgestellte Encoder-Decoder-Architektur stellt ein wichtiges generatives Instrumentarium dar, da sie es ermöglicht, sequenzielle Daten zu einem einzigen Vektor zu verdichten, der dann in eine andere Sequenz umgewandelt werden kann. Dies erweist sich bei einer Reihe von Problemen jenseits der Generierung von Frage-Antwort-Paaren als hilfreich, wie z. B. bei Übersetzungen und Textzusammenfassungen.

In beiden Fällen haben wir gesehen, wie wichtig es ist, zu verstehen, wie man unstrukturierte Textdaten in ein strukturiertes Format umwandelt, das von rekurrenten neuronalen Netzwerkschichten verwendet werden kann. Ein gutes Verständnis dafür, wie sich die Gestalt des Tensors beim Durchlaufen des Netzwerks

4 Oriol Vinyals, Meire Fortunato und Navdeep Jaitly, »Pointer Networks«, 9. Juli 2015, *https://arxiv.org/abs/1506.03134*.

5 Dzmitry Bahdanau, Kyunghyun Cho und Yoshua Bengio, »Neural Machine Translation by Jointly Learning to Align and Translate«, 1. September 2014, *https://arxiv.org/abs/1409.0473*.

ändert, ist ebenfalls entscheidend für den Aufbau erfolgreicher Netzwerke. Rekurrente Schichten bedürfen in dieser Hinsicht besonderer Sorgfalt, da die zeitliche Dimension sequenzieller Daten den Transformationsprozess zusätzlich komplexer macht.

Im nächsten Kapitel finden wir heraus, wie viele der Strategien, die wir im Rahmen rekurrenter neuronaler Netze kennengelernt haben, auch auf eine andere Art von sequenziellen Daten übertragbar sind: Musik.

KAPITEL 7

Komponieren

Neben der bildenden Kunst und dem kreativen Schreiben stellt auch die Komponierkunst in der Musik einen weiteren Kernbereich einzigartiger menschlicher Kreativität dar.

Damit eine Maschine Musik komponieren kann, die uns auch gefällt, muss sie viele der gleichen technischen Herausforderungen bewältigen, die wir im vorherigen Kapitel in Bezug auf die Texterstellung gesehen haben. Vor allem sollte das Modell in der Lage sein, die sequenzielle Struktur der Musik zu lernen wie auch wiederherzustellen, um aus einer Vielzahl diskreter Auswahlmöglichkeiten die nachfolgenden Noten vorherzusagen.

Die Erzeugung von Musik bringt jedoch zusätzliche Herausforderungen mit sich, die im Rahmen der Textgenerierung nicht erforderlich sind, nämlich der Umgang mit Tonhöhe und Rhythmus. Musik ist oft polyphon, d. h., es gibt mehrere Tonfolgen, die gleichzeitig auf verschiedenen Instrumenten gespielt werden, die sich zu Harmonien verbinden, die entweder dissonant (kollidierend) oder konsonant (harmonisch) sind. Die Texterzeugung erfordert nur die Verarbeitung eines einzigen Textstroms und nicht mehrerer gleichzeitiger Akkordfolgen, wie sie in der Musik vorhanden sind.

Die Erzeugung von Text kann zudem wortweise erfolgen. Wir sollten jedoch sorgfältig prüfen, ob dies ebenfalls eine geeignete Methode zur Verarbeitung musikalischer Daten darstellt, denn das Interesse, das sich aus dem Hören von Musik ergibt, liegt vor allem im Zusammenspiel verschiedener Rhythmen innerhalb eines Ensembles begründet. Ein Gitarrist kann eine ganze Reihe schnellerer Töne spielen, während der Pianist z. B. einen länger andauernden Akkord spielt. Folglich gestaltet sich die Erzeugung von Musik Note für Note kompliziert, da wir oft nicht möchten, dass alle Instrumente gleichzeitig ihren Ton wechseln.

In diesem Kapitel beschränken wir uns zunächst auf eine Vereinfachung des Problems, indem wir uns auf die Musikkomposition einer einzigen (monophonen) Tonspur konzentrieren. Wie wir sehen werden, können viele der rekurrenten Methoden aus dem vorherigen Kapitel zur Textgenerierung auch für die Erzeugung von Musik verwendet werden, da beide Aufgaben viele gemeinsame Eigenschaften besitzen. Des Weiteren wird der *Aufmerksamkeitsmechanismus* vorgestellt. Dieser ermöglicht uns, RNNs zu entwickeln, die in der Lage sind, zu ermitteln, auf welche vorherigen Noten wir uns bei der Vorhersage der nächsten Note konzentrieren sollten. Schließlich stellen wir uns der Herausforderung, polyphone Musik zu erzeugen, und erfahren dabei, wie wir eine auf dem GAN basierende Architektur einsetzen können, um mehrstimmige Musik zu erzeugen.

Vorabklärungen

Jeder, der sich mit der Komposition von Musik beschäftigt, sollte über ein gewisses musiktheoretisches Grundwissen verfügen. In diesem Abschnitt lernen Sie die grundlegende Notation kennen, die zum Lesen von Musikschrift erforderlich ist, und wir befassen uns damit, wie wir diese numerisch darstellen können, um Musik in Eingabedaten zu transformieren, die zum Trainieren eines generativen Modells genutzt werden können.

Wir setzen zunächst das Notebook *07_01_notation_compose.ipynb* aus dem Buch-Repository ein. Eine weitere ausgezeichnete Ressource für den Einstieg in die Musikkomposition mit Python bietet Sigurður Skúlis Blogbeitrag (*http://bit.ly/2XtmRXr*) und das zugehörige GitHub-Repository (*http://bit.ly/2I07hgv*).

Der Rohdatensatz, den wir verwenden, besteht aus mehreren MIDI-Dateien, die die Suiten für Violoncello von J. S. Bach beinhalten. Sie können auch jeden beliebigen anderen Datensatz nehmen. Wenn Sie ebenfalls mit dem MIDI-Datensatz arbeiten möchten, finden Sie in dem Notebook eine Anleitung zum Herunterladen der Dateien.

Um die vom Modell erzeugte Musik visualisieren und hören zu können, benötigen Sie eine Software, die eine Notation für Ihre Musik erzeugen kann. MuseScore (*https://musescore.org*) ist ein großartiges kostenloses Tool, das Sie für diese Zwecke herunterladen können.

Musiknotation

Wir verwenden die Python-Bibliothek `music21`, um die MIDI-Dateien zur weiteren Verarbeitung in Python zu laden. Beispiel 7-1 zeigt, wie man eine MIDI-Datei lädt und visualisiert (siehe Abbildung 7-1), und zwar sowohl in Form einer Partitur als auch in strukturierter Datenform.

Beispiel 7-1: Laden einer MIDI-Datei

```
from music21 import converter, chord, note

dataset_name = 'cello'
filename = 'cs1-2all'
file = "./data/{}/{}.mid".format(dataset_name, filename)

original_score = converter.parse(file).chordify()
```

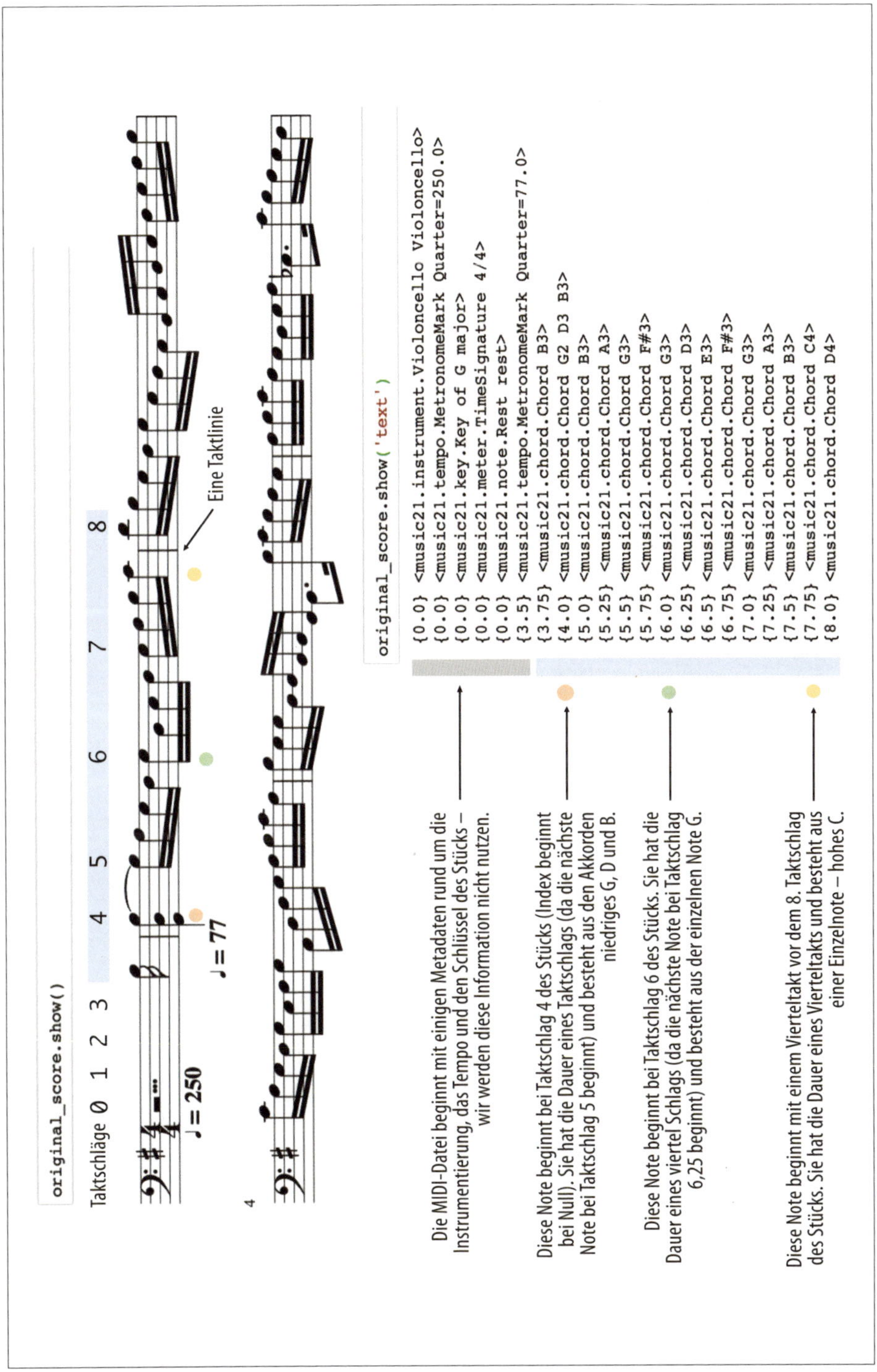

Abbildung 7-1: Musiknotation

Wir verwenden die Methode chordify, um alle gleichzeitig gespielten Noten innerhalb eines einzigen Parts in Akkorden unterzubringen, anstatt sie auf mehrere aufzuteilen. Da dieses Musikstück von nur einem Instrument (einem Cello) gespielt wird, ist das durchaus gerechtfertigt. Wenn wir mehrstimmige Musik erzeugen möchten, sollten wir die Parts getrennt halten. Dies bringt zusätzliche Herausforderungen mit sich, denen wir uns im weiteren Verlauf des Kapitels stellen werden.

Der Code in Beispiel 7-2 durchläuft die Partitur und extrahiert die Tonhöhe und -dauer jeder Note (inklusive der Pausen) im Stück in jeweils eine Liste. Die einzelnen Noten in den Akkorden sind durch einen Punkt getrennt, sodass der gesamte Akkord als einzelner String gespeichert werden kann. Die Zahl hinter den einzelnen Notennamen gibt die *Oktave* an, in der sich die Note befindet – da sich die Notennamen (A bis G) wiederholen, ist das für die eindeutige Identifizierung der Tonhöhe einer Note unerlässlich. Zum Beispiel liegt G2 eine Oktave unter G3.

Beispiel 7-2: Extrahieren der Daten

```
notes = []
durations = []

for element in original_score.flat:

    if isinstance(element, chord.Chord):
        notes.append('.'.join(n.nameWithOctave for n in element.pitches))
        durations.append(element.duration.quarterLength)

    if isinstance(element, note.Note):
        if element.isRest:
            notes.append(str(element.name))
            durations.append(element.duration.quarterLength)
        else:
            notes.append(str(element.nameWithOctave))
            durations.append(element.duration.quarterLength)
```

Die erzeugten Listen sind in Tabelle 7-1 abgebildet.

Der resultierende Datensatz sieht nun den Textdaten ähnlich, mit denen wir uns zuvor beschäftigt haben. Die Wörter entsprechen den *Tonhöhen*, mit denen wir ein Modell erstellen können, das die nächste Tonhöhe auf Basis der vorherigen Tonhöhen vorhersagt. Ebenso verhält es sich mit der Liste der Tondauern. Keras verschafft uns die Flexibilität, ein Modell zu erstellen, das die Vorhersage von Tonhöhe und -dauer gleichzeitig bewältigen kann.

Tabelle 7-1: Die Tonhöhe und -dauer jeder Note, als Liste gespeichert

Tondauer	Tonhöhe
0,25	B3
1,0	G2.D3.B3
0,25	B3
0,25	A3
0,25	G3
0,25	F#3
0,25	G3
0,25	D3
0,25	E3
0,25	F#3
0,25	G3
0,25	A3

Ihr erstes Musik erzeugendes RNN

Um den Datensatz zu erstellen, mit dem das Modell trainiert werden soll, ist es – wie zuvor für den Wortschatz des Textkorpus – erforderlich, jeder Tonhöhe und -dauer einen ganzzahligen Wert zuzuweisen (siehe Abbildung 7-2, Anm. der Übersetzer: Die Abbildungen in diesem Abschnitt können Sie mithilfe des Notebooks *07_02_lstm_compose_train.ipynb* reproduzieren). Dabei ist es unerheblich, welche Werte dabei vergeben werden, da wir die ganzzahligen Nachschlagewerte mittels einer Einbettungsschicht in Vektoren transformieren.

```
note_to_int                    duration_to_int

{'A2': 0,                      {0: 0,
 'A2.A3': 1,                    Fraction(1, 12): 1,
 'A2.B2': 2,                    Fraction(1, 6): 2,
 'A2.C3': 3,                    0.25: 3,
 'A2.D3': 4,                    Fraction(1, 3): 4,
 'A2.E-3': 5,                   0.5: 5,
 'A2.E3': 6,                    Fraction(2, 3): 6,
 'A2.E3.A3': 7,                 0.75: 7,
 'A2.E3.C#4': 8,                1.0: 8,
 'A2.E3.C#4.A4': 9,             1.25: 9,
 'A2.E3.C#4.E4': 10,            Fraction(4, 3): 10,
```

Abbildung 7-2: Die Nachschlage-Dictionaries für die Tonhöhen und -dauern, jeweils mit Ganzzahlen referenziert

Anschließend erstellen wir den Trainingsdatensatz, indem wir die Daten in kleine Batches von 32 Noten unterteilen, die sowohl für die Tonhöhe als auch für die Dauer die nächste Note in der Sequenz als Antwortvariable enthalten (One-Hot-codiert). Dies ist beispielhaft in Abbildung 7-3 dargestellt.

```
pitch input
[386  77 340  77  27 371 260 371 168 237 260 371  27  77 144 196  77 371
 260 371 237 168 124  61 124 168 237 260 371  27  77 144]
duration input
[0 3 8 3 3 3 3 3 3 3 3 3 3 3 3 3 3 3 3 3 3 3 3 3 3 3 3 3 3 3 3 3]
pitch output
[0. 0. 0. 0. 0. 0. 0. 0. 0. 0. 0. 0. 0. 0. 0. 0. 0. 0. 0. 0. 0. 0. 0. 0.
 0. 0. 0. 1. 0. 0. 0. 0. 0. 0. 0. 0. 0. 0. 0. 0. 0. 0. 0. 0. 0. 0. 0. 0.
 0. 0. 0. 0. 0. 0. 0. 0. 0. 0. 0. 0. 0. 0. 0. 0. 0. 0. 0. 0. 0. 0. 0. 0.
 0. 0. 0. 0. 0. 0. 0. 0. 0. 0. 0. 0. 0. 0. 0. 0. 0. 0. 0. 0. 0. 0. 0. 0.
 0. 0. 0. 0. 0. 0. 0. 0. 0. 0. 0. 0. 0. 0. 0. 0. 0. 0. 0. 0. 0. 0. 0. 0.
 0. 0. 0. 0. 0. 0. 0. 0. 0. 0. 0. 0. 0. 0. 0. 0. 0. 0. 0. 0. 0. 0. 0. 0.
 0. 0. 0. 0. 0. 0. 0. 0. 0. 0. 0. 0. 0. 0. 0. 0. 0. 0. 0. 0. 0. 0. 0. 0.
 0. 0. 0. 0. 0. 0. 0. 0. 0. 0. 0. 0. 0. 0. 0. 0. 0. 0. 0. 0. 0. 0. 0. 0.
 0. 0. 0. 0. 0. 0. 0. 0. 0. 0. 0. 0. 0. 0. 0. 0. 0. 0. 0. 0. 0. 0. 0. 0.
 0. 0. 0. 0. 0. 0. 0. 0. 0. 0. 0. 0. 0. 0. 0. 0. 0. 0. 0. 0. 0. 0. 0. 0.
 0. 0. 0. 0. 0. 0. 0. 0. 0. 0. 0. 0. 0. 0. 0. 0. 0. 0. 0. 0. 0. 0. 0. 0.
 0. 0. 0. 0. 0. 0. 0. 0. 0. 0. 0. 0. 0. 0. 0. 0. 0. 0. 0. 0. 0. 0. 0. 0.
 0. 0. 0. 0. 0. 0. 0. 0. 0. 0. 0. 0. 0. 0. 0. 0. 0. 0. 0. 0. 0. 0. 0. 0.
 0. 0. 0. 0. 0. 0. 0. 0. 0. 0. 0. 0. 0. 0. 0. 0. 0. 0. 0. 0. 0. 0. 0. 0.
 0. 0. 0. 0. 0. 0. 0. 0. 0. 0. 0. 0. 0. 0. 0. 0. 0. 0. 0. 0. 0. 0. 0. 0.
 0. 0. 0. 0. 0. 0. 0. 0. 0. 0. 0. 0. 0. 0. 0. 0. 0. 0. 0. 0. 0. 0. 0. 0.
 0. 0. 0.]
duration output
[0. 0. 0. 1. 0. 0. 0. 0. 0. 0. 0. 0. 0. 0. 0. 0. 0. 0.]
```

Abbildung 7-3: Die Ein- und Ausgaben des Musik erzeugenden Modells

Wir entwickeln nun ein hintereinandergeschaltetes LSTM-Netzwerk mit einem Aufmerksamkeitsmechanismus. Im vorherigen Kapitel haben wir gesehen, dass wir LSTM-Schichten hintereinanderschalten können, indem wir die verborgenen Zustände der vorherigen Schicht als Eingabe an die nächste LSTM-Schicht weiterleiten. Diese Vorgehensweise ermöglicht dem Modell, komplexere Merkmale aus den Daten zu lernen. In diesem Abschnitt lernen wir nun den Aufmerksamkeitsmechanismus näher kennen[1], der inzwischen zu einem integralen Bestandteil der anspruchsvollsten sequenziellen generativen Modelle gehört. Durch ihn wurde letztlich auch der *Transformer* hervorgebracht. Dieser stellt eine Modellart dar, die ausschließlich auf dem Aufmerksamkeitsmechanismus basiert und nicht einmal rekurrente oder Konvolutions-Layer benötigt. Wir werden uns mit der Architektur des Transformers noch eingehender in Kapitel 9 beschäftigen.

Für den Moment konzentrieren wir uns darauf, den Aufmerksamkeitsmechanismus in ein hintereinandergeschaltetes LSTM-Netzwerk zu integrieren, um die nächste Note aus einer Sequenz vorheriger Noten vorherzusagen.

Der Aufmerksamkeitsmechanismus

Der Aufmerksamkeitsmechanismus wurde ursprünglich für Übersetzungsaufgaben eingesetzt, speziell zur Übersetzung englischsprachiger Texte ins Französische.

1 Dzmitry Bahdanau, Kyunghyun Cho und Yoshua Bengio, »Neural Machine Translation by Jointly Learning to Align and Translate«, 1. September 2014, *https://arxiv.org/abs/1409.0473*.

Im vorherigen Kapitel haben wir gesehen, wie Encoder-Decoder-Netzwerke diese Art von Aufgabe lösen können, indem sie zuerst die Eingabesequenz durch einen Encoder leiten, um einen Kontextvektor zu erzeugen und diesen dann durch das Decoder-Netzwerk zu leiten, um den übersetzten Text zu erhalten. Der Kontextvektor erweist sich in diesem Zusammenhang jedoch als problematisch. Informationen vom Anfang des Quelltexts können insbesondere bei langen Sätzen durch die Verarbeitung des Kontextvektors verwässert werden. Daher ist es bei solchen Encoder-Decoder-Netzwerken mitunter schwierig, alle erforderlichen Informationen so zu bewahren, dass der Decoder den Ausgangstext akkurat übersetzen kann.

Angenommen, wir wollten, dass das Modell den folgenden Satz ins Deutsche übersetzt: »I scored a penalty in the football match against England.«

Offensichtlich würde sich die Bedeutung des gesamten Satzes ändern, wenn das Wort *scored* (*erzielt*) durch das Wort *missed* (*verfehlt*) ersetzt werden würde. Der endgültige verborgene Zustand des Encoders kann diese Informationen möglicherweise nicht ausreichend bewahren, da das Wort *scored* bereits früh im Satz erscheint.

Die korrekte Übersetzung des Satzes lautet:*Ich habe im Fußballspiel gegen England einen Elfmeter erzielt.*

Wenn wir uns die korrekte deutsche Übersetzung anschauen, sehen wir, dass das Wort für *scored* (*erzielt*) tatsächlich erst ganz am Ende des Satzes steht! Dementsprechend muss das Modell nicht nur innerhalb seines Encoders den Fakt behalten, dass der Elfmeter erzielt und nicht verfehlt wurde, sondern auch innerhalb des Decoders.

Exakt das gleiche Prinzip trifft auch auf Musik zu. Um zu verstehen, welche Note oder Notenfolge wahrscheinlich einer bestimmten Musikpassage folgt, kann es entscheidend sein, Informationen vom Anfang der Sequenz zu verwenden und nicht nur die letzten Informationen. Betrachten wir zum Beispiel die Eröffnungspassage des Präludiums zu Bachs Suiten für Violoncello Nr. 1 (siehe Abbildung 7-4).

Abbildung 7-4: Die Eröffnungspassage von Bachs Suiten für Violoncello Nr. 1 (Präludium)

Welche Note kommt Ihrer Meinung nach als Nächstes? Auch wenn Sie keine musikalische Ausbildung besitzen, können Sie es vielleicht doch erahnen. Wenn Sie G gesagt haben (die gleiche wie die allererste Note des Stücks), lagen Sie richtig. Wie kamen Sie darauf? Sie haben vielleicht erkannt, dass jeder Takt und jeder halbe Takt mit der gleichen Note beginnt, und haben diese Informationen verwendet, um Ihre Entscheidung zu treffen. Wir möchten, dass unser Modell in der Lage ist, den gleichen Kniff anzuwenden – es soll sich nicht nur um den *aktuellen* verborgenen Zustand des Netzwerks kümmern, sondern ebenfalls um den verborgenen Zustand des Netzwerks vor acht Noten, als das vorherige niedrige G erfasst wurde.

Zur Lösung dieses Problems wurde der Aufmerksamkeitsmechanismus vorgeschlagen. Anstatt nur den endgültigen verborgenen Zustand des Encoder-RNN als Kontextvektor zu verwenden, ermöglicht der Aufmerksamkeitsmechanismus dem Modell, den Kontextvektor als gewichtete Summe der verborgenen Zustände des Encoder-RNN für jeden vorherigen Zeitpunkt zu erzeugen. Der Aufmerksamkeitsmechanismus umfasst lediglich eine Reihe von Layern, die die vorherigen verborgenen Zustände des Encoders und den aktuellen verborgenen Zustand des Decoders in Summationsgewichte umwandeln, aus denen der Kontextvektor hervorgeht.

Wenn Sie das verwirren sollte – machen Sie sich keine Sorgen! Wir klären zunächst, wie wir einen Aufmerksamkeitsmechanismus nach einer einfachen rekurrenten Schicht zum Einsatz bringen können (also um unsere Aufgabe zu lösen, die nächste Note aus Bachs Suiten vorherzusagen). Anschließend ergründen wir, wie sich dieses Prinzip auf Encoder-Decoder-Netzwerke übertragen lässt, bei denen wir mehrere nachfolgende Noten und nicht nur eine vorhersagen möchten.

Erstellen eines Aufmerksamkeitsmechanismus in Keras

Halten wir uns zunächst noch einmal vor Augen, wie eine gewöhnliche rekurrente Schicht verwendet werden kann, um die nächste Note aus einer Folge vorheriger Noten vorherzusagen. Abbildung 7-5 zeigt, wie die Eingabesequenz $(x_1,...,x_n)$ Schritt für Schritt der Schicht zugeführt wird und kontinuierlich den verborgenen Zustand der Schicht aktualisiert. Die Eingabefolge kann sowohl der Einbettung der Noten als auch den verborgenen Zuständen einer vorherigen rekurrenten Schicht entsprechen. Die Ausgabe der rekurrenten Schicht entspricht dem letzten verborgenen Zustand und stellt einen Vektor dar, dessen Länge der Anzahl der Neuronen entspricht. Diese kann dann einer `Dense`-Schicht mit einer Softmax-Aktivierungsfunktion zugeführt werden, die eine Wahrscheinlichkeitsverteilung für die nachfolgende Note der Sequenz vorhersagt.

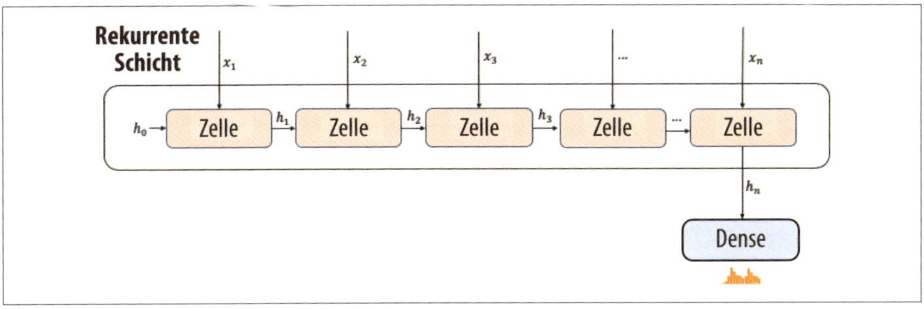

Abbildung 7-5: Eine rekurrente Schicht zur Vorhersage der nächsten Note in einer Notenfolge ohne Aufmerksamkeitsmechanismus

Abbildung 7-6 zeigt das gleiche Netzwerk, diesmal jedoch mit einem Aufmerksamkeitsmechanismus, der auf die verborgenen Zustände der rekurrenten Schicht angewandt wird.

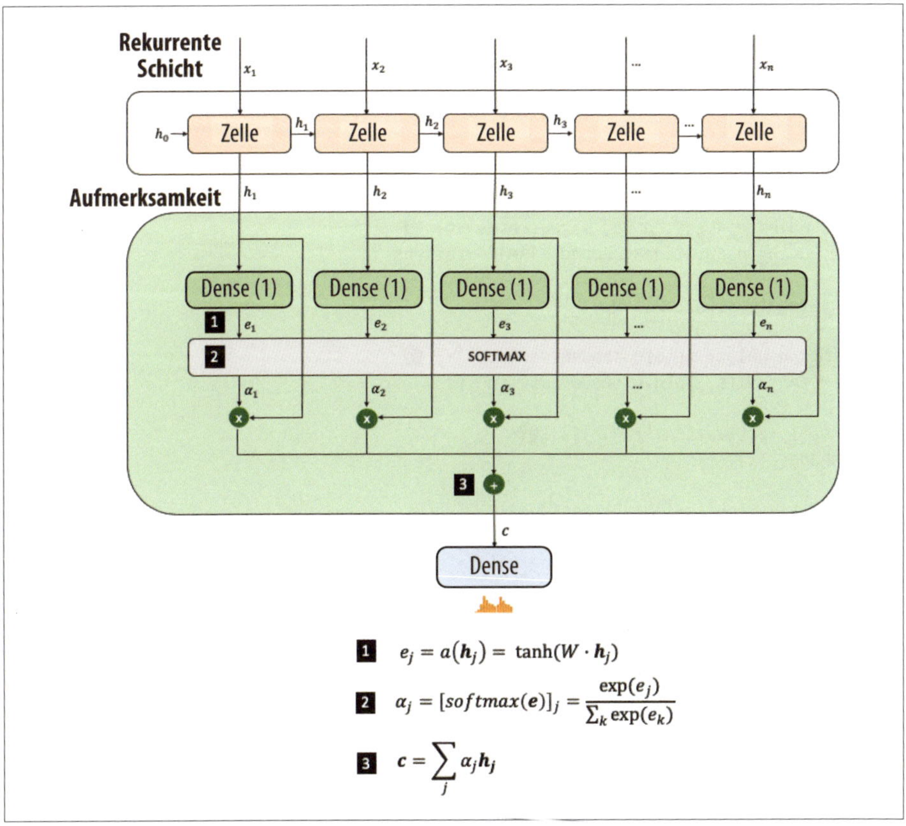

Abbildung 7-6: Eine rekurrente Schicht zur Vorhersage der nächsten Note in einer Notenfolge mit Aufmerksamkeitsmechanismus

Gehen wir diesen Prozess Schritt für Schritt durch:

1. Zuerst wird jeder verborgene Zustand h_j (ein Vektor, dessen Länge der Anzahl der Neuronen in der rekurrenten Schicht entspricht) durch eine *Anpassungsfunktion a* geleitet, um einen Skalar e_j zu erzeugen. In dem vorliegenden Beispiel entspricht diese Funktion lediglich einem dicht verbundenen Layer mit einer Ausgabeeinheit und einer tanh-Aktivierungsfunktion.
2. Als Nächstes wird eine Softmax-Aktivierungsfunktion auf den Vektor $e_1,...,e_n$ angewandt, um den Gewichtungsvektor $\alpha_1,...,\alpha_n$ zu erzeugen.
3. Abschließend wird jeder verborgene Zustandsvektor h_j mit seinem jeweiligen Gewicht α_j multipliziert, und die Ergebnisse werden dann zu dem Kontextvektor c summiert (somit hat c die gleiche Länge wie ein verborgener Zustandsvektor).

Der Kontextvektor kann dann wie gewohnt an eine Dense-Schicht mit Softmax-Aktivierungsfunktion weitergeleitet werden, die eine Wahrscheinlichkeitsverteilung für die nächste Note ausgibt.

Beispiel 7-3 zeigt, wie das Netzwerk in Keras erstellt werden kann.

Beispiel 7-3: Die Erstellung eines RNN mit Aufmerksamkeitsmechanismus

```
notes_in = Input(shape = (None,)) ❶
durations_in = Input(shape = (None,))

x1 = Embedding(n_notes, embed_size)(notes_in) ❷
x2 = Embedding(n_durations, embed_size)(durations_in)

x = Concatenate()([x1,x2]) ❸

x = LSTM(rnn_units, return_sequences=True)(x) ❹
x = LSTM(rnn_units, return_sequences=True)(x)

e = Dense(1, activation='tanh')(x) ❺
e = Reshape([-1])(e)

alpha = Activation('softmax')(e) ❻

c = Permute([2, 1])(RepeatVector(rnn_units)(alpha)) ❼
c = Multiply()([x, c])
c = Lambda(lambda xin: K.sum(xin, axis=1), output_shape=(rnn_units,))(c)

notes_out = Dense(n_notes, activation = 'softmax', name = 'pitch')(c) ❽
durations_out = Dense(n_durations, activation = 'softmax', name = 'duration')(c)

model = Model([notes_in, durations_in], [notes_out, durations_out]) ❾

att_model = Model([notes_in, durations_in], alpha) ❿

opti = RMSprop(lr = 0.001)
model.compile(loss=['categorical_crossentropy', 'categorical_crossentropy'],
              optimizer=opti) ⓫
```

❶ Das Netzwerk nimmt zwei Eingaben entgegen: die Abfolge der vorherigen Notennamen und die Werte für die Tondauer. Beachten Sie, dass die Sequenzlänge nicht spezifiziert ist – der Aufmerksamkeitsmechanismus erfordert keine vorgegebene Angabe über die Länge, weshalb wir diese variabel belassen können.

❷ Die `Embedding`-Schichten wandeln die Ganzzahlen, die die Notennamen und die Tondauern referenzieren, in Vektoren um.

❸ Die Vektoren werden zu einem gemeinsamen Vektor zusammengefasst, der dann als Eingabe den rekurrenten Schichten dient.

❹ Den rekurrenten Teil des Netzwerks stellen zwei hintereinandergeschaltete LSTM-Schichten dar. Beachten Sie, dass wir `return_sequences` auf `True` setzen, damit jede Schicht alle verborgenen Zustände an die nächste Schicht weiterleitet und nicht nur den endgültigen.

❺ Die Anpassungsfunktion umfasst nur eine `Dense`-Schicht mit einem Ausgabeneuron und einer `tanh`-Aktivierungsfunktion. Wir nutzen eine `Reshape`-Schicht, um die Ausgabe auf einen einzigen Vektor zu reduzieren, der die gleiche Länge wie die Eingabesequenz besitzt (`seq_length`).

❻ Die Gewichte ergeben sich daraus, dass auf die angepassten Werte eine Softmax-Aktivierungsfunktion angewandt wird.

❼ Um die gewichtete Summe der verborgenen Zustände zu erhalten, benötigen wir eine `RepeatVector`-Schicht, die die Gewichte `rnn_units` mal kopiert, um eine Matrix der Dimension `[rnn_units, seq_length]` zu bilden. Anschließend transponieren wir diese Matrix mit einer `Permute`-Schicht, um eine Matrix der Dimension `[seq_length, rnn_units]` zu erhalten. Wir können diese Matrix dann elementweise mit den verborgenen Zuständen der letzten LSTM-Schicht multiplizieren, die ebenfalls die Dimension `[seq_length, rnn_units]` besitzt. Schließlich verwenden wir eine `Lambda`-Schicht, um die Summen bezüglich der `seq_length`-Dimension zu bilden, um so den Kontextvektor der Länge `rnn_units` zu erhalten.

❽ Das Netzwerk verfügt über eine doppelköpfige Ausgabe – eine für den nächsten Notennamen und eine für die nächste Notenlänge beziehungsweise Tondauer.

❾ Das finale Modell verwendet die vorherigen Notennamen und Tondauern als Eingabe und gibt eine Verteilung für den nächsten Notennamen und die nächste Tondauer aus.

❿ Darüber hinaus erstellen wir ein Modell, das den Vektor der `alpha`-Schicht ausgibt, sodass wir nachvollziehen können, welche Gewichtungen das Netzwerk den vorherigen verborgenen Zuständen zuordnet beziehungsweise wie viel Aufmerksamkeit es ihnen gibt.

⓫ Wir kompilieren das Modell unter Nutzung der kategorialen Kreuzentropie – sowohl für den Ausgabekopf der Notennamen als auch für den der Tondauern, da es sich um eine mehrkategoriale Klassifizierungsaufgabe handelt.

Ein Diagramm des in Keras erstellten Gesamtmodells ist in Abbildung 7-7 abgebildet.

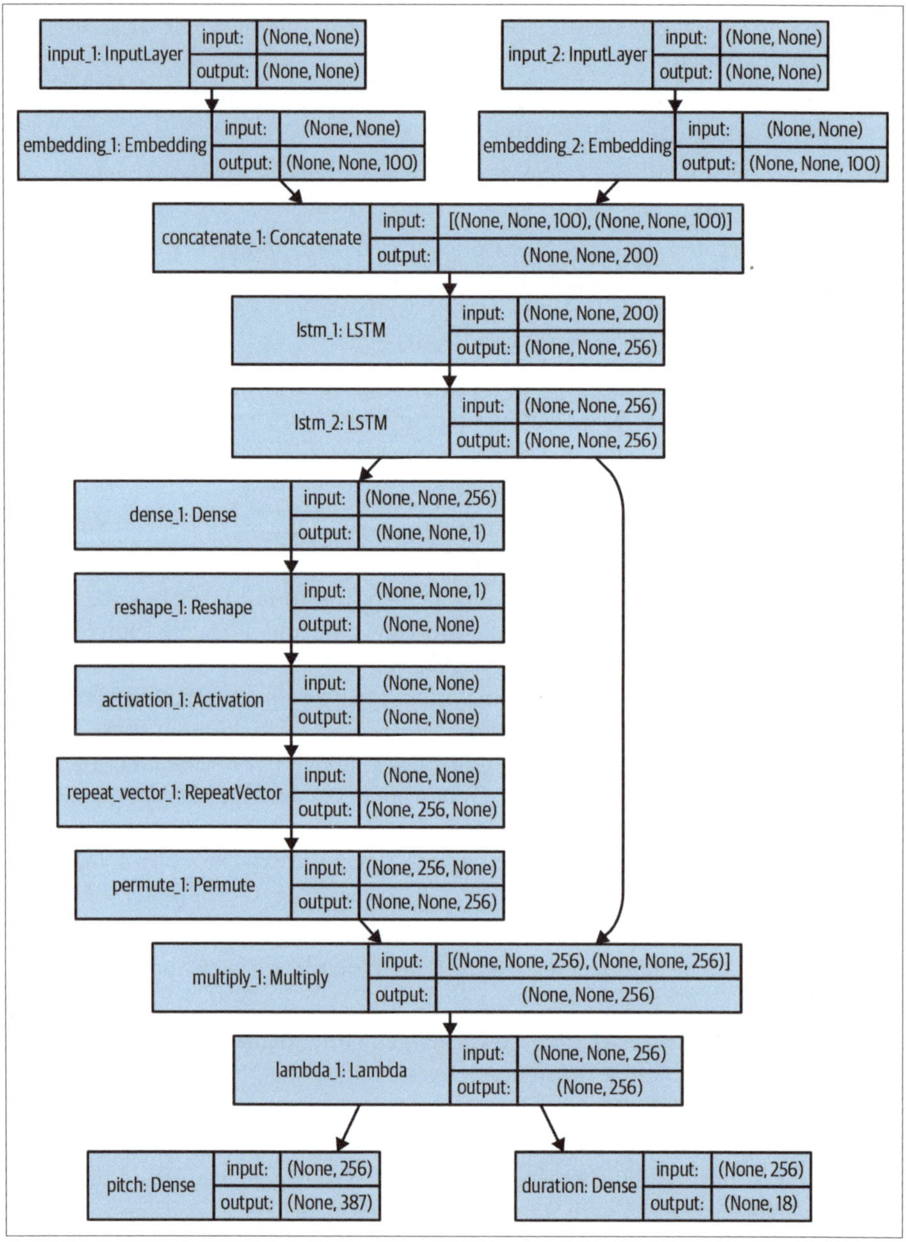

Abbildung 7-7: Das LSTM-Modell mit Aufmerksamkeitsmechanismus zur Vorhersage der nächsten Note in einer Notenfolge

Das LSTM-Netzwerk mit Aufmerksamkeitsmechanismus können Sie mithilfe des Notebooks *07_02_lstm_compose_train.ipynb* aus dem Buch-Repository trainieren.

Analyse des RNN mit Aufmerksamkeitsmechanismus

Nachdem Sie das Netzwerk trainiert haben, können Sie die folgende Analyse mit dem Notebook *07_03_lstm_compose_predict.ipynb* nachvollziehen.

Wir beginnen damit, Musik von Grund auf neu zu erzeugen, indem wir das Netzwerk mit nur einer Sequenz von `<START>`-Tokens bestücken (d.h., wir sagen dem Modell, es möge davon ausgehen, dass es am Anfang des Musikstücks beginnt). Anschließend können wir eine musikalische Passage mit der gleichen iterativen Methode erzeugen, die wir in Kapitel 6 zur Erzeugung von Textpassagen verwendet haben. Dazu gehen wir wie folgt vor:

1. Auf Basis der aktuellen Sequenz (von Notennamen und Tondauern) prognostiziert das Modell zwei Verteilungen für den nächsten Notennamen und die nächste Tondauer.
2. Wir samplen aus diesen beiden Verteilungen und verwenden einen `Temperatur`-Parameter, mit dem wir angeben, wie viel Variation wir im Sampling-Prozess wünschen.
3. Die ausgewählte Note wird gespeichert, und ihr Name und ihre Dauer werden an die jeweiligen Sequenzen angefügt.
4. Wenn die Länge der Sequenz nun größer ist als die, auf die das Modell trainiert wurde, entfernen wir ein Element vom Sequenzanfang.
5. Der Prozess wiederholt sich mit der neuen Sequenz (und so weiter) für so viele Noten, wie wir erzeugen möchten.

Abbildung 7-8 zeigt einige Beispiele für Musik, die das Modell nach verschiedenen Epochen des Trainingsprozesses von Grund auf neu erzeugt hat.

Der Großteil unserer Analyse in diesem Abschnitt konzentriert sich auf die Vorhersage der Tonhöhe und nicht des Rhythmus, da speziell bei Bachs Suiten für Violoncello die harmonischen Feinheiten schwieriger zu erfassen sind und daher einer eingehenderen Untersuchung bedürfen. Sie können die gleiche Analyse aber auch auf die Vorhersage des Rhythmus übertragen. Dies kann sich insbesondere als nützlich erweisen für andere Musikrichtungen (wenn z.B. ein Schlagzeug gespielt wird), mit denen Sie dieses Modell trainieren können.

Bei den erzeugten Passagen aus Abbildung 7-8 gibt es mehrere Besonderheiten. Erstens wird deutlich, wie die Musik im Laufe des Trainings immer ausgefeilter wird. Zu Beginn geht das Modell auf Nummer sicher, indem es sich an die gleichen Noten und Rhythmen hält. In Epoche 10 hat das Modell begonnen, kurze Tonfolgen zu erzeugen, und in Epoche 20 liefert es interessante Rhythmen und steht in einer einheitlichen Tonart (Es-Dur).

Abbildung 7-8: Einige Beispiele für Passagen, die das Modell erzeugt, wenn es ausschließlich mit einer Sequenz von <START>-Tokens initialisiert wird; für die Notennamen und Tondauern verwenden wir eine Temperatur von 0,5.

Zweitens können wir die Verteilung der Tonhöhen im Zeitverlauf analysieren, indem wir die vorhergesagte Verteilung zu jedem Zeitpunkt als Heatmap darstellen. In Abbildung 7-9 können Sie die Heatmap für das Beispiel aus Epoche 20 aus Abbildung 7-8 betrachten.

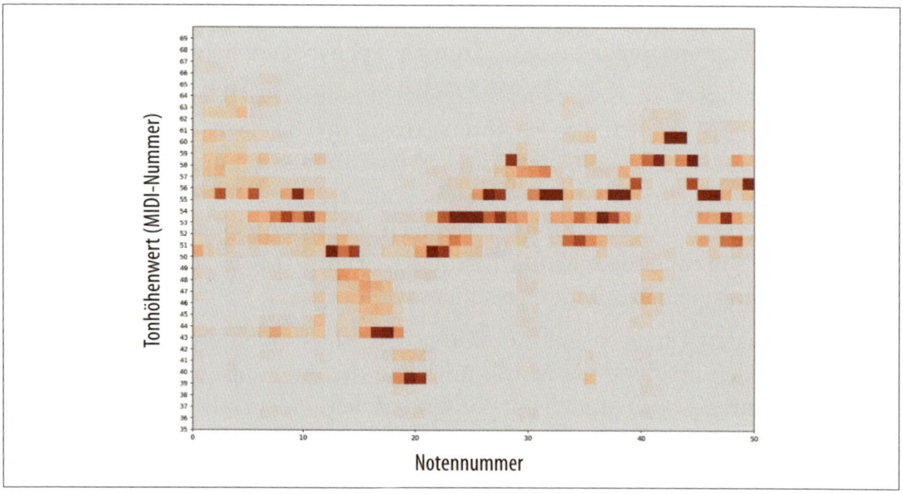

Abbildung 7-9: Die Verteilung möglicher nächster Noten im Zeitverlauf (in Epoche 20): Je dunkler die Farbe eines Felds, desto sicherer ist das Modell, dass die nächste Note in der entsprechenden Tonhöhe liegt.

Interessanterweise hat das Modell hier deutlich erkennbar gelernt, welche Noten zu bestimmten *Schlüsseln* gehören, da wir Lücken in der Verteilung von Noten ausmachen können, die nicht zum Schlüssel gehören. Zum Beispiel gibt es entlang der Zeile für Note 54 eine graue Lücke (entspricht den Tönen *Gb/F#*). Es ist äußerst unwahrscheinlich, dass diese Note in einem Musikstück der Tonart Es-Dur erscheint. Im ersten Schritt des Generierungsprozesses (linke Seite des Diagramms) hat sich der Schlüssel noch nicht fest etabliert, und daher besteht mehr Unsicherheit bei der Wahl der nächsten Note. Im Laufe des Stücks legt sich das Modell auf eine Tonart fest, und bestimmte Noten erscheinen so gut wie gar nicht mehr. Das Bemerkenswerte ist, dass sich das Modell nicht bewusst dafür entschieden hat, die Musik am Anfang auf eine bestimmte Tonart zu setzen. Stattdessen bildet es sie im Laufe der Zeit buchstäblich nach und versucht, die Note auszuwählen, die am besten zu derjenigen passt, die sie zuvor gewählt hat.

Es sei auch darauf hingewiesen, dass das Modell den charakteristischen Stil Bachs gelernt hat, auf dem Cello auf eine tiefer liegende Note zu springen, um eine Phrase zu beenden, und wieder nach oben zu gehen, um die nächste zu beginnen. Wie in Bachs Suiten üblich, sieht man, wie um die Note 20 herum die Phrase mit einem niedrigen Es endet, um dann für den Beginn der nächsten Phrase in einen höheren, sonoreren Bereich des Instruments zurückzukehren. Das entspricht genau dem, was das Modell voraussagt. Es gibt einen großen Sprung (eine graue Lücke) zwischen dem tiefen Es (Tonhöhe 39) und der nächsten Note, deren Tonhöhe sich im Bereich der Tonhöhe 50 befindet, anstatt weiterhin in der niedrigen Tonhöhe des Instruments zu bleiben.

Zu guter Letzt können wir überprüfen, ob sich die Funktionsweise des Aufmerksamkeitsmechanismus mit unseren Erwartungen deckt. Abbildung 7-10 zeigt die Werte der vom Netzwerk berechneten Elemente des Alpha-Schicht-Vektors für jede Note der erzeugten Sequenz. Die horizontale Achse zeigt die erzeugte Notenfolge, und die vertikale Achse zeigt, wohin die Aufmerksamkeit des Netzwerks bei der Vorhersage jeder Note entlang der horizontalen Achse (d.h. des Alpha-Vektors) gelenkt wurde. Je dunkler ein Kästchen, desto größer ist die Aufmerksamkeit für den verborgenen Zustand, der diesem Zeitpunkt in der Sequenz entspricht.

Wir sehen, dass das Netzwerk für die zweite Note des Stücks (`B-3` = B) fast seine gesamte Aufmerksamkeit darauf gerichtet hat, dass die erste Note des Stücks auch eine `B-3` war. Das ist durchaus nachvollziehbar. Wenn man weiß, dass die erste Note B ist, wird man höchstwahrscheinlich diese Information verwenden, um seine Entscheidung bezüglich der nächsten Note zu treffen.

Bei den folgenden Noten verteilt das Netzwerk die Aufmerksamkeit in etwa zu gleichen Teilen auf die vorherigen Noten, wobei es selten Gewicht auf Noten legt, die weiter als sechs Noten zurückliegen. Auch dies ergibt Sinn. Es gibt wahrscheinlich ausreichend Informationen, die in den vorherigen sechs verborgenen Zuständen enthalten sind, um erkennen zu können, wie sich die Phrase fortsetzt.

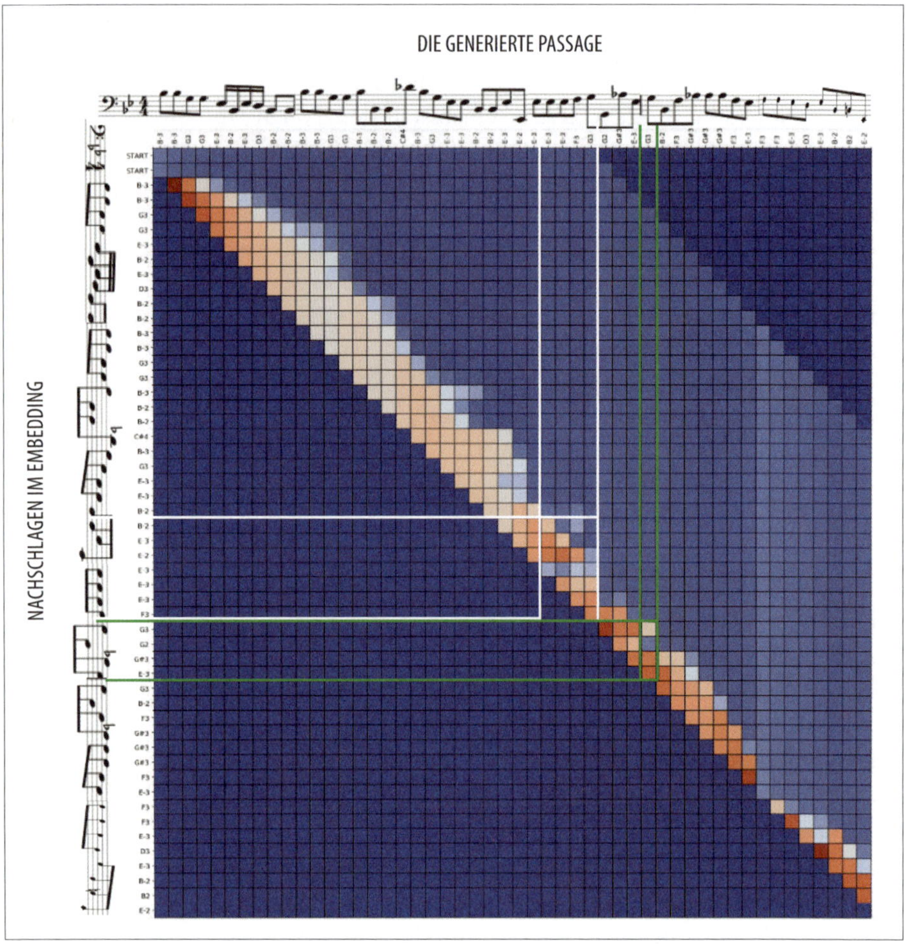

Abbildung 7-10: Jedes Kästchen in der Matrix gibt an, wie viel Aufmerksamkeit dem verborgenen Zustand des Netzwerks gewidmet wurde, der der Note auf der vertikalen Achse zum Zeitpunkt der Vorhersage der Note auf der horizontalen Achse entspricht; je rötlicher ein Kästchen, desto mehr Aufmerksamkeit wurde dem jeweiligen verborgenen Zustand zuteil.

Es gibt auch Beispiele dafür, dass das Netzwerk eine bestimmte Note in der Nähe nicht berücksichtigt hat, da sie keine zusätzlichen Informationen zu seinem Verständnis der Phrase liefert. Werfen Sie zum Beispiel einen Blick in das weiße Kästchen in der Mitte des Diagramms und beachten Sie, dass sich in der Mitte ein Streifen von Kästchen befindet, der das übliche Muster bezüglich der vorherigen vier bis sechs Noten auflöst. Warum sollte sich das Netzwerk grundlos dazu entscheiden, diese Note in der Fortschreibung der Notenfolge zu ignorieren?

Wenn Sie sich anschauen, welcher Note dies entspricht, sehen Sie, dass es die erste von drei `E-3`-Noten (Es) ist. Das Modell hat sich dazu entschieden, diese zu ignorieren, da die Note davor ebenfalls Es ist, nur eine Oktave tiefer (`E-2`). Der verborgene Zustand des Netzwerks an dieser Stelle bietet dem Modell ausreichend Informationen, um zu erkennen, dass Es eine bedeutende Note in diesem Abschnitt ist. Deshalb braucht es die folgende Note Es, erklingend in einer höheren Oktave, nicht zu berücksichtigen, da daraus keine zusätzlichen Informationen gewonnen werden.

Ein weiterer Beleg dafür, dass das Modell das Konzept von Oktaven aufgreift, lässt sich anhand der grün umrandeten Kästchen nachvollziehen. Hier hat das Modell beschlossen, das tiefe G (G2) zu ignorieren, da die Note davor auch ein G (G3) war, nur eine Oktave höher. Führen Sie sich vor Augen, dass wir dem Modell nichts darüber gesagt haben, welche Noten beziehungsweise Tonhöhen durch Oktaven zusammenhängen. Bemerkenswerterweise hat es das allein durch das Lernen von Bachs Musik für sich selbst herausgefunden.

Aufmerksamkeit in Encoder-Decoder-Netzwerken

Der Aufmerksamkeitsmechanismus unterstützt das Netzwerk bei der Entscheidung, welche vorherigen Zustände der rekurrenten Schicht für die Vorhersage der Fortführung einer Sequenz relevant sind. Bisher haben wir Vorhersagemodelle betrachtet, die jeweils nur eine einzige Note erzeugen. Wir können den Aufmerksamkeitsmechanismus allerdings auch in Encoder-Decoder-Netzwerke einbinden, bei denen wir eine komplette nachfolgende Notenfolge mithilfe eines RNN-Decoders vorhersagen, anstatt die Notenfolge durch einzelne Vorhersagen zu erzeugen.

Als kurze Erinnerung zeigt Abbildung 7-11, wie ein Standard-Encoder-Decoder-Modell ohne Aufmerksamkeitsmechanismus zur Erzeugung von Musik aussehen könnte. Diese Art von Modell haben wir bereits in Kapitel 6 eingeführt.

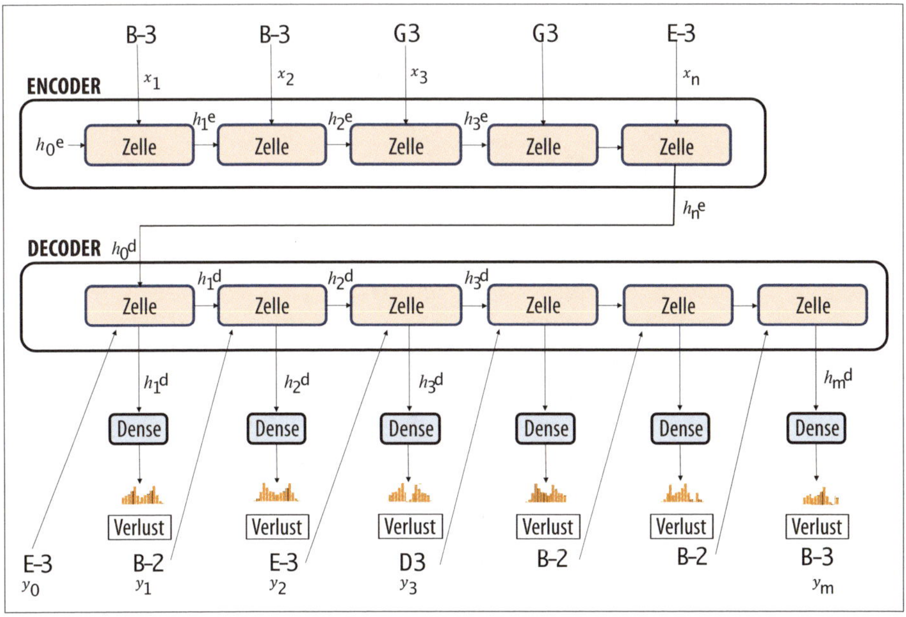

Abbildung 7-11: Das klassische Encoder-Decoder-Modell

Dem stellt Abbildung 7-12 das gleiche Netzwerk gegenüber, jedoch mit Aufmerksamkeitsmechanismus zwischen Encoder und Decoder.

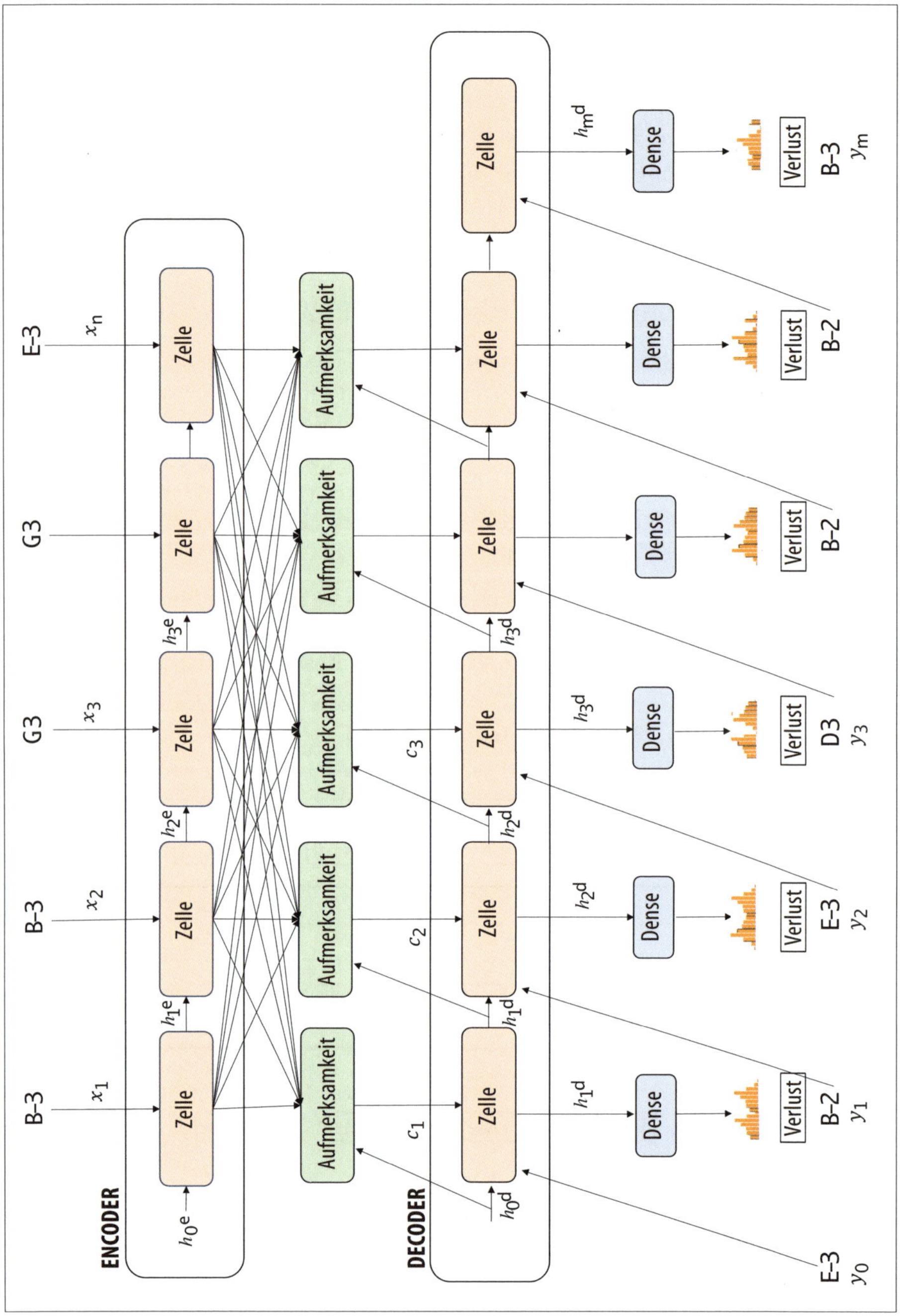

Abbildung 7-12: Ein Encoder-Decoder-Modell mit Aufmerksamkeitsmechanismus

Der Aufmerksamkeitsmechanismus funktioniert wie zuvor, jedoch mit einer Änderung: Nun wird der verborgene Zustand des Decoders ebenfalls in den Mechanismus integriert, sodass das Modell entscheiden kann, wohin es seine Aufmerksamkeit lenken möchte – nicht mehr ausschließlich auf die verborgenen Zustände des vorherigen Encoders, sondern auch auf den verborgenen Zustand des aktuellen Decoders. Abbildung 7-13 zeigt das Innenleben einer Aufmerksamkeitseinheit innerhalb eines Encoder-Decoder-Systems.

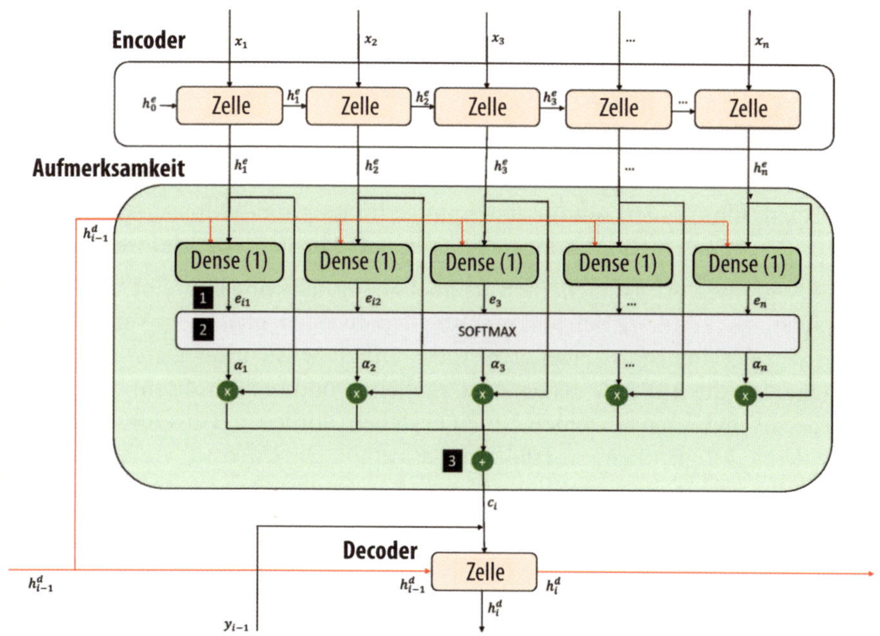

1 $$e_{ij} = a(\boldsymbol{h}_j^e, \boldsymbol{h}_i^d) = \tanh(W \cdot \boldsymbol{h}_j^e + U \cdot \boldsymbol{h}_{i-1}^d)$$

2 $$\alpha_{ij} = [softmax(\boldsymbol{e}_i)]_j = \frac{\exp(e_{ij})}{\sum_k \exp(e_{ik})}$$

3 $$\boldsymbol{c}_i = \sum_j \alpha_{ij} \boldsymbol{h}_j^e$$

Abbildung 7-13: Eine Form des Aufmerksamkeitsmechanismus im Rahmen eines Encoder-Decoder-Netzwerks, das mit der Decoder-Zelle i verbunden ist

Obwohl zahlreiche Kopien des Aufmerksamkeitsmechanismus innerhalb des Encoder-Decoder-Netzwerks eingebunden sind, bleibt die Anzahl der zu erlernenden Parameter gleich, da sich alle Kopien dieselben Gewichte teilen. Die einzige Änderung besteht darin, dass nun der verborgene Zustand des Decoders im Rahmen der Berechnung der Aufmerksamkeit einbezogen wird (die roten Linien im

Diagramm). Dies verändert das Gleichungssystem leicht, da ein zusätzlicher Index (i) integriert wird, der den Schritt des Decoders spezifiziert.

Beachten Sie außerdem, dass wir in Abbildung 7-11 den Endzustand des Encoders verwenden, um den verborgenen Zustand des Decoders zu initialisieren. In einem Encoder-Decoder mit Aufmerksamkeitsmechanismus wird der Decoder stattdessen mit dem integrierten für rekurrente Schichten vorgesehenen Standardinitialisierer initialisiert. Der Kontextvektor c_i wird mit den eingehenden Daten y_{i-1} verknüpft, um in jede Zelle des Decoders einen erweiterten Datenvektor zu führen. Aus diesem Grund betrachten wir die Kontextvektoren als zusätzliche Daten, die dem Decoder zugeführt werden.

Erzeugen mehrstimmiger Musiktitel

Das RNN mit Aufmerksamkeitsmechanismus, das wir in diesem Abschnitt untersucht haben, funktioniert gut für einstimmige (monophone) Musik – aber kann es auch zur Erzeugung mehrstimmiger (polyphoner) Musik verwendet werden?

Das RNN-Framework ist sicherlich flexibel genug, um mit ihm eine Architektur konzipieren zu können, bei der mehrere Notenzeilen gleichzeitig durch einen rekurrenten Mechanismus erzeugt werden. Offenbar ist unser Datensatz jedoch ungeeignet, da die Akkorde als einzelne Einheiten und nicht in Form von Teilstücken, die aus mehreren einzelnen Noten bestehen, vorliegen. Unser RNN hat zum Beispiel keine Möglichkeit, zu erfahren, dass ein C-Dur-Akkord (C, E und G) tatsächlich sehr nah an einem a-Moll-Akkord (A, C und E) liegt – lediglich eine Note müsste verändert werden: das G zu einem A. Stattdessen behandelt das Netzwerk beide als zwei verschiedene Elemente, die unabhängig voneinander vorhergesagt werden.

Im Idealfall möchten wir ein Netzwerk entwickeln, das mehrere Musikkanäle als einzelne Datenströme verarbeiten und herausfinden kann, wie diese Datenströme miteinander interagieren sollten, um wohlklingende Musik und keine disharmonischen Klänge zu erzeugen.

Klingt das nicht in etwa so wie das, was wir bei der Erzeugung von Bildern gesehen hatten? Bei der Bilderzeugung haben wir drei Kanäle (Rot, Grün und Blau) und möchten, dass das Netzwerk lernt, wie man diese Kanäle miteinander kombiniert, um schöne Bilder und nicht willkürliches Pixelrauschen zu erzeugen.

In der Tat werden wir im nächsten Abschnitt sehen, dass wir für die Erzeugung von Musik einen ähnlichen Ansatz wie bei der Bilderzeugung wählen können. Das bedeutet, dass wir anstelle von rekurrenten Netzwerken die gleichen konvolutionsbasierten Methoden anwenden können, die bei der Erzeugung von Bildern bereits gut funktioniert haben, insbesondere also GANs.

Bevor wir die neue Architektur näher erkunden, bleibt uns gerade noch Zeit, den Konzertsaal zu besuchen, wo eine Aufführung beginnt ...

Das »Musikorgan«

Der Dirigent klopft mit seinem Taktstock zweimal auf sein Notenpult. Die Aufführung beginnt gleich. Vor ihm sitzt ein Orchester. Es wird jedoch weder eine Beethoven-Sinfonie noch eine Tschaikowsky-Ouvertüre zum Besten geben. Dieses Orchester komponiert live während der Aufführung Originalmusik und wird komplett von einem Team von Musikern getragen, die einem riesigen »Musikorgan« (kurz MuseGAN) in der Mitte der Bühne Anweisungen geben, das wiederum diese Anweisungen – ganz zum Vergnügen des Publikums – in wunderschöne Musik umwandelt. Das Orchester kann trainiert werden, um Musik in einem bestimmten Stil zu spielen, und keine Konzertvorstellung gleicht der vorherigen.

Die 128 Musiker im Orchester sind in 4 gleiche Gruppen mit je 32 Instrumentalisten aufgeteilt. Jede Gruppe gibt Anweisungen zum MuseGAN und trägt eine eigene Verantwortung innerhalb des Orchesters.

Die *Stil*-Gruppe ist für die Produktion des gesamten musikalischen Stilgefühls der Aufführung verantwortlich. In vielerlei Hinsicht hat sie die einfachste Aufgabe aller Gruppen, da jeder Musiker zu Beginn des Konzerts nur eine einzige Anweisung geben muss, die während der gesamten Aufführung kontinuierlich an das MuseGAN weitergeleitet wird.

Die *Groove*-Gruppe hat eine ähnliche Aufgabe, aber jeder Musiker gibt mehrere Anweisungen: eine für jeden der verschiedenen *Titel*, die vom MuseGAN ausgegeben werden. So liefert beispielsweise jedes Mitglied der Groove-Gruppe in einem Konzert fünf Anweisungen: eine für jede der Gesangs-, Klavier-, Streich-, Bass- und Schlagzeugspuren. Ihre Aufgabe ist es also, für jeden einzelnen Instrumentalklang den *Groove* zu schaffen, der dann während der gesamten Aufführung unverändert bleibt.

Die Stil- und Groove-Gruppen ändern ihre Anweisungen während des gesamten Stücks nicht. Für das dynamische Element der Vorstellung sorgen die letzten beiden Gruppen, die sich darum kümmern, dass sich die Musik mit jedem Takt laufend ändert. Ein *Takt* bezeichnet dabei eine kleine Musikeinheit, die eine feste, kleine Anzahl von Taktschlägen wiedergibt. Wenn Sie z.B. 1, 2, 1, 2 bei einem Musikstück mitzählen können, hat es zwei Schläge pro Takt, und Sie hören wahrscheinlich einen Marsch. Wenn Sie 1, 2, 3, 1, 2, 3 zählen können, gibt es drei Schläge pro Takt, und Sie hören vermutlich einen Walzer.

Die Musiker aus der Gruppe *Akkorde* ändern ihre Anweisungen zu Beginn jedes Takts. Dies hat den Effekt, dass jeder Takt einen eigenen musikalischen Stil erhält, z.B. durch einen Akkordwechsel. Die Musiker in der Akkord-Gruppe geben pro Takt nur eine Anweisung, die dann für alle Instrumentalspuren gilt.

Am mühsamsten haben es die Musiker der Gruppe *Melodie*, da sie während des gesamten Stücks jeder Instrumentalspur zu Beginn jedes Takts unterschiedliche Anweisungen geben müssen. Diesen Musikern obliegt die feinste Steuerung der Musik. Sie gehören der Gruppe an, auf die das melodische Interesse gerichtet ist.

Damit ist die Vorstellung des Orchesters erledigt. Wir fassen die Verantwortlichkeiten der einzelnen Gruppen einmal in Tabelle 7-2 zusammen.

Tabelle 7-2: Einteilung des MuseGAN-Orchesters

	Ändern sich die Anweisungen mit jedem Takt?	Unterschiedliche Anweisungen für die Tonspuren?
Stil	X	X
Groove	X	✓
Akkorde	✓	X
Melodie	✓	✓

Es obliegt nun dem MuseGAN, den nächsten Takt infolge aller vorliegenden 128 Anweisungen (eine von jedem Musiker) zu erzeugen. Das Training des MuseGAN ist nicht einfach. Zunächst erzeugt das MuseGAN nur grauenhafte Geräusche. Es hat schlicht noch keine Vorstellung davon, wie es die Anweisungen zur Erzeugung von Takten interpretieren soll, die nicht von echter Musik zu unterscheiden sein sollen.

Hier kommt der Dirigent ins Spiel. Der Dirigent teilt dem MuseGAN mit, wann sich die Musik, die es erzeugt, eindeutig von realer Musik unterscheidet. Das MuseGAN passt seine interne Vernetzung so an, dass es den Dirigenten beim nächsten Mal mit größerer Wahrscheinlichkeit täuschen kann. Der Dirigent und das MuseGAN folgen genau dem gleichen Prozess wie Di und Gene in Kapitel 4, als sie gemeinsam daran arbeiteten, die Fotos der von Gene aufgenommenen Ganimals kontinuierlich zu verbessern.

Das MuseGAN-Orchester bereist die Welt und gibt Konzerte in allen Stilrichtungen, für die es ausreichend Musiktitel gibt, um das MuseGAN zu trainieren. Im nächsten Abschnitt erfahren Sie, wie Sie mit Keras ein MuseGAN erstellen können, das lernt, authentische polyphone Musik zu erzeugen.

Ihr erstes MuseGAN

Das MuseGAN wurde 2017 in dem Fachartikel »MuseGAN: Multi-Track Sequential Generative Adversarial Networks for Symbolic Music Generation and Accompaniment« veröffentlicht.[2] Die Autoren zeigen, wie es möglich ist, ein Modell zu trainieren, das polyphone und mehrtaktige Musik mit einem innovativen GAN-Framework erzeugt. Darüber hinaus zeigen sie, wie sie durch die Aufteilung der Verantwortlichkeiten der Tonvektoren, die den Generator speisen, in der Lage sind, eine feingranulare Kontrolle über die übergeordneten zeitlichen und spurgebundenen Merkmale der Musik zu erlangen.

2 Hao-Wen Dong et al., »MuseGAN: Multi-Track Sequential Generative Adversarial Networks for Symbolic Music Generation and Accompaniment«, 19. September 2017, *https://arxiv.org/abs/1709.06298*.

Zu Beginn dieses Projekts benötigen wir zunächst die MIDI-Dateien, mit denen wir das MuseGAN trainieren. Wir verwenden einen Datensatz mit J. S. Bachs vierstimmiger Motette BWV 229, *Komm, Jesu, komm*, der auf GitHub (*http://bit.ly/2HYISrC*) verfügbar ist. Laden Sie den Datensatz herunter und speichern Sie ihn im Ordner *data* des Buch-Repositorys in einem Ordner namens *chorales*. Der Datensatz umfasst ein Array bestehend aus vier Zahlen für jeden Zeitschritt, die die Tonhöhen der MIDI-Noten der einzelnen vier Stimmen angeben. In dem Datensatz entspricht ein Zeitschritt einer Sechzehntelnote. So gäbe es beispielsweise bei einem Takt von vier Viertelschlägen (Viertelnoten) 16 Zeitschritte. Außerdem wird der Datensatz automatisch in einen Trainings-, einen Validierungs- und einen Testdatensatz aufgeteilt (*train*, *validation* und *test*). Zum Training unseres MuseGAN verwenden wir entsprechend den Datensatz *train*.

Zuerst einmal müssen wir die Daten in das richtige Format überführen, damit sie in das GAN geleitet werden können. In diesem Beispiel erzeugen wir ein Musikstück mit einer Länge von nur zwei Takten, weshalb wir zuerst nur die ersten beiden Takte jeder Stimme extrahieren und nutzen. Abbildung 7-14 zeigt, wie zwei Takte aus den Rohdaten in einen transformierten Datensatz umgewandelt werden, der das GAN mit der entsprechenden Musiknotation versorgt.

Jeder Takt besteht aus 16 Zeitschritten, und es stehen 84 Tonhöhen aus dem Tonhöhenspektrum auf allen vier Spuren zur Verfügung. Für die transformierten Daten bieten sich daher folgende Abmessungen an:

```
[batch_size, n_bars, n_steps_per_bar, n_pitches, n_tracks]
```

wobei

```
n_bars = 2
n_steps_per_bar = 16
n_pitches = 84
n_tracks = 4
```

Um die Daten in diese Form zu bringen, codieren wir die Zahlen für die Tonhöhen in einen Vektor der Länge 84 (One-Hot-Codierung) und teilen jede Notenfolge in zwei 16er-Reihen, um zwei Takte zu erzeugen.[3]

Nachdem wir den Datensatz angepasst haben, werfen wir nun einen Blick auf die Gesamtstruktur des MuseGAN und befassen uns dabei als Erstes mit dem Generator des Modells.

3 Wir gehen hier davon aus, dass jede Spur im Datensatz vier Schläge pro Takt hat, was in unserem Fall sinnvoll erscheint. Selbst wenn das nicht der Fall wäre, würde es das Training des Modells nicht negativ beeinflussen

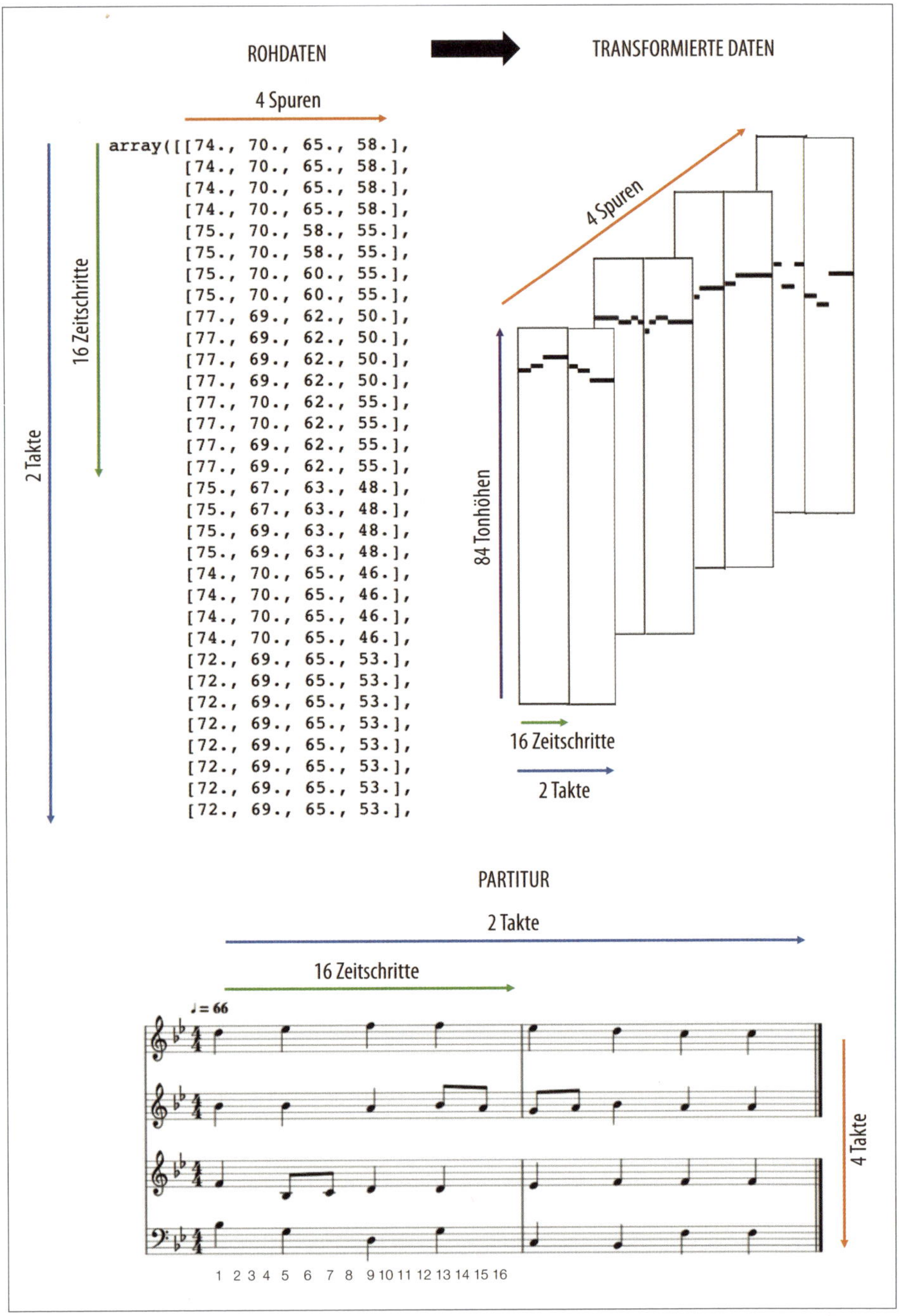

Abbildung 7-14: Beispiel für die Rohdaten des MuseGAN

Der Generator des MuseGAN

Wie für GANs charakteristisch, besteht auch das MuseGAN aus einem Generator und einem Kritiker. Der Generator versucht, den Kritiker mit seinen musikalischen Kreationen zu täuschen, und der Kritiker versucht, dies zu unterbinden, indem er sicherstellt, dass er den Unterschied zwischen der nachgeahmten Bach-Motette des Generators und dem Original erkennen kann.

Eine Besonderheit beim MuseGAN zeigt sich darin, dass der Generator nicht nur einen einzigen Tonvektor als Eingabe annimmt, sondern über vier separate Eingabekanäle verfügt, die den vier Gruppen des Orchesters aus unserer Geschichte entsprechen – Akkorde, Stil, Melodie und Groove. Durch die unabhängige Handhabung jeder dieser Eingaben ist es uns möglich, vordergründige Eigenschaften der erzeugten Musik zu ändern.

Abbildung 7-15 stellt den Generator in aggregierter Form dar.

Im Schaubild wird deutlich, dass die Eingaben für die Akkorde und Melodien zunächst jeweils durch ein temporales Netzwerk geleitet werden, das anschließend einen Tensor ausgibt, bei dem eine Dimension der Anzahl der zu erzeugenden Takte gleicht. Im Gegensatz dazu bedürfen die Eingaben für den Stil und den Groove keiner Veränderung hinsichtlich ihrer zeitlichen Dimension, da sie im gesamten Stück unverändert bleiben.

Um anschließend einen bestimmten Takt für eine bestimmte Spur zu erzeugen, werden die relevanten Vektoren aus den verschiedenen Teilen des Netzwerks bezüglich der Akkorde, des Stils, der Melodien und des Grooves zu einem längeren Vektor verknüpft. Dieser wird dann an einen Taktgenerator weitergeleitet, der schließlich den vorgegebenen Takt der angegebenen Spur ausgibt.

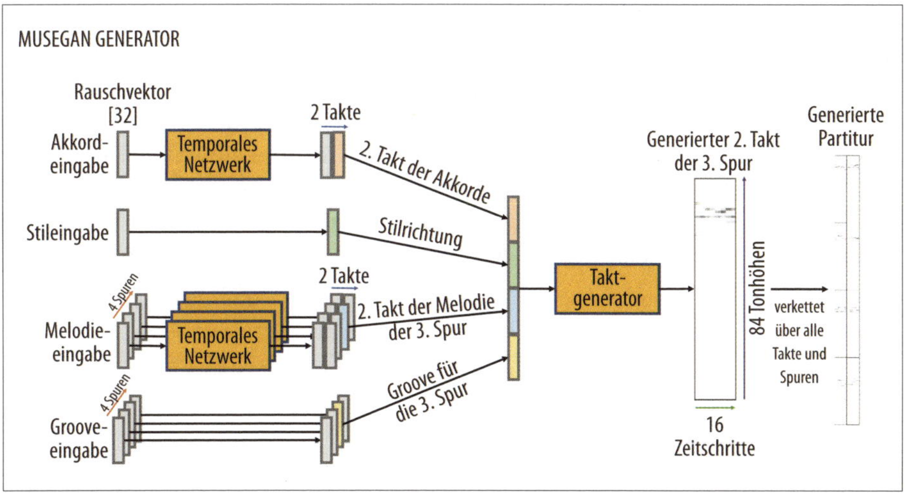

Abbildung 7-15: Aggregierte Darstellung des MuseGAN-Generators

Durch die Verknüpfung der erzeugten Takte aller Spuren entsteht eine Partitur, die der Kritiker mit den real existierenden Partituren vergleichen kann. Wenn Sie möchten, können Sie nun mit dem Training des MuseGAN in dem Notebook *07_04_musegan_train.ipynb* beginnen. Die Modellparameter sind in Beispiel 7-4 aufgeführt.

Beispiel 7-4: Festlegung der Parameterwerte des MuseGAN

```
BATCH_SIZE = 64
n_bars = 2
n_steps_per_bar = 16
n_pitches = 84
n_tracks = 4
z_dim = 32

gan = MuseGAN(input_dim = data_binary.shape[1:]
, critic_learning_rate = 0.001
, generator_learning_rate = 0.001
, optimiser = 'adam'
, grad_weight = 10
, z_dim = 32
, batch_size = 64
, n_tracks = 4
, n_bars = 2
, n_steps_per_bar = 16
, n_pitches = 84
)
```

Akkorde, Stil, Melodie und Groove

Lassen Sie uns jetzt einen näheren Blick auf die vier verschiedenen Eingaben richten, die den Generator versorgen.

Akkorde

Zur Steuerung des Akkords leiten wir einen Vektor der Länge 32 (`z_dim`) ein. Für jeden Takt benötigen wir einen anderen Vektor, da durch diesen die allgemeine Dynamik der Musik im Zeitverlauf vorgegeben wird. Beachten Sie, dass wir die Eingabe mit `chords_input` zwar akkordspezifisch bezeichnen, mit ihr aber musikalisch alles gesteuert werden könnte, was sich taktweise ändert, etwa der allgemeine rhythmische Stil, ohne dabei spezifisch auf eine bestimmte Spur abzuzielen.

Umgesetzt wird dies mit einem neuronalen Netzwerk, das aus Konvolutions-Transpose-Schichten besteht, die wir als *temporales Netzwerk* bezeichnen. Den dazugehörigen Keras-Code finden Sie in Beispiel 7-5.[4]

4 Anmerkung der Übersetzer: Die Codeausschnitte aus den Beispielen 7-5 bis 7-8 können Sie ebenfalls in der Datei *MuseGAN.py* nachvollziehen, die sich im Buch-Repository im Unterordner *./models/* befindet.

Beispiel 7-5: Erstellung des temporalen Netzwerks

```
def conv_t(self, x, f, k, s, a, p, bn):
    x = Conv2DTranspose(
                filters = f
                , kernel_size = k
                , padding = p
                , strides = s
                , kernel_initializer = self.weight_init
                )(x)

    if bn:
        x = BatchNormalization(momentum = 0.9)(x)

    if a == 'relu':
        x = Activation(a)(x)
    elif a == 'lrelu':
        x = LeakyReLU()(x)

    return x


def TemporalNetwork(self):

    input_layer = Input(shape=(self.z_dim,), name='temporal_input') ❶

    x = Reshape([1,1,self.z_dim])(input_layer) ❷
    x = self.conv_t(x, f=1024, k=(2,1), s=(1,1), a= 'relu',
                p = 'valid', bn = True)
    x = self.conv_t(x, f=self.z_dim, k=(self.n_bars - 1,1)
      , s=(1,1), a= 'relu', p = 'valid', bn = True) ❸

    output_layer = Reshape([self.n_bars, self.z_dim])(x) ❹

    return Model(input_layer, output_layer)
```

❶ Die Eingabe des temporalen Netzwerks entspricht einem Vektor der Länge 32 (`z_dim`).

❷ Wir formen diesen Vektor zu einem 1 × 1-Tensor mit 32 Kanälen um, um ihn für die mathematischen Operationen vorzubereiten, mit denen der Tensor gefaltet und transponiert wird.

❸ Wir verwenden `Conv2DTranspose`-Layer, um die Abmessungen des Tensors um eine Dimension zu erweitern, sodass er der Länge `n_bars` entspricht.

❹ Wir entfernen überflüssige Dimensionen mithilfe einer `Reshape`-Schicht.

Anstatt zwei unabhängige Akkordvektoren in das Netzwerk einzubinden, verwenden wir Faltungsoperationen. Dadurch kann das Netzwerk lernen, wie Takte aufeinanderfolgen müssen, um einen konsistenten Zusammenhang zu ergeben. Der Einsatz eines neuronalen Netzwerks zur Erweiterung des Eingabevektors hinsichtlich der Zeitdimension ermöglicht dem Modell, zu lernen, wie Musik über Takte hinweg verläuft, anstatt jeden Takt als völlig unabhängig vom vorherigen zu betrachten.

Stil

Die Eingabe für den Stil ist ebenfalls ein Vektor der Länge `z_dim`. Dieser wird unverändert an den Taktgenerator weitergegeben, da er unabhängig von der Spur und dem Takt ist. Anders ausgedrückt, bedeutet dies, dass der Taktgenerator diesen Vektor verwenden sollte, um eine Einheitlichkeit der Takte und Spuren herzustellen.

Melodie

Die Eingabe für die Melodie erfolgt in Form eines Arrays mit den Dimensionen `[n_tracks, z_dim]`. Wir stellen dem Modell also einen zufälligen Rauschvektor der Länge `z_dim` für jede Spur zur Verfügung.

Jeder dieser Vektoren wird durch eine separate Kopie des zuvor spezifizierten temporalen Netzwerks geleitet. Beachten Sie, dass die Gewichte dieser Kopien nicht gemeinsam genutzt werden. Die Ausgabe ist somit ein Vektor der Länge `z_dim` für die einzelnen Spuren jedes Takts. Auf diese Weise kann der Taktgenerator mit dem Vektor den Inhalt jedes einzelnen Takts und jeder Spur unabhängig voneinander feinjustieren.

Groove

Die Eingabe für den Groove besteht ebenfalls aus einem Array mit den Dimensionen `[n_tracks, z_dim]`, d.h. jeweils aus einem zufälligen Rauschvektor der Länge `z_dim` pro Spur. Im Gegensatz zu den Melodieeingaben werden diese nicht durch das temporale Netzwerk geleitet, sondern wie der Stilvektor unverändert direkt an den Taktgenerator übergeben. Im Gegensatz zum Stilvektor gibt es jedoch für jede Spur eine eigene Groove-Eingabe, sodass wir mit diesen Vektoren die Gesamtausgabe jeder Spur unabhängig voneinander anpassen können.

Der Taktgenerator

Der Taktgenerator wandelt einen Vektor der Länge `4 * z_dim` in einen einzelnen Takt für eine einzelne Spur um, d.h. in einen Tensor mit den Abmessungen `[1, n_steps_per_bar, n_pitches, 1]`. Der Eingabevektor resultiert aus der Verknüpfung der vier entsprechenden Akkord-, Stil-, Melodie- und Groove-Vektoren mit jeweils der Länge `z_dim`.

Der Taktgenerator an sich ist ein neuronales Netzwerk, das Konvolutions-Transpose-Schichten verwendet, um die Zeit- und Tonhöhendimensionen zu erweitern. Wir entwickeln einen Taktgenerator pro Spur, wobei sich die Generatoren keine Gewichte teilen. Der Keras-Code zur Erstellung des Taktgenerators ist in Beispiel 7-6 aufgeführt.

Beispiel 7-6: Erstellung des Taktgenerators

```
def BarGenerator(self):

    input_layer = Input(shape=(self.z_dim * 4,), name='bar_generator_input') ❶
```

```
    x = Dense(1024)(input_layer)
    x = BatchNormalization(momentum = 0.9)(x)
    x = Activation('relu')(x)

    x = Reshape([2,1,512])(x) ❷
    x = self.conv_t(x, f=512, k=(2,1), s=(2,1), a= 'relu',  p = 'same', bn = True) ❸
    x = self.conv_t(x, f=256, k=(2,1), s=(2,1), a= 'relu', p = 'same', bn = True)
    x = self.conv_t(x, f=256, k=(2,1), s=(2,1), a= 'relu', p = 'same', bn = True)
    x = self.conv_t(x, f=256, k=(1,7), s=(1,7), a= 'relu', p = 'same',bn = True) ❹
    x = self.conv_t(x, f=1, k=(1,12), s=(1,12), a= 'tanh', p = 'same', bn = False) ❺

    output_layer = Reshape([1, self.n_steps_per_bar , self.n_pitches ,1])(x) ❻

    return Model(input_layer, output_layer)
```

❶ Als Eingabe für den Taktgenerator verwenden wir einen Vektor mit der Länge 4 * z_dim.

❷ Nachdem der Tensor durch eine Dense-Schicht geleitet wurde, formen wir ihn um, um ihn für die konvolutionären Transponierungsoperationen zu präparieren.

❸ Zuerst erweitern wir den Tensor hinsichtlich der zeitlichen Dimension ...

❹ ... und dann hinsichtlich der Tonhöhe.

❺ Die letzte Schicht ist mit einer tanh-Aktivierungsfunktion versehen, da wir zum Trainieren des Netzwerks ein WGAN-GP verwenden, das eine Ausgabe mit einer tanh-Aktivierungsfunktion erfordert.

❻ Der Tensor wird so umgeformt, dass er zwei zusätzliche Abmessungen der Dimension 1 erhält, um ihn für die Verknüpfung mit anderen Takten und Spuren vorzubereiten.

Zusammenführen aller Elemente

Letztendlich verfügt das MuseGAN über einen einzigen Generator, der alle temporalen Netzwerke und Taktgeneratoren einbezieht. Dieses Netzwerk nimmt die vier Eingabetensoren entgegen und wandelt sie in eine mehrspurige und mehrtaktige Partitur um. Den Keras-Code zum Aufbau des finalen Generators zeigt Beispiel 7-7.

Beispiel 7-7: Erstellung des MuseGAN-Generators

```
chords_input = Input(shape=(self.z_dim,), name='chords_input') ❶
style_input = Input(shape=(self.z_dim,), name='style_input')
melody_input = Input(shape=(self.n_tracks, self.z_dim), name='melody_input')
groove_input = Input(shape=(self.n_tracks, self.z_dim), name='groove_input')

# AKKORDE -> TEMPORALES NETZWERK ❷
self.chords_tempNetwork = self.TemporalNetwork()
self.chords_tempNetwork.name = 'temporal_network'
chords_over_time = self.chords_tempNetwork(chords_input) # [n_bars, z_dim]
```

```
# MELODIE -> TEMPORALES NETZWERK ❸
melody_over_time = [None] * self.n_tracks # Liste mit n_tracks [n_bars, z_dim]-Tensoren
self.melody_tempNetwork = [None] * self.n_tracks
for track in range(self.n_tracks):
    self.melody_tempNetwork[track] = self.TemporalNetwork()
    melody_track = Lambda(lambda x: x[:,track,:])(melody_input)
    melody_over_time[track] = self.melody_tempNetwork[track](melody_track)

# ERSTELLEN DES TAKTGENERATORS FÜR JEDE SPUR ❹
self.barGen = [None] * self.n_tracks
for track in range(self.n_tracks):
    self.barGen[track] = self.BarGenerator()

# ERSTELLEN DER AUSGABE FÜR JEDE SPUR UND JEDEN TAKT ❺
bars_output = [None] * self.n_bars
for bar in range(self.n_bars):
    track_output = [None] * self.n_tracks

    c = Lambda(lambda x: x[:,bar,:]
        , name = 'chords_input_bar_' + str(bar))(chords_over_time)
    s = style_input

    for track in range(self.n_tracks):

        m = Lambda(lambda x: x[:,bar,:])(melody_over_time[track])
        g = Lambda(lambda x: x[:,track,:])(groove_input)

        z_input = Concatenate(axis = 1
        , name = 'total_input_bar_{}_track_{}'.format(bar, track)
        )([c,s,m,g])

        track_output[track] = self.barGen[track](z_input)

    bars_output[bar] = Concatenate(axis = -1)(track_output)

generator_output = Concatenate(axis = 1, name = 'concat_bars')(bars_output) ❻

self.generator = Model([chords_input, style_input, melody_input, groove_input]
        , generator_output) ❼
```

❶ Die Eingaben des Generators werden definiert.

❷ Leitet die Eingabe für die Akkorde durch das temporale Netzwerk.

❸ Auch die Eingabe für die Melodien wird durch das temporale Netzwerk geführt.

❹ Erstellt ein unabhängiges Taktgeneratornetzwerk für jede Spur.

❺ Durchläuft eine verschachtelte for-Schleife, um für alle Kombinationen aus Spuren und Takten einen neu generierten Takt zu entwickeln.

❻ Verknüpft alles zu einem einzigen Ausgangstensor.

❼ Das MuseGAN-Modell berücksichtigt als Eingabe vier verschiedene Rauschtensoren und gibt eine neu erzeugte mehrspurige sowie mehrtaktige Partitur aus.

Der Kritiker

Im Vergleich zum Generator ist die Architektur des Kritikers bedeutend einfacher (wie es bei GANs oft der Fall ist).

Der Kritiker versucht, die vom Generator erzeugten mehrspurigen, mehrtaktigen Partituren von den echten Passagen von Bach zu unterscheiden. Es ist ein konvolutionales neuronales Netzwerk, das hauptsächlich aus `Conv3D`-Schichten besteht, die die Partitur in eine einzige Ausgabe für die Vorhersage zusammenfassen. Bisher haben wir nur mit `Conv2D`-Schichten gearbeitet, die für dreidimensionale Eingabebilder (Breite, Höhe, Kanäle) geeignet sind. Hier nutzen wir `Conv3D`-Schichten, die sich analog zu `Conv2D`-Schichten verhalten, aber vierdimensionale Eingabetensoren verarbeiten (`n_bars`, `n_steps_per_bar`, `n_pitches`, `n_tracks`).

Außerdem verwenden wir im Kritiker keine Batch-Normalisierungs-Layer, da diese im Rahmen des WGAN-GP-Frameworks, das wir zum Trainieren des GAN verwenden, nicht zulässig sind.

Den Code, mit dem wir den Kritiker erstellen, sehen Sie in Beispiel 7-8.

Beispiel 7-8: Erstellen des MuseGAN-Kritikers

```
def conv(self, x, f, k, s, a, p):
    x = Conv3D(
                filters = f
                , kernel_size = k
                , padding = p
                , strides = s
                , kernel_initializer = self.weight_init
                )(x)

    if a =='relu':
        x = Activation(a)(x)
    elif a== 'lrelu':
        x = LeakyReLU()(x)

    return x


critic_input = Input(shape=self.input_dim, name='critic_input') ❶

x = critic_input
x = self.conv(x, f=128, k = (2,1,1), s = (1,1,1), a = 'lrelu', p = 'valid') ❷
x = self.conv(x, f=128, k = (self.n_bars - 1,1,1)
        , s = (1,1,1), a = 'lrelu', p = 'valid')

x = self.conv(x, f=128, k = (1,1,12), s = (1,1,12), a = 'lrelu', p = 'same') ❸
x = self.conv(x, f=128, k = (1,1,7), s = (1,1,7), a = 'lrelu', p = 'same')
x = self.conv(x, f=128, k = (1,2,1), s = (1,2,1), a = 'lrelu', p = 'same') ❹
x = self.conv(x, f=128, k = (1,2,1), s = (1,2,1), a = 'lrelu', p = 'same')
x = self.conv(x, f=256, k = (1,4,1), s = (1,2,1), a = 'lrelu', p = 'same')
x = self.conv(x, f=512, k = (1,3,1), s = (1,2,1), a = 'lrelu', p = 'same')
```

```
x = Flatten()(x)

x = Dense(1024, kernel_initializer = self.weight_init)(x)
x = LeakyReLU()(x)
critic_output = Dense(1, activation=None
        , kernel_initializer = self.weight_init)(x) ❺

self.critic = Model(critic_input, critic_output)
```

❶ Die Eingabe des Kritikers ist ein Array mehrspuriger und mehrtaktiger Partituren, jeweils mit den Abmessungen `[n_bars, n_steps_per_bar, n_pitches, n_tracks]`.

❷ Zuerst falten wir den Tensor bezüglich der Taktdimension. Da es sich um 4-D-Tensoren handelt, wenden wir im gesamten Kritiker `Conv3D`-Schichten an.

❸ Als Nächstes wird der Tensor bezüglich der Dimension der Tonhöhen gefaltet.

❹ Abschließend wird der Tensor auch hinsichtlich seiner Zeitdimension gefaltet.

❺ Die Ausgabeschicht besteht aus einem `Dense`-Layer mit einem einzigen Neuron und besitzt keine Aktivierungsfunktion – wie vom WGAN-GP-Framework vorgegeben.

Analyse des MuseGAN

Wir können nun mit unserem MuseGAN verschiedene Experimente anstellen, indem wir eine Partitur erzeugen und dann einige der Eingabeparameter anpassen, um die unterschiedlichen Auswirkungen auf die Ausgabe zu untersuchen.[5]

Die Ausgabe des Generators entspricht einem Array mit Werten aus dem Bereich [-1, 1] (aufgrund der `tanh`-Aktivierungsfunktion der letzten Schicht). Um diese jeweils in eine einzelne Note für jede Spur umzuwandeln, wählen wir zu jedem Zeitschritt die Note mit dem höchsten Ausgabewert der `tanh`-Funktion unter allen 84 Neuronen des jeweiligen Zeitschritts. Im ursprünglichen MuseGAN-Forschungspapier verwenden die Autoren einen Schwellenwert von null, da jede Spur mehrere Noten enthalten kann. In unserem Beispiel können wir einfach das Maximum wählen, um genau eine Note pro Zeitschritt und Spur zu erhalten, wie es bei dem vorliegenden Werk von Bach auch der Fall ist.

Abbildung 7-16 zeigt eine Partitur, die von dem Modell aus zufällig normalverteilten Rauschvektoren erzeugt wurde (oben links).

5 Anmerkung der Übersetzer: Den zugrunde liegenden Code finden Sie im Buch-Repository im Notebook *07_05_musegan_analysis.ipynb*.

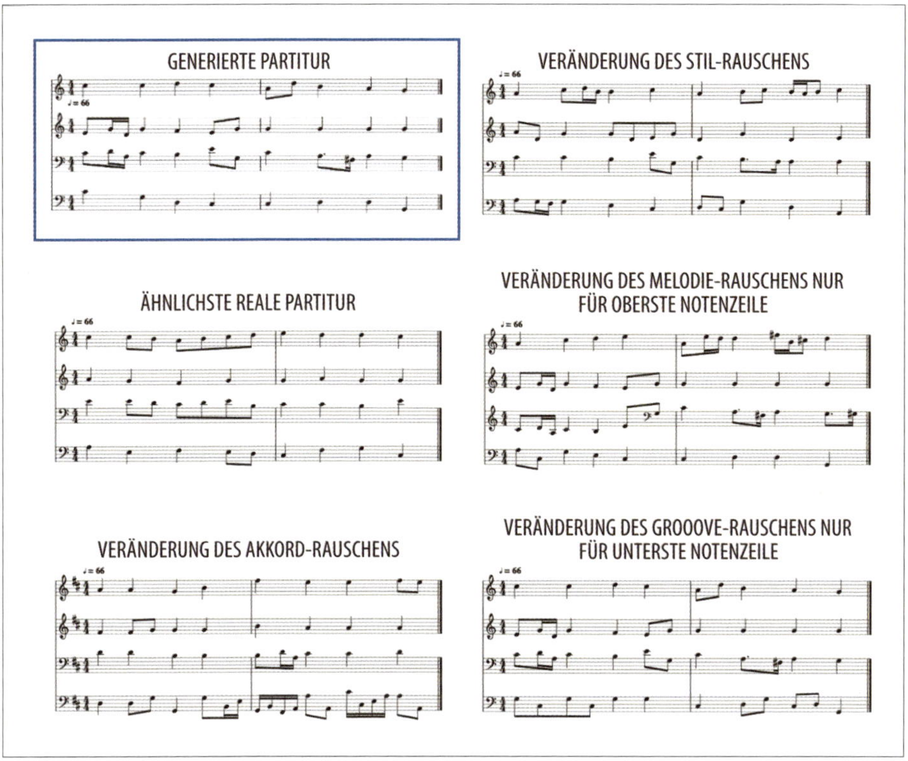

Abbildung 7-16: Beispiel für eine vom MuseGAN vorhergesagte Partitur, die die ähnlichste reale Partitur aus den Trainingsdaten darstellt, und dafür, wie sich die generierte Partitur infolge einer Änderung des Eingaberauschens ändert

Wir können die ähnlichste Partitur im Datensatz suchen (mittels euklidischem Abstand) und prüfen, ob unsere generierte Partitur eine Kopie eines Musikstücks ist, das bereits im Datensatz enthalten ist – die ähnlichste Partitur ist direkt darunter abgebildet. Wie wir sehen können, ähnelt sie unserer erzeugten Partitur nicht.

Experimentieren wir nun mit dem Eingaberauschen, um unsere generierte Partitur zu optimieren. Zuerst können wir versuchen, den Rauschvektor für die Akkorde zu ändern – die untere linke Partitur in Abbildung 7-16 zeigt das Ergebnis. Wir können erkennen, dass sich wie erwartet jede Spur verändert hat und dass die beiden Takte unterschiedliche Eigenschaften aufweisen. Im zweiten Takt wirkt die Melodie der untersten Notenzeile durch die kürzeren Notenwerte dynamischer, während die oberste Notenzeile durch eine höhere Tonlage gekennzeichnet ist.

Wenn wir den Stilvektor (oben rechts) ändern, ändern sich beide Takte auf ähnliche Weise. Zwischen den beiden Takten gibt es keinen großen Unterschied hinsichtlich des Stils, jedoch hat sich die gesamte Passage gegenüber der ursprünglich erzeugten Partitur verändert.

Wir können die Spuren auch einzeln über die Eingaben für die Melodie und den Groove ändern. In Abbildung 7-16 können wir den Effekt sehen, wenn wir lediglich die Eingabe für die Melodien für die oberste Spur ändern. Alle anderen Parts bleiben davon unberührt, aber die Noten der obersten Zeile ändern sich deutlich. Außerdem sehen wir in der obersten Notenzeile einen rhythmischen Wechsel zwischen den beiden Takten: Der zweite Takt ist dynamischer und durch kürzere Notenwerte gekennzeichnet, d.h., die Musik erklingt schneller.

Zu guter Letzt zeigt die untere rechte Partitur im Schaubild die prognostizierte Partitur, wenn wir lediglich für die unterste Spur den Groove-Eingabeparameter ändern. Auch hier bleiben mit Ausnahme der untersten Notenzeile alle unverändert. Wie zu erwarten war, bleibt zudem das Gesamtmuster der untersten Notenzeile zwischen den Takten ähnlich.

Wir haben gesehen, wie jeder der Eingabeparameter dazu verwendet werden kann, vordergründige Eigenschaften der erzeugten Musiksequenz direkt zu beeinflussen. Dies haben wir in ähnlicher Weise bereits in vorherigen Kapiteln kennengelernt, als wir die latenten Vektoren von VAEs und GANs anpassen konnten, um das Aussehen eines erzeugten Bilds zu verändern. Ein Nachteil des Modells ist, dass die Anzahl der zu erzeugenden Takte im Voraus angegeben werden muss. Die Autoren zeigen eine Erweiterung des Modells, die es ermöglicht, vorherige Takte als Eingabe einzuführen. Das Modell ist dann in der Lage, lange Partituren zu erzeugen, indem es die zuletzt vorhergesagten Takte kontinuierlich als zusätzliche Eingabe in das Modell zurückführt.

Zusammenfassung

In diesem Kapitel haben wir zwei verschiedene Arten von Modellen für die Erzeugung von Musik erkundet: ein hintereinandergeschaltetes LSTM mit Aufmerksamkeitsmechanismus und ein MuseGAN.

Das hintereinandergeschaltete LSTM-Netzwerk ist vom Design her ähnlich wie die Netzwerke, die wir in Kapitel 6 bei der Texterzeugung gesehen haben. Die Erzeugung von Musik und die Erzeugung Text haben viele gemeinsame Merkmale, und oft können für beide ähnliche Methoden angewandt werden. Wir haben das rekurrente Netzwerk um einen Aufmerksamkeitsmechanismus erweitert, der es dem Modell ermöglicht, sich auf bestimmte vorherige Zeitpunkte zu konzentrieren, um die nächste Note vorherzusagen. Dabei konnten wir auch beobachten, dass das Modell im Rahmen seiner Aufgabe, Musik von Bach möglichst authentisch zu komponieren, in der Lage war, Konzepte wie Oktaven und Tonarten zu erkennen.

Danach haben wir gesehen, dass die Erzeugung sequenzieller Daten nicht immer ein rekurrentes Modell erfordert – das MuseGAN verwendet Konvolutionen, um polyphone Partituren mit mehreren Spuren zu erzeugen, indem es die Partitur als eine Art Bild behandelt, bei dem die Spuren wie einzelne Kanäle eines Bilds behandelt werden. Die Neuheit des MuseGAN liegt in der Art und Weise, wie die Eingabe der vier Rauschvektoren (Akkorde, Stil, Melodie und Groove) gestaltet ist. Nur deshalb ist es möglich, die volle Kontrolle über die vordergründigen Eigenschaften der Musik zu bewahren. Obwohl die grundlegende Akkordharmonie noch nicht so perfekt und vielfältig ist wie bei Bach, stellt der Ansatz dennoch einen guten Versuch dar, ein extrem schwer zu bewältigendes Problem zu lösen, und unterstreicht die Leistungsfähigkeit der GANs bei der Lösung verschiedenster Aufgabenstellungen.

Im nächsten Kapitel stellen wir eines der außergewöhnlichsten Modelle vor, das in den letzten Jahren entwickelt wurde – das *World Model*. In ihrem bahnbrechenden Beitrag zeigen die Autoren, wie man ein Modell entwickeln kann, das einem Auto ermöglicht, auf einer simulierten Rennstrecke zu fahren, indem es zunächst Strategien in seinem selbst erzeugten *Traum* von der Umgebung ausprobiert. Dadurch kann das Auto die Strecke befahren, ohne die Aufgabe jemals ausprobiert zu haben, da es sich bereits vorgestellt hat, wie es dies in seinem eigenen vorgestellten World Model erfolgreich tun kann.

KAPITEL 8

Spielen

Im März 2018 haben David Ha und Jürgen Schmidhuber ihr Forschungspaper zu »World Models« veröffentlicht.[1] In diesem Paper zeigen die Autoren, wie man ein Modell trainieren kann, das durch Experimentieren in dessen eigenen generativen halluzinierten Träumen lernt und nicht innerhalb der Umgebung selbst. Dies ist ein hervorragendes Beispiel dafür, wie generative Modellierung in Verbindung mit anderen maschinellen Lerntechniken wie dem Reinforcement Learning zur Lösung praktischer Probleme eingesetzt werden kann.

Eine Schlüsselkomponente dieser Architektur ist ein generatives Modell, das eine Wahrscheinlichkeitsverteilung für den nächstmöglichen Zustand anhand des momentanen Zustands und der gewählten Aktion erstellen kann. Nachdem das Modell durch zufällige Bewegungen ein gewisses Verständnis der zugrunde liegenden Umgebungsphysik aufgebaut hat, kann es sich selbst von Grund auf für eine neue Aufgabe trainieren, und zwar ganz in seiner eigenen internen Darstellung der Umgebung. Dieser Ansatz führte in beiden Aufgaben, in denen er getestet wurde, zu Weltbestleistungen.

In diesem Kapitel untersuchen wir dieses Modell im Detail und zeigen, wie Sie Ihre eigene Version dieser absoluten Spitzentechnologie erstellen können.

Basierend auf dem Originalpaper, erstellen wir einen Reinforcement-Learning-Algorithmus, der lernt, wie man mit einem Auto so schnell wie möglich auf einer Rennstrecke fährt. Obwohl wir eine 2-D-Computersimulation als unsere Umgebung verwenden, könnte die gleiche Technik auch auf reale Szenarien angewandt werden, bei denen das Testen von Strategien in der Live-Umgebung teuer oder nicht umsetzbar ist.

Bevor wir jedoch mit dem Erstellen des Modells beginnen, müssen wir uns zunächst Reinforcement Learning und die OpenAI-Gym-Plattform genauer anschauen.

1 David Ha und Jürgen Schmidhuber, »World Models«, 27. März 2018, *https://arxiv.org/abs/1803.10122*.

Reinforcement Learning

Reinforcement Learning kann wie folgt definiert werden:

> Reinforcement Learning (RL) ist der Bereich des maschinellen Lernens, in dem ein Agent trainiert wird, um in einer gegebenen Umgebung optimal in Bezug auf ein bestimmtes Ziel zu agieren.

Während sowohl die diskriminative als auch die generative Modellierung darauf abzielen, eine Verlustfunktion über einen Datensatz an Beobachtungen zu minimieren, zielt das Reinforcement Learning darauf ab, die langfristige Belohnung des Agenten in einer bestimmten Umgebung zu maximieren. RL wird oft als einer der drei großen Hauptbereiche des maschinellen Lernens bezeichnet – neben *überwachtem Lernen* (Vorhersage anhand von gelabelten Daten) und *unüberwachtem Lernen* (Erlernen der Struktur von ungelabelten Daten).

Zunächst möchten wir einige wichtige Begriffe zum Thema Reinforcement Learning vorstellen:

Umgebung
: Die Welt, in der der Agent tätig ist. Die Umgebung definiert die Regeln, nach denen der Spielzustand aktualisiert wird und nach denen die Belohnung verteilt wird unter Berücksichtigung der letzten Aktion des Agenten und des aktuellen Spielzustands. Wenn wir z.B. einem Reinforcement-Learning-Algorithmus das Schachspielen beibringen wollen, würde die Umgebung aus den Regeln bestehen, die bestimmen, wie sich ein bestimmter Zug (z.B. der Zug `e4`) auf den nächsten Spielzustand auswirkt (die neuen Positionen der Figuren auf dem Brett), wie man beurteilt, ob eine bestimmte Stellung ein Schachmatt ist, und wie man dem Gewinner nach dem letzten Zug eine Belohnung von 1 zuweist.

Agent
: Die Einheit, die Aktionen innerhalb der Umgebung ausführt.

Spielzustand
: Die Daten, die eine bestimmte Situation darstellen, in der sich der Agent befinden kann (auch einfach nur *Zustand* genannt). Das kann beispielsweise eine bestimmte Schachbrettstellung sein mit zusätzlichen Informationen, etwa welcher Spieler den nächsten Zug macht.

Aktion
: Ein zulässiger Zug, den der Agent machen kann.

Belohnung
: Der Wert, der von der Umgebung an den Agenten gegeben wird, nachdem dieser eine Aktion durchgeführt hat. Der Agent versucht, die langfristige Summe der Belohnungen zu maximieren. In unserem Schach-Beispiel gibt das Schachmattsetzen des gegnerischen Königs eine Belohnung von 1, während jeder andere Zug eine Belohnung von 0 gibt. In anderen Spielen werden durchgehend während der gesamten Episode Belohnungen gezahlt (z.B. Punkte im Spiel *Space Invaders*).

Episode
: Ein Spiel des Agenten in der Umgebung, auch als *Roll-out* bezeichnet.

Zeitpunkt
: In einer diskreten Ereignisumgebung werden alle Zustände, Aktionen und Belohnungen indiziert, um ihren Wert zum Zeitpunkt t anzuzeigen.

Abbildung 8-1 zeigt die Zusammenhänge zwischen diesen Konzepten auf.

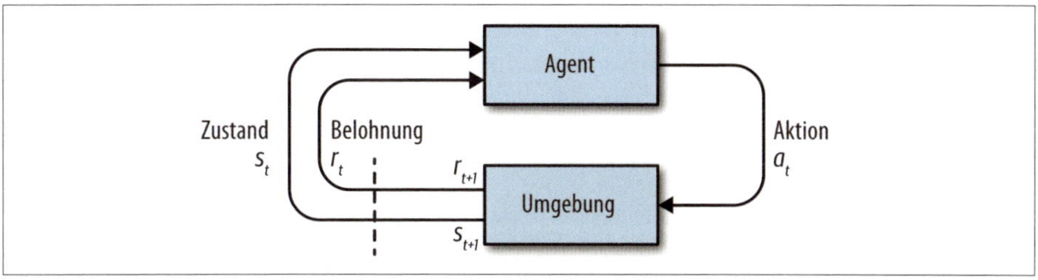

Abbildung 8-1: Reinforcement-Learning-Diagramm

Die Umgebung wird zunächst mit einem aktuellen Spielzustand s_0 initialisiert. Zum Zeitpunkt t erhält der Agent den aktuellen Zustand s_t, entscheidet sich basierend darauf für seine bestmögliche nächste Aktion a_t und führt diese aus. Auf Basis dieser Aktion berechnet die Umgebung dann den Zustand s_{t+1} sowie die Belohnung r_{t+1} und gibt diese an den Agenten weiter. Dann beginnt das Ganze von vorn. Dieser Zyklus wird fortgesetzt, bis das Endkriterium der Episode erfüllt ist (z.B. eine bestimmte Anzahl an Zeitpunkten ist verstrichen, oder der Agent hat gewonnen/verloren).

Wie können wir den Agenten so gestalten, dass er die Summe der Belohnungen in einer gegebenen Umgebung maximiert? Wir könnten dem Agenten eine Liste von Regeln dazu an die Hand geben, wie er auf bestimmte Zustände reagieren soll. Das wird jedoch recht schnell unmöglich, sobald die Umgebung etwas komplexer ist, und es resultiert niemals in einem Agenten mit übermenschlichen Fähigkeiten, da wir die Regeln hartcodiert haben. Beim Reinforcement Learning geht es darum, einen Agenten zu erschaffen, der in komplexen Umgebungen durch wiederholtes Spielen selbst die optimalen Strategien erlernen kann – dieses Konzept verwenden wir in diesem Kapitel, um unseren Agenten zu erstellen.

Nun stelle ich Ihnen OpenAI Gym vor, das die `CarRacing`-Umgebung beinhaltet, mit der wir das Auto und die Rennstrecke simulieren werden.

OpenAI Gym

OpenAI Gym (*https://gym.openai.com*) ist ein Werkzeug für das Entwickeln von RL-Algorithmen und als Python-Modul verfügbar.

In dem Modul befinden sich zum einen mehrere klassische RL-Umgebungen wie `CartPole` und `Pong` und zum anderen Umgebungen mit komplexeren Herausforderungen, wie z.B. zum Trainieren eines Agenten, der auf unebenem Gelände laufen oder Atari-Spiele gewinnen kann. All diese Umgebungen enthalten eine `step`-Methode, mit der Sie eine gegebene Aktion ausführen können. Daraufhin gibt die Umgebung den nächsten Zustand und die Belohnung aus. Durch wiederholtes Ausführen der `step`-Methode mit der vom Agenten gewählten Aktion können Sie eine Episode in der Umgebung ausspielen.

Zusätzlich zu der abstrakten Mechanik jeder Umgebung stellt OpenAI Gym auch Grafiken bereit, mit denen Sie Ihren Agenten in der gegebenen Umgebung beobachten können. Dies ist sowohl fürs Debugging sehr nützlich als auch dafür, herauszufinden, in welchen Bereichen sich Ihr Agent noch verbessern könnte.

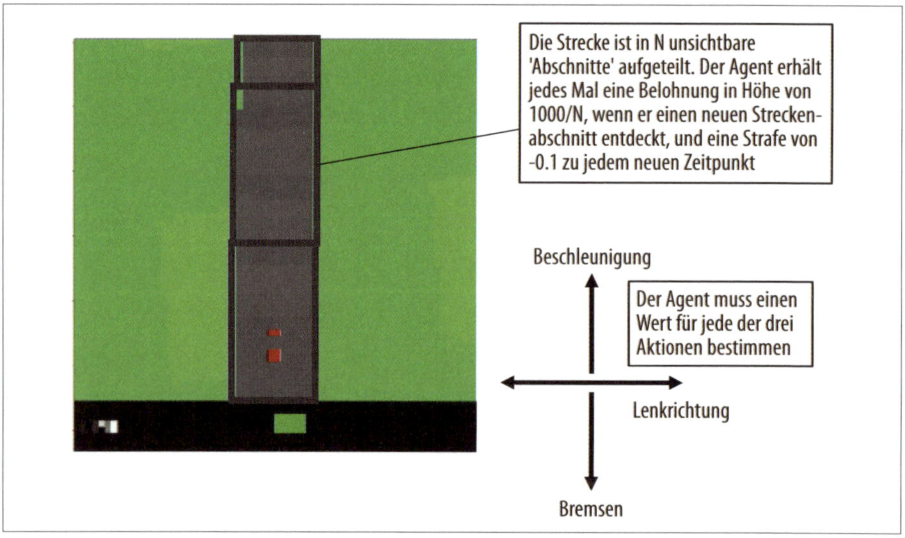

Abbildung 8-2: Die grafische Darstellung eines Spielzustands in der CarRacing-Umgebung

Wir werden die `CarRacing`-Umgebung von OpenAI Gym verwenden. Schauen wir uns einmal an, wie Spielzustand, Aktion, Belohnung und Episode in dieser Umgebung definiert sind:

Spielzustand
: Ein 64 ×-64–Pixel-RGB-Bild, das die Ansicht von oben auf Strecke und Auto darstellt.

Aktion
: Durch drei Werte definiert: Lenkrichtung (– 1 bis 1), Beschleunigung (0 bis 1) und Bremsen (0 bis 1). Der Agent muss zu jedem Zeitpunkt alle drei Werte festsetzen.

Belohnung
: Eine negative Strafe von –0.1 für jeden benötigten Zeitpunkt und eine positive Belohnung von 1.000/*N* für das Erreichen eines neuen Streckenabschnitts, wobei *N* die Anzahl von Streckenabschnitten beschreibt, aus denen die Strecke besteht.

Episode

Die Episode endet, wenn entweder das Auto die Strecke vollendet, es von der Strecke abkommt oder 3.000 Zeitpunkte abgelaufen sind.

Abbildung 8-2 zeigt diese Konzepte in einer grafischen Darstellung eines Spielzustands. Beachten Sie, dass das Auto die Strecke nicht aus der Autosicht sieht, stattdessen können wir uns vorstellen, dass der Agent über der Strecke schwebt und das Auto aus der Vogelperspektive steuert.

Architektur von World Models

Wir verschaffen uns nun zuerst einen Überblick über die Gesamtarchitektur, die wir für das Erstellen des Agenten benötigen, der durch Reinforcement Learning lernt. Danach untersuchen wir detailliert die einzelnen Schritte, die zum Erstellen jeder Komponente erforderlich sind.

Die Architektur besteht aus drei verschiedenen Komponenten (siehe Abbildung 8-3), die alle einzeln trainiert werden:

V

Ein Variational Autoencoder.

M

Ein rekurrentes neuronales Netz mit einem Mixture Density Network (MDN-RNN).

C

Ein Controller.

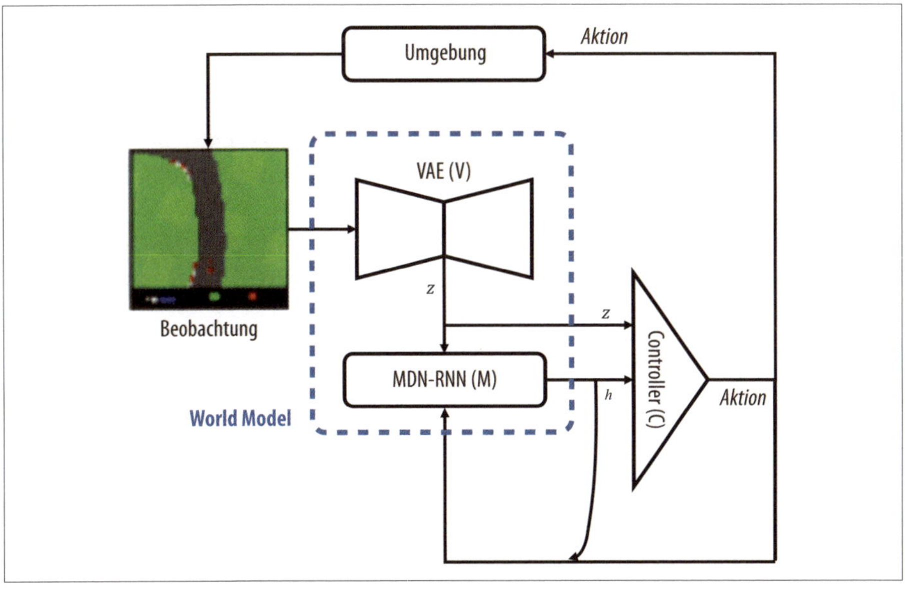

Abbildung 8-3: Diagramm der World-Model-Architektur

Der Variational Autoencoder

Wenn Sie während der Fahrt Entscheidungen treffen, analysieren Sie nicht aktiv jedes einzelne Pixel in Ihrem Blickfeld – stattdessen komprimieren Sie diese visuellen Informationen zu einer kleineren Anzahl von latenten Elementen, wie z.B. Geradlinigkeit der Straße, bevorstehende Kurven und Ihre Position auf der Straße, um Ihre nächste Aktion zu wählen.

In Kapitel 3 haben wir gesehen, wie ein VAE ein hochdimensionales Eingabebild durch Minimierung des Rekonstruktionsfehlers und KL-Divergenz zu einer latenten Zufallsvariable komprimieren kann, die in etwa einer multivariaten Normalverteilung folgt. Dies stellt sicher, dass der latente Raum stetig ist und wir so aus diesem einfach zufällig Punkte wählen können, um sinnvolle neue Beobachtungen zu erstellen.

In unserem Rennauto-Beispiel komprimiert der VAE das 64 × 64 × 3-(RGB-)Eingabebild zu einer 32-dimensionalen normalverteilten Zufallsvariable, die durch die zwei Variablen `mu` und `log_var` parametrisiert ist. `log_var` ist hierbei der Logarithmus der Varianz der Verteilung.

Wir können von dieser Verteilung zufällig Punkte wählen, um einen latenten Vektor `z` zu erzeugen, der den aktuellen Spielzustand darstellt. Diesen geben wir dann in den nächsten Teil des Netzwerks, das MDN-RNN.

Das MDN-RNN

Während der Fahrt ist jede Folgebeobachtung keine völlige Überraschung für Sie. Wenn die aktuelle Beobachtung eine kommende Linkskurve suggeriert und Sie das Lenkrad nach links drehen, erwarten Sie, dass Sie sich in der nächsten Beobachtung immer noch auf der Straße befinden.

Besäßen Sie diese Fähigkeit nicht, würden Sie wahrscheinlich mit dem Auto über die Straße schlängeln, da Sie nicht erkennen könnten, dass eine leichte Abweichung von der Straßenmitte zum nächsten Zeitpunkt schlecht für Sie ist, es sei denn, Sie tun jetzt etwas dagegen.

Dieses vorausschauende Denken ist die Aufgabe des MDN-RNN. Das MDN-RNN versucht, die Verteilung des nächsten latenten Zustands vorauszusagen basierend auf dem vorherigen Zustand und der vorherigen Aktion.

Konkret ist das MDN-RNN eine LSTM-Schicht mit 256 verborgenen Einheiten, gefolgt von einem Mixture Density Network (MDN) als Ausgabeschicht, das berücksichtigt, dass der nächste latente Zustand aus einer von mehreren möglichen Normalverteilungen gezogen werden kann.

Die gleiche Technik hat einer der Autoren des »World Model«-Papers, David Ha, auch auf eine Aufgabe zur Generierung von Handschrift (*http://bit.ly/2Wm9X01*) angewandt (siehe Abbildung 8-4), um zu beschreiben, dass der nächste Punkt des Stifts in einem der verschiedenen roten Bereiche landen könnte.

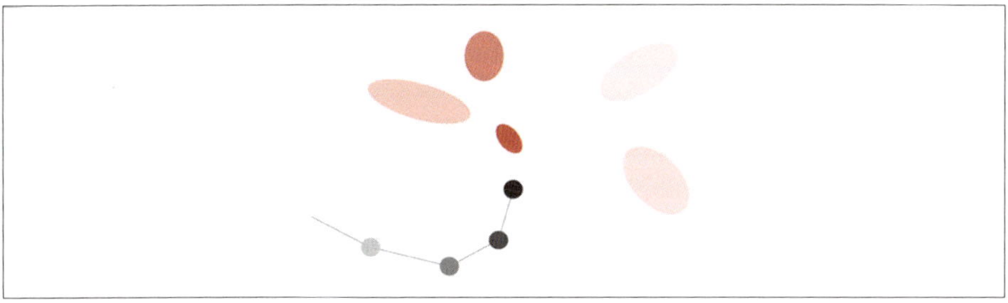

Abbildung 8-4: MDN zur Erzeugung von Handschrift

In unserem Rennauto-Beispiel kann jedes Element des nächsten beobachteten latenten Zustands aus einer von fünf Normalverteilungen gezogen werden.

Der Controller

Bisher haben wir uns noch überhaupt nicht um das Wählen von Aktionen gekümmert. Dafür ist der Controller verantwortlich.

Der Controller ist ein dicht verbundenes neuronales Netz, das als Eingabe die Verkettung von `z` (dem aktuellen latenten Zustand gezogen aus der vom VAE codierten Verteilung) und dem verborgenen Zustand des RNN nimmt. Die drei Ausgabeneuronen entsprechen den drei Aktionen (Lenken, Beschleunigen, Bremsen) und sind auf die entsprechenden möglichen Wertebereiche skaliert.

Um den Controller zu trainieren, müssen wir Reinforcement Learning verwenden, da wir keinen Trainingsdatensatz besitzen, der uns sagt, dass eine bestimmte Aktion *gut* oder *schlecht* ist. Stattdessen muss der Agent das selbst durch wiederholtes Ausprobieren herausfinden.

Wie wir später in diesem Kapitel sehen werden, besteht der Kern des »World Models«-Papers darin, dass dieser Reinforcement-Learning-Schritt innerhalb des eigenen generativen Umgebungsmodells des Agenten stattfinden kann statt in der OpenAI-Gym-Umgebung. Anders gesagt, der Agent lernt in seiner *halluzinierten* Version der Umgebung anstatt in der echten Umgebung.

Um die verschiedenen Rollen und das Zusammenspiel dieser drei Komponenten besser zu verstehen, können wir uns folgenden Dialog zwischen ihnen vorstellen:

> *VAE* (mit Blick auf die aktuelle 64 × 64 × 3-Beobachtung): Dies sieht aus wie eine gerade Straße mit einer kommenden leichten Linkskurve. Das Auto zeigt in Richtung der Straße (`z`).
>
> *RNN*: Basierend auf dieser Beschreibung (`z`) und der Tatsache, dass der Controller zum vorigen Zeitpunkt entschieden hat, stark zu beschleunigen (`action`), aktualisiere ich meinen verborgenen Zustand, sodass die nächste Beobachtung immer noch als gerade Straße vorhergesagt wird, aber mit einer etwas näheren Linkskurve.
>
> *Controller*: Basierend auf der Beschreibung des VAE (`z`) und des aktuellen verborgenen Zustands des RNN (`h`) gibt mein neuronales Netz `[0.34, 0.8, 0]` als nächste Aktion aus.

Die vom Controller gewählte Aktion wird dann an die Umgebung weitergegeben, die wiederum eine aktualisierte Beobachtung zurückgibt, und der Zyklus beginnt von vorn. Für weitere Informationen über dieses Modell steht online (*https://worldmodels. github.io*) eine hervorragende interaktive Erklärung zur Verfügung.

Setup

Jetzt sind wir bereit, uns anzuschauen, wie wir dieses Modell in Keras erstellen und trainieren können. Falls Sie einen sehr leistungsstarken Computer haben, können Sie dies lokal ausführen, aber generell würde ich Ihnen empfehlen, Cloud-Rechner wie Google Cloud Compute Engine (*https://cloud.google.com/compute*) für den Zugriff auf leistungsstarke Computer zu verwenden.

> Der folgende Code wurde auf Ubuntu 16.04 getestet, ist also spezifisch für eine Linux-Kommandozeile.

Installieren Sie zunächst die folgenden Module:

```
sudo apt-get install cmake swig python3-dev \
        zlib1g-dev python-opengl mpich xvfb \
        xserver-xephyr vnc4server
```

Klonen Sie dann das folgende Repository:

```
git clone https://github.com/AppliedDataSciencePartners/WorldModels.git
```

Da die Codebasis für dieses Projekt getrennt vom Buch-Repository gespeichert ist, empfehle ich Ihnen, eine separate virtuelle Umgebung für dieses Projekt zu erstellen:

```
mkvirtualenv worldmodels
cd WorldModels
pip install -r requirements.txt
```

Jetzt kann es losgehen!

Überblick über den Trainingsprozess

Hier haben wir einen Überblick über die fünf Schritte des Trainingsprozesses:

1. Sammeln zufälliger Daten: Der Agent kümmert sich hierbei nicht um die gegebene Aufgabe, sondern erkundet einfach zufällig die Umgebung. Dieser Schritt wird mit OpenAI Gym durchgeführt, um mehrere Episoden zu simulieren und die beobachteten Zustände, die Aktionen und die Belohnung zu jedem Zeitpunkt zu speichern. Hier geht es darum, einen Datensatz über die Umgebungsphysik zu erstellen, durch den der VAE lernen kann, Zustände effizient als latente Vektoren darzustellen. Das MDN-RNN kann dann lernen, wie sich die latenten Vektoren im Laufe der Zeit entwickeln.

2. Trainieren des VAE: Mithilfe der zufällig gesammelten Daten trainieren wir einen VAE auf den beobachteten Bildern.
3. Sammeln von Daten zum Trainieren des MDN-RNN: Sobald wir einen trainierten VAE haben, codieren wir mit diesem jede der gesammelten Beobachtungen zu `mu`- und `log_var`-Vektoren, die wir mit der aktuellen Aktion und Belohnung speichern.
4. Trainieren des MDN-RNN: Wir verwenden Batches mit 100 Episoden und laden die zu jedem Zeitpunkt entsprechenden Variablen für `mu`, `log_var`, `Aktion` und `Belohnung`, die wir in Schritt 3 erzeugt haben. Dann ziehen wir zufällig einen `z`-Vektor aus den `mu`- und `log_var`-Vektoren. Mit dem aktuellen `z`-Vektor, `Aktion` und `Belohnung` wird das MDN-RNN dann darauf trainiert, den folgenden `z`-Vektor und die `Belohnung` vorherzusagen.
5. Trainieren des Controllers: Mit den trainierten VAE und RNN können wir nun den Controller darauf trainieren, basierend auf dem aktuellen `z` und dem verborgenen Zustand des RNN `h` eine Aktion auszugeben. Der Controller verwendet einen Evolutionsalgorithmus, CMA-ES (*Covariance Matrix Adaptation Evolution Strategy*), als Optimierungsalgorithmus. Dieser Algorithmus belohnt Matrizengewichte, die Aktionen erzeugen, die zu hohen Gesamtwertungen für die Aufgabe führen, sodass zukünftige Generationen dieses erwünschte Verhalten wahrscheinlich auch erben.

Schauen wir uns nun einmal jeden dieser Schritte etwas genauer an.

Sammeln zufälliger Roll-out-Daten

Um mit dem Sammeln der Daten zu beginnen, führen Sie den folgenden Befehl in der Kommandozeile aus:

```
bash 01_generate_data.sh <env_name> <parallel_process> <episodes_per_process> \
    <render> <action_refresh_rate>
```

mit den folgenden Parametern:

<env_name>
: Der Umgebungsname, den Sie in der `make_env`-Funktion verwendet haben (z.B. `car_racing`).

<parallel_process>
: Die Anzahl gleichzeitig auszuführender Prozesse (z.B. `8` für einen Prozessor mit acht Kernen).

<episodes_per_process>
: Die Anzahl an Episoden, die jeder Prozess ausführen soll (z.B. `125`, acht Prozesse würden also 1.000 Episoden erzeugen).

<max_timesteps>
: Die maximale Anzahl an Zeitpunkten pro Episode (z.B. 300).

<render>

1, um den Roll-out-Prozess in einem Fenster darzustellen (sonst 0).

<action_refresh_rate>

Die Anzahl der Zeitpunkte, für die die aktuelle Aktion eingefroren wird, bevor sie geändert wird. Dadurch wird verhindert, dass sich die Aktion zu schnell ändert, bevor das Auto vorankommen kann.

Auf einem Computer mit acht Kernen könnten Sie z.B. folgenden Befehl ausführen:

```
bash 01_generate_data.sh car_racing 8 125 300 0 5
```

Dadurch starten Sie acht Prozesse gleichzeitig, von denen jeder 125 Episoden mit maximal 300 Zeitpunkten und einer Aktualisierungsrate von 5 Zeitpunkten simuliert. Jeder Prozess ruft die Python-Datei *01_generate_data.py* auf. Beispiel 8-1 zeigt den wichtigsten Teil dieses Skripts.

Beispiel 8-1: Ausschnitt aus 01_generate_data.py

```
# ...

DIR_NAME = './data/rollout/'

env = make_env(current_env_name) ❶
s = 0
while s < total_episodes:
    episode_id = random.randint(0, 2**31-1)
    filename = DIR_NAME + str(episode_id)+".npz"
    observation = env.reset()
    env.render()
    t = 0
    obs_sequence = []
    action_sequence = []
    reward_sequence = []
    done_sequence = []
    reward = -0.1
    done = False

    while t < time_steps:
        if t % action_refresh_rate == 0:
            action = config.generate_data_action(t, env) ❷
        observation = config.adjust_obs(observation) ❸
        obs_sequence.append(observation)
        action_sequence.append(action)
        reward_sequence.append(reward)
        done_sequence.append(done)
        observation, reward, done, info = env.step(action) ❹
        t = t + 1

    print("Episode {} finished after {} timesteps".format(s, t))
    np.savez_compressed(filename
        , obs=obs_sequence
        , action=action_sequence
        , reward = reward_sequence
        , done = done_sequence) ❺
    s = s + 1
env.close()
```

❶ `make_env` ist eine benutzerdefinierte Funktion in dem Repository, die die entsprechende OpenAI-Gym-Umgebung erstellt. In diesem Fall erstellen wir die `CarRacing`-Umgebung mit einigen Anpassungen. Die Umgebungsdatei ist in dem Ordner *custom_envs* gespeichert.

❷ `generate_data_action` ist eine benutzerdefinierte Funktion, die die Regeln zum Erzeugen von zufälligen Aktionen beinhaltet.

❸ Die von der Umgebung zurückgegebenen Beobachtungen sind auf den Bereich von 0 bis 255 skaliert. Wir brauchen Beobachtungen, die auf 0 bis 1 skaliert sind, daher teilt diese Funktion einfach durch 255.

❹ Jede OpenAI-Gym-Umgebung enthält eine `step`-Methode. Diese gibt nach einer Aktion die nächste Beobachtung, Belohnung und eine *Erledigt*-Markierung zurück.

❺ Wir speichern jede Episode als einzelne Datei in dem Verzeichnis *./data/rollout/*.

Abbildung 8-5: Frames 40 bis 59 einer Episode

Abbildung 8-5 zeigt einen Ausschnitt der Bilder 40 bis 59 einer Episode. Wir sehen, mit der jeweils zufällig gewählten Aktion und der Belohnung, wie sich das Auto einer Kurve nähert. Beachten Sie, wie die Belohnung auf 3.22 springt, wenn das Auto in einen neuen Streckenabschnitt fährt, aber ansonsten –0.1 ist. Außerdem ändert sich die Aktion nur alle fünf Frames, da die Aktualisierungsrate auf 5 gesetzt ist.

Trainieren des VAE

Nun können wir ein generatives Modell (einen VAE) mit unseren gesammelten Daten erstellen.

Denken Sie daran: Unser Ziel für den VAE ist es, ein 64 × 64 × 3-Bild zu einer normalverteilten Zufallsvariablen zu komprimieren, deren Verteilung durch die zwei Vektoren `mu` und `log_var` parametrisiert ist. Jeder dieser Vektoren hat die Länge 32.

Um das Training des VAE zu beginnen, führen Sie den folgenden Befehl in Ihrer Kommandozeile aus:

```
python 02_train_vae.py --new_model [--N] [--epochs]
```

mit den folgenden Parametern:

`--new_model`
: Soll das Modell von Grund auf neu trainiert werden? Setzen Sie diese Markierung am Anfang; ohne diese Markierung sucht der Code nach einer *./vae/vae.json*-Datei und setzt das Training eines früheren Modells fort.

`--N` *(optional)*
: Die Anzahl der Episoden, die beim Training des VAE verwendet werden sollen (z. B. `1000` – der VAE benötigt nicht alle Episoden, um gute Ergebnisse zu liefern, Sie können zur Beschleunigung des Trainings also auch nur einen Teil der Episoden verwenden).

`--epochs` *(optional)*
: Die Anzahl der Trainingsepochen (z. B. `3`).

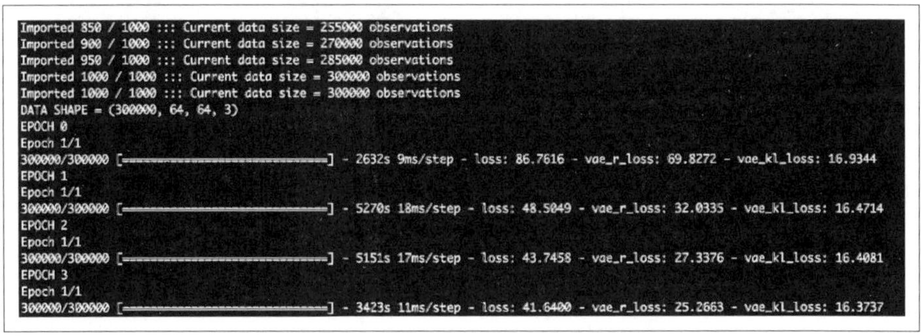
```
Imported 850 / 1000 ::: Current data size = 255000 observations
Imported 900 / 1000 ::: Current data size = 270000 observations
Imported 950 / 1000 ::: Current data size = 285000 observations
Imported 1000 / 1000 ::: Current data size = 300000 observations
Imported 1000 / 1000 ::: Current data size = 300000 observations
DATA SHAPE = (300000, 64, 64, 3)
EPOCH 0
Epoch 1/1
300000/300000 [==============================] - 2632s 9ms/step - loss: 86.7616 - vae_r_loss: 69.8272 - vae_kl_loss: 16.9344
EPOCH 1
Epoch 1/1
300000/300000 [==============================] - 5270s 18ms/step - loss: 48.5049 - vae_r_loss: 32.0335 - vae_kl_loss: 16.4714
EPOCH 2
Epoch 1/1
300000/300000 [==============================] - 5151s 17ms/step - loss: 43.7458 - vae_r_loss: 27.3376 - vae_kl_loss: 16.4081
EPOCH 3
Epoch 1/1
300000/300000 [==============================] - 3423s 11ms/step - loss: 41.6400 - vae_r_loss: 25.2663 - vae_kl_loss: 16.3737
```

Abbildung 8-6: Training des VAE

Die Ausgabe des Trainingsprozesses sollte wie in Abbildung 8-6 aussehen. Eine Datei mit den Gewichten des trainierten Netzwerks wird nach jeder Epoche in *./vae/vae.json* gespeichert.

Die Architektur des VAE

Wie wir bereits gesehen haben, erlaubt uns die funktionale Keras-API, nicht nur das vollständige VAE-Modell zu definieren, sondern auch zusätzliche Modelle, die die Encoder- und Decoder-Teile des trainierten Netzwerks getrennt voneinander aufgreifen. Diese Modelle helfen uns beispielsweise, wenn wir ein bestimmtes Bild codieren oder einen gegebenen z-Vektor decodieren wollen.

Hier definieren wir vier verschiedene Modelle für den VAE:

`full_model`
: Das Gesamtmodell, das trainiert wird.

`encoder`
: Dieses Modell nimmt eine 64 × 64 × 3-Beobachtung als Eingabe und gibt einen z-Vektor als Ausgabe aus. Wenn Sie die `predict`-Methode mehrmals für dieselbe Eingabe ausführen, erhalten Sie trotz konstanter `mu`- und `log_var`-Werte unterschiedliche Ausgaben, da der z-Vektor jedes Mal zufällig gemäß der Verteilungsfunktion gezogen wird.

`encoder_mu_log_var`
: Dieses Modell nimmt eine 64 × 64 × 3-Beobachtung als Eingabe und gibt die entsprechenden `mu`- und `log_var`-Vektoren als Ausgabe aus. Anders als beim `encoder`-Modell erhalten Sie hier immer die gleiche Ausgabe, wenn Sie das Modell mehrmals mit derselben Eingabe ausführen: einen `mu`-Vektor der Länge 32 und einen `log_var`-Vektor der Länge 32.

`decoder`
: Dieses Modell nimmt einen z-Vektor als Eingabe und gibt die rekonstruierte 64 × 64 × 3-Beobachtung als Ausgabe aus.

Abbildung 8-7 zeigt ein Diagramm des VAE. Sie können mit der VAE-Architektur experimentieren, indem Sie die Datei *./vae/arch.py* verändern. Hier werden die VAE-Klasse und die Parameter des neuronalen Netzes definiert.

Untersuchung des VAE

Nun schauen wir uns die Ausgaben der `predict`-Methoden der verschiedenen Modellteile des VAE an, um einerseits zu sehen, wie diese sich unterscheiden, und andererseits, wie wir mit dem VAE völlig neue Streckenbeobachtungen erzeugen können.

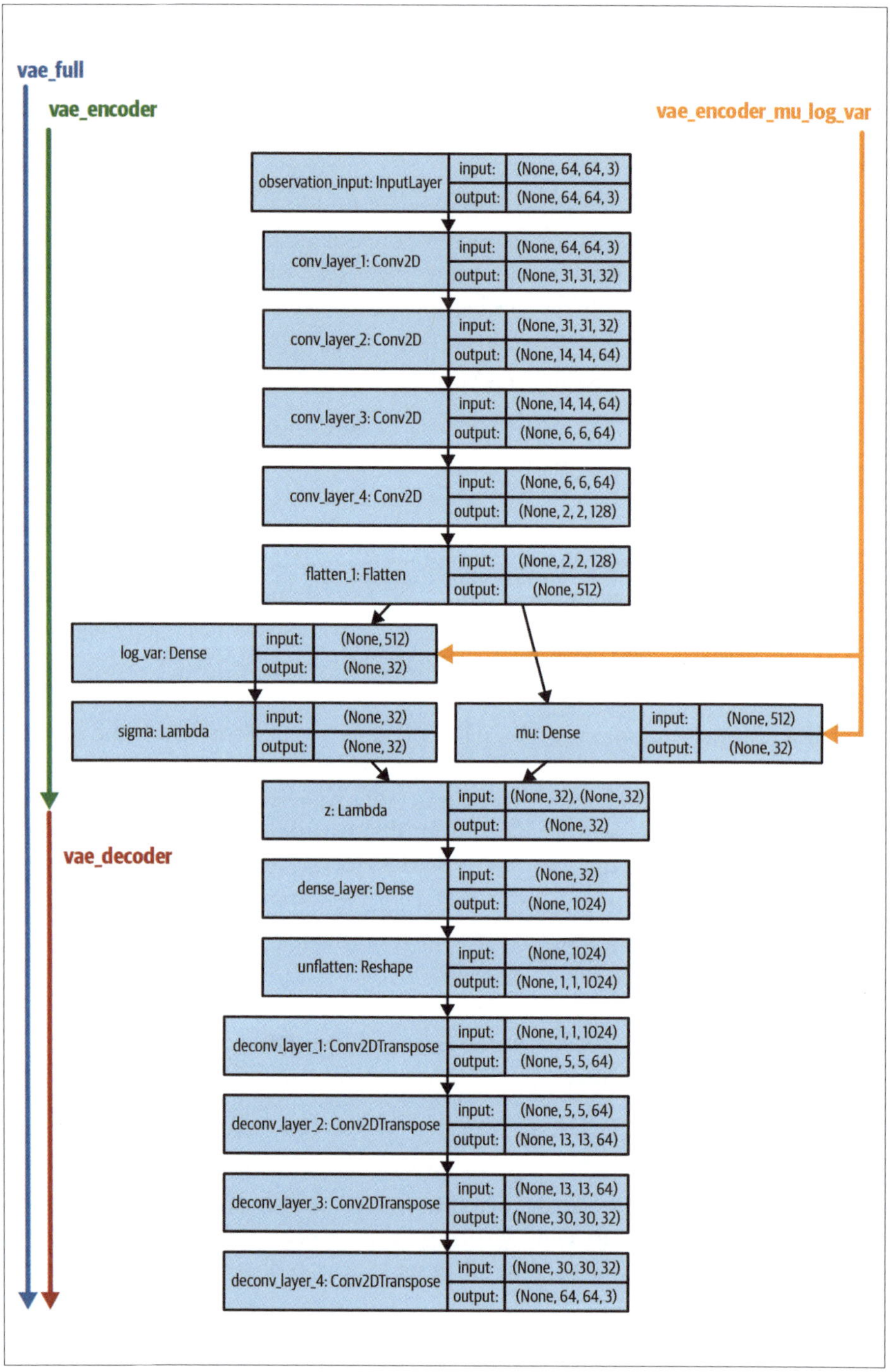

Abbildung 8-7: Die VAE-Architektur aus dem »World Models«-Paper

Das Gesamtmodell

Wenn wir eine Beobachtung in das *Gesamtmodell* geben, kann dieses eine genaue Abbildung des Bilds erzeugen, wie in Abbildung 8-8 zu sehen ist. Das ist nützlich, um die korrekte Funktionsweise des VAE visuell zu überprüfen.

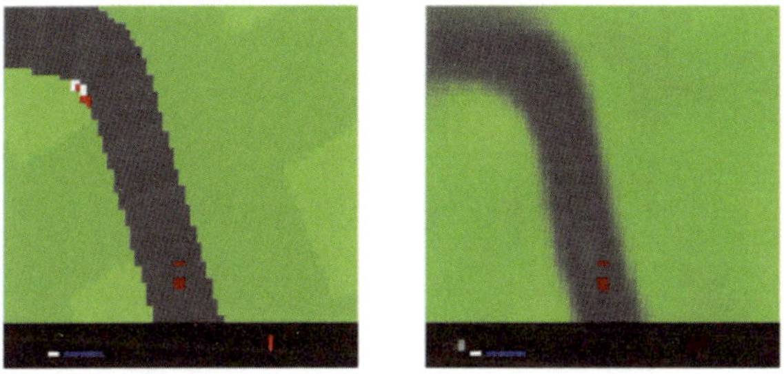

Abbildung 8-8: Die Ein- und Ausgabe des gesamten VAE-Modells

Die Encoder-Modelle

Geben wir eine Beobachtung in das `encoder_mu_log_var`-Modell, erhalten wir `mu`- und `log_var`-Vektoren, die eine multivariate Normalverteilung beschreiben.

Das `encoder`-Modell geht noch einen Schritt weiter und zieht einen zufälligen z-Vektor von dieser Verteilung.

Abbildung 8-9 zeigt die Ausgabe der beiden Encoder-Modelle.

```
encoded_mu_log_var = vae.encoder_mu_log_var.predict(np.array([obs]))
mu = encoded_mu_log_var[0][0]
log_var = encoded_mu_log_var[1][0]
print("mu = " + str(mu))
print("log_var = " + str(log_var))

encoded_z = vae.encoder.predict(np.array([obs]))[0]
print("z = " + str(encoded_z))
```

```
mu = [ 0.461   0.2408  0.9884  0.0459  0.9623  1.0147  0.6555 -0.586  -0.4304
 -0.0892 -1.5475  0.0319  0.426   0.1936  0.0838 -0.9127 -0.0823 -0.0321
  0.0829 -0.2372 -0.1084 -0.0069  0.011  -0.0201 -1.735  -0.8933  0.0082
  0.5342  0.1982  0.056  -0.0389  0.0389]
log_var = [-1.8887 -0.1232 -2.1576  0.0093 -5.2961 -2.2058 -3.0662 -3.1458  0.0018
 -0.0412 -3.1433  0.0278 -0.0169  0.0186 -0.0313 -0.8884 -0.0468 -0.0565
  0.0075  0.0149 -0.0285 -0.0013 -0.006  -0.0468 -3.2442 -3.9082  0.0348
 -2.0272 -0.0264 -0.0202 -0.0585 -0.0103]
z = [ 0.4681  0.3364  0.969  -0.3118  1.0631  1.1805  1.1039 -0.6603 -1.5317
 -0.0679 -1.4819 -0.537   1.2687 -1.2981 -0.0219 -0.7657  0.5345 -1.3642
 -0.1958 -1.2382  1.6123 -1.9301  0.1032 -0.1125 -1.8621 -1.2199  0.3788
  0.6171  0.6412 -0.6444 -0.0741 -1.4384]
```

Abbildung 8-9: Die Ausgabe der Encoder

Wir können für eine bestimmte Beobachtung einen Graphen erstellen mit den Werten für `mu` und `log_var` für jede der 32 Dimensionen (siehe Abbildung 8-10).

Interessanterweise unterscheiden sich nur 12 der 32 Dimensionen signifikant von einer Standardnormalverteilung (`mu = 0`, `log_var = 0`). Dies kommt daher, dass der VAE versucht, die KL-Divergenz zu minimieren, also in so wenigen Dimensionen wie möglich von einer Standardnormalverteilung abzuweichen. Das Modell hat entschieden, dass zwölf Dimensionen ausreichen, um genügend Informationen über die Beobachtungen für eine genaue Rekonstruktion zu erfassen.

```
plt.plot(mu);
plt.plot(log_var);
hot_zs = np.where(abs(log_var) > 0.1)[0]
hot_zs
```

```
array([ 0,  1,  2,  4,  5,  6,  7, 10, 15, 24, 25, 27])
```

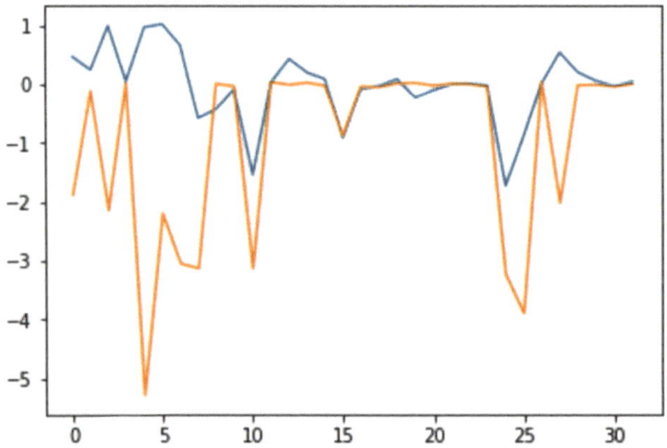

Abbildung 8-10: Grafische Darstellung von mu (blaue Linie) und log_var (orangefarbene Linie) für jede der 32 Dimensionen einer gegebenen Beobachtung

Das Decoder-Modell

Das *Decoder*-Modell nimmt einen z-Vektor als Eingabe und rekonstruiert das Originalbild. In Abbildung 8-11 interpolieren wir zwei Dimensionen von z linear und können so sehen, dass jede Dimension scheinbar einen bestimmten Aspekt der Strecke codiert – beispielsweise kontrolliert `z[4]` die Links-rechts-Richtung der Strecke direkt beim Auto, und `z[7]` kontrolliert die Schärfe der kommenden Linkskurve.

Dies beweist, dass der latente Raum des VAE kontinuierlich ist und zum Erstellen neuer Streckensegmente verwendet werden kann, die vom Agenten so noch nie zuvor beobachtet wurden.

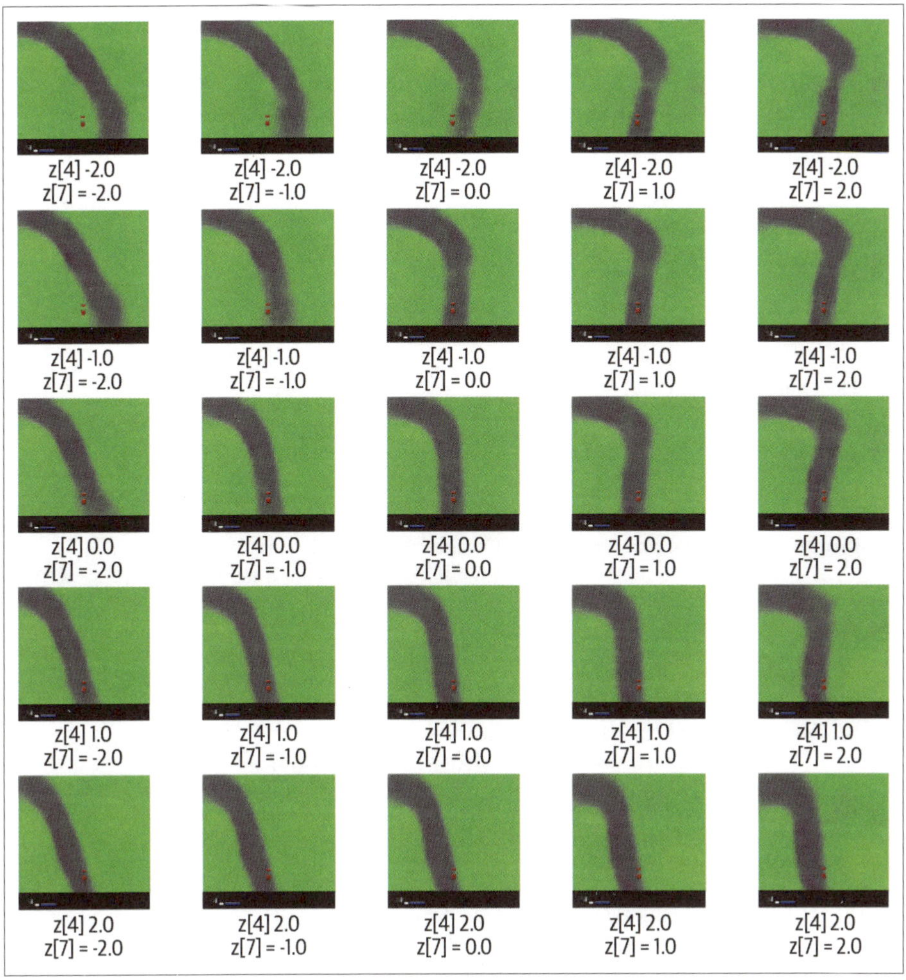

Abbildung 8-11: Lineare Interpolation zweier Dimensionen von z

Sammeln von Daten zum Trainieren des RNN

Mit dem trainierten VAE können wir nun Trainingsdaten für unser RNN erzeugen.

Für diesen Schritt geben wir alle zufällig gesammelten Daten in das `encoder_mu_log_var`-Modell und speichern die `mu`- und `log_var`-Vektoren jeder Beobachtung. Mit diesen codierten Daten zusammen mit den bereits gesammelten Aktionen und Belohnungen trainieren wir das MDN-RNN.

Um mit dem Sammeln der Daten zu beginnen, führen Sie folgenden Befehl in der Kommandozeile aus:

```
python 03_generate_rnn_data.py
```

In Beispiel 8-2 können Sie einen Ausschnitt aus der Datei *03_generate_data.py* sehen, der zeigt, wie die Trainingsdaten für das MDN-RNN erzeugt werden.

Beispiel 8-2: Ausschnitt aus 03_generate_data.py

```
def encode_episode(vae, episode):

    obs = episode['obs']
    action = episode['action']
    reward = episode['reward']
    done = episode['done']

    mu, log_var = vae.encoder_mu_log_var.predict(obs) ❶

    done = done.astype(int)
    reward = np.where(reward>0, 1, 0) * np.where(done==0, 1, 0) ❷

    initial_mu = mu[0, :]
    initial_log_var = log_var[0, :]

    return (mu, log_var, action, reward, done, initial_mu, initial_log_var)

vae = VAE()
vae.set_weights('./vae/weights.h5')

for file in filelist:
    rollout_data = np.load(ROLLOUT_DIR_NAME + file)
    mu, log_var, action, reward, done, initial_mu
        , initial_log_var = encode_episode(vae, rollout_data)

    np.savez_compressed(SERIES_DIR_NAME + file, mu=mu, log_var=log_var
        , action = action, reward = reward, done = done)
    initial_mus.append(initial_mu)
    initial_log_vars.append(initial_log_var)

np.savez_compressed(ROOT_DIR_NAME + 'initial_z.npz', initial_mu=initial_mus
    , initial_log_var=initial_log_vars) ❸
```

❶ Hier verwenden wir das `encoder_mu_log_var`-Modell des VAE, um die `mu`- und `log_var`-Vektoren für eine bestimmte Beobachtung zu erhalten.

❷ Der Wert der Belohnung wird in 0 oder 1 umgewandelt, damit er als Eingabe ins MDN-RNN verwendet werden kann.

❸ Wir speichern die ersten `mu`- und `log_var`-Vektoren in einer separaten Datei – das ist nützlich für später, um die Traum-Umgebung zu initialisieren.

Trainieren des MDN-RNN

Wir können nun das MDN-RNN darauf trainieren, basierend auf dem aktuellen z-Wert, der aktuellen Aktion und der vorherigen Belohnung die Verteilung des nächsten z-Vektors und die nächste Belohnung vorherzusagen.

Das Ziel des MDN-RNN ist es, immer einen Zeitschritt in die Zukunft vorherzusagen – wir können dann den internen verborgenen Zustand des LSTM als Teil der Eingabe in den Controller verwenden.

Führen Sie folgenden Befehl in der Kommandozeile aus, um mit dem Training des MDN-RNN zu beginnen:

```
python 04_train_rnn.py (--new_model) (--batch_size) (--steps)
```

mit den folgenden Parametern:

`new_model`
: Soll das Modell von Grund auf neu trainiert werden? Setzen Sie diese Markierung zunächst, da der Code sonst nach einer Datei *./rnn/rnn.json* sucht und das Training eines früheren Modells fortsetzt.

`batch_size`
: Die Anzahl an Episoden, die in jeder Trainingsiteration dem MDN-RNN zugeführt werden.

`steps`
: Die Gesamtzahl der Trainingsiterationen.

Abbildung 8-12 zeigt die Ausgabe des Trainingsprozesses. Die Gewichte des trainierten Netzwerks werden alle zehn Iterationen in der Datei *./rnn/rnn.json* gespeichert.

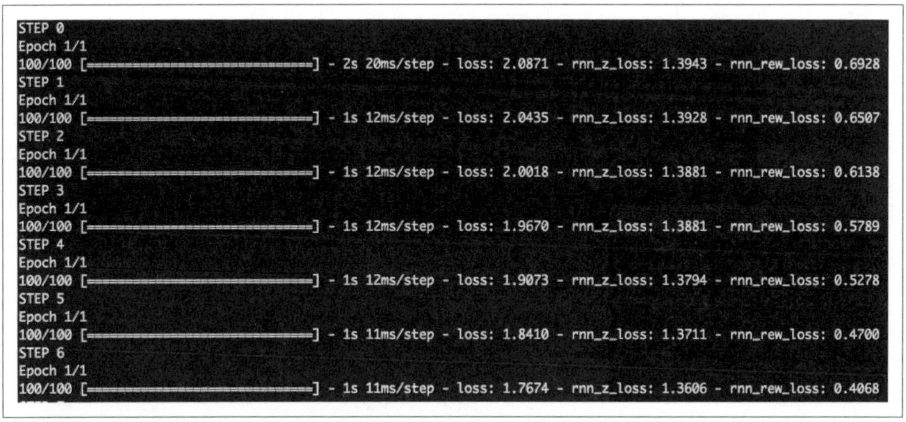

Abbildung 8-12: Training des MDN-RNN

Die Architektur des MDN-RNN

Abbildung 8-13 zeigt eine Darstellung der Architektur des MDN-RNN.

Es besteht aus einer LSTM-Schicht (dem RNN), gefolgt von einer dichten Schicht (dem MDN), die den verborgenen Zustand des LSTM zu Parametern der gemischten Verteilung umwandelt. Schauen wir uns das Netzwerk einmal Schritt für Schritt genauer an.

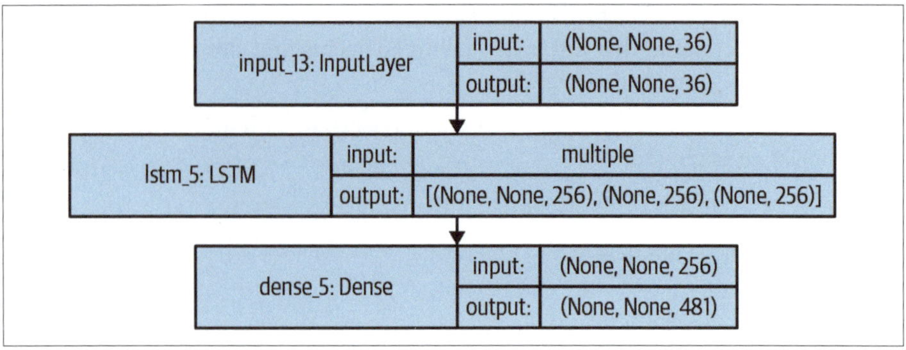

Abbildung 8-13: Die Architektur des MDN-RNN

Die Eingabe für die LSTM-Schicht ist ein Vektor der Länge 36 – die Verkettung des vom VAE codierten z-Vektors (Länge 32) mit der aktuellen Aktion (Länge 3) und der vorherigen Belohnung (Länge 1).

Die Ausgabe der LSTM-Schicht ist ein Vektor der Länge 256 – ein Wert für jede LSTM-Zelle in der Schicht. Dies wird dann an das MDN weitergegeben, das schlicht eine dichte Schicht ist, die den Vektor der Länge 256 in einen Vektor der Länge 481 umwandelt.

Warum 481? Abbildung 8-14 erläutert die Zusammensetzung der Ausgabe des MDN-RNN. Denken Sie daran, dass das Ziel eines Mixture Density Network ist, zu berücksichtigen, dass unser nächstes `z` aus einer von mehreren möglichen Verteilungen mit einer bestimmten Wahrscheinlichkeit gezogen werden könnte. In unserem Rennauto-Beispiel haben wir fünf Normalverteilungen gewählt. Wie viele Parameter benötigen wir, um diese Verteilungen zu definieren? Für jede der fünf Verteilungen benötigen wir ein `mu` und ein `log_sigma` (um die Verteilung zu definieren) sowie eine Wahrscheinlichkeit (`log_pi`), dass diese Verteilung verwendet wird – und das für jede der 32 Dimensionen von `z`. Das ergibt 5 × 3 × 32 = 480 Parameter. Der eine übrige Parameter dient der Vorhersage der Belohnung – genauer gesagt, für den Logarithmus der Belohnungswahrscheinlichkeit zum nächsten Zeitpunkt.

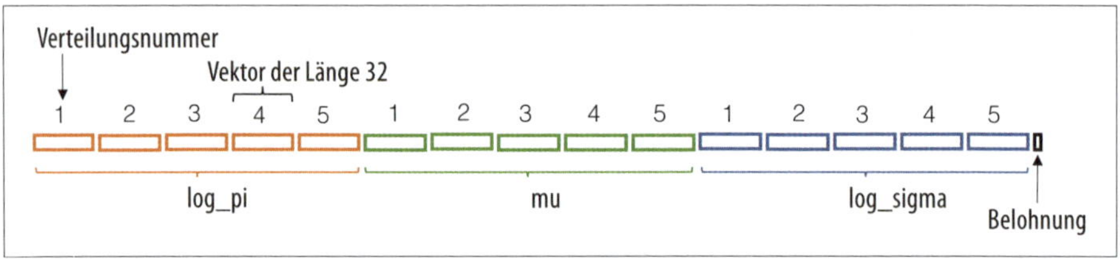

Abbildung 8-14: Die Ausgabe des Mixture Density Network

Ziehen des nächsten z und der Belohnung aus dem MDN-RNN

Mit dem folgenden Prozess können wir Vorhersagen für das nächste `z` und die Belohnung zum nächsten Zeitpunkt aus der Ausgabe des MDN erstellen:

1. Teilen Sie den 481-dimensionalen Ausgabevektor in die drei Variablen (log_pi, mu, log_sigma) und die Belohnung auf.
2. Potenzieren und skalieren Sie log_pi, sodass der Vektor als 32 Wahrscheinlichkeitsverteilungen über die fünf Indizes interpretiert werden kann.
3. Ziehen Sie aus den aus log_pi erstellten Verteilungen eine für jede der 32 Dimensionen von z (d.h., wählen Sie, welche der fünf Verteilungen in jeder Dimension von z verwendet werden soll).
4. Schauen Sie die entsprechenden Werte für mu und log_sigma der Verteilung nach.
5. Ziehen Sie für jede der Dimensionen von z einen Wert aus der Verteilung, die durch die für diese Dimension gewählten mu- und log_sigma-Werte parametrisiert ist.
6. Falls der Logarithmus der Belohnungswahrscheinlichkeit größer als 0 ist, sagen Sie 1 als Belohnung voraus und ansonsten 0.

Die MDN-RNN-Verlustfunktion

Die Verlustfunktion des MDN-RNN ist die Summe aus Rekonstruktionsverlust des z-Vektors und Belohnungsverlust.

Beispiel 8-3 zeigt einen Ausschnitt aus der Datei *rnn/arch.py*, die beschreibt, wie wir die Verlustfunktion des MDN-RNN in Keras erstellen können.

Beispiel 8-3: Ausschnitt aus rnn/arch.py

```
def get_responses(self, y_true):

    z_true = y_true[:,:,:Z_DIM]
    rew_true = y_true[:,:,-1]
    return z_true, rew_true


def get_mixture_coef(self, z_pred):

    log_pi, mu, log_sigma = tf.split(z_pred, 3, 1)
    log_pi = log_pi - K.log(K.sum(K.exp(log_pi), axis = 1, keepdims = True))
    return log_pi, mu, log_sigma


def tf_lognormal(self, z_true, mu, log_sigma):

    logSqrtTwoPI = np.log(np.sqrt(2.0 * np.pi))
    return -0.5 * ((z_true - mu) / K.exp(log_sigma)) ** 2 - log_sigma - logSqrtTwoPI

def rnn_z_loss(y_true, y_pred):

    z_true, rew_true = self.get_responses(y_true)

    d = normal distribution_MIXTURES * Z_DIM
```

```
        z_pred = y_pred[:,:,:(3*d)]
        z_pred = K.reshape(z_pred, [-1, normal distribution_MIXTURES * 3])

        log_pi, mu, log_sigma = self.get_mixture_coef(z_pred) ❶

        flat_z_true = K.reshape(z_true,[-1, 1])

        z_loss = log_pi + self.tf_lognormal(flat_z_true, mu, log_sigma) ❷
        z_loss = -K.log(K.sum(K.exp(z_loss), 1, keepdims=True))

        z_loss = K.mean(z_loss)

        return z_loss

    def rnn_rew_loss(y_true, y_pred):

        z_true, rew_true = self.get_responses(y_true) #, done_true

        d = normal distribution_MIXTURES * Z_DIM
        reward_pred = y_pred[:,:,-1]

        rew_loss =  K.binary_crossentropy(rew_true, reward_pred, from_logits = True) ❸

        rew_loss = K.mean(rew_loss)

        return rew_loss

    def rnn_loss(y_true, y_pred):

        z_loss = rnn_z_loss(y_true, y_pred)
        rew_loss = rnn_rew_loss(y_true, y_pred)

        return Z_FACTOR * z_loss + REWARD_FACTOR * rew_loss ❹

    opti = Adam(lr=LEARNING_RATE)
    model.compile(loss=rnn_loss, optimizer=opti, metrics = [rnn_z_loss, rnn_rew_loss])
```

❶ Teilen des 481-dimensionalen Ausgabevektors in die drei Variablen (`log_pi`, `mu`, `log_sigma`) und die Belohnung.

❷ Berechnung des z-Vektor-Rekonstruktionsverlusts: die negative log-Wahrscheinlichkeit, das wahre z unter der durch die Ausgabe des MDN-RNN parametrisierten Verteilung zu beobachten. Wir möchten diesen Wert so groß wie möglich machen, beziehungsweise wir minimieren entsprechend die negative log-Wahrscheinlichkeit.

❸ Für den Belohnungsverlust verwenden wir einfach die binäre Kreuzentropie zwischen der tatsächlichen und der vom Netzwerk vorhergesagten Belohnung.

❹ Der Verlust ist die Summe aus dem Rekonstruktionsverlust von z und dem Belohnungsverlust – wir setzen die beiden Gewichtungsparameter `Z_FACTOR` und `REWARD_FACTOR` auf `1`, Sie können diese jedoch verändern, um den Rekonstruktionsverlust oder den Belohnungsverlust zu priorisieren.

Beachten Sie, dass wir für das Training des MDN-RNN keine z-Vektoren aus der Ausgabe des MDN ziehen müssen, sondern wir können den Verlust direkt mit dem 481-dimensionalen Ausgabevektor berechnen.

Trainieren des Controllers

Der letzte Schritt besteht darin, den Controller (das Netzwerk, das die gewählte Aktion ausgibt) mithilfe des Evolutionsalgorithmus CMA-ES (*Covariance Matrix Adaptation Evolution Strategy*) zu trainieren.

Führen Sie den folgenden Befehl in Ihrer Kommandozeile aus (alles in einer Zeile), um mit dem Training des Controllers zu beginnen:

```
xvfb-run -a -s "-screen 0 1400x900x24" python 05_train_controller.py car_racing
  -n 16 -t 2 -e 4 --max_length 1000
```

mit den folgenden Parametern:

`n`
: Die Anzahl an parallel laufenden Tests der Lösungen (diese sollte nicht größer sein als die Anzahl an Kernen Ihres Computers).

`t`
: Die Anzahl an Lösungen, die jeder Test in jeder Generation testet.

`e`
: Die Anzahl an Episoden, mit denen jede Lösung auf die durchschnittliche Belohnung getestet wird.

`max_length`
: Die maximale Anzahl von Zeitpunkten in jeder Episode.

`eval_steps`
: Die Anzahl Generationen zwischen Auswertungen des jeweils momentan besten Parametersatzes.

Der obige Befehl verwendet einen virtuellen Frame-Buffer (`xvfb`), um die Frames darzustellen, damit der Code auch auf einem Linux-Computer ohne Bildschirm ausgeführt werden kann. Die Populationsgröße ist `pop_size = n * t`.

Die Architektur des Controllers

Die Architektur des Controllers ist sehr einfach. Es ist ein dicht verbundenes neuronales Netz ohne verborgene Schicht; es verbindet den Eingabevektor direkt mit dem Aktionsvektor.

Der Eingabevektor ist die Verkettung des aktuellen z-Vektors (Länge 32) mit dem aktuellen verborgenen Zustand des LSTM (Länge 256), was einen Vektor der

Länge 288 ergibt. Da wir jede Eingabeeinheit direkt mit den drei Ausgabeeinheiten verbinden, erhalten wir 288 × 3 = 864 Gewichte plus drei Bias-Gewichte, also insgesamt 867 Gewichte.

Wie können wir dieses Netzwerk trainieren? Beachten Sie, dass es sich hier nicht um ein Problem des überwachten Lernens handelt – wir versuchen nicht, die korrekte Aktion *vorherzusagen*. Es gibt keinen Trainingsdatensatz mit *korrekten* Aktionen, da wir nicht wissen, was die optimale Aktion für einen gegebenen Zustand der Umgebung ist. Das ist es, was dies als Aufgabe des Reinforcement Learning auszeichnet. Wir wollen, dass der Agent die optimalen Werte für die Gewichte selbst herausfindet durch Aktualisieren der Gewichte basierend auf dem durch Ausprobieren in der Umgebung erhaltenen Feedback.

Evolutionsstrategien gewinnen aufgrund ihrer Einfachheit, Effizienz und Skalierbarkeit immer mehr an Beliebtheit für Aufgaben im Reinforcement Learning. Wir verwenden eine bestimmte Strategie namens CMA-ES.

CMA-ES

Evolutionsstrategien unterliegen im Allgemeinen dem folgenden Prozess:

1. Erstellen Sie eine *Bevölkerung* von Agenten und initialisieren Sie die zu optimierenden Parameter zufällig für jeden Agenten.
2. Erstellen Sie eine Schleife mit den folgenden Schritten:
   a. Bewerten Sie jeden Agenten in der Umgebung, indem Sie sich die durchschnittliche Belohnung über mehrere Episoden anschauen.
   b. Züchten Sie die Agenten mit den besten Ergebnissen, um neue Mitglieder der Bevölkerung zu erschaffen.
   c. Fügen Sie Zufallswerte den Parametern der neuen Agenten hinzu.
   d. Aktualisieren Sie den Bevölkerungspool, indem Sie die neu erstellen Agenten hinzufügen und schlecht funktionierende Agenten entfernen.

Dies ist vergleichbar mit dem Prozess, durch den sich Tiere in der Natur entwickeln – daher auch der Name *Evolutionsstrategie*. *Züchten* meint in diesem Zusammenhang einfach das Kombinieren der besten vorhandenen Agenten, damit die nächste Generation wahrscheinlich bessere Ergebnisse abliefert, so wie auch ihre Eltern. Wie bei allen Lösungen im Reinforcement Learning müssen wir hier erneut eine Balance finden zwischen dem Finden lokaler Optima mit Greedy-Suche und dem Erkunden unbekannter Bereiche des Parameterraums nach potenziell besseren Lösungen. Daher ist es wichtig, beim Züchten eine gewisse Zufälligkeit einzubauen, um sicherzustellen, dass wir in unserem Suchfeld nicht zu eingeschränkt sind.

CMA-ES ist nur eine von vielen Evolutionsstrategien. Kurz gesagt, der Trick von CMA-ES besteht darin, die Parameter neuer Agenten von einer Normalverteilung zu ziehen. Nach jeder Generation wird der Mittelwert der Verteilung aktualisiert, um die Wahrscheinlichkeit zu erhöhen, die besten Agenten aus der letzten Generation zu ziehen. Gleichzeitig wird auch die Kovarianzmatrix der Verteilung aktualisiert, um mit gegebenem vorherigem Mittelwert die Wahrscheinlichkeit, die besten Agenten zu ziehen, zu maximieren. Wir können es uns als eine Form von natürlichem Gradientenverfahren vorstellen mit dem zusätzlichen Vorteil, dass wir keine kostspieligen Gradienten berechnen oder schätzen müssen.

Abbildung 8-15 zeigt eine Generation des Algorithmus angewandt auf ein einfaches Beispiel. In dem Beispiel möchten wir das Minimum einer zweidimensionalen nicht linearen Funktion finden – die Funktionswerte in den roten-schwarzen Bereichen des Bilds sind größer als die in den weißen-gelben Teilen der Bilds.

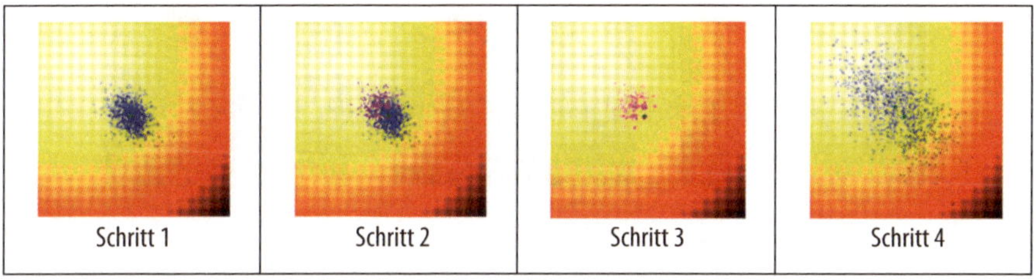

Abbildung 8-15: Ein Aktualisierungsschritt des CMA-ES-Algorithmus[2]

Folgende Schritte werden ausgeführt:

1. Wir beginnen mit einer zufällig erzeugten zweidimensionalen Normalverteilung und ziehen eine Bevölkerung von Kandidaten (blaue Punkte).
2. Dann berechnen wir die Funktionswerte für jeden Kandidaten und isolieren die besten 25 % (lilafarbene Punkte) – wir nennen dieses Punkteset `P`.
3. Dann nehmen wir den Mittelwert der Punkte in `P` als neuen Mittelwert unserer Normalverteilung. Dies kann man als die Zuchtphase betrachten, in der wir nur die besten Kandidaten verwenden, um den neuen Mittelwert der Verteilung zu bestimmen. Außerdem nutzen wir die Kovarianzmatrix der Punkte in `P` als Kovarianzmatrix der neuen Normalverteilung, aber verwenden den bestehenden Mittelwert in der Berechnung der Kovarianz anstelle des Mittelwerts der Punkte in `P`. Je größer der Unterschied zwischen bestehendem Mittelwert und dem Mittelwert der Punkte in `P` ist, desto größer ist die Varianz der neuen Normalverteilung. Dies erzeugt auf natürliche Weise einen gewissen *Schwung* bei der Suche nach den optimalen Parametern.
4. Dann ziehen wir eine neue Kandidatenbevölkerung mithilfe unserer neuen Normalverteilung mit aktualisiertem Mittelwert und Kovarianzmatrix.

Abbildung 8-16 zeigt mehrere Generationen dieses Prozesses. Beachten Sie, wie die Kovarianz erst größer wird, als sich der Mittelwert in großen Schritten dem Minimum nähert, und dann kleiner, als sich der Mittelwert genau auf das wahre Minimum ausrichtet.

2 Vervielfältigung mit Genehmigung von David Ha, 2017, *http://bit.ly/2XufRwq*.

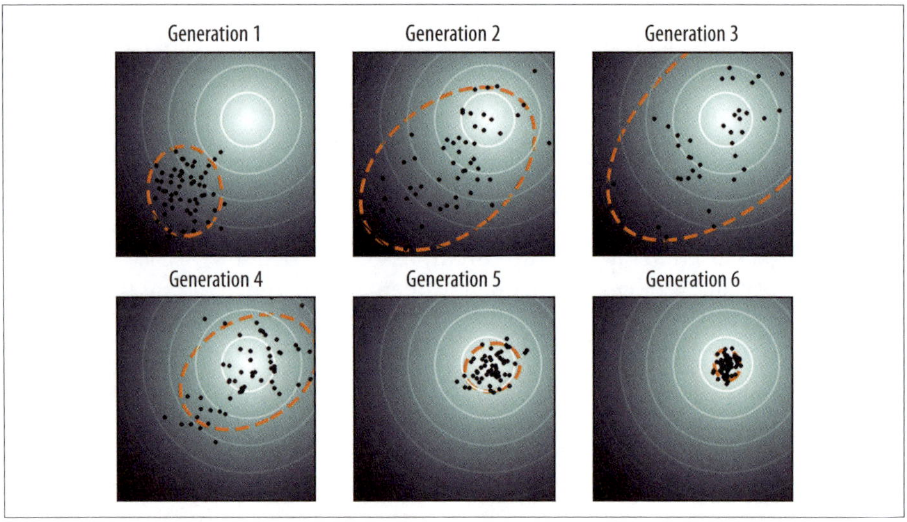

Abbildung 8-16: CMA-ES[3]

Bei unserer Rennauto-Aufgabe haben wir keine klar definierte Funktion zum Maximieren, sondern eine Umgebung, in der die 867 zu optimierenden Parameter bestimmen, wie gut der Agent abschneidet. Anfangs werden gewisse Parametersätze zufällig besser abschneiden als andere, und der Algorithmus wird die Normalverteilung schrittweise in Richtung der Parameter bewegen, die am besten in der Umgebung abschneiden.

Parallelisierung von CMA-ES

Einer der großen Vorteile von CMA-ES ist, dass er sehr gut parallelisiert werden kann mit einem Python-Modul namens `es.py`, das von David Ha erstellt wurde. Der zeitaufwendigste Teil des Algorithmus ist die Berechnung des Ergebnisses eines gegebenen Parametersatzes, da der Algorithmus einen Agenten mit diesen Parametern in der Umgebung simulieren muss. Dieser Vorgang kann jedoch hervorragend parallelisiert werden, da es keine Abhängigkeiten zwischen einzelnen Simulationen gibt. In unserem Code verwenden wir ein Master/Slave-Setup, bei dem es einen Master-Prozess gibt, der die zu testenden Parametersätze parallel an viele Slave-Prozesse sendet. Die Slave-Prozesse schicken dann die Ergebnisse zurück zum Master, der die Ergebnisse sammelt und das Gesamtergebnis der Generation zu dem CMA-ES-Objekt schickt. Dieses Objekt aktualisiert den Mittelwert und die Kovarianzmatrix der Normalverteilung, wie in Abbildung 8-15, und stellt dem Master eine neue zu testende Bevölkerung zur Verfügung. Dann beginnt das Ganze von vorn. Abbildung 8-17 erläutert diesen Vorgang in einem Diagramm.

3 Quelle: *https://en.wikipedia.org/wiki/CMA-ES*.

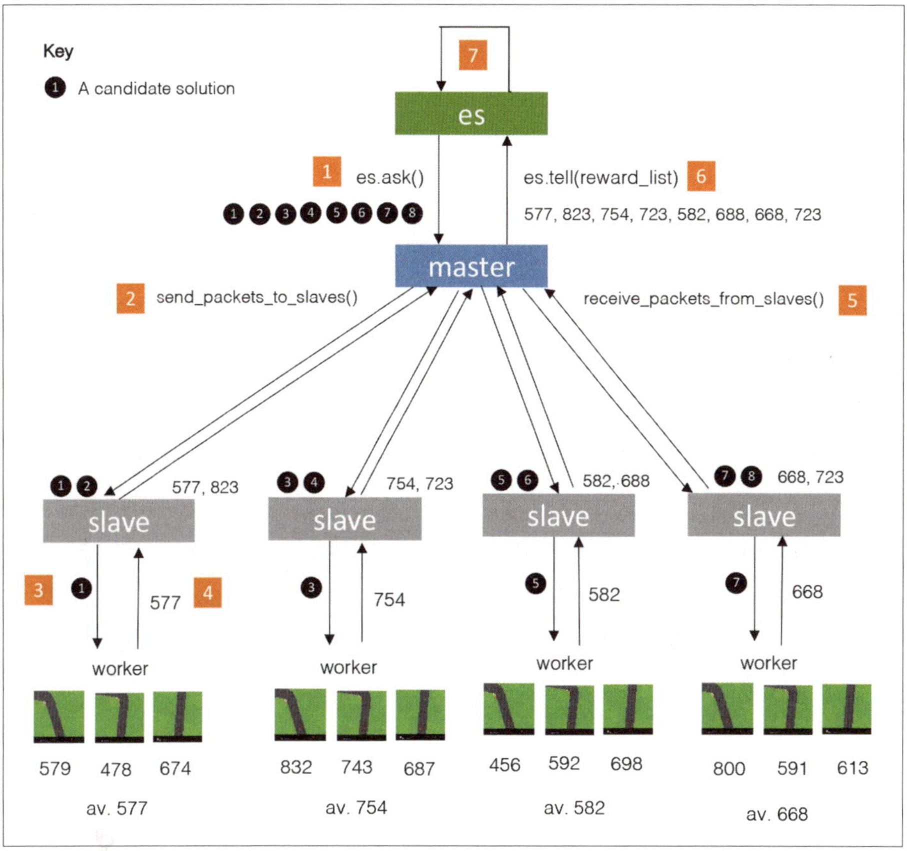

Abbildung 8-17: CMA-ES parallelisieren – hier mit einer Populationsgröße von 8 und 4 Slave-Nodes (also t = 2, Anzahl an Tests pro Slave-Node)

❶ Der Master fragt das SMA-ES-Objekt (es) nach einem zu testenden Parametersatz.

❷ Der Master teilt die Parameter in die Anzahl verfügbarer Slaves auf. Hier bekommt jeder der vier Slave-Prozesse zwei Parametersätze zum Testen.

❸ Der Slave führt einen Arbeitsprozess aus, der für jeden Parametersatz einige Episoden simuliert. Hier simulieren wir drei Episoden für jeden Parametersatz.

❹ Die Belohnungen aus jeder Episode werden gemittelt, um eine einzige Punktzahl für jeden Parametersatz zu erhalten.

❺ Der Slave schickt die Punktzahlliste zurück zum Master.

❻ Der Master fasst alle Punktzahlen zusammen und schickt diese zum es-Objekt.

❼ Das es-Objekt verwendet die Belohnungsliste, um die neue Normalverteilung zu berechnen, wie in Abbildung 8-15.

Ausgabe des Controller-Trainings

Abbildung 8-18 zeigt die Ausgabe des Trainingsprozesses. Eine Datei mit den Gewichten des trainierten Netzwerks wird alle `eval_steps` Generationen gespeichert.

```
('car_racing', (1, 151, -77.57, -93.47, -57.68, 13.43, 0.49663, 1000.0, 1000))
('car_racing', (2, 298, -64.16, -82.57, -26.64, 14.17, 0.49346, 1000.0, 1000))
('car_racing', (3, 449, -65.13, -76.36, -53.9, 7.41, 0.49046, 1000.0, 1000))
('car_racing', (4, 595, -63.1, -92.23, -28.59, 16.03, 0.48763, 1000.0, 1000))
('car_racing', (5, 743, -52.26, -72.98, 1.18, 20.67, 0.48492, 1000.0, 1000))
('car_racing', (6, 892, -47.26, -74.36, -0.07, 21.21, 0.48233, 1000.0, 1000))
('car_racing', (7, 1039, -36.81, -57.4, -19.15, 13.37, 0.47984, 1000.0, 1000))
('car_racing', (8, 1189, -35.75, -76.86, 13.82, 26.54, 0.47744, 1000.0, 1000))
('car_racing', (9, 1338, -33.7, -79.83, 28.03, 30.95, 0.47511, 1000.0, 1000))
('car_racing', (10, 1485, -17.43, -63.65, 69.14, 36.05, 0.47284, 1000.0, 1000))
('car_racing', (11, 1632, -10.99, -63.11, 106.43, 43.87, 0.47063, 1000.0, 1000))
('car_racing', (12, 1781, 7.1, -70.57, 65.42, 38.67, 0.46848, 1000.0, 1000))
('car_racing', (13, 1933, 38.88, -61.85, 197.08, 76.47, 0.46638, 1000.0, 1000))
('car_racing', (14, 2085, 72.03, -31.57, 147.58, 43.74, 0.46433, 1000.0, 1000))
('car_racing', (15, 2238, 95.18, -15.08, 260.42, 75.69, 0.46234, 1000.0, 1000))
('car_racing', (16, 2395, 136.44, 33.28, 246.12, 62.78, 0.4604, 1000.0, 1000))
('car_racing', (17, 2549, 133.55, -1.81, 248.34, 62.98, 0.45854, 1000.0, 1000))
('car_racing', (18, 2702, 172.56, 64.58, 237.96, 55.28, 0.45672, 1000.0, 1000))
('car_racing', (19, 2847, 171.07, 51.86, 308.79, 80.94, 0.45497, 1000.0, 1000))
```

Abbildung 8-18: Trainieren des Controllers

Jede Zeile der Ausgabe entspricht einer Generation im Training. Die Statistiken jeder Generation setzen sich wie folgt zusammen:

1. Umgebungsname (z. B. `car_racing`)
2. Generation (z. B. `16`)
3. verstrichene Zeit in Sekunden (z. B. `2395`)
4. durchschnittliche Belohnung der Generation (z. B. `136.44`)
5. minimale Belohnung der Generation (z. B. `33.28`)
6. maximale Belohnung der Generation (z. B. `246.12`)
7. Standardabweichung der Belohnungen (z. B. `62.78`)
8. aktueller Standardabweichungsfaktor des ES-Prozesses (initialisiert mit `0.5`, fällt mit jedem Zeitpunkt; z. B. `0.4604`)
9. Minimum der Anzahl Zeitpunkte vor Beendigung (z. B. `1000.0`)
10. Maximum der Anzahl Zeitpunkte vor Beendigung (z. B. `1000`)

Nach `eval_steps` Zeitpunkten wertet jeder Slave den aktuell besten Parametersatz aus und gibt dessen durchschnittliche Belohnung über mehrere Episoden aus. Diese Belohnungen werden wiederum gemittelt, um eine Gesamtwertung des Parametersatzes zu erhalten.

Nach etwa 200 Schritten erreicht der Trainingsprozess eine durchschnittliche Belohnung von 840 in unserer Rennauto-Aufgabe.

In-Traum-Training

Bislang wurde das Training des Controllers in der `CarRacing`-Umgebung von OpenAI Gym mit der `step`-Methode durchgeführt, die die Simulation von einem Zustand zum nächsten führt. Diese Funktion berechnet den nächsten Zustand und die Belohnung basierend auf dem aktuellen Umgebungszustand und der gewählten Aktion.

Beachten Sie, wie die `step`-Methode eine sehr ähnliche Funktion erfüllt wie das MDN-RNN in unserem Modell. Das MDN-RNN gibt eine Vorhersage für das nächste z und die nächste Belohnung aus, basierend auf dem aktuellen z und der gewählten Aktion.

Tatsächlich können wir uns das MDN-RNN als eigene Umgebung vorstellen, die jedoch im z-Raum agiert statt im ursprünglichen Bildraum. Erstaunlicherweise können wir daher die echte Umgebung mit einer Kopie des MDN-RNN ersetzen und den Controller vollständig in einem vom MDN-RNN inspirierten *Traum* darüber, wie sich die Umgebung verhalten würde, trainieren.

Mit anderen Worten: Das MDN-RNN hat aus dem ursprünglichen per Zufall gewonnenen Datensatz genug über die Physik der Umgebung gelernt, sodass es als Stellvertreter für die reale Umgebung verwendet werden kann, um den Controller zu trainieren. Das ist bemerkenswert – es bedeutet, dass der Agent eine neue Aufgabe erlernen kann, indem er darüber *nachdenkt*, wie er die Belohnung in der Traum-Umgebung maximieren kann, ohne jemals Strategien in der echten Umgebung ausprobieren zu müssen. Der Agent kann dann die Aufgabe gleich beim ersten Versuch gut erfüllen, ohne die Aufgabe jemals zuvor in echt probiert zu haben.

Dies ist einer der Gründe dafür, dass das »World Models«-Paper so bedeutend ist und die generative Modellierung mit ziemlicher Sicherheit in Zukunft eine Schlüsselkomponente der künstlichen Intelligenz bilden wird.

Es folgt ein Vergleich der beiden Architekturen, einmal für das Training in der echten Umgebung (siehe Abbildung 8-19) und einmal für das Training in der Traum-Umgebung (siehe Abbildung 8-20).

Beachten Sie, wie das Training des Controllers in der Traum-Umgebung vollständig im z-Raum ausgeführt wird, ohne dass die z-Vektoren jemals zurück in erkennbare Streckenbilder verwandelt werden müssen. Wenn wir wollen, können wir diese natürlich zurückverwandeln, um die Leistung des Agenten visuell zu überprüfen, aber es ist für das Training nicht erforderlich.

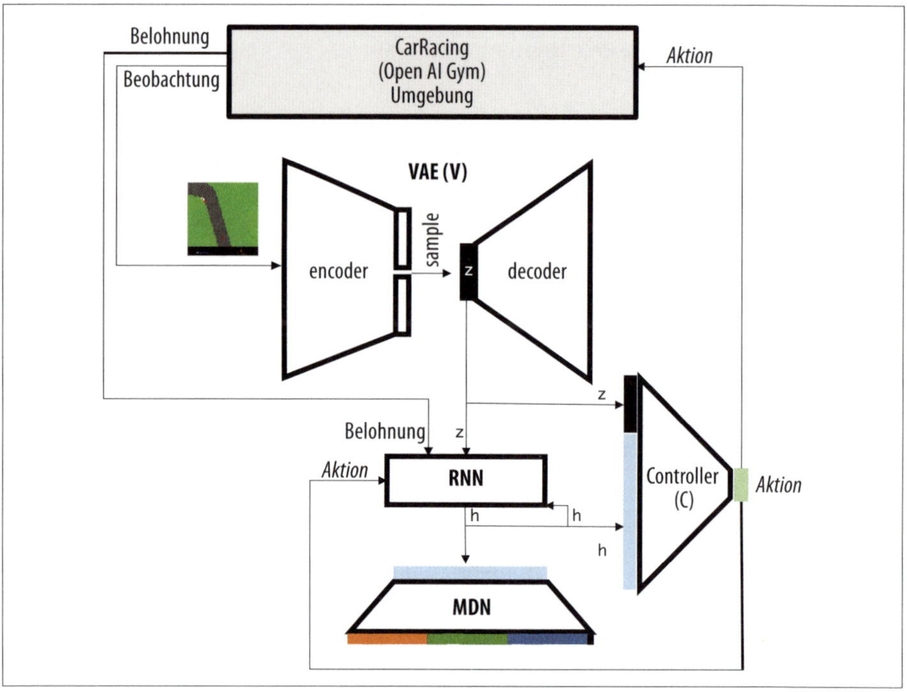

Abbildung 8-19: Trainieren des Controllers in der OpenAI-Gym-Umgebung

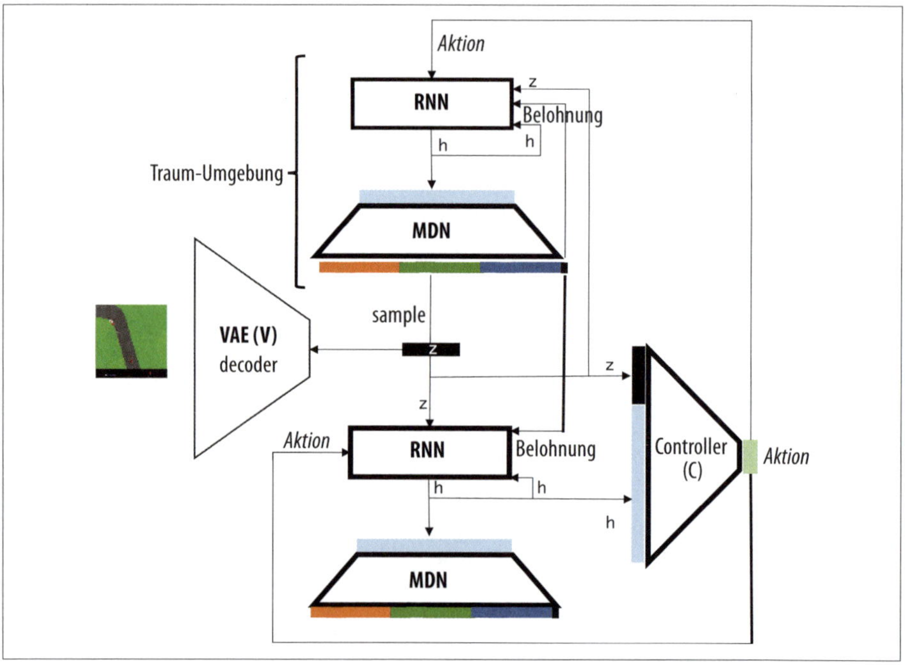

Abbildung 8-20: Trainieren des Controllers in der MDN-RNN-Traum-Umgebung

In-Traum-Training des Controllers

Führen Sie den folgenden Befehl in der Kommandozeile (in einer Zeile) aus, um das Training des Controllers in der Traum-Umgebung zu starten:

```
xvfb-run -a -s "-screen 0 1400x900x24" python 05_train_controller.py car_racing
  -n 16 -t 2 -e 4 --max_length 1000 --dream_mode 1
```

Es ist, bis auf den zusätzlichen Teil `--dream_mode 1`, der gleiche Befehl, den wir zum Trainieren des Controllers in der echten Umgebung verwendet haben.

Abbildung 8-21 zeigt die Ausgabe des Trainingsprozesses.

```
('car_racing', (1, 69, 2.24, 1.0, 10.25, 2.14, 0.09895, 1000.0, 1000))
('car_racing', (2, 133, 5.52, 1.0, 21.25, 4.28, 0.098, 1000.0, 1000))
('car_racing', (3, 196, 16.81, 1.0, 71.75, 16.87, 0.09713, 1000.0, 1000))
('car_racing', (4, 261, 17.18, 1.5, 71.5, 16.79, 0.0963, 1000.0, 1000))
('car_racing', (5, 324, 29.7, 1.25, 118.0, 28.6, 0.09553, 1000.0, 1000))
('car_racing', (6, 388, 46.91, 5.75, 136.75, 35.33, 0.09481, 1000.0, 1000))
('car_racing', (7, 453, 65.85, 5.5, 152.0, 40.97, 0.09412, 1000.0, 1000))
('car_racing', (8, 518, 105.47, 15.75, 203.5, 41.4, 0.09348, 1000.0, 1000))
('car_racing', (9, 584, 123.28, 40.75, 206.5, 36.28, 0.09287, 1000.0, 1000))
('car_racing', (10, 650, 139.37, 70.5, 218.5, 38.2, 0.09228, 1000.0, 1000))
[349.541  489.1644 644.3677 708.0521 495.2128 647.6338 530.0317 515.0535
 661.6697 527.1665 720.0582 665.7434 646.2141 637.3213 572.7351 629.6684
 676.5256 529.0831 626.0878 575.0685 626.9549 664.0143 632.5556 599.2186
 326.8668 599.7362 694.7311 652.5841 603.1318 659.2366 447.6374 418.6205]
[586.61520625]
('improvement', 10, 584.37520625, 'curr', 586.61520625, 'prev', 2.24, 'best', 586.61520625)
('car_racing', (11, 975, 168.35, 99.25, 213.5, 24.7, 0.0917, 1000.0, 1000))
('car_racing', (12, 1039, 163.49, 70.25, 253.5, 38.67, 0.09116, 1000.0, 1000))
('car_racing', (13, 1104, 184.42, 80.75, 268.0, 41.62, 0.09065, 1000.0, 1000))
('car_racing', (14, 1168, 200.78, 122.75, 265.5, 29.68, 0.09016, 1000.0, 1000))
('car_racing', (15, 1232, 205.96, 80.75, 261.5, 44.21, 0.08969, 1000.0, 1000))
('car_racing', (16, 1297, 201.39, 96.0, 260.25, 44.5, 0.08923, 1000.0, 1000))
('car_racing', (17, 1360, 221.05, 101.25, 293.75, 35.19, 0.08878, 1000.0, 1000))
('car_racing', (18, 1426, 236.72, 159.25, 281.25, 28.93, 0.08835, 1000.0, 1000))
('car_racing', (19, 1492, 226.21, 75.5, 283.5, 42.45, 0.08793, 1000.0, 1000))
('car_racing', (20, 1558, 233.88, 119.75, 300.75, 42.47, 0.08752, 1000.0, 1000))
[387.4787 111.7849 417.2107 533.8831 448.2589 536.753  204.1228 188.0443
 333.7994 335.6777 486.4987 306.7614 252.5269 247.3025 417.719  212.4605
 511.8903 353.9119 398.2054 516.7442 374.3491 624.1784 413.6094 372.7289
 262.7903 449.3083 322.7305 324.8756 301.511  299.5016 388.2149 302.5429]
[363.667975]
('improvement', 20, -222.94723125000002, 'curr', 363.667975, 'prev', 586.61520625, 'best', 586.61520625)
```

Abbildung 8-21: Ausgabe des In-Traum-Trainings

Beim Training in der Traum-Umgebung werden die Ergebnisse jeder Generation als durchschnittliche Summe der Belohnungen im Traum (d. h. 0 oder 1 für jeden Zeitpunkt) angegeben. Nach jeweils zehn Generationen wird jedoch auch eine Auswertung in der echten Umgebung ausgeführt, die auf der Summe der Belohnungen in der OpenAi-Gym-Umgebung basiert, sodass wir die beiden Trainingsmethoden miteinander vergleichen können.

Nach nur zehn Trainingsgenerationen in der Traum-Umgebung erreicht der Agent durchschnittlich 586.6 in der echten Umgebung. Der Agent ist in der Lage, das Auto präzise über die Strecke zu fahren und die meisten Kurven, mit Ausnahme der besonders scharfen, zu bewältigen.

Dies ist eine erstaunliche Leistung – bedenken Sie, dass sich der Controller noch nie zuvor in der echten Umgebung an der Aufgabe versucht hatte, als er nach zehn Generationen bewertet wurde. Davor ist er anfangs erst mal zufällig in der echten Umgebung herumgefahren (um VAE und MDN-RNN zu trainieren) und ab dann nur noch in der eigenen Traum-Umgebung, um den Controller zu trainieren.

Zum Vergleich: Nach zehn Generationen ist der in der echten Umgebung trainierte Agent kaum in der Lage, sich von der Startlinie wegzubewegen. Darüber hinaus ist jede Trainingsgeneration in der Traum-Umgebung etwa drei bis vier Mal schneller als das Training in der echten Umgebung, da z- und Belohnungsvorhersage durch das MDN-RNN schneller gehen als die Berechnung von z und der Belohnung durch die OpenAI-Gym-Umgebung.

Herausforderungen des In-Traum-Trainings

Eine der Herausforderung beim Training des Agenten, das vollständig in der MDN-RNN-Traum-Umgebung stattfindet, ist das Overfitting. Dies tritt auf, wenn der Agent eine Strategie findet, die in der Traum-Umgebung belohnt wird, sich aber nicht gut auf die reale Umgebung verallgemeinern lässt, da das MDN-RNN nicht vollständig erfasst hat, wie sich die echte Umgebung unter bestimmten Bedingungen verhält.

Wir können dies in Abbildung 8-21 beobachten: Nach 20 Generationen erreicht der Agent nur 363.7 – deutlich weniger als nach 10 Generationen –, obwohl die Belohnungen in der Traum-Umgebung weiter steigen.

Die Autoren des »World Models«-Papers betonen diese Herausforderung und zeigen, wie man durch das Hinzufügen eines `temperature`-Parameters, der die Modellunsicherheit kontrolliert, das Problem lindern kann. Je größer dieser Parameter ist, desto größer ist die Varianz beim Ziehen von z durch das MDN-RNN, was zu volatileren Roll-outs beim Training in der Traum-Umgebung führt. Der Controller erhält höhere Belohnungen für sicherere Strategien, die in wohlverstandenen Zuständen funktionieren und sich daher generell besser auf die echte Umgebung verallgemeinern lassen. Erhöhte `temperature`-Werte müssen jedoch gut balanciert sein, da die Umgebung sonst so volatil ist, dass der Controller keine Strategie lernen kann, weil die Entwicklung der Traum-Umgebung über die Zeit hinweg nicht beständig genug ist.

In dem Originalpaper wenden die Autoren diese Technik erfolgreich auf eine andere Umgebung an: `DoomTakeCover`, basierend auf dem Computerspiel *Doom*. Abbildung 8-22 zeigt, wie sich eine Veränderung des `temperature`-Parameters sowohl auf das virtuelle (In-Traum-)Ergebnis als auch auf das Ergebnis in der echten Umgebung auswirkt.

TEMPERATURE τ	VIRTUAL SCORE	ACTUAL SCORE
0.10	2086 ± 140	193 ± 58
0.50	2060 ± 277	196 ± 50
1.00	1145 ± 690	868 ± 511
1.15	918 ± 546	1092 ± 556
1.30	732 ± 269	753 ± 139
RANDOM POLICY	N/A	210 ± 108
GYM LEADER	N/A	820 ± 58

Abbildung 8-22: Verwendung des temperature-Parameters zum Kontrollieren der Volatilität in der Traum-Umgebung[4]

Zusammenfassung

In diesem Kapitel haben Sie gelernt, wie ein generatives Modell (ein VAE) innerhalb einer Reinforcement-Learning-Umgebung eingesetzt werden kann, um dem Agenten zu ermöglichen, Strategien in seinen eigenen Träumen anstatt in der echten Umgebung zu testen.

Der VAE wird darauf trainiert, eine latente Darstellung der Umgebung zu erlernen. Diese wird dann als Eingabe für ein neuronales Netz verwendet, das zukünftige Entwicklungen im latenten Raum vorhersagt.

Erstaunlicherweise kann der Agent dann dieses generative Modell als Pseudoumgebung verwenden, um Strategien iterativ mit einer Evolutionsmethodik zu testen, die sich gut auf die echte Umgebung verallgemeinern lassen.

4 Quelle: Ha und Schmidhuber, 2018.

KAPITEL 9

Die Zukunft der generativen Modellierung

Im Mai 2018 habe ich mit dem Verfassen dieses Buchs begonnen, kurz nachdem der Artikel »World Models«, der in Kapitel 8 vorgestellt wurde, herauskam. Ich wusste damals, dass ich dieses Forschungspapier in den Mittelpunkt des letzten Hauptkapitels des Buchs stellen wollte, da es das erste praktische Beispiel dafür darstellt, wie man generativen Modellen eine tiefere Form des Lernens ermöglichen kann, die in einem eigenen Weltmodell in der Umgebung des Agenten erfolgt. Bis heute finde ich dieses Beispiel immer noch äußerst beeindruckend. Es bietet einen Blick in eine Zukunft, in der Agenten nicht nur durch die Maximierung einer einzelnen Belohnung in einer Umgebung unserer Wahl lernen, sondern auch durch die Generierung ihrer eigenen internen Repräsentation einer Umgebung. Damit besitzen sie die Fähigkeit, ihre eigenen Belohnungsfunktionen zur Optimierung zu entwickeln. In diesem Kapitel werden wir diese Idee aufgreifen und erfahren, wohin sie uns führt.

Als Erstes stoßen wir zur aktuellen Grenze der generativen Modellierungsforschung vor, und zwar zu den radikalsten, innovativsten und zukunftsweisendsten Ideen in diesem Bereich. Seit der Entstehung dieses Buchs haben uns signifikante Fortschritte bei GANs und aufmerksamkeitsbasierten Methoden zu dem Punkt gebracht, an dem wir nun Bilder, Texte und Musik erzeugen können, die sich praktisch nicht mehr von den von Menschen erzeugten Inhalten unterscheiden lassen. Zunächst umreißen wir diese Fortschritte anhand von Beispielen, die wir bereits kennengelernt haben, und befassen uns mit den modernsten Architekturen, die heute verfügbar sind.

Fünf Jahre Fortschritt

Die Geschichte der generativen Modellierung in ihrer jetzigen Form ist im Vergleich zur weiter verbreiteten diskriminativen Modellierung kürzer – die Erfindung des GAN im Jahr 2014 kann man vielleicht als Initialzündung betrachten. Abbildung 9-1 zeigt eine Zusammenfassung der wichtigsten Entwicklungen im Bereich der generativen Modellierung, viele davon sind uns bereits in diesem Buch begegnet.

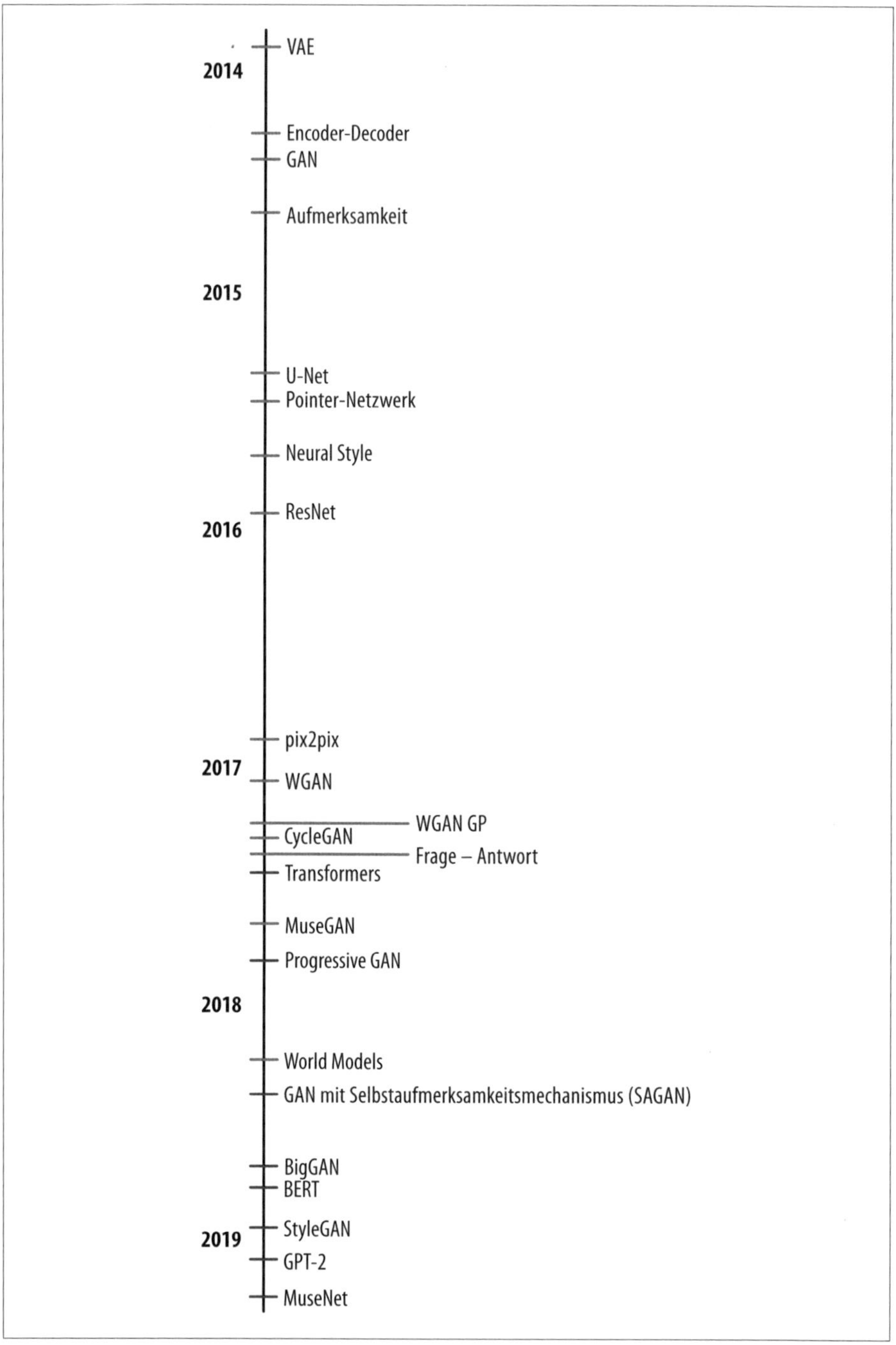

Abbildung 9-1: Eine kurze Chronik der generativen Modellierung: Grüne Markierungen kennzeichnen Ideen, die in diesem Buch bereits behandelt wurden, und rote Markierungen repräsentieren Ideen, die wir in diesem Kapitel aufgreifen werden.

Die Liste erhebt keinen Anspruch auf Vollständigkeit. Es gibt Dutzende weiterer GAN-Varianten, die jeweils in ihren eigenen Bereichen zukunftsweisend sind (z.B. Video- oder Text-zu-Bild-Generierung). Ich beschränke mich auf eine Auswahl neuester Entwicklungen, die die Möglichkeiten der generativen Modellierung im Allgemeinen erweitert haben.

Seit Mitte 2018 hat es eine Vielzahl bemerkenswerter Entwicklungen sowohl bei der sequenz- als auch bei der bildbasierten generativen Modellierung gegeben. Die Modellierung von Sequenzen wurde in erster Linie durch die Erfindung des Transformers vorangetrieben, eines aufmerksamkeitsbasierten Moduls, das die Notwendigkeit von rekurrenten oder faltungsbasierten neuronalen Netzwerken gänzlich überflüssig macht und nun die meisten modernen sequenziellen Modelle, wie BERT, GPT-2 und MuseNet, unterstützt. Die Bilderzeugung hat durch die Entwicklung neuer GAN-basierter Verfahren wie ProGAN, SAGAN, BigGAN und StyleGAN eine neue Dimension erreicht.

Diese Entwicklungen und ihre Auswirkungen im Detail zu erklären, könnte leicht ein weiteres Buch füllen. In diesem Kapitel begnügen wir uns damit, jede einzelne so ausführlich zu behandeln, dass Sie die grundlegenden Ideen der neuesten Entwicklungen im Bereich der generativen Modellierung verstehen. Auf dieser Grundlage werden wir dann hypothetisch erörtern, wie sich das Forschungsfeld in naher Zukunft weiterentwickeln könnte, und einen reizvollen Ausblick darauf geben, was in den kommenden Jahren Wirklichkeit werden könnte.

Der Transformer

Der Transformer wurde im Jahr 2017 in dem Diskussionspapier »Attention is All You Need« vorgestellt[1], in dem die Autoren zeigen, wie leistungsfähige neuronale Netze für die sequenzielle Modellierung entwickelt werden können, die keine komplexen rekurrenten oder konvolutionären Architekturen benötigen, sondern sich ausschließlich auf Aufmerksamkeitsmechanismen stützen. Die Veröffentlichung dieser Architektur hat die Voraussetzung für einige der eindrucksvollsten Praxisbeispiele der generativen Modellierung geschaffen, wie etwa Googles BERT und GPT-2 für Aufgaben im Bereich der natürlichen Sprachverarbeitung sowie MuseNet für die Erzeugung von Musik.

Den vollständigen Aufbau des Transformers können Sie in Abbildung 9-2 nachvollziehen.

Die Autoren wenden den Transformer auf zwei Datensätze mit Übersetzungen vom Englischen ins Deutsche und vom Englischen ins Französische an. Wie bei Übersetzungsmodellen üblich, verfügt der Transformer über eine Encoder-Decoder-Architektur (in Kapitel 6 beschrieben). Der Unterschied besteht darin, dass der Transformer anstelle einer rekurrenten Schicht, wie z.B. eines LSTM-

1 Ashish Vaswani et al., »Attention Is All You Need«, 12. Juni 2017, *https://arxiv.org/abs/1706.03762*.

Layers im Encoder und Decoder, hintereinandergeschaltete Aufmerksamkeitsschichten verwendet.

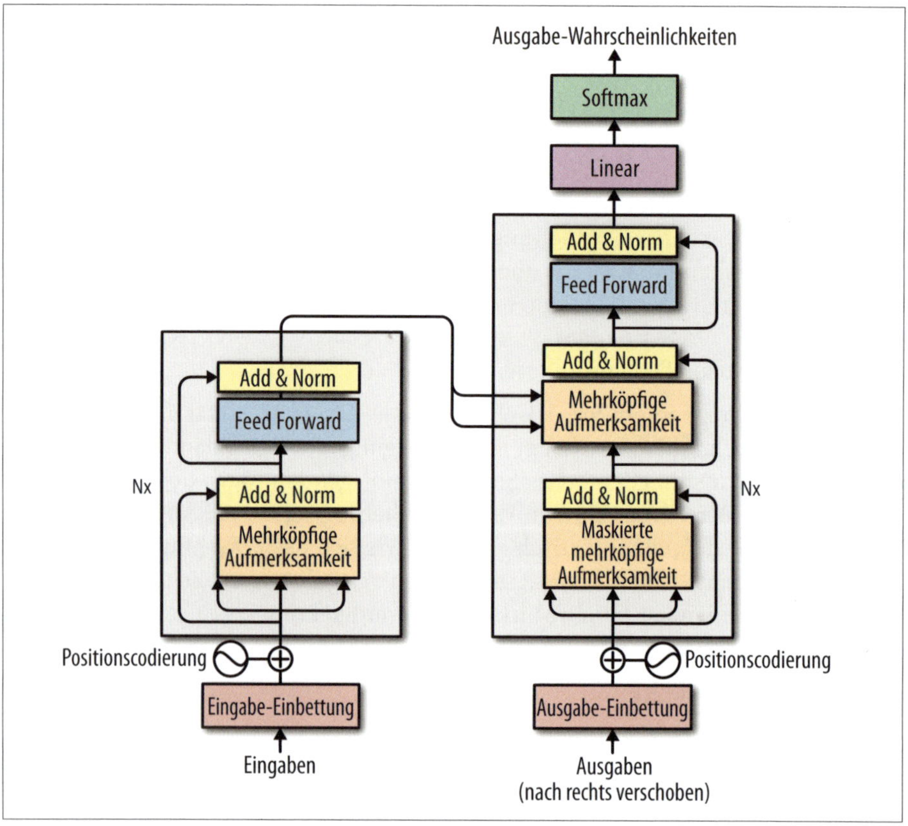

Abbildung 9-2: Die Modellarchitektur des Transformers[2]

In der linken Hälfte in Abbildung 9-2 codieren N = 6 hintereinandergeschaltete Aufmerksamkeitsschichten den Eingabesatz $\mathbf{x} = (x_1, \ldots x_n)$ zu einer Sequenz bestehend aus Repräsentationen. Der Decoder auf der rechten Seite des Diagramms verwendet dann diese Codierung, um nacheinander Ausgabewörter zu erzeugen, wobei vorherige Wörter als zusätzliche Eingabe zurück in das Modell geleitet werden.

Um zu begreifen, wie sich das praktisch umsetzen lässt, folgen wir schrittweise einer Beispiel-Eingabesequenz auf ihrem Weg durch das Modell.

Positionscodierung

Die Wörter werden zunächst durch einen Embedding-Layer geleitet, um sie in einen Vektor der Länge $d_{model} = 512$ zu konvertieren. Da wir nun keinen rekurren-

2 Quelle: Vaswani et al., 2017.

ten Layer verwenden, ist es erforderlich, auch die Position jedes Worts im Satz zu codieren. Zu diesem Zweck benutzen wir die folgende Positionscodierungsfunktion, die jeweils die Position *pos* eines Worts im Satz in einen Vektor der Länge d_{model} überführt:

$$PE_{pos,2i} = \sin\left(\frac{pos}{10000^{2i/d_{model}}}\right)$$

$$PE_{pos,2i+1} = \cos\left(\frac{pos}{10000^{(2i+1)/d_{model}}}\right)$$

Wird *i* klein gewählt, ist die Wellenlänge dieser Funktion kurz, weshalb sich der Funktionswert infolge einer Änderung des Positionswerts stärker ändert. Größere Werte von *i* erzeugen eine längere Wellenlänge, sodass benachbarte Wörter ungefähr den gleichen Wert erhalten. Jede Position hat dementsprechend ihre eigene eindeutige Codierung. Da die Funktion auf alle denkbaren Werte von *pos* angewendet werden kann, ist sie imstande, jede Position zu codieren, völlig unabhängig davon, wie lang die Eingabesequenz sein mag.

Um die Eingabe in die erste Encoder-Schicht zu leiten, wird – wie in Abbildung 9-3 nachvollziehbar – die Matrix der Positionscodierungen zur Embedding-Matrix hinzugefügt. Auf diese Weise werden sowohl die Bedeutung als auch die Position für jedes Wort der Sequenz in einem einzigen Vektor der Länge d_{model} erfasst.

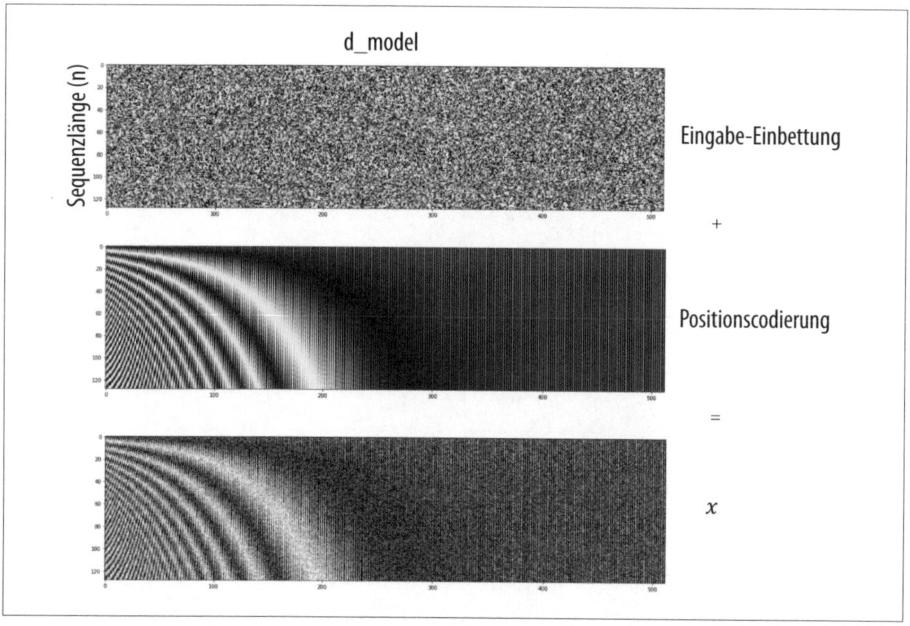

Abbildung 9-3: Die Eingabe-Embedding-Matrix wird der Positionscodierungsmatrix hinzugefügt, um die Eingabe in die erste Encoder-Schicht zu ermöglichen.

Mehrköpfige Aufmerksamkeit

Dieser Tensor gelangt dann zur ersten von sechs Encoder-Schichten. Jede Encoder-Schicht besteht aus mehreren Teilschichten, beginnend mit der *mehrköpfigen Aufmerksamkeitsschicht* (engl. multihead attention layer).

Sowohl im Encoder als auch im Decoder wird, von kleinen Modifikationen abgesehen, die gleiche Architektur mit mehrköpfigem Aufmerksamkeitsmechanismus verwendet. Der allgemeine Aufbau wird in Abbildung 9-4 dargestellt.

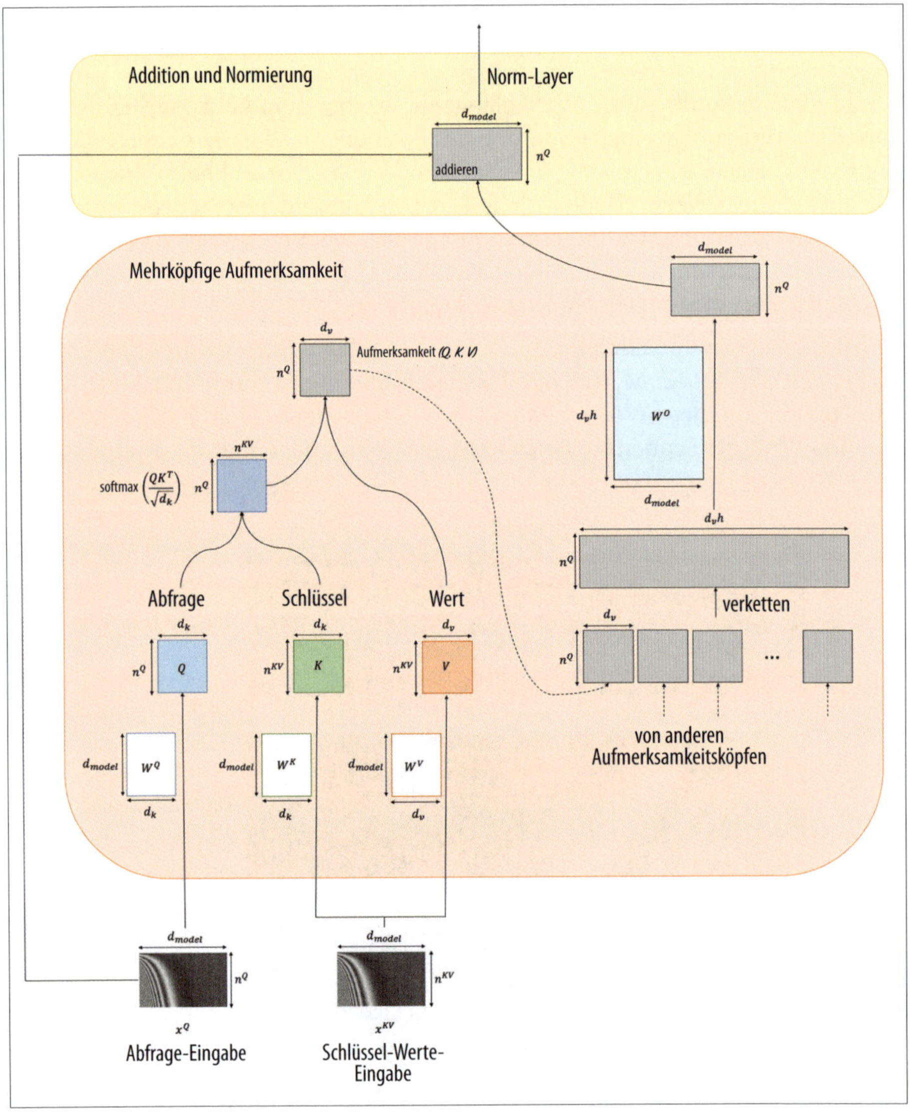

Abbildung 9-4: Schematische Darstellung eines mehrköpfigen Aufmerksamkeitsmoduls, gefolgt von der Add- und Norm-Schicht

Die mehrköpfige Aufmerksamkeitsschicht erfordert zwei Eingaben: die Abfrage-Eingabe x^Q und die Schlüssel-Werte-Eingabe x^{KV}. Die Aufgabe der Schicht ist es, für jede Position der Abfrage-Eingabe zu ermitteln, welchen Positionen sie in der Schlüssel-Werte-Eingabe Aufmerksamkeit widmen soll. Keine der Gewichtsmatrizen der Schicht ist abhängig von der Sequenzlänge der Abfrage-Eingabe (n^Q) oder der Schlüssel-Werte-Eingabe (n^{KV}), sodass die Schicht beliebig lange Sequenzen verarbeiten kann.

Der Encoder verwendet eine Form von *Selbstaufmerksamkeit* – das heißt, die Abfrage-Eingabe und die Schlüssel-Werte-Eingabe sind identisch (die Ausgabe der vorherigen Schicht im Encoder). Beispielsweise entsprechen beide Eingaben in der ersten Encoder-Schicht der positionscodierten Einbettung der Eingabesequenz. Im Decoder kommt die Abfrage-Eingabe aus der vorherigen Schicht des Decoders und die Schlüssel-Werte-Eingabe aus der endgültigen Ausgabe des Encoders.

Der erste Schritt in der Schicht besteht darin, drei Matrizen – die Abfragematrix Q, die Schlüsselmatrix K und die Wertematrix V – durch Multiplikation der Eingaben mit den drei Gewichtungsmatrizen W^Q, W^K und W^V zu erstellen:

$$Q = x^Q W^Q$$
$$K = x^{KV} W^K$$
$$V = x^{KV} W^V$$

Q und K entsprechen den Darstellungen der Abfrage-Eingabe beziehungsweise der Schlüssel-Eingabe. Wir möchten die Ähnlichkeit dieser Repräsentationen zwischen den jeweiligen Positionen der Abfrage-Eingabe und der Schlüssel-Eingabe messen.

Dies erreichen wir, indem wir die Matrizen Q und K^T miteinander multiplizieren und sie mit dem Faktor $\sqrt{d_k}$ skalieren. Dies wird als *skalierte Skalarprodukt-Aufmerksamkeit* bezeichnet. Die Skalierung ist nötig, um sicherzustellen, dass das Skalarprodukt der Vektoren Q und K nicht zu groß wird.

Wir wenden dann eine Softmax-Aktivierungsfunktion an, um zu gewährleisten, dass sich alle Zeilen zu einem Wert von eins aufsummieren. Diese Matrix hat die Dimension $n_Q \times n_{KV}$ und entspricht der Aufmerksamkeitsmatrix in Abbildung 7-10.

Der letzte Schritt zur Vervollständigung des einzelnen Aufmerksamkeitskopfs besteht darin, die Aufmerksamkeitsmatrix mit der Wertematrix V zu multiplizieren. Mit anderen Worten ausgedrückt, gibt der Kopf für jede Position in der Abfrage, an der die Gewichte durch die Aufmerksamkeitsmatrix bestimmt werden, eine gewichtete Summe der Werterepräsentationen V aus.

Es gibt keinen Grund, mit nur einem Aufmerksamkeitskopf aufzuhören! In dem Beitrag wählen die Autoren acht parallel trainierte Köpfe, die jeweils eine $n_Q \times d_v$ dimensionierte Matrix ausgeben. Die Einbindung mehrerer Köpfe ermöglicht jedem einzelnen, einen gesonderten Aufmerksamkeits- und Wertemechanismus zu erlernen, wodurch die Ausgabe der mehrköpfigen Aufmerksamkeitsschicht verbessert wird.

Die Ausgabematrizen der verschiedenen Köpfe werden verkettet und mit einer Gewichtungsmatrix W^O abschließend multipliziert. Diese wird dann elementweise über eine Skip-Verbindung zur ursprünglichen Abfrage-Eingabe hinzuaddiert, und das Ergebnis wird noch in einer anschließenden Schicht normalisiert (siehe Abbildung 5-7).

Der letzte Teil des Encoders besteht aus einer (dicht verbundenen) Feed-Forward-Schicht, die auf jedes Element separat angewandt wird. Die Gewichtungen werden über die Elemente verteilt, jedoch nicht zwischen den Schichten des Encoder-Decoders. Der Encoder wird durch eine abschließende Skip-Verbindung und eine Norm-Schicht komplettiert. Beachten Sie, dass die Ausgabe der Schicht die gleiche Dimension wie die Eingabe der Abfrage besitzt ($n_Q \times d_{model}$). Dies erlaubt uns, mehrere Encoder-Layer hintereinanderzuschalten, durch die das Modell komplexere Merkmale erlernen kann.

Der Decoder

Die Decoder-Schichten sind den Encoder-Schichten bis auf zwei wesentliche Unterschiede sehr ähnlich:

1. Die anfängliche Selbstaufmerksamkeitsschicht wird ausgeblendet, sodass Informationen aus nachfolgenden Trainingsschritten nicht berücksichtigt werden können. Hierfür werden die entsprechenden Elemente der Eingabe der Softmax-Aktivierungsfunktion auf den Wert $-\infty$ gesetzt.
2. Die Ausgabe aus der Encoder-Schicht wird auch in jede Schicht des Decoders an der Stelle nach dem anfänglichen Selbstaufmerksamkeitsmechanismus eingebunden. Hier stammt die Abfrage-Eingabe aus der vorherigen Schicht des Decoders und die Schlüssel-Werte-Eingabe aus dem Encoder.

Jedes Element der Ausgabe der letzten Decoder-Schicht wird durch eine letzte dichte Schicht mit einer Softmax-Aktivierungsfunktion geleitet, um Wahrscheinlichkeiten für das nächste Wort zu erhalten.

Analyse des Transformers

Das Tensorflow-GitHub-Repository enthält ein Notebook (*http://bit.ly/2HPw4Cw*), in dem Sie mit einem vortrainierten Transformer-Modell herumspielen und beobachten können, wie sich die Aufmerksamkeitsmechanismen des Encoders und des Decoders auf die Übersetzung eines bestimmten englischen Satzes ins Deutsche auswirken.

Beispielsweise zeigt Abbildung 9-5, wie zwei Aufmerksamkeitsköpfe der Decoder-Schicht zusammenarbeiten können, um die richtige deutsche Übersetzung für das englische Wort »the« zu liefern, wenn es im Kontext von »the street« verwendet wird. Im Deutschen gibt es drei bestimmte Artikel (»der«, »die«, »das«), die vom Geschlecht des Substantivs abhängen. Der Transformer weiß, dass er »die« wählen muss, weil ein Aufmerksamkeitskopf in der Lage ist, sich um das Wort »street« (ein weibliches Wort im Deutschen) zu kümmern, während sich der andere dem zu übersetzenden Wort (»the«) widmet.

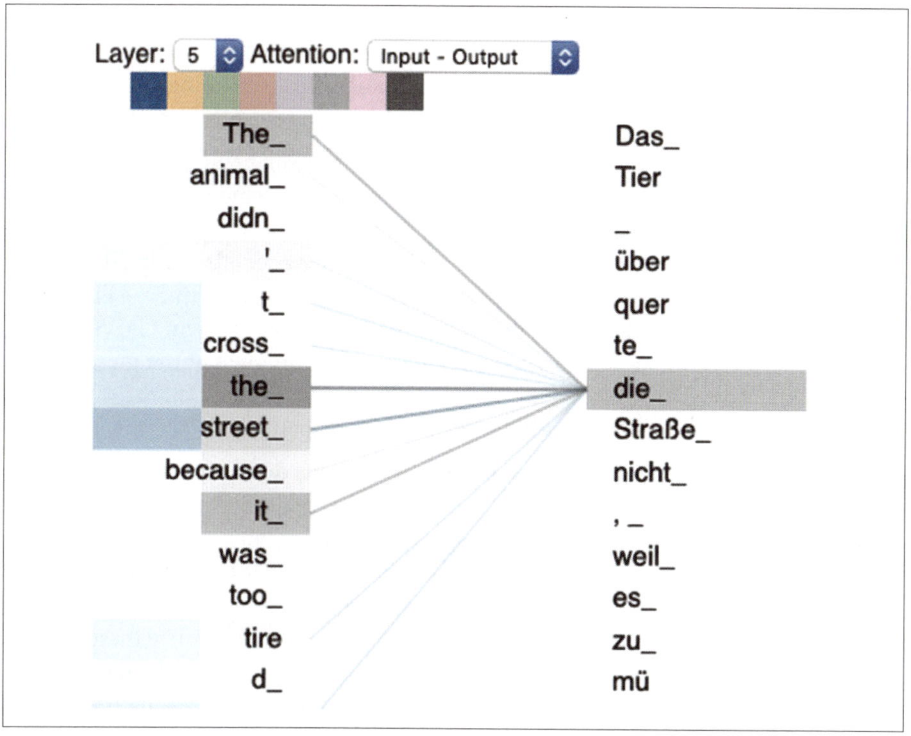

Abbildung 9-5: Ein Beispiel dafür, wie sich ein Aufmerksamkeitskopf um das englische Wort »the« und ein anderer um das Wort »street« kümmert, um das Wort »the« korrekt in das deutsche Wort »die« zu übersetzen, das dem bestimmten Artikel des femininen Substantivs »Straße« entspricht

Dies gibt dem Transformer die Möglichkeit, extrem komplexe und lange Sätze zu übersetzen, da er Informationen von verschiedenen Stellen des Eingabesatzes und der aktuellen Übersetzung einbeziehen kann, um seine Wahl bezüglich des nächsten Worts zu treffen.

Die Architektur des Transformers hat mehrere spätere Modelle inspiriert, die den mehrköpfigen Aufmerksamkeitsmechanismus nutzen. Im Folgenden werfen wir einen kurzen Blick auf eine kleine Auswahl davon.

BERT

BERT (*Bidirectional Encoder Representations from Transformers*)[3] ist ein von Google entwickeltes Modell, das fehlende Wörter in einem Satz unter Berücksichtigung des Kontexts in allen Schichten, sowohl vor als auch nach dem fehlenden Wort, vorhersagt. Dies wird durch ein *maskiertes Sprachmodell* erreicht: Während des Trainings werden 15 % der Wörter zufällig ausgeblendet, und das Modell muss versuchen, den ursprünglichen Satz anhand der maskierten Eingabe neu zu erstellen. Entscheidend ist, dass 10 % der zur Maskierung vorgesehenen Tokens in Wirklichkeit mit einem anderen Wort und nicht mit dem Token `<MASK>` vertauscht werden, sodass das Modell nicht nur lernen muss, das Token `<MASK>` durch die eigentlichen Wörter zu ersetzen, sondern auch auf Wörter im Eingabesatz achten sollte, die nicht zu passen scheinen, da es sich um vertauschte Wörter handeln könnte.

Die Wortrepräsentationen, die von BERT gelernt werden, sind anderen Repräsentationen wie GloVe überlegen, da sie sich je nach Kontext des Worts ändern. So kann beispielsweise das englische Wort »water« entweder als Verb (»I need to water the plant« – »Ich muss die Pflanze gießen«) oder als Substantiv (»The ocean is full of water« – »Das Meer ist voller Wasser«) verwendet werden. GloVe-Vektoren weisen dem Wort »Wasser« unabhängig vom Kontext genau die gleiche Darstellung zu, während BERT umgebende Informationen einbezieht, um eine kontextspezifische Repräsentation des Worts zu erzeugen.

BERT kann durch Hinzufügen von Ausgabeschichten, die spezifisch für eine bestimmte nachfolgende Aufgabe sind, erweitert werden. Beispielsweise können Klassifikationsaufgaben wie die Stimmungsanalyse durch Hinzufügen einer zusätzlichen Klassifikationsschicht nach der Ausgabe des Transformers gelöst werden. Ebenso können Frage-Antwort-Aufgaben bewältigt werden, indem die Antwort in der Eingabesequenz von einem Pointer-Netzwerk als zusätzliche Ausgabeschicht in BERT markiert wird. Durch die Verwendung eines vortrainierten BERT-Modells und einer weiteren Feinabstimmung der hinzugefügten Ausgabeschichten ist es somit relativ schnell möglich, extrem anspruchsvolle Sprachmodelle für eine Vielzahl von Modellierungsaufgaben zu trainieren.

GPT-2

GPT-2 (*http://bit.ly/2wDwtDb*) ist ein von OpenAI entwickeltes Sprachmodell, das darauf trainiert wird, das nächste Wort in einer Textpassage vorherzusagen. Während BERT die Antwort von Google auf das frühere GPT-Modell von OpenAI war, ist GPT-2 wiederum die unmittelbare Antwort auf BERT. Der wesentliche Unterschied zwischen den Modellen besteht darin, dass BERT bidirektional und GPT-2 lediglich unidirektional ist. Das bedeutet, dass GPT-2 keine Informationen aus

3 Jacob Devlin et al., »BERT: Pre-Training of Deep Bidirectional Transformers for Language Understanding«, 11. Oktober 2018, *https://arxiv.org/abs/1810.04805v1*.

nachfolgenden Wörtern verwendet, um Repräsentationen des aktuellen Worts zu bilden. Daher ist es insbesondere für Aufgaben im Rahmen der Erzeugung von Sätzen, wie z.B. in Kapitel 6, in dem wir Fabeln in Aesops Stil erzeugt hatten, ausgelegt. Ein Beispiel für die Ausgabe von GPT-2 für eine vorgegebene Textpassage ist in Abbildung 9-6 dargestellt.

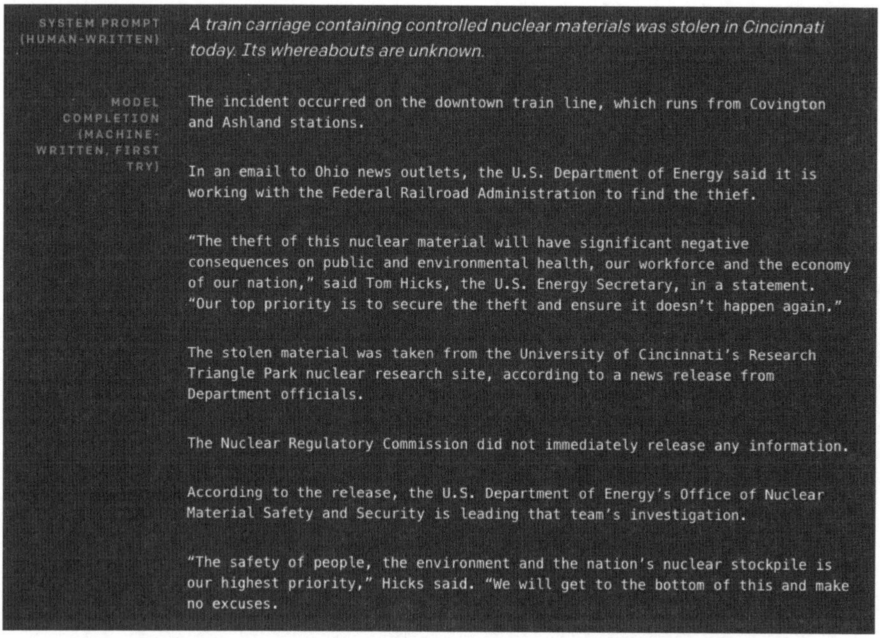

Abbildung 9-6: Ein Beispiel dafür, wie GPT-2 eine gegebene Textpassage erweitern kann[4]

Wenn es für Sie ein wenig beängstigend ist, wie realistisch das erscheint, sind Sie nicht allein. Aufgrund von Bedenken, dass dieses Modell von böswilligen Dritten missbraucht werden könnte, z.B. um gefälschte Nachrichten, gefälschte Aufsätze, gefälschte Konten in den sozialen Medien oder online Imitationen von Personen zu erzeugen, hat OpenAI beschlossen, den Datensatz, den Quellcode und die Modellgewichte von GPT-2 nicht zu veröffentlichen. Stattdessen wurden nur kleine (124 Millionen Parameter) und mittlere (355 Millionen Parameter) Versionen von GPT-2 (*http://bit.ly/2WShm7t*) veröffentlicht.[5]

4 Quelle: »Better Language Models and Their Implications«, 2019, *https://openai.com/blog/better-language-models*.

5 Seit Mai 2019 ist eine Version von GPT-2 mit 1,5 Milliarden Parametern auch für vertrauenswürdige Partner verfügbar, die die möglichen Auswirkungen solcher ausgeklügelten Modelle ergründen und dem Missbrauch von GPT-2 entgegenwirken wollen.
Anmerkungen der Übersetzer: Im November 2019 hat sich OpenAI dazu entschlossen, die Version mit 1,5 Milliarden Parametern auch für die Öffentlichkeit freizugeben (Quelle: *https://openai.com/blog/gpt-2-1-5b-release/*). Die Anzahl der Parameter der kleinen und mittleren Version wurde ursprünglich mit 117 Millionen beziehungsweise mit 345 Millionen Parametern ausgewiesen. Diese Angabe wurde nachträglich von OpenAI korrigiert (Quelle: *https://github.com/openai/gpt-2*).

MuseNet

MuseNet (*http://bit.ly/31hT2vl*) ist ein Modell, das ebenfalls von OpenAI veröffentlicht wurde und die Architektur des Transformers zur Erzeugung von Musik einsetzt. Wie GPT-2 ist es unidirektional und darauf trainiert, die nächste Note aus einer Folge vorheriger Noten vorherzusagen.

Bei der Erzeugung von Musik wird die Länge der Notenfolge N im Verlauf des Musikstücks sehr groß, was bedeutet, dass die $N \times N$ dimensionierte Aufmerksamkeitsmatrix für jeden Kopf aufwendig zu speichern und zu berechnen ist. Wir können die Eingabesequenz nicht einfach abschneiden, da wir möchten, dass das Modell das Stück mit einer langfristigen Grundstruktur versieht und die Motive und Phrasen von vor wenigen Minuten wieder aufgreift, so wie es ein echter Komponist auch machen würde.

Um diesem Problem zu begegnen, verwendet das MuseNet eine Form des Transformers, die als *Sparse Transformer* (*http://bit.ly/2ESY8Ve*) bekannt ist. Jedes Ausgabeelement in der Aufmerksamkeitsmatrix berechnet nur für eine Teilmenge von Eingabeelementen Gewichte, wodurch die Komplexität der Berechnung und der Speicherbedarf für das Training des Modells reduziert werden. Das MuseNet kann dadurch mit der vollen Aufmerksamkeit über 4.096 Tokens operieren und langfristige sowie melodische Strukturen für eine Vielzahl von Stilen lernen. (Hören Sie sich z.B. OpenAIs erzeugte Kompositionen im Stile von Chopin (*http://bit.ly/2IX0JOW*) und Mozart auf SoundCloud (*http://bit.ly/2Zyt5pp*) an.)

Fortschritte bei der Bilderzeugung

Ähnlich wie der Transformator für die Entwicklung der sequenziellen generativen Modellierung von entscheidender Bedeutung war, so wurden ebenfalls neue Entwicklungen im Bereich der generativen Modellierung von Bildern durch mehrere bedeutsame Fortschritte in der Architektur und das Training GAN-basierter Modelle angestoßen. In diesem Abschnitt stellen wir vier solcher Entwicklungen vor – das ProGAN, das SAGAN, das BigGAN und das StlyeGAN.

ProGAN

Das ProGAN ist ein von NVIDIA Labs entwickeltes Verfahren, das die Geschwindigkeit und Stabilität beim Training von GANs verbessern soll.[6] Anstatt das GAN von Beginn an mit Bildern in voller Auflösung zu trainieren, wird in dem Diskussionspapier vorgeschlagen, zuerst den Generator und den Diskriminator für Bilder mit niedriger Auflösung von beispielsweise 4 × 4 Pixeln zu trainieren und dann während des gesamten Trainingsprozesses schrittweise Schichten hinzuzufügen, um die Auflösung zu erhöhen. Dieser Prozess wird in Abbildung 9-7 veranschaulicht.

6 Tero Karras et al., »Progressive Growing of GANs for Improved Quality, Stability, and Variation«, 27. Oktober 2017, *https://arxiv.org/abs/1710.10196*

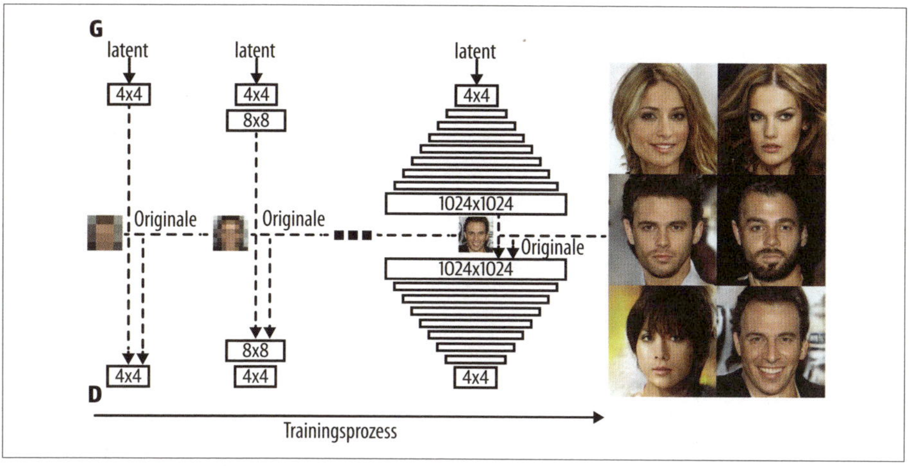

Abbildung 9-7: Der Trainingsmechanismus beim ProGAN und einige exemplarisch erzeugte Gesichter[7]

Die vorderen Schichten werden im Laufe des Trainings nicht fixiert, sondern bleiben vollständig trainierbar. Der neue Trainingsmechanismus konnte auch bei Bildern aus dem LSUN-Datensatz mit hervorragenden Ergebnissen aufwarten, wie in Abbildung 9-8 gezeigt.

Abbildung 9-8: Erzeugte Beispiele eines GAN, das schrittweise auf den LSUN-Datensatz mit einer Auflösung von 256 × 256 Pixeln trainiert wurde[8]

7 Quelle: Karras et al., 2017.

8 Quelle: Karras et al., 2017.

GAN mit Selbstaufmerksamkeitsmechanismus (SAGAN)

Das GAN mit Selbstaufmerksamkeitsmechanismus (*Self-Attention GAN*, kurz SAGAN[9]) stellt ebenfalls eine zentrale Entwicklung im Bereich der GANs dar. Mit dem SAGAN konnte gezeigt werden, dass der Aufmerksamkeitsmechanismus, der in sequenziellen Modellen wie dem Transformer zur Anwendung kommt, auch in GAN-basierten Modellen zur Bilderzeugung integriert werden kann. Abbildung 9-9 zeigt den im Forschungsartikel genutzten Selbstaufmerksamkeitsmechanismus. Abbildung 9-2 veranschaulicht die Ähnlichkeit zur Architektur des Transformers.

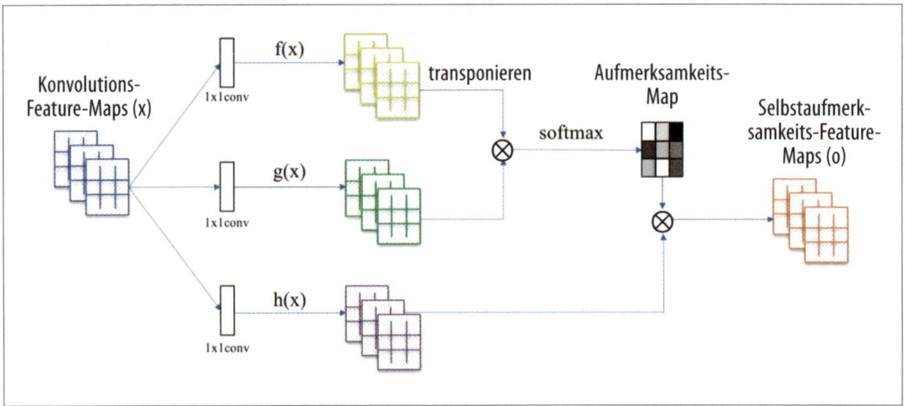

Abbildung 9-9: Der Selbstaufmerksamkeitsmechanismus im SAGAN-Modell[10]

Das Problem bei GAN-basierten Modellen, die keinen Aufmerksamkeitsmechanismus enthalten, besteht darin, dass konvolutionäre Feature-Maps lediglich in der Lage sind, Informationen lokal zu verarbeiten. Die Verknüpfung von Pixelinformationen von einer Seite eines Bilds mit der anderen erfordert mehrere Konvolutionsschichten, die die räumliche Dimension des Bilds reduzieren und gleichzeitig die Anzahl der Kanäle erhöhen. Präzise Positionsinformationen werden während dieses Prozesses zugunsten der Erfassung übergeordneter Merkmale reduziert, sodass es für das Modell rechnerisch ineffizient ist, langfristige Abhängigkeiten zwischen räumlich voneinander entfernten Pixeln zu erkennen. Das SAGAN löst dieses Problem, indem es den Aufmerksamkeitsmechanismus in das GAN einbindet. Den Effekt dieser Erweiterung können Sie in Abbildung 9-10 nachvollziehen.

9 Han Zhang et al., »Self-Attention Generative Adversarial Networks«, 21. Mai 2018, *https://arxiv.org/abs/1805.08318*.

10 Quelle: Zhang et al., 2018.

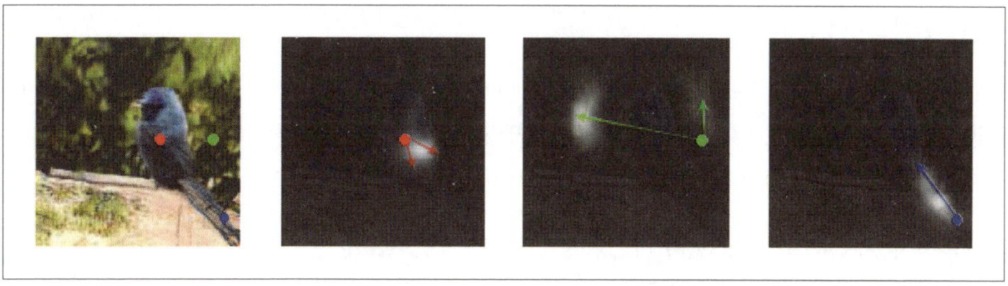

Abbildung 9-10: Ein von SAGAN erzeugtes Bild eines Vogels (äußerste linke Abbildung) und die Aufmerksamkeits-Maps der letzten aufmerksamkeitsbasierten Generatorschicht für die Pixel, die von den drei farbigen Punkten (drei rechten Abbildungen) bedeckt sind[11]

Der rote Punkt markiert ein Pixel, das zum Körper des Vogels gehört. Dementsprechend fällt die Aufmerksamkeit natürlich auf die angrenzenden Pixel, die ebenfalls einen Teil des Körpers ausmachen. Der grüne Punkt befindet sich im Bildhintergrund. Hier wird die Aufmerksamkeit sogar auf andere Hintergrundpixel auf der anderen Seite des Vogelkopfs gelenkt. Der blaue Punkt ist Teil des langen Schwanzes des Vogels. Die Aufmerksamkeit wird auf andere Bildpunkte gerichtet, von denen einige vom blauen Punkt entfernt sind. Es wäre schwierig, diese weiträumige Abhängigkeit für Pixel ohne einen Aufmerksamkeitsmechanismus zu bewahren, insbesondere für lange, dünne Gebilde im Bild (wie in diesem Fall den Schwanz).

BigGAN

Das BigGAN[12], entwickelt von DeepMind, erweitert die Ideen aus dem SAGAN-Forschungsartikel und erzielt außerordentliche Ergebnisse. Abbildung 9-11 zeigt einige der vom BigGAN erzeugten Bilder, das auf den ImageNet-Datensatz trainiert wurde.

Abbildung 9-11: Beispiele für Bilder, die vom BigGAN erzeugt wurden, das mit dem ImageNet-Datensatz mit einer Auflösung von 128 × 128 Pixeln trainiert wurde[13]

11 Quelle: Zhang et al., 2018.

12 Andrew Brock, Jeff Donahue und Karen Simonyan, »Large Scale GAN Training for High Fidelity Natural Image Synthesis«, 28. September 2018, *https://arxiv.org/abs/1809.11096*.

13 Quelle: Brock et al., 2018.

Das BigGAN ist derzeit das fortschrittlichste Modell zur Erzeugung von Bildern auf Basis des ImageNet-Datensatzes. Neben einigen geringfügigen Änderungen am SAGAN-Basismodell gibt es auch ein paar in dem Beitrag beschriebene Neuerungen, die das Modell auf die nächste Entwicklungsstufe brachten.

Eine dieser Innovationen ist der sogenannte *Trunkierungstrick*. Hier unterscheidet sich die für das Sampling verwendete latente Verteilung von der Standard-Normalverteilung z $N(0, 1)$, die während des Trainings verwendet wird. Die beim Sampling verwendete Verteilung stellt eine *gestutzte Normalverteilung* dar (bei der die Werte von z, die größer als ein bestimmter Schwellenwert sind, erneut gesamplet werden). Je kleiner der Trunkierungsschwellenwert, desto größer ist die Reliabilität der erzeugten Stichproben auf Kosten einer verminderten Variabilität. Die Auswirkungen dieses Konzepts können Sie in Abbildung 9-12 nachvollziehen.

Abbildung 9-12: Der Trunkierungstrick: Von links nach rechts ist der Schwellenwert jeweils auf 2, 1, 0,5 und 0,04 festgelegt.[14]

Außerdem ist das BigGAN, wie der Name schon sagt, eine Verbesserung gegenüber SAGAN – zum Teil ganz einfach deshalb, weil es *größer* ist. Das BigGAN verwendet eine Batchgröße von 2.048, acht Mal größer als die in SAGAN verwendete Batchgröße von 256, und eine Kanalgröße, die in jeder Schicht um 50% erhöht wird. BigGAN zeigt jedoch zusätzlich, dass das SAGAN strukturell durch die Einbeziehung einer gemeinsamen Einbettung, durch orthogonale Regularisierung und durch die Einbindung des latenten Vektors z in jede Schicht des Generators – und nicht nur in die erste Schicht – verbessert werden kann.

Für eine vollständige Beschreibung der von BigGAN eingeführten Neuerungen empfehle ich, den Original-Fachartikel und das Begleitmaterial (*http://bit.ly/31g3tza*) zu lesen.

StyleGAN

Eine der jüngsten Ergänzungen zur bestehenden GAN-Literatur ist das StyleGAN[15] von NVIDIA Labs. Es baut auf zwei Verfahren auf, die wir bereits in diesem Buch

14 Quelle: Brock, Donahue und Simonyan, 2018.

15 Tero Karras, Samuli Laine und Timo Aila, »A Style-Based Generator Architecture for Generative Adversarial Networks«, 12. Dezember 2018, *https://arxiv.org/abs/1812.04948*.

ergründet haben: auf ProGAN und neuronaler Stilübertragung (aus Kapitel 5). Häufig ist es beim Training von GANs schwierig, Vektoren im latenten Raum entsprechend den übergeordneten Merkmalen zu separieren – sie sind oft *verflochten*. Das bedeutet, dass die Anpassung eines Bilds im latenten Raum, um beispielsweise einem Gesicht mehr Sommersprossen zu verleihen, versehentlich auch eine Veränderung der Hintergrundfarbe zur Folge haben kann. Obwohl das ProGAN erstaunlich realistische Bilder erzeugt, ist es ebenfalls nicht vor diesem Effekt gefeit. Wir möchten idealerweise die vollständige Kontrolle über den Stil des Bilds erhalten, was eine Entflechtung der übergeordneten Merkmale im latenten Raum erfordert.

Der allgemeine Aufbau des StyleGAN-Generators ist in Abbildung 9-13 abgebildet.

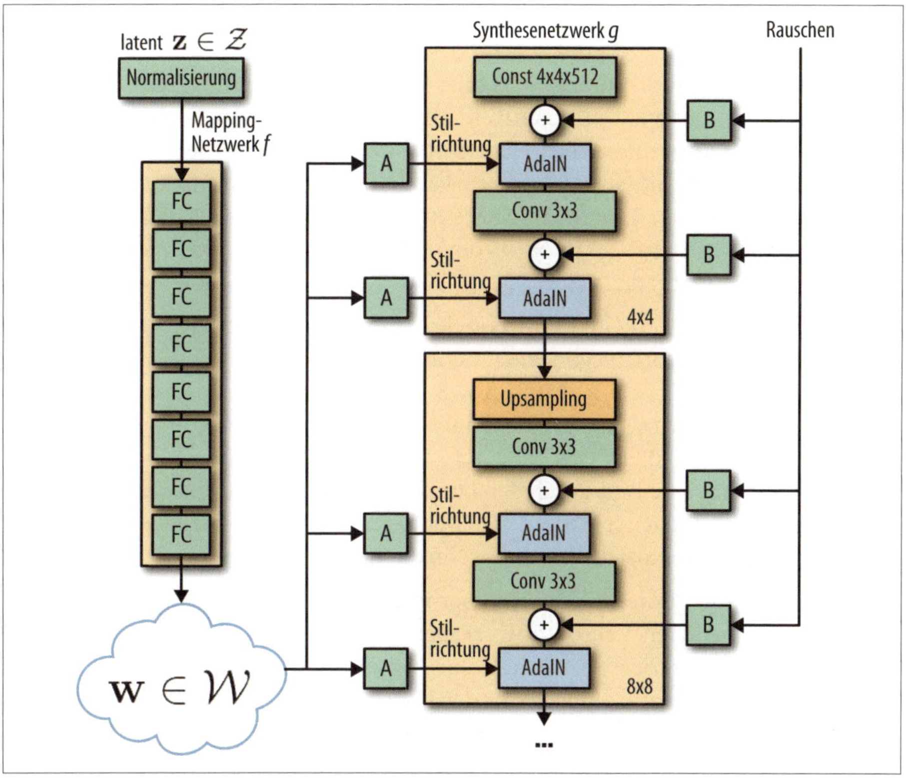

Abbildung 9-13: Der allgemeine Aufbau des StyleGAN-Generators[16]

Das StyleGAN löst das Verflechtungsproblem, indem es Ideen, die beim Stiltransfer zum Tragen kommen, aufgreift. Das StyleGAN verwendet unter anderem eine Methode namens *adaptive Instanz-Normalisierung*[17]. Sie entspricht einer Art neuronaler Netzwerkschicht, die den Mittelwert und die Varianz der Ausgaben $\mathbf{x}_i$ der

16 Quelle: Karras, Laine und Aila, 2018.

17 Xun Huang und Serge Belongie, »Arbitrary Style Transfer in Real-Time with Adaptive Instance Normalization«, 20. März 2017, *https://arxiv.org/abs/1703.06868*.

einzelnen Feature-Maps aus einer jeweils vorgegebenen Schicht im Synthesenetzwerk mit einem Referenzstil-Bias $\mathbf{y}_{b,i}$ und einer Skalierung $\mathbf{y}_{s,i}$ anpasst. Die Gleichung für die adaptive Instanz-Normalisierung lautet wie folgt:

$$\text{AdaIN}(\mathbf{x}_i, \mathbf{y}) = \mathbf{y}_{s,i}\frac{\mathbf{x}_i - \mu(\mathbf{x}_i)}{\sigma(\mathbf{x}_i)} + \mathbf{y}_{b,i}$$

Die Stilparameter werden berechnet, indem zuerst ein latenter Vektor z durch ein Mapping-Netzwerk f geleitet wird, um einen Zwischenvektor $\mathbf{w}$ zu erzeugen. Dieser wird dann durch eine dicht verbundene Schicht (A) umgewandelt, um die Vektoren $\mathbf{y}_{b,i}$ und $\mathbf{y}_{s,i}$ mit jeweils einer Länge n (der Anzahl der von der Konvolutionsschicht im Synthesenetzwerk ausgegebenen Kanäle) zu erzeugen. Dabei geht es vor allem darum, den Auswahlprozess des Stils für das Bild (das Mapping-Netzwerk) von dem eigentlichen Erzeugungsvorgang eines Bilds mit einem bestimmten Stil (das Synthesenetzwerk) zu trennen. Die adaptiven Instanz-Normalisierungsschichten stellen sicher, dass die Stilvektoren, die in jede Schicht eingespeist werden, nur Merkmale auf dieser Schicht beeinflussen, indem sie verhindern, dass Informationen bezüglich des Stils zwischen den Layern durchsickern. Die Autoren zeigen, dass dies dazu führt, dass die latenten Vektoren $\mathbf{w}$ deutlich besser entflochten werden als die ursprünglichen Vektoren z.

Da das Synthesenetzwerk auf der Architektur des ProGAN basiert, wirken sich die Stilvektoren in den vorangegangenen Schichten im Synthesenetzwerk (wenn die Auflösung des Bilds mit 4 × 4 und 8 × 8 Pixeln am niedrigsten ist) auf gröbere Merkmale aus als die in späteren Schichten im Netzwerk (Auflösung von 64 × 64 bis 1.024 × 1.024 × 1.024). Das bedeutet, dass wir nicht nur die vollständige Kontrolle über das erzeugte Bild durch den latenten Vektor $\mathbf{w}$ haben, sondern auch den Vektor $\mathbf{w}$ an verschiedenen Stellen innerhalb des Synthesenetzwerks austauschen können, um den Stil hinsichtlich unterschiedlicher Detaillierungsgrade zu ändern.

Abbildung 9-14 zeigt dies in Aktion. Hier werden zwei Bilder, Bild A und Bild B, aus zwei verschiedenen Vektoren $\mathbf{w}$ erzeugt. Um ein Bild zu erzeugen, das beide zusammenführt, wird der Vektor des Bilds A $\mathbf{w}$ durch das Synthesenetzwerk geleitet, bis dieses irgendwann zum Vektor des Bilds B $\mathbf{w}$ wechselt. Wenn dieser Wechsel frühzeitig stattfindet (Auflösung von 4 × 4 oder 8 × 8), werden grobe Stile wie etwa Pose, Gesichtsform und Brille von Bild B auf Bild A übertragen. Erfolgt der Wechsel jedoch erst später, werden nur feinere Details von Bild B übernommen, wie Farben und Mikrostruktur des Gesichts, wohingegen gröbere Merkmale von Bild A beibehalten werden.

Darüber hinaus wird beim StyleGAN nach jeder Faltung zusätzlich ein zufälliges Rauschen eingeleitet, um stochastische Details wie die Anordnung einzelner Haare oder den Hintergrund hinter dem Gesicht zu berücksichtigen. Auch hier beeinflusst die Tiefe der Schicht, in die das Rauschen eingegeben wird, wie grob die Effekte auf dem Bild ausfallen.

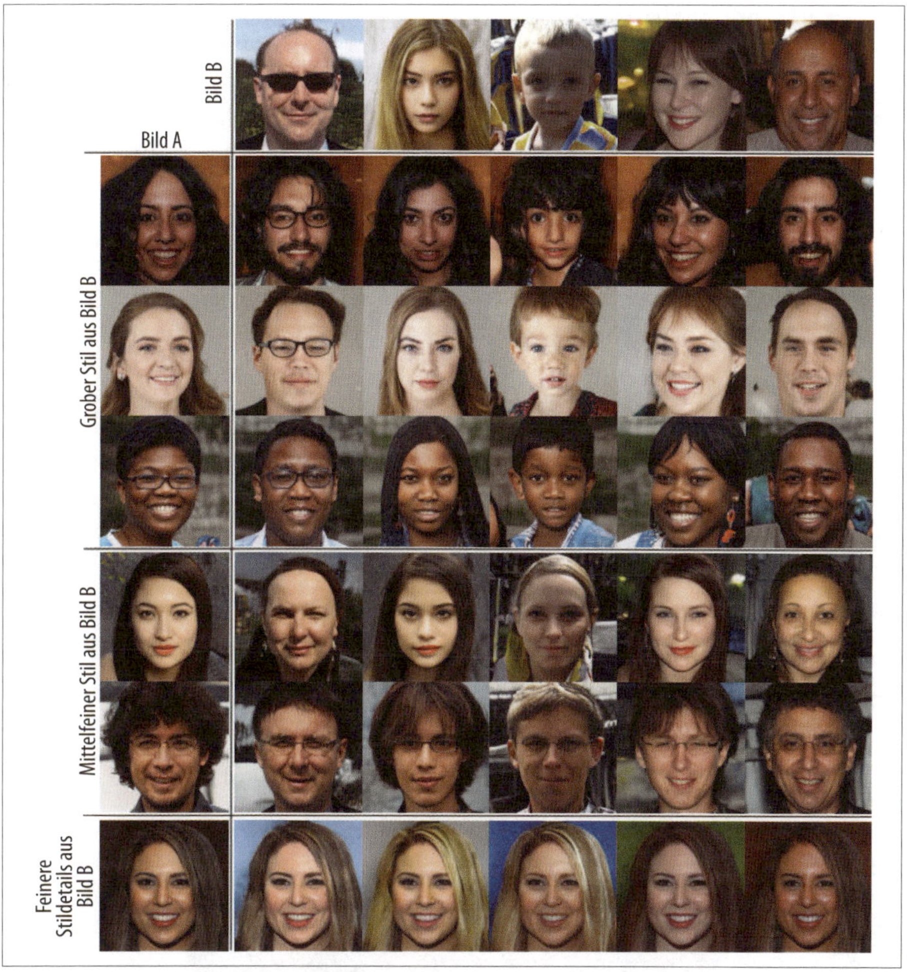

Abbildung 9-14: Zusammenführung der Stile von zwei erzeugten Bildern mit unterschiedlichen Detaillierungsgraden[18]

Anwendungen der generativen Modellierung

Wie an den vorangegangenen Beispielen erkennbar ist, hat die generative Modellierung in den letzten fünf Jahren einen beachtlichen Fortschritt erzielt. Der Bereich hat sich so stark weiterentwickelt, dass es nicht unvernünftig ist, zu vermuten, dass die nächste Generation die computergenerierte Kunst genauso gern bewundern wird wie menschliche Kunst, computergenerierte Romane lesen und computergenerierte Musik in ihrem Lieblingsstil hören wird. Diese Entwicklung hat bereits an Dynamik gewonnen, insbesondere bei Künstlern und Musikern.

18 Quelle: Karras, Laine und Aila, 2018.

Durch KI geschaffene Kunst

Ich habe kürzlich an einer Veranstaltung in London teilgenommen, die von der KI-Kunstkuratorin Luba Elliott organisiert wurde. Es gab einen Vortrag des Künstlers Scott Eaton und des BigGAN-Erfinders Andrew Brock mit dem Titel »Form, Figuren und BigGAN«. Ein Schwerpunkt von Scotts Arbeit liegt darin, mithilfe von pix2pix-Modellen wie von Menschenhand geschaffene Kunst zu erzeugen. Das Modell wird auf Farbaufnahmen von Tänzern und passenden graustufigen, am Rand ausgeleuchteten Bildern trainiert. Scott ist in der Lage, neue Formen zu erstellen, indem er eine Linienzeichnung (in einem Raum mit ausgeleuchteten Randbereichen) erstellt und dem Modell ermöglicht, wieder in die Farbfotodomäne zu wechseln. Diese Linienzeichnungen müssen keine wirklichkeitsgetreuen menschlichen Darstellungen sein. Das Modell wird einen Weg finden, die Zeichnung so menschlich wie möglich aussehen zu lassen, da es dazu trainiert wurde. Zwei Beispiele für seine Arbeit sind in Abbildung 9-15 zu sehen. Mehr über diesen künstlerischen Entstehungsprozess erfahren Sie auf YouTube (*http://bit.ly/2F7zkcf*).

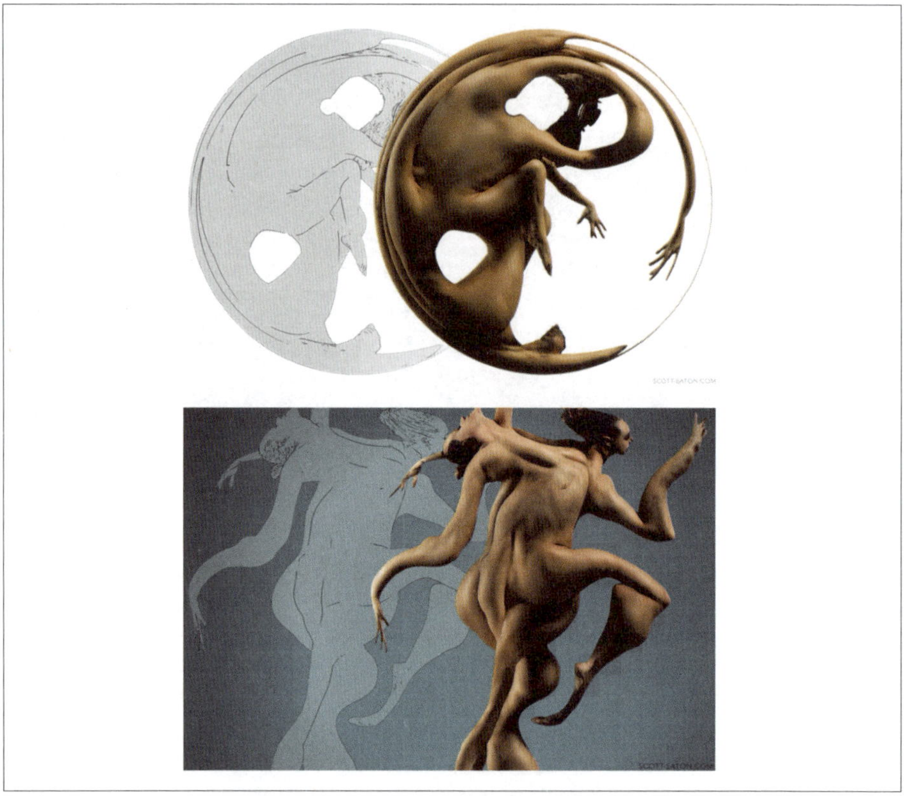

Abbildung 9-15: Zwei Beispiele für Scott Eatons Werke, erstellt mithilfe eines pix2pix-Modells, das mit Fotografien von Tänzern trainiert wurde[19]

19 Quelle: Scott Eaton, 2018, *http://www.scott-eaton.com*.

Durch KI geschaffene Musik

Neben der Erzeugung optisch ansprechender und aussagekräftiger Bilder findet die generative Modellierung auch praktische Anwendung im Bereich der Erzeugung von Musik, insbesondere bei Videospielen und Filmen. Wir haben bereits gesehen, das das MuseNet in der Lage ist, unbegrenzt Musik in einem bestimmten Stil zu erzeugen. Daher liegt es nahe, es so anzupassen, dass es Hintergrundmusik für Filme oder Videospiele hervorbringen kann.

Tatsächlich hat OpenAI am 25. April 2019 ein experimentelles Livekonzert übertragen, bei dem das MuseNet Musik in verschiedenen Stilen erzeugte, wie sie noch kein Mensch je zuvor gehört hatte. Könnte es sein, dass wir in Kürze in der Lage sein werden, uns auf einen Radiosender einzustellen, der ununterbrochen Musik in unserem Lieblingsstil spielt, sodass wir nie das Gleiche zweimal hören müssen? Möglicherweise könnten wir die Gelegenheit bekommen, Musikpassagen zu speichern, die wir besonders gern erneut hören würden, oder neue Musik zu erkunden, die das Modell in Echtzeit generiert. Wir sind noch nicht so weit, dass sich Text und Musik überzeugend zu nachhaltig strukturierten Popsongs kombinieren lassen. Aber angesichts der beeindruckenden Fortschritte bei der Text- und Musikgenerierung in den letzten Jahren wird es bestimmt nicht mehr lange dauern, bis dies Realität wird.

KAPITEL 10
Schlussbemerkung

In diesem Buch haben wir eine Reise durch die letzte halbe Dekade der generativen Modellierungsforschung unternommen, beginnend mit den Grundideen hinter Variational Autoencodern, GANs und rekurrenten neuronalen Netzwerken. Aufbauend auf diesen Grundlagen konnten wir nachvollziehen, wie modernste Modelle wie der Transformer, fortschrittliche GAN-Architekturen und World Models heute die Grenzen dessen, was generative Modelle bei einer Vielzahl von Aufgaben leisten können, weiter verschieben.

Ich glaube, dass in Zukunft die generative Modellierung der Schlüssel zu einer tiefergehenden Form der künstlichen Intelligenz sein könnte, die über eine bestimmte Aufgabe hinausgeht und es Maschinen stattdessen ermöglicht, ihre eigenen Belohnungen, Strategien und letztlich ihr Bewusstsein in ihrer Umgebung selbstständig zu formulieren.

Als Babys erforschen wir ständig unsere Umgebung und entwickeln ein mentales Modell möglicher Zukunftsszenarien, mit dem kein anderes Ziel verfolgt wird, als ein tieferes Verständnis der Welt zu entwickeln. Es gibt keine Label für die Daten, die wir erhalten – einen scheinbar zufälligen Strom von Licht- und Schallwellen, die unsere Sinne vom Moment unserer Geburt an überfluten. Selbst wenn unsere Mutter oder unser Vater auf einen Apfel zeigt und *Apfel* sagt, gibt es keinen Grund für unser junges Gehirn, beides in Verbindung zu bringen und zu erfahren, dass die Art und Weise, wie das Licht in diesem Moment in unser Auge gelangt ist, in irgendeiner Weise mit der Art und Weise zusammenhängt, wie die Schallwellen in unser Ohr gedrungen sind. Es gibt keinen Trainingsdatensatz von Klängen und Bildern, keinen von Gerüchen und Geschmäckern und keinen von Aktionen und Belohnungen. Nur einen schier endlosen Strom extrem verrauschter Daten.

Und doch sind Sie jetzt hier, lesen diesen Satz und genießen vielleicht den Geschmack einer Tasse Kaffee in einem lauten Café. Sie achten nicht auf das Hintergrundgeräusch, während Sie sich darauf konzentrieren, die Abwesenheit von Licht auf einem winzigen Teil Ihrer Netzhaut in eine Abfolge von abstrakten Konzepten umzuwandeln, die einzeln fast keine Bedeutung vermitteln, aber in ihrer Kombination eine Welle von parallelen Darstellungen vor den Augen Ihres Geistes auslösen – Bilder, Emotionen, Ideen, Überzeugungen und mögliche Handlungen durchströmen Ihr Bewusstsein und warten auf Ihre Wahrnehmung.

Der gleiche verrauschte Datenstrom, der für Ihr kindliches Gehirn im Wesentlichen bedeutungslos war, ist nicht mehr so verrauscht. Für Sie ergibt das alles einen Sinn. Sie sehen überall Strukturen und werden nie von der Physik des Alltags überrascht. Die Welt ist so, wie sie ist, weil Ihr Gehirn entschieden hat, dass sie so sein sollte.

In diesem Sinne ist Ihr Gehirn ein äußerst anspruchsvolles generatives Modell, das mit der Fähigkeit ausgestattet ist, sich um bestimmte Teile der Eingabedaten zu kümmern, Konzeptdarstellungen innerhalb eines latenten Raums neuronaler Bahnen zu bilden und sequenzielle Daten über die Zeit zu verarbeiten. Aber was genau wird von ihm erzeugt?

An dieser Stelle muss ich in den reinen Spekulationsmodus wechseln, da wir uns nahe am Rand dessen befinden, was wir derzeit vom menschlichen Gehirn verstehen (und zweifellos auch am Rand dessen, was *ich* davon verstehe). Wir können jedoch ein Gedankenexperiment durchführen, um die Zusammenhänge zwischen der generativen Modellierung und dem Gehirn besser zu begreifen.

Angenommen, das Gehirn wäre ein nahezu perfektes generatives Modell des Eingabestroms von Daten, denen es ausgesetzt ist. Es kann mit anderen Worten die wahrscheinliche Folge von Eingabedaten erzeugen, die sich aus dem Empfang des Signals eines eiförmigen Lichtkegels, der in das Gesichtsfeld fällt, und einem lauten »Platsch« ergeben würde, wenn sich der eiförmige Bereich abrupt nicht mehr bewegt. Dies geschieht durch die Erstellung von Darstellungen der wichtigsten Aspekte des visuellen und auditiven Bereichs und der Modellierung, wie sich diese latenten Darstellungen im Laufe der Zeit entwickeln werden. Es gibt jedoch einen Irrtum in dieser Sichtweise: Das Gehirn ist kein passiver Beobachter der Ereignisse. Es ist an einem Hals und zwei Beinen fixiert, die ihre wesentlichen Eingabesensoren in eine Vielzahl von Positionen in Bezug auf die Quelle der Eingabedaten bringen können. Die erzeugte Abfolge möglicher Zukunftsszenarien hängt nicht nur von Ihrem Verständnis der Physik der Umwelt ab, sondern auch von Ihrem Verständnis von *sich selbst* und Ihrem Verhalten.

Das ist die Kernidee, die meiner Meinung nach die generative Modellierung im nächsten Jahrzehnt als einen der Schlüssel zur Erschließung der künstlichen Allgemeinintelligenz ins Rampenlicht rücken wird. Stellen Sie sich vor, wir könnten ein generatives Modell erstellen, das nicht mögliche Zukunftsszenarien der Umgebung bei einer Aktion, wie im Beispiel der World Models, abbildet, sondern einen eigenen handlungserzeugenden Prozess als Teil der zu modellierenden Umgebung beinhaltet.

Wenn Handlungen von Anfang an zufällig sind, warum sollte das Modell etwas lernen, außer zufällige Handlungen von dem Körper, in dem es sich befindet, vorherzusagen? Die Antwort ist einfach: weil durch nicht zufällige Handlungen leichter Umgebungsdaten generiert werden können. Wenn das einzige Ziel eines Gehirns darin besteht, den Grad der »Überraschung« zwischen dem tatsächlichen Datenstrom und dem Modell des zukünftigen Datenstroms zu minimieren, muss das Gehirn einen Weg finden, um seine Handlungen dazu zu bringen, die von ihm erwartete Zukunft gestalten zu können.

Das mag rückständig erscheinen – wäre es nicht sinnvoller, wenn das Gehirn nach einer Strategie handeln würde, bei der versucht wird, eine Belohnung zu maximieren? Das Problem dabei ist, dass die Natur uns nicht mit »Belohnungen« versorgt, sondern nur mit Daten. Die einzig wahre Belohnung ist das Überleben, und das kann kaum dazu dienen, jede Handlung eines intelligenten Wesens zu erklären. Wenn wir stattdessen verlangen, dass die Handlung Teil der Umgebung ist, die erzeugt werden soll, und dass das einzige Ziel der Intelligenz darin besteht, Handlungen und Zukunftsperspektiven zu erzeugen, die der Realität der Eingabedaten entsprechen, vermeiden wir vielleicht die Notwendigkeit einer externen Belohnungsfunktion aus der Umgebung. Ob dies jedoch Handlungen hervorrufen würde, die als intelligent einzustufen wären, bleibt abzuwarten.

Wie gesagt, dies ist eine rein spekulative Sichtweise, aber es macht mir Spaß zu spekulieren, also werde ich das weiterhin tun. Ich ermutige Sie, dasselbe zu machen und weiterhin mehr über generative Modelle aus all dem großartigen Lehrmaterial zu lernen, das online und in anderen Büchern erhältlich ist. Vielen Dank, dass Sie sich die Zeit genommen haben, dieses Buchs zu Ende zu lesen – ich hoffe, Sie haben es so sehr genossen, es zu lesen, wie ich es genossen habe, es zu verfassen. <ENDE>

Index

L

M

N

O

Über den Autor

David Foster ist Mitbegründer von *Applied Data Science*, einem Beratungsunternehmen für Data Science, das maßgeschneiderte Lösungen für Kunden anbietet. Er hat einen M.A. in Mathematik vom Trinity College, Cambridge, UK, und einen M.Sc. in Operational Research von der britischen University of Warwick.

David hat mehrere internationale Wettbewerbe für Machine Learning gewonnen, darunter die *InnoCentive Predicting Product Purchase Challenge*, und wurde mit dem ersten Preis für eine Visualisierung ausgezeichnet, die es einem Pharmaunternehmen in den USA ermöglicht, die Standortauswahl für klinische Studien zu optimieren.

Er ist aktiver Teilnehmer der Online-Community für Data Scientists und hat viele erfolgreiche Blogbeiträge zum Reinforcement Learning verfasst, darunter »How to build your own AlphaZero AI using Python and Keras« (*http://bit.ly/2J6fGhU*).

Kolophon

Das Tier auf dem Cover von »Generatives Deep Learning« ist ein Rotzügelsittich, auch Blaustirn-Rotschwanzsittich genannt (*Pyrrhura picta*). Die Gattung Pyrrhura (Rotschwanzsittiche) gehört zu den Neuweltpapageien, die in Südamerika beheimatet sind. Der Rotzügelsittich bewohnt den Küstenwald und die Berge des nordöstlichen Südamerikas von Venezuela bis Nord-Brasilien.

Das Gefieder des Rotzügelsittichs ist hellgrün, doch rund um den Schnabel gibt es blaue, rötlich-braune, weiße und rötliche Farbtupfen. Brust und Schwanz sind ebenfalls rötlich. Am auffälligsten sind die Federn am Hals des Sittichs, da sie wie Schuppen aussehen. Diese Farbkombination tarnt die Vögel im Regenwald, sodass sie kaum zu entdecken sind. Sie werden etwa 21 Zentimeter lang und leben 13 bis 15 Jahre.

Rotzügelsittiche halten sich am liebsten in den Baumkronen auf, wo sie Früchte, Samen und Blüten fressen – ab und zu gehören auch Algen zum Speiseplan. Zum Baden und Trinken trifft man sie auch mal am Boden an. Sie leben außerhalb der Brutzeit in kleinen Schwärmen von fünf bis zwölf Vögeln, ansonsten paarweise.

Das Rotzügelsittich-Weibchen legt in der Regel ca. drei bis vier Eier, die nur wenige Zentimeter groß sind. Die Jungvögel werden auch nach dem Verlassen des Nests noch eine Weile von den Eltern gefüttert.

Die Entwaldung des Regenwalds hat zu einer starken Dezimierung einzelner Populationen geführt, einige Unterarten gelten bereits als vermutlich ausgestorben.

Viele der Tiere auf den O'Reilly-Covern sind vom Aussterben bedroht, doch jedes einzelne von ihnen ist für den Erhalt unserer Erde wichtig. Wie man bedrohten Arten helfen kann, erfahren Sie auf *animals.oreilly.com*.

Der Umschlagsentwurf dieses Buchs stammt von Karen Montgomery und Michael Oreal, die hierfür einen Stich aus *Shaw's Zoology* verwendet haben. Auf dem Cover nutzen wir die Schriften Gilroy und Guardian Sans, als Textschrift die Linotype Birka, die Überschriftenschrift ist die Adobe Myriad Condensed, und die Nichtproportionalschrift für Codes ist LucasFonts TheSans Mono Condensed.